2017年度司法部法治与法学理论研究中青年课题
"财税法治视野下适格纳税人的法律实现机制研究"
（项目编号：17SFB3035）最终成果

Jurisprudential Basis and Implementation
Mechanism of Qualified Taxpayers

适格纳税人的
法理基础与实现机制

李慈强／著

中国政法大学出版社

2022·北京

图书在版编目（ＣＩＰ）数据

适格纳税人的法理基础与实现机制/李慈强著. —北京：中国政法大学出版社，2022.10
ISBN 978-7-5764-0692-4

Ⅰ.①适… Ⅱ.①李… Ⅲ.①税法－研究－中国Ⅳ.①D922.22

中国版本图书馆 CIP 数据核字 (2022) 第 193872 号

出 版 者　中国政法大学出版社

地　　址　北京市海淀区西土城路 25 号

邮寄地址　北京 100088 信箱 8034 分箱　邮编 100088

网　　址　http://www.cuplpress.com (网络实名：中国政法大学出版社)

电　　话　010-58908285(总编室) 58908433（编辑部）58908334(邮购部)

承　　印　固安华明印业有限公司

开　　本　720mm×960mm　1/16

印　　张　22.25

字　　数　360 千字

版　　次　2022 年 10 月第 1 版

印　　次　2022 年 10 月第 1 次印刷

定　　价　98.00 元

目 录
Contents

引　言

　　传统上，受行政权力关系说、国库中心主义的影响，税务机关与纳税人在税收征管实践乃至整个财政运行过程都处于不平等的状况，税收优先权、信息化转型、征管能力建设等也进一步强化了税务机关的地位。在政府主导和宏大叙事的背景下，家国同构、集体主义遮蔽了纳税人的权利观念，也导致我们长期忽视纳税人的自身能力建设。虽然现行税收立法详细规定了纳税人的权利，但是实践中仍然存在"程序上的权利"，事实上纳税人与税务机关二者的行为能力失衡。因此，在全面依法治国的背景下，加强纳税人的主体建设、提升纳税人的自身能力是推进国家治理体系和治理能力现代化、进行建设的重要内容。

　　基于此，作为笔者主持的司法部国家法治与法学理论研究青年项目的最终研究成果，本书在财税法治建设的视野下，探讨适格纳税人的理论基础与实现机制。本书首先明确了适格纳税人的内涵和外延，以培养具备建设社会主义法治国家需要公民所具备的财税法律知识和法治观念为宗旨，提高纳税人的纳税意识和法律素养，从而实现税收法定主义和财税法治建设。然后通过分析适格纳税人的实现机制，旨在改变囿于实践中纳税人与征税机关二者往往处于失衡的境地而无法实现从"法律赋能"到"权利实现"的局面，进一步完善"税收债权债务关系说"，实现实体税法和程序税法的有机统一。

　　适格纳税人这一概念的内涵极为丰富，包含自觉、自立、自强等不同层次，涉及培养公民意识、鼓励政治参与和培育公共理性等多个方面。但是适格纳税人并非自然生成的，而是与后天培育、制度建设、环境影响等因素密切相关，因此需要进一步明确适格纳税人的应然要求和实现机制，并对此做出系统规划和全面安排。理论上，培育适格的纳税人主要泛指针对纳税人所进行的一种有目的、有计划、有组织的，以倡导纳税观念、传播纳税知识、传授纳税经验、培养纳税技能、提高纳税人素质为主要内容，旨在提高纳税人的纳税能力的一系列活动。

从现有的途径来看，培育适格的纳税人在实践中存在着问题和不足，绝非税收宣传能全部涵盖和圆满实现，因此必须从简单枯燥的税收宣传转变到多种形式的纳税人教育。通过税务宣传和咨询、建立纳税人协会、鼓励政治选举及其宣传、实施财政监督等途径培养公民意识、鼓励政治参与和培育公共理性，并以《中华人民共和国税收征收管理法》修改为契机，完善我国纳税人教育的制度设计，在财税法治建设中进一步强化对适格纳税人的要求，发挥广大纳税人的主体性和积极作用，进而促进税收征管改革和加强财税法治建设。

从目前的现实国情来看，在当前社会背景下培育适格纳税人是全面推进依法治国的一项长期战略任务，在推进依法治国和建设法治国家中发挥着基础性作用。培育适格纳税人也是贯彻"传授法律知识—培养法律意识—塑造法律人格—培育法治信仰"理念的具体体现，有利于增强纳税人的法律意识，提高纳税人的税收遵从度，达到"始于纳税人需求，基于纳税人满意，终于纳税人遵从"的目标，最终实现财税领域的良法善治。

同时，本书对作为适格纳税人理论基石的税收法定主义、税收公平原则、纳税人权利保护、诚实纳税推定等内容进行了详细阐释与深入探析，在此基础上结合适格纳税人的要求，在适应不同个体的认知特点与能力、符合认知规律的前提下，深入研究培育适格纳税人的形式、内容与规律，系统设计、规划从而形成相互衔接、逐步递进的体系，增强实践效果，不断提高纳税人的主体能力。

总之，培育适格纳税人是推进财税法治建设、实现依法治国的重要突破口，通过不断提高广大纳税人的法律素质，培养数以亿计的社会主义法治建设主力军。上述研究结合税收征管改革、财税法治建设对纳税人能力建设作详细展开，探讨适格纳税人的概念与内涵，就依法治国背景下的适格纳税人及其培育提出了建设性意见。希望本书对我们正在如火如荼进行的全面推进依法治国建设、深化财税体制改革实践有所裨益。

第一章

现象与反思：法治视野下纳税人的困境与不足

　　"现代财政属于公共财政，其本质是政府作为受托人，为广大纳税人的共同利益进行调节、分配和保障，通过调整分配关系、规范分配秩序而实现公共利益最大化，即所谓的'集众人之财，办众人之事'。"[1]但是在筹集收入、预算支出和财政管理等具体运行过程中，分配不均、效率低下、贪腐浪费等问题时有发生，公共财政的公平与效率之间的关系屡受争议。这表明财税法治方面的制度有待完善，同时也折射出纳税人参与、监督财政运行的主体性能力有待提升。因此，适格纳税人的提出具有重要的理论价值与实践意义。

第一节　参与不力：财税法治建设中纳税人的失声

　　"长期以来，财政被视为政府内部的管理，与社会公众无所关联，税收也被视为强制无偿的课征。"[2]财税法治建设应当将全部财政、税收法律关系主体纳入其中，而纳税人是税收法律关系中重要的主体，理应在财税法治建设中担当重要角色，但在我国实践中纳税人的权利实现却处处掣肘乃至失声。

一、预算管理环节纳税人参与的困难性

　　"预算是一种制度，它以复杂的技术、精确的数据告诉人民，他们的政府打算做什么、正在做什么，以及做了些什么。正是通过数据与图表，预算界定了政府活动的范围，确定了政府与社会之间的界限，进而划定了公共领域与私人领域的边界。"[3]然而当前纳税人参与预算管理环节存在重重困难，自

---

　　〔1〕李慈强："公共财政视角下纳税人财政监督权的确立与实现路径"，载《北京行政学院学报》2021年第5期。

　　〔2〕熊伟：《财政法基本问题》，北京大学出版社2012年版，第388页。

　　〔3〕〔美〕乔纳森·卡恩：《预算民主：美国的国家建设和公民权（1890－1928）》，叶娟丽等译，格致出版社、上海人民出版社2008年版，译序第1页。

然也就难以辨明界限、划定范围。

（一）国家预算监督模式下纳税人无预算参与实权

"在现代社会，政府要动用财政资金必须以法律规定的程序和方式编制预算，报经立法机关审批通过之后方能进行。因而，预算代表了一种法定的税收使用与财政支出过程，对纳税人而言，是一个可以近距离观察财政资金流向进而监督政府支配利用公共资源权力的过程。如果纳税人的用税监督诉求能与编制、审批、执行预算的过程衔接，就可以通过纳税人参与预算，达到监督用税的目的。"[1]

在现行国家预算监督模式下，以立法机关以及有关行政机关为监督主体，纳税人无法方便、快捷地参与到预算监督中。国家预算监督模式赋予国家机关权力，而权力的存在却极大地制约了纳税人的权利，使得纳税人无法获得预算参与实权从而难以获得预算监督的权利支持。

首先，在立法层面，"税收立法多采用行政授权的方式即税收委任立法，使得税收行政法规和规章大量存在。尽管这样有益于迅速处理专业性、技术性很强的税收征纳事务，但税收机关对于授权立法的事项、权限以及程序等方面具有较大自主性，容易缺乏必要的监督。"[2]因此纳税人的权益难以得到保障。除此之外，现行《中华人民共和国预算法》（以下简称《预算法》）也未将纳税人的预算参与实权确定下来，其中第 14 条[3]、第 45 条[4]、第 91 条[5]分别对预算信息的社会公开、人民代表大会（以下简称人大）审查

---

[1] 陈治："纳税人预算参与权规范化的理论逻辑与实现路径"，载《地方财政研究》2019 年第 12 期。

[2] 王建国、刘小萌："纳税人权利视域下公民参与的法治逻辑"，载《哈尔滨工业大学学报（社会科学版）》2019 年第 3 期。

[3] 《预算法》第 14 条："经本级人民代表大会或者本级人民代表大会常务委员会批准的预算、预算调整、决算、预算执行情况的报告及报表，应当在批准后二十日内由本级政府财政部门向社会公开，并对本级政府财政转移支付安排、执行的情况以及举借债务的情况等重要事项作出说明。经本级政府财政部门批复的部门预算、决算及报表，应当在批复后二十日内由各部门向社会公开，并对部门预算、决算中机关运行经费的安排、使用情况等重要事项作出说明。各级政府、各部门、各单位应当将政府采购的情况及时向社会公开。本条前三款规定的公开事项，涉及国家秘密的除外。"

[4] 《预算法》第 45 条："县、自治县、不设区的市、市辖区、乡、民族乡、镇的人民代表大会举行会议审查预算草案前，应当采用多种形式，组织本级人民代表大会代表，听取选民和社会各界的意见。"

[5] 《预算法》第 91 条："公民、法人或者其他组织发现有违反本法的行为，可以依法向有关国家机关进行检举、控告。接受检举、控告的国家机关应当依法进行处理，并为检举人、控告人保密。任何单位或者个人不得压制和打击报复检举人、控告人。"

预算草案前听取社会意见、公民等主体对违反预算法行为的检举控告权利加以规定，但纳税人的预算参与权尚未落到实处。

其次，在税收实践中，由于在税收征纳关系中的权利义务不平衡，属于国家公权力的征税权长期处于强势地位，在税收征纳过程中往往过于注重纳税人"依法缴纳税款的义务"却忽视了其应当享有的与纳税义务相对但尚未得到保障的权利。在预算管理环节，纳税人难以参与其中进行充分的意思表示，而当前的预算管理实践中也并未形成稳定的纳税人参与意识和权利意识。既无预算参与的实权，又无预算参与的权利意识，最终难以形成社会预算参与的良好氛围。

最后，引入多元主体参与的目的是在预算的进行中通过参与预算的方式达到对财政预算的了解，比起单一的事后监督起到更加全面、及时、深入的作用，从而提升监督的有效性。然而，即便是通过人大预算过程中进行间接监督，在当前的效果也不尽如人意。人大虽有审查、批准、变更、撤销等权利，但在实际的操作上，由于预算工作时间短，人大的变更、撤销权并未能够实现设立的初衷。"面对政府预算中可能存在的不当支出，人大迫于会期限制，对草案要么接受，要么否决。"[1]在实际操作上几乎没有否决预算进行推倒重来的余地，而是永远寄希望于来年预算方案吸取教训进行改进，而来年结果究竟如何未可知。因此，无论是直接抑或是间接的监督方式，纳税人在预算管理环节的权利亟待获得保障。

（二）预算活动透明度低，预算公开制度仍需完善

预算制度是现代法治国家财政体系中的核心制度，预算公开是将预算的编制、执行、决算各环节全面地公开。预算公开的透明性、广泛性是保障预算监督工作顺利进行的前提。虽然我国的政府预算公开工作在逐年进步，但仍存在一些问题。

当前我国预算公开制度主要存在以下问题：一是在我国采用的复式预算编制方式的情况下，当前的预算信息公开仅限于公共预算表的披露，公开内容过于抽象，难以满足监督者对支出是否合理进行判断的需要。二是"我国的财政报告制度并未真正建立，同时政府会计发挥的作用有限，政府预算会

---

[1] 许聪："省级人大预算监督权力考察——以30个地方预算监督条例（决定）为基础"，载《财政研究》2018年第10期。

计的功能是为了内部管理并非信息公开，因此预算会计报告的编制集中在收入和支出两个方面，债权、债务等其他预算信息难以系统全面的编制。此外，我国预算会计制度是现金制，在预算会计报告中大部分隐性债务并不列式。由此可见，我国预算会计报告本身所涵盖的预算信息存在缺失，在仅披露公共预算表的情况下，公开预算信息会大打折扣。"[1]三是预算编制时间设置不合理，以致预算活动不透明从而限制预算信息公开。每年的预算年度起始时间为公历1月1日，但预算的审查时间却是在公历年初的1~3月份，因此，期间存在一段尚未经过审批已经执行预算的空白期。信息公开制度设计的不合理加大了纳税人参与预算监督的难度。

同时，预算公开法治化也存在不足之处。在法律法规保障层面，《中华人民共和国政府信息公开条例》中规定的政府预算公开信息范围有限，虽然2014年修订的《预算法》进一步扩大了公开范围和内容，但依然不及发达国家的公开范围广泛，加之在《中华人民共和国保守国家秘密法》的规制下部分信息由于属于国家机密而无法公开。以上种种因素都导致了当前我国预算公开的透明性不足。除此之外，虽然当前预算公开程序较为完善，但实际权利难以得到保障，使得实践中预算公开目的难以达到。"全国人大审议中央预算草案和决算草案的时间尚能以天计算，地方各级人大审议预算草案和决算草案则基本是以小时计算。较之国外的议会耗费大量的时间审议预算，国民很难相信人大真正履行了实质审议的职责。"[2]缺乏有效的预算公开制度，公民难免会产生人大审批权流于形式的质疑，因此，需要进一步提升预算活动的透明度、完善预算公开制度。

（三）现有预算参与制度存在局限性

我国的预算参与制度呈现出地方性的特征，代表形式主要有浙江省温岭市的预算决策参与、上海的预算执行参与、广东的预算问责参与等。上述地方预算参与方式均为纳税人参与提供了不同路径，但同时也存在一些局限。一是在参与的范围上过于狭窄。"实践显示，我国参与式预算的内容范围大多局限于类似医疗设备、基础设施等方面的民生项目，存在票选项目和试点项

---

〔1〕谢源、包秀芬、赵君喆："政府预算透明度提升路径国际比较与借鉴"，载《财会通讯》2020年第24期。
〔2〕黎江虹："预算公开的实体法进路"，载《法商研究》2015年第1期。

目数量少、覆盖面窄等缺陷。"[1]进一步拓宽纳税人参与预算的范围，将除涉及国家安全和秘密外的项目纳入其中能更好地实现参与目的，这也是纳税人预算参与的应有之义。二是被动性明显，"公众参与财政决策在很大程度上是国家权力机关倡导型，具有明显的被动性和局限性。"[2]当前的地方预算参与程序中均为地方领导推动，"政府行政首长和其他决策者具有推进政治改革的明确的政治意志是参与式预算得以开展的首要条件。"[3]换言之，地方的预算参与都由地方领导进行推动。正是此种被动性限制了该种模式的普适性，由于公民地方预算参与依赖于各地方的管理层意愿，而随着地方领导层人员的流动，预算参与模式的可持续性也同样存在疑问。三是缺乏法律规范性，这也是前述被动性局限的深层原因。我国各地虽然已经有参与式预算实践，但此类实践并未通过任何全国性的规范固定下来，也无强制性措施保障实施。这意味着预算参与制度在很长一段时间内只是较为规范的地方实践，并无完整的决策、执行、监督体系，这也导致公众参与的实际效果被削弱。

二、财政收入环节纳税人参与的有限性

税收是我国财政收入的主要来源，但在当前我国的税收征纳关系中往往存在重"纳税人义务"而轻其权利的倾向。税收征管的过程往往以"国库主义"为中心，保障国家征税权，维护国家税收利益，因此纳税人的角色主要是"被管理者"和"纳税义务人"，其权利并非税法规制的重点。纳税人角色的单一性限制了其有效地参与财政收入的各个环节。

（一）纳税人实体性权利的缺失

纳税人既然承担了依照法律缴纳税款义务，那么理应享有相应的权利。而我国的税收征管体系则更倾向于强调纳税人义务而对权利有所忽略，征收主体与纳税主体在法律关系中处于不平等的状态。"在国家征管权优越的定位下，征纳双方在法律关系中的地位不平等，造成纳税人权利义务机制失衡。一方面，这导致部分纳税人依法纳税意识较弱，依法维权不够积极，税法遵

---

[1] 吕华、罗文剑："参与式预算：财政民主的可行性与限度分析"，载《江西社会科学》2016年第7期。

[2] 胡伟："论完善实现中国财政民主的法律机制"，载《政治学研究》2014年第2期。

[3] 杨肃昌、何眉："参与式预算：价值审视与可行性边界"，载《甘肃社会科学》2020年第5期。

从度不高。另一方面，这导致纳税人权利保护机制不够健全，纳税人权利救济渠道不够通畅。"[1]因此，有效保障纳税人的实体性权利才能维持征纳双方的力量平衡，但目前纳税人的实体性权利却存在缺失。

这种实体权利的缺失一方面表现在对纳税人信息权保护的忽视。"近些年来，我国涉税信息管理对大数据等前沿技术的运用已取得了长足进步，但与之相应的纳税人信息权保护显然并未跟上其发展步伐，相关制度规范甚至还停留在十几年前的水平。"[2]这是由于税务机关在收集相关信息后并未予以足够的重视，因而缺乏保护措施，加之税务机关工作人员因有利可图从而监守自盗使涉税信息处于不安全状态，纳税人的信息权救济渠道也不明晰。在大数据时代，个人信息更显珍贵，因而税务机关在收集纳税人信息的同时应当要注重对个人信息的保护，而且除了强调税务机关的保护义务，税务机关也应当为纳税人提供信息权受到侵害时的救济途径。

实体权利的缺失另一方面表现为诚实纳税推定权的缺失。"通常认为，征纳双方在税收实践中均应贯彻诚实信用原则，也即双方在征纳实践中应诚实、守信并互相照顾彼此利益，以维护公平的税收秩序。"[3]因此，拥有税收征管权的公权力机关在各类尚无充足证据或裁判证明的情形下，应当推定纳税人诚实无过错。诚实纳税推定权是纳税人与征税机关地位平等的一种表现，体现了对纳税人的尊重和信任，然而在立法中并无此项权利的身影，实践中税务机关往往做出"有罪推定"，我国的纳税人的诚实纳税推定权亟须进一步立法确认并予以保护。

同样值得注意的是，纳税人的相关权利的救济措施不尽完善。诚如法谚所言"无救济则无权利"，不完善的救济机制将会使得实体权利形同虚设。然而当前，纳税人在寻求税务救济时却遭遇重重阻碍。一是繁琐过程造成的阻碍，此点于《中华人民共和国税收征收管理法》（以下简称《税收征管法》）的纳税前置设计中可见一斑——在发生纳税争议时，纳税人须先行缴纳税款或提供相应担保方能寻求复议、诉讼等救济途径。当期望诉诸司法救济时，

---

〔1〕 曹阳、黎远松："国家治理能力现代化视域下的税收法治化建设"，载《中国特色社会主义研究》2021 年第 2 期。

〔2〕 朱大旗、曹阳："大数据背景下我国纳税人信息权的法律保护研究"，载《中国人民大学学报》2020 年第 6 期。

〔3〕 王桦宇："论税法上的纳税人诚实推定权"，载《税务研究》2014 年第 1 期。

复议前置的阻拦也同样"效果不凡"，使得税务行政诉讼的数量大为减少；二是权利无明文规定造成的可诉性难题从根源上增加了采取诉讼方式的难度。

（二）纳税人财税知识与参与意识的不足

财税领域的专业性较强，对于大多数纳税人来说其所掌握的财税知识尚不足以支撑自身参与财政收入的各个环节。"税法是一门专业性和技术性均比较强的部门法律，其中规定的关于税率、税费、税收程序等与纳税人相关的税收事项庞杂，且不易被掌握。而中国传统税法教育的发展迟缓、税法知识普及的深度与广度有限，纳税人缺乏足够的参与能力。公民参与能力的缺陷很大程度上限制了公民与税务机关的对话与沟通，进而影响公民参与的有效性。"〔1〕但是如果仅有少部分具备财税知识的公民参与到其中，那么所谓的财政民主难免成为精英民主。客观上参与的难度再加上纳税人在财政支出环节相关知识的不足以及积极参与的学习成本以及时间、精力等方面的成本，更加阻碍了纳税人参与的热情。长期的"重义务、轻权利"倾向使得纳税人对于自身的权利认识不够、税收工作的参与意识不足，因此普及基础财税知识和提高纳税人参与意识与兴趣将成为在财政收入环节完善财政民主不可或缺的一步。

三、财政支出环节纳税人参与的冷漠性

财政支出的资金大部分来源于税收，在税收征纳关系中纳税人具有直接参与性，但是在财政支出环节，纳税人却往往难以参与。一方面，用于公共事务的财政支出与纳税人个体利益之间缺乏直接关联；另一方面，纳税人不具备直接监督检查财政支出的权利，因此表现出对待公共事务的冷漠性。

（一）大多公共事务与纳税人利益不直接相关

财政的主要支出对象是社会公共事务。"在市场经济条件下，财政支出的范围主要限于为社会提供难以按市场原则提供的公共物品和服务，因此列入财政支出事项的大多属于满足社会公共需要的层次，每个社会成员都可享用这些物品和服务。"〔2〕实践中财政支出主要用于三个方面：一是保证国家正常

---

〔1〕　王建国、刘小萌："纳税人权利视域下公民参与的法治逻辑"，载《哈尔滨工业大学学报（社会科学版）》2019年第3期。

〔2〕　林敏娟："市场经济条件下财政支出的公共性内涵"，载《行政论坛》2009年第2期。

运转的行政、公安、司法等方面的支出;二是维护社会稳定的科学、教育、文化、卫生、福利等事业的支出;三是促进社会持续健康发展的经济、生态等方面的支出。这些事务虽然与国家每一位公民的生活息息相关,但是过于宏观以至于很难从中找到其与个体利益的直接联系,因而难以激发纳税人的参与热情。除此之外,当纳税人个体的金钱所有权发生移转,即单个主体的财产通过税收这种强制、无偿、固定的征收方式后,纳税人对于所形成的集合即财政资金的"所有感"减弱,因此较难产生参与到财政支出监督活动的"使命感"和权利意识。

(二) 纳税人并无财政支出监督的实权

"国家为了社会公共利益征收税收,同时为了社会公共利益使用税收,政府仅是根据纳税人的授权而成为纳税人缴纳的公共资金的托管人和支配者,其终极所有者仍是作为整体的纳税人(公民)。这是人民民主国家与封建专制国家赋税的根本区别。既然纳税人对自己缴纳的公共资金享有终极所有权,那么理所当然地对这些公共资金如何使用支配享有决定权和监督权。但现实并非尽然如此"[1]。虽然人大的监督权是对于财政支出的一种监督方式,但是纳税人无法直接参与到财政监督支出中。这一方面是由于公众对于政府财政支出的知情权尚未得到完全的保障,另一方面是公民无法通过法律途径行使自己的直接监督权。而解决该问题最首要的就是构建纳税人诉讼制度。该制度旨在赋予纳税主体针对不合理用税行为提起诉讼的权利,在美国、日本等发达国家已较为成熟。

纳税人诉讼制度兼具公益诉讼和行政诉讼特点,而当前我国现有的公益诉讼体系中尚未将个人纳入到诉讼主体中。"根据契约国家的理论,国民为了保障自己的人身权利和财产权利,把属于自己的部分财产所有权转移给作为公共机构的国家,以满足国家向国民提供公共服务的支出需要。人民承担纳税义务的前提,是政府征税的合法性与政府用税的合理性。政府享有征税权力的同时,也隐性地承担着这样一个义务:政府将按照人民的意愿使用资金,以增进人民的福利。"[2]因此赋予纳税人诉讼主体资格或明确纳税人相关监督途径是保障纳税人财政支出监督权的题中之义。当然,在建立完善的纳税人

---

〔1〕 甘功仁:"论纳税人的税收使用监督权",载《税务研究》2004 年第 1 期。
〔2〕 胡筱蕊:"从 4 万亿元投资引发对财政监督的思考",载《企业经济》2009 年第 8 期。

诉讼制度的同时，设立与之相对应的防止滥用监督权的措施亦同等重要。

四、财政监督环节纳税人参与的稀缺性

"财政监督是国家为保障财政分配活动正常有序运行，对相关主体的财政行为进行监控、检查、稽核、督促和反映的总称。"[1]财政监督有来自权力机关内部的监督，也有来自外部包括社会机构、广大民众的监督，但是当前纳税人在财政监督中的参与呈现出严重的稀缺性。

（一）财政监督中公众监督的缺位

"财政监督从本源上应该是广大社会公众对于政府收支活动的监督，这样，财政监督的主体应该只能是社会公众。然而，社会公众是一个广义而抽象的概念，在实践中，社会公众通常是委托国家权力机关、审计机关、政府部门（各职能部门）、社会中介组织来实施财政监督的，当然，社会公众也可以直接参与财政监督。"[2]财政监督主要有预算监督和审计监督两种形式，而由于审计监督存在一定的理论和技术门槛，公众有能力参与到的主要是预算监督。理论上，预算监督不仅通过事前参与能够达到监督的目的，还有网络问政、媒体舆论是实践中监督、行政诉讼、检举控告等多种事中和事后的方式进行监督。

但是实践中公众在此类监督方式下并未表现出理想中的积极态度。这一方面是因为参与此类监督行为并不会带来个人切身利益的"被保护感"，同时诸如行政诉讼、检举控告的监督方式会给个人带来一定的经济和社会压力，而且纳税人难以对监督的结果产生积极的预期。另一方面是因为公众难以获取到足够多的财政监督所需的信息。因此要改善公众监督的情况，"第一，需要加强中国公众的民主监督意识和业务知识能力的培养和提高，让他们既'想'又'能'参与财政监督；第二，要加强公众监督的组织与引导，否则，要么可能由于公众处于涣散状态而不会形成现实的监督力量，要么容易形成混乱无序的呼声，甚至会转化成带来严重负面影响的群体上访甚至动乱事件，与政府形成对立关系；第三，要推进公众监督领域和深度的扩展，不仅要在预算形成环节吸收公众参与，而且还需要吸收公众力量参与对政府收支过程

---

[1] 财政部"财政监督"课题组编著：《财政监督》，中国财政经济出版社2003年版，第2页。
[2] 王晟：《财政监督理论探索与制度设计研究》，经济管理出版社2009年版，第181页。

和结果的检查、评估、审议，这样，就可以有效提高财政的公共性、公正性、有效性；第四，加强公众对政府财政收支监督的制度建设，使公众监督拥有法制保障体系，在法律地位上成为我国财政监督体系的重要组成部分。"〔1〕与此同时，加强财政从预算到支出全过程的信息公开也尤为重要，调动纳税人参与的积极性是完善财政民主的关键一步。

（二）财政审计监督信息公开水平不足

"审计监督则主要是集中在财政活动实施完毕之后，所开展的监督属于事后监督。但是审计监督的专业性和技术性决定了审计是发现财政违纪和违法行为的'利器'，所有财政收支活动的原型都可以透过对票据、凭证、账簿以及报表审核反映出来，使得财政权力运行的轨迹得以显现。"〔2〕审计监督的技术性和专业性使得纳税人难以参与监督，所以在此环节对财政运行结果进行信息公开是纳税人了解、参与其中的最好路径。"在审计界，有一句名言——'公众是审计师的惟一委托人'，从世界各国的政府审计实践来看，政府审计也是接受公众委托对国家管理者承担的公共受托经济责任进行的经济监督行为"〔3〕。既然公众是审计的"委托人"，那么应当获得公开、透明、全面的财政审计监督所需要的所有信息。而当前政府财政审计信息公开存在信息公开工作人员业务水平尚未跟上我国政府信息公开工作的要求、政府信息公开的范围不明确、公开信息的可理解性差、公开渠道有限、政府信息公开工作年度报告不规范〔4〕等问题。因此，提高财政审计监督信息公开水平、完善政府审计的相关衔接工作，才能进一步发挥财政审计监督制度的积极作用。

第二节　认知不够：法治视野中纳税人角色的混同

"人民为公共事业缴纳税款，无非是为了换取和平而付出的代价"〔5〕，

---

〔1〕 王晟：《财政监督理论探索与制度设计研究》，经济管理出版社 2009 年版，第 181 页。

〔2〕 刘剑文："财政监督法治化的理论伸张与制度转型——基于财政民主原则的思考"，载《中国政法大学学报》2019 年第 6 期。

〔3〕 黄溶冰、李玉辉："公共财政视角下的纳税人权利保护与审计监督"，载《税务研究》2009 年第 6 期。

〔4〕 参见郑小荣、张露："中国政府审计信息公开的现状及对策研究"，载《财会月刊》2020 年第 13 期。

〔5〕 ［英］霍布斯：《利维坦》，黎思复、黎廷弼译，商务印书馆 1985 年版，第 22 页。

人民（公民）为了实现公共目的向国家缴纳税款，在此基础上形成了税收法律关系。纳税人作为税收法律关系的重要主体，在以纳税人为对象的研究中，探究纳税人的主观意识明晰其角色定位是解决问题的关键。

一、现实困境：纳税人角色的混同

理论上，纳税人在整个税收法律关系中承担多种角色。从实体法上来看，其既是纳税权利的行使者，又是纳税义务的承担者；从在程序法上来看，其既是税收征管的参与者，又是税收征管的被管理者；从税收依据来看，其既是社会福利的享受者，又是国家财政的贡献者。实践中，多数纳税人对自身兼具的多重身份认识上的混同，即将双重角色看作一种或认为前者因后者而消灭。

（一）纳税权利行使者与纳税义务承担者的混同

纳税人，按照传统观点即承担纳税义务的人，而该表述为何对纳税权利只字不提？这违反了马克思主义对于权利与义务的观点。权利和义务本是相辅相成、对立统一的关系，没有脱离义务而产生的权利，反之，撇开权利，义务就如无根之木、无源之水。目前我们仅可以从《中华人民共和国宪法》（以下简称《宪法》）第56条税收法定主义中可推导出公民的纳税义务。[1]对于纳税权利，我国学术界普遍认为纳税权利即是纳税人在税收征纳环节中为了保障自身合法权益得以行使的权利，比如《税收征管法》规定的纳税人享有的知情权、要求保密权、申请减税权、申请免税权、申请退税权以及陈述申辩权等程序性权利。但是这一观点不能够周延纳税权利的全部内涵，也未能有力地揭示纳税权利与纳税义务间的关联。对纳税权利的规定不明以及研究不足，是这一观点直接导致纳税人对其享有的权利缺乏清晰、全面的认识，在自身合法权益（主要是经济利益）没有受到不公对待时，不主动去行使纳税权利，或者将自身纳税义务的履行当作纳税权利的行使，即把此处的权利等同于一种纳税的"资格"。这便构成纳税人对自身角色的第一次混同。

了解纳税权利、纳税义务的深刻蕴含，还需要回到《宪法》有关公民财产的规定。首先需要明确的是，纳税人是公民在达到法律、行政法规规定的

---

[1] 参见《宪法》第56条："中华人民共和国公民有依照法律纳税的义务。"

条件需要履行纳税义务时的一种具体化身份。[1]所以，即使《宪法》未明确规定纳税人权利，纳税人依旧享有作为公民享有的权利；其次，我国《宪法》明确规定保护公民的合法私有财产，而现代民主政治国家的税收征纳过程本来就是一个为了实现一定的公共目的而对公民财产权减损甚至剥夺公民财产的过程。而且政府在该过程中居于主导地位，少数公民的利益容易遭到程序不公的侵害，因此纳税权利应当属于《宪法》所规定的财产权的范畴。如前所述，我国《宪法》第56条规定公民有依法纳税的义务，但是这不符合权利与义务的结伴性，这仅是对税收法定主义的部分表达。税收法定主义的完整表达应当是公民有依照法律纳税的义务，同时也具有依照法律纳税的权利，即"法无明文规定不纳税"。基于此，可以对纳税权利给出如下定义：纳税权利是公民为了对抗国家征税权对自身合法财产的侵犯所行使的权利，主要包括政治权利和经济权利。参与立法和财政监督是各国纳税人在《宪法》中赋予的两项基本权利，[2]政治权利是纳税权在政治领域的表达，主要表现在对于税收立法和财政预算编制活动的参与和监督。经济权利来源于《宪法》对纳税人私有财产权的保护。纳税人的私有财产能否得到《宪法》的保护关系到政府税收的合法性，是税法学的第一问题。纳税人的经济权利可以表述为纳税人合法财产受到国家保护的权利以及受到侵犯时得到救济的权利。从现行立法来看，《税收征管法》体现的具体权利，包含属于政治权利和经济权利的多重内容。

纳税人缺乏对纳税权利的认识，短时间内不会凸显出危害，甚至还有益于税收征管环节的简化，对保障国家财政收入是一大利好，但是其隐形危害是很大的。若是在计划经济时期，人民尚可以为了国家的重大建设项目或阶段性发展计划而不计个人得失，但是这实际上是对市场经济规律的违背，不利于经济的长期稳定发展，同样也不符合"以纳税人为中心"的税收法治理念的构建。在讲求成本收益对等的市场经济情境下，纳税人忽视其纳税权利只会加剧其对税收征管的抗拒心理。反观有些国家对纳税权利的立法表达，一方面，税收规定多以法律形式呈现，整体层级比较高；另一方面，纳税人

---

[1] 参见陈伟鸿："税收法律关系、公共财政与纳税人权利"，载《江西社会科学》2004年第2期。

[2] 参见罗昌财："试论公共财政下纳税人权利的完善"，载《集美大学学报（哲学社会科学版）》2006年第2期。

能够有更多途径灵活参与到立法过程中。比如法国通过电视直播议会关于税制改革进行辩论，这样纳税人能够更为及时和充分地表达观点，也能够强化对纳税权利的认识。相比之下，我国采用向公众广泛征求意见的形式就有些单一和滞后。纳税人对自身纳税权利的忽视，不利于激活纳税人发展潜力以及和谐税收关系的构建，因此强化对纳税权利的认识是构建适格纳税人制度的重要环节。

（二）税收征管参与者与税收征管被管理者的混同

税收征管是指国家税务机关依据税收法律法规开展一系列税款征纳活动的总称，是实现税收法律关系的具体路径。作为税收法律关系中最庞大的主体，纳税人在税收征管环节同样承担着重要角色。一方面，从纳税人接受税务机关调查、询问、辅导、处罚等方面来看，纳税人是税收征管环节的被管理者，纳税人与国家达成契约让渡部分权利，税务机关代表国家行使公权力向纳税人征税。而从"税收征管是国家治理的重要组成部分"[1]这一本质属性来看，作为公众代表的纳税人群体，理应是税收征管环节的重要参与者。然而，就我国目前实际情况来看，纳税人对于其自身属于税收征管参与者的认识远远不够。

出现这样的情况，与我国纳税人权利意识淡薄、对税收法律关系认识不够是密不可分的。近年来，随着"以人民为中心的发展思想"的提出，研究"以纳税人为中心"的税收法治构建成为财税法学研究的重要课题。早年，有学者建议建立纳税人诉讼制度，[2]以发挥纳税人主观能动性，扮演财税监督角色。近期，有学者提出确立纳税人的财税监督权，以实现公共财政功能，维护纳税人的正当权益。[3]与此同时，税制的传统改革也正在如火如荼地进行并逐步发挥实效。税收征管的整体思路放弃了强调管理的传统模式，转变为"管理寓于服务当中"，落实到实际征收环节时，税务人员上门征税的方式逐渐退出历史舞台，取而代之的是纳税人自主申报。不过，这些对于纳税人权

---

〔1〕　王秀芝："税收能力提升的必由之路：税收征管现代化建设"，载《中国人民大学学报》2015 年第 6 期。

〔2〕　参见梁慧星："开放纳税人诉讼，以私权制衡公权"，载《人民法院报》2001 年 4 月 13 日，第 3 版。

〔3〕　参见李慈强："公共财政视角下纳税人财政监督权的确立与实现路径"，载《北京行政学院学报》2021 年第 5 期。

利意识的提高还是不够的，我国纳税人对于税收法律关系认识的深化还有很长一段路要走。在纳税征管环节，忽视了自身参与者的身份，一味接受税务机关的管理，甚至担心不按时纳税会招致法律制裁，一方面不利于发展多元协同的现代化税收征管关系，另一方面无法实现纳税人对税务机关监督、制约的作用。

（三）社会福利享受者与国家财政贡献者的混同

税收是财政的重要来源，国家通过向公民征收税款取得收入，进而向公民提供公共服务，这一点在现代民主政治国家中是毋庸置疑的。显然，折损一部分私有财产并上交给国家的纳税人，无论其出于自愿还是被迫，都是国家财政的贡献者。不过，身为国家财政贡献者的纳税人兼具社会福利享受者的身份，对后者身份认识的缺失，构成纳税人角色的第三次混同。此种混同会招致"公民在经济意义上具体化的纳税人的权利与国家权利"间的对抗。[1]

二者混同的表现在于，纳税人着重强调自身对于国家财政的贡献，而对国家提供的公共福利只字不提，抑或是意图要求国家提供利益与其缴纳的税款进行等量交换。此种观点在我国主流税法理论中找不到任何依据。基于马克思主义对于税收的认识，税收是国家为了实现其公共职能的需要，凭借政治权力，运用法律手段，强制地、无偿地、固定地集中一部分社会产品所形成的特定分配关系。[2]税收的"强制性"、"固定性"和"无偿性"得到学界的普遍认同。其中，税收无偿性是指国家将所征税款纳入统一财政预算，而不向纳税人许以直接经济利益。对纳税人个体而言，其享受国家提供的公共福利与其缴纳的税款不是等值的，比如在研究所潜心攻坚的研究员无暇感受政府提供的公共服务与便利，这是无偿性的内涵；而对于纳税人整体而言纳税又是对等的，因为民主国家筹集税款的目的就是向社会提供公共服务与公共产品，因此又显现出有偿性。对于纳税人个体而言，打开身份混同的局面须既要认识到国家取得税款的无偿性，也要认识到自身获得社会福利与便利的免费性，这二者间是一种互利关系。只不过这种互利不是等价交换。一方面作为社会管理者的国家，其为公众提供的商品和服务主要为了弥补市场不

---

〔1〕 参见陈伟鸿："税收法律关系、公共财政与纳税人权利"，载《江西社会科学》2004 年第 2 期。

〔2〕 参见顾功耘主编：《经济法教程》，上海人民出版社、北京大学出版社 2013 年版，第 316 页。

能提供的空缺，价值难以用具体数字量化；另一方面衡平国家与纳税人权利义务关系的公平原则（比如量能课税），目前在实践中难以彻底贯彻。

二、直接原因：纳税人对税收依据问题的认知不足

纳税权利享有者与纳税义务承担者的混同，弱化了纳税人权利地位的伸张；税收征管参与者与税收征管被管理者的混同，减少了纳税人对税收征管的监督制约；社会福利享受者与国家财政贡献者的混同，妨碍和谐征税关系的建立，纳税人逐渐异化为与国家利益割裂的利益主体。前述混同现象影响税收制度在分配领域作用的发挥，从而阻碍国家治理体系和治理能力现代化的建设进程，这是本书探讨适格纳税人制度建设的重要缘由。造成混同的直接原因在于我国纳税人对税收依据认识的普遍不足。税收依据是赋予税收正当性、合法性并对其提供理论支撑的内容，即回答"国家凭什么向人民征税"或"国家为什么向人民征税"的问题，它是"研究税收理论与纳税遵从问题基石"。[1]关于税收依据究竟为何存在诸多精彩的学说论述，下文将通过剖析两类经典学说，分析纳税人认知混同的直接原因。

（一）"劳务报酬"的思想观念长期存在

"劳动报酬论认为，国家向人民提供利益，人民则必须向国家纳税作为报偿或交换。"[2]以此种交换过程为依据，劳动报酬论可进一步划分为"交换说"和"保险说"。

1. 交换说

交换说认为，国家纳税的原因在于国家为人民提供了保护，人民理应用财物进行交换。"人民为公共事业缴纳税款，无非是为换取和平付出的代价。分享这一和平的福利部门，必须以货币或劳动之一的形式为公共福利作出自己的贡献。"[3]"国家的基本功能是提供法律和秩序，并保护产权以换取税收。"[4]这种观点曾在一段时间占据主导地位，毕竟"以物易物""等价交

---

[1] 参见古成、潘小雨："2020年税收理论研究综述"，载《税务研究》2021年第3期。

[2] 冯耕中主编：《MBA税收理论与实务》，西安交通大学出版社1999年版，第11页。

[3] ［英］霍布斯：《利维坦》，黎思复、黎廷弼译，商务印书馆1985年版，第22页。

[4] 参见林毅夫："关于制度变迁的经济学理论：诱致性变迁与强制性变迁"，载［美］罗纳德·H.科斯：《财产权利与制度变迁：产权学派与新制度学派译文集》，刘守英等译，格致出版社、上海三联书店，上海人民出版社2014年版，第260~287页。

换"的观念深入人心，在无法从根本上解释税收的本质时，套用身边的常用规则便显得顺理成章。然而，从现代税收理论的研究来看，这种学说是错误的。其一，马克思主义观下的税收法律制度具有"强制性"、"无偿性"和"固定性"，这已经成为学术界的共识。但是如果承认国家征税与居民纳税之间是一种交换关系，则会从根本上与税收的性质相抵触。因为市场经济下的"交换"应符合"平等、自愿、有偿"的特征，而不能是"强制的""无偿的"。其二，如果认同这一学说，那么无法解释不纳税的人们为何还能享受国家提供的法律保护、公民待遇的问题。毕竟依照税法的规定，各国都存在一部分群体不需要向国家纳税，如果因未纳税而使该部分群体在公民权利地位上与纳税人群体区别对待，既不符合宪法规定，也没有现实依据。

2. 保险说

与交换说相似的是保险说，二者的差别在于保险说将"人民向国家纳税，国家返还人民利益"这一模式比作"人民按照一定规则向保险公司缴纳保费，保险公司给人民提供保障"这一过程。不过显而易见，这种观点也是错误的。保险公司为投保人提供保障的依据是资本，而国家给人民提供保障的依据应是国家主权和武装力量。如果在战乱纷飞的国家，该国政府已摇摇欲坠无力，人民为何还要向该政府缴纳"保费"？这种观点显然无法自圆其说。

(二)"需要分担"的习惯传统仍未完全转变

"需要分担论认为，国家政府向人民征税，是为了保证实现其职能所需经费的需要，人民有分担公共需要的义务。"[1]该学说还包括"公需说"、"义务说"、"牺牲说"以及"掠夺说"。

1. 公需说

"公需说"又称"公共福利说"，其诞生背景是 17 世纪的君主专制时代。作为公需说的代表人物，克洛克曾指出："租税如不是出于公共福利的公共需要，即不得征税，如果征收，则不得称为正当的征税。所以，必须以公共福利的公共需要为理由。"[2]换言之，该学说认为国家征税活动建立在其正当性——公共福利或公共需要的存在，税收的本质是为公共福利的实现与满足提供物质支撑。诚然，在"公共部门经济学"和"福利经济学"的语境下，

---

〔1〕 冯耕中主编：《MBA 税收理论与实务》，西安交通大学出版社 1999 年版，第 9 页。

〔2〕 参见冯耕中主编：《MBA 税收理论与实务》，西安交通大学出版社 1999 年版，第 10 页。

这种学说很有说服力。但是，历史表明在现代民主政治国家建立之前，皇帝征收徭赋大兴土木以供个人享乐的事例层出不穷。套用公需说无法对这一现象进行解释，所以该学说只是说明国家需要物质基础来满足其职能需求，没有从税收依据的考察范围对国家职能进行价值判断。

2. 义务说

发端于 19 世纪的"义务说"深受哲学家黑格尔提出的国家主义思潮影响，该学说认为人类最高组织形式是国家，由于个体依存于国家的关系，国家为实现其职能有权向人民征税，人民有义务向国家纳税。该学说反驳了"交换说"和"保险说"，是对国家纳税权力和人民纳税义务的着力刻画。即使这类基于国家权力产生的政治性论断看似掷地有声，却不能让人信服，因为其未能从经济原理上解释人民向国家纳税的原因。

3. 牺牲说

"牺牲说"产生于 19 世纪，最早可见经济学家萨伊关于税收的论断，即税收对于人民而言是一种牺牲，而人民作出牺牲是为了保存社会和社会组织。该学说在经济学家穆勒处得到了新的发展，他提出要按照纳税人能力纳税，认为此种牺牲是一种"均等牺牲"，这观点与现代税法公平原则不谋而合。不过，"牺牲说"没有解释人民牺牲与保存社会、社会组织之间的关联，实际上是欠缺关于人类社会中个人与组织间的关系的探索。

4. 掠夺说

"掠夺说"产生于 19 世纪，其代表人物是空想社会主义者圣西门和资产阶级历史学派者。掠夺说认为，国家纳税的本质是一种暴力掠夺，而被掠夺的对象就是除了占统治地位的阶级以外的其他阶级。掠夺说揭露了一定时期发生于阶级国家剥削的本质，但是到了民主国家这一学说便失灵了。毕竟在讲求人民占据统治地位的民主契约国家，人民仍须承担纳税义务。

以上四种关于人民对国家的"分担义务"的学说在一定语境下能够适用，但是都不能为税收依据提供充足的理论解释。究其原因，在于这些学说不符合严谨经济学解释的特征，它们只是对政治现象进行简单描述，不能揭示税收背后的理论原理。理论研究现状能够辩驳这些学说，不过从实践来看，"纳税乃是分担"的纳税文化惯性还在影响着我国税收立法的模式、税务机关的执法行为以及纳税人服从征税的思维。

（三）纳税人对个体与国家关系的理解不够深刻

1. 纳税人个体与国家关系的探析

如前所述，"牺牲说"给纳税依据的研究提供一个良好开端，即个人与组织间应存在某种关联。作为税收法律关系主体之一的国家，自然符合此处组织的内涵。探究纳税依据，首先应厘清个体与组织间的关系。马克思主义认为人是诸多社会关系的集合，即社会性是人类的属性。历史表明，无论是古代原始社会还是现代民主社会，人类发展都没有脱离社会的形式。只有在组织中，人类才能创造与繁荣，组织对于个体而言是必需品。个体一旦进入组织，其行为与选择将直接或间接影响他人或受他人影响，此时就需要一定的规则来定纷止争，以实现组织成员间的和谐共存，避免互相伤害。所以，无论是原始社会"以物易物"的规则，还是当代商事交易习惯，本质上都是个体在组织间共存所形成的规则。只是受组织规模的大小、规则的精密程度与复杂程度有所不同——起初只是作为部落习俗、习惯而存在，后来发展为法律与制度。

作为迄今为止人类所形成的最高组织形式——国家，其建立的目的就是让群体往更高层次发展，将权利和义务在成员之间分配以实现和谐，从而实现经济的繁荣、科技的发展与社会整体福利的提升（即使是在阶级国家，我们认为国家也是为了统治阶级这一群体的发展而存续，即使这一过程会漠视部分群体的利益，不过社会整体层次的上升也会给其他群体带来好处）。作为管理者的国家，需要制定一整套制度来保证自身的运作。从国家的角度来看，国家承担着向人民提供公共产品和公共服务的职责，而公共产品和服务的持续提供需要取得收入，也就是国家需要财政实现其职能。值得一提的是，这些公共产品和服务由于非竞争性和非排他性而被市场反对提供或无力提供，因此由国家来提供公共产品和服务是符合经济发展规律的。所以，现在这套制度运作的关键问题，便是收入取得的问题。

2. 纳税依据问题即是国家制度运行成本问题

从组织间的个体角度来看，依托国家提供的发展环境、稳定秩序以及基础设施，个体得以享有权利和获得自由，所以人们向国家提供制度运行成本是理所应当的。此时，现代民主政治国家作为公共福利的代表应考虑的是选择何种制度运行方式，以降低制度运行成本，减少人民的负担。基于此，通过制定法律的形式与规则，固定地向人民征税成为弥补国家费用的成本最低的方式。作出以上论断有两方面原因：一方面，市场经济下的理性人往往有趋利避害和"逐利"的天性，假设人民都能自觉向国家缴纳费用，显得过于理想化而不切实际；另一方面，作为人民代表的政府"不是一个均匀的个体，政府的行为必然打上文化传统和公务员个人的双重烙印"，[1]以法律的形式限定执法者权力以防止对人民财富的误用与挥霍，才是合理的安排。基于前文所述，我们不难发现国家看中纳税制度的优势而选择其作为维护国家与人民关系的方式，这也正是国家为何征税以及人民为何纳税的原因所在。

三、根本原因：纳税人对个人与国家经济关系的认知流于表面

长久以来，纳税被认为是国家取得财政收入、改善资源配置、提高居民生活幸福度、实现经济发展的重要手段，因此从多重视角下对税收问题进行剖析必不可少。本节所展示的纳税人对自我角色认识的混同与诸多表现，共同指向同一个问题——纳税人意识的不足。从经济、文化方面在纳税人身上探求该问题产生的根本原因，在于纳税人对其与国家经济间存在的错误认识。

（一）传统社会留存的纳税人与国家利益的疏离

在新中国成立之前，代表着低级生产力的小农经济在中国这片广阔土地上存在了上千年之久。传统小农经济讲求以农业自然经济为主，"男耕女织"是其典型模式，受制于土地的不流动性，人们往往世代定居，很少发生人口迁徙。而后随着宗族血缘纽带的形成以及儒家思想统治地位的确立，传统经济呈现出地方经济性，其具体内涵是指区域内的人们在区域间接触少，彼此间犹如座座孤岛，加之彼时商贾交易还未发展，区域间经济存在巨大差异性。这样的社会治理结构使得具备血缘关系的人们紧密团结在一起，继而确立成员间的权利义务关系，使得群体间发展出超越繁育的全新功能——经济、政治、文化等，这便造就了家族。滋养于这样的文化土壤中，诞生于家族的成员最早受到家族文化的熏染，而不注重国家的界限。易言之，家族是传统经济、政治和文化的基石，国家的影响力显得力不从心。

家族的影响还体现在个人对国家利益的认同上。"家族制度以血缘关系为基础，使得个人形成了以自我为中心、按照血缘的亲疏远近一圈一圈推出去

---

〔1〕　钟永圣："论税收依据"，载《现代财经（天津财经大学学报）》2007年第2期。

的社会关系网络。"[1]处于这网络中央的，首要便是家族势力。家族利益最先受到人们的认同，相比之下国家权力的薄弱和影响力的微小直接导致了个人公共精神的缺乏和对国家利益认识的淡薄。这样就能解释为何逃避或请求免去地方税赋能够得到当地人的大力簇拥。人们看待家族利益重于国家利益，甚至将自身利益放置于国家利益的对立面，在这种情况下，良好的税收关系不可能得到建立。新中国成立以来，即使是重视对传统文化的改造，采取现代治理手段，积极培育人民纳税意识，国家权力的控制力仍不能清除传统思想的残余。培育纳税人意识，深度认同国家利益，对于构建全国统一的大市场、推进财税法治建设可谓任重道远。

（二）自我中心主义观念的阻碍

"自我中心主义"这一概念最早在心理学界提出，生动地概括出实践中纳税人群体容易存在的认知症结。具体表现为：第一，个体利益中心化。如上所述，国家利益观念的淡薄是我国纳税人认知中的顽疾。加上市场经济鼓吹"效果"与"快速发展"，纳税人很难为了国家经济的发展而积极主动纳税，甚至为了牟利不惜偷税漏税。纳税人按时足额纳税本来是基本义务，但是税务机关在执法时通常表彰宣传纳税"模范"以带动其他纳税人积极性，容易引起人们的逆反心理。第二，纳税人对纳税法律关系认知的盲目性。税务机关工作人员的一项重要工作内容是宣讲税收法律知识，每年国家在此方面消耗大量人力物力资源，可是纳税人对税收淡漠的态度决定其不愿甚至拒绝了解税务、重构自身对于税收法律关系的认识。第三，纳税人行为表现被动性。这一点主要表现为纳税人在国家征税的整个环节主要依靠公权力敦促而采取行动，不会积极主动地参与征收环节或行使权利。这不仅延缓了税款征收的行政程序，增加国家筹集收入的行政成本，也不利于税制改革建设，长久以往还影响国家的经济发展质量。

（三）纳税人对国家经济建设责任的漠视

与自我中心主义类似，割裂个人与国家经济间的关系、漠视自身肩负国家经济建设责任，同样也是纳税人产生认知混同的根源。作为国家这个组织的成员，脱离国家的庇护，个体原有的政治资格将不复存在，个人财产也会

---

[1] 刘怡、杨长湧："中国传统文化与纳税人意识"，载《北京大学学报（哲学社会科学版）》2006年第3期。

遭致难以承受的危险。同时，纳税人对国家经济建设也是应当承担责任的。从国家的本质来看，由于其并不具有任何的私人物品，不可能通过交换的方式来获得所需要的各种经济资源和物质条件，国家为了实现上述职能就只能凭借所掌握的政治权力，强制地、无偿地将一部分社会产品征归己有以维持国家机器的正常运转。[1] 所以，纳税人履行纳税义务是国家立足与发展的基础，纳税权利的正当行使有助于国家经济的良性循环。从法律的角度来看，税收法律关系是"公法上的债权债务关系"，[2] 具体到税收征纳环节，国家是债权人，纳税人是债务人，国家行使税收债务的请求权和收益权，纳税人履行缴纳税款的债务。虽然国家对债务的不履行会采取国家强制力以保障实施，但惩罚手段不能对纳税人经济建设责任起到唤醒作用，适格纳税人制度的构建还应当从纳税人深化认识自身与国家经济关系、承担国家经济建设责任着手，在法律上确立依据，在制度上给予保障，在措施上提供激励。

第三节　权利不彰：义务主义导向下纳税人的迷思

权利与义务之间存在辩证统一的关系，具有一致性。权利与义务相互依存，不可分离，享有权利是履行义务的前提，履行义务是享有权利的保障，这是法学理论中倡导的权利义务一致性，任何法律关系都具有这一特点。纳税人是我国税收法律关系的主体，是国家财政的主要承担者，其权利义务同样也应当具有一致性，理应享有权利并履行义务，而不能单纯只履行义务。衡量我国税收法治进程是否得到有效推进，国家财政收支是否得以稳健运行，都与纳税人权利保护的程度有着密不可分的关系。[3] 长期以来，我国对于税收法律关系持"权力关系说"的立场，重视国家利益、税收安全，税收法律规范皆以保障税收收入为原则，对纳税人权利的保障缺乏足够重视，以至于在税收实践中"纳税人义务主义"观念根深蒂固，严重制约了我国税收法治的进程。近年来，随着"债务关系说"在学界普遍推行，纳税人的权利意识也在逐渐提升，纳税人权利保障的研究受到社会各界的广泛关注。2001 年制

---

〔1〕　参见王鸿貌："税收公平原则新论"，载《浙江学刊》2005 年第 1 期。

〔2〕　参见陈少英："税收诚信原则与税收征管制度的创新——以中国（上海）自由贸易试验区为视角"，载《辽宁大学学报（哲学社会科学版）》2016 年第 3 期。

〔3〕　参见张富强、卢沛华："纳税人权利的概念及现状"，载《学术研究》2009 年第 3 期。

定、2015 年修正的《税收征管法》对纳税人权利作出了较为明确的规定，2009 年公布实施的《关于纳税人权利与义务的公告》对纳税人的权利作出了详细罗列。但是综观纳税人权利的整体情况，不得不承认的是权利保障的立法理念尚未有效落实，权利保护法律体系亦尚未成熟，税收征管制度仍保持着管理色彩浓厚的特点，纳税人权利的司法救济体系也需进一步完善。

一、纳税人义务主义观念根深蒂固

以权利为本位意味着以个人为本位，重视的是人与物的关系；以义务为本位，亦可以称之为以社会为本位，重视的是人与人的关系。"中国法系的义务本位，因其非如埃及、希伯来、印度等法系的宗教化的法律，而君权又受天道观念和民本主义的限制，因而这种义务本位，就很接近今日的社会本位理论，不像他族最早在法律上所采的义务本位。"[1]目前不论是税收法律法规，还是税收理念、税收教育皆体现的是一种"义务本位"理念。

（一）"国库中心"主义自古盛行

税收一直是国家财政收入中的主力军，亦是一个国家的根基所在，因此自古以来形成了以国家利益为首的"国库中心"主义。历史上，不论赋税制度如何发展，皆强调赋税乃百姓的强制义务，并未赋予其作为纳税人的权利。秦朝时期赋税可谓沉重非常，亦是其走向灭亡的主要原因之一，农民近乎三分之二的所得皆为税赋。而后，君主吸取秦朝灭亡的教训，减轻税负，同时农民由必须服徭役发展为以纳绢代役，但未明作为纳税人的百姓有何种税收方面的权利。受中国传统法律文化潜移默化的影响，这就是中国历史上形成的"人治观"、国家本位观、公文化与私文化的强烈反差以及"无诉"的价值取向。[2]自新中国成立到改革开放这一段时间内，因实行计划经济体制，社会生产资料的所有权都由国家和集体享有，国家的财政收入并非依靠税收收入，而是以国有企业经营的利润为主，即"税利合一"。在计划经济时期，我国处于"重行政，轻税收"的状态，税收的功能和作用收效甚微，税收制度亟待完善，公民也自然欠缺税收法律意识。改革开放后，我国逐步建立起

---

〔1〕 陈顾远："中国固有法系与中国文化（1952）"，载马小红、刘婷婷主编：《法律文化研究第七辑：中华法系专题》，社会科学文献出版社 2014 年版，第 60～89 页。

〔2〕 参见张琪："纳税人权利保障问题的法律探讨"，载《中央财经大学学报》2005 年第 6 期。

与社会主义市场经济相配套的现代税收制度，但是受传统思想和计划经济体制的影响，税收理念上仍是以强调国家利益为主，纳税人的权利意识长期处于淡薄的状态。

（二）"纳税义务"思想深入人心

在"国库中心"主义的指引下，现有的税收宣传以及税收法治教育在内容上单纯强调依法纳税是公民的义务，纳税者光荣，告诫逃税、骗税等行为违法可耻等，不可避免地存在部门利益的倾向，呈现出"义务本位"的特征。具体而言，从纳税义务人的称谓来看，往往在税收宣传时将"纳税人"特指为"纳税义务人"。无论是税收立法还是征管实践都强调政府征税权的优越性，纳税人只承担义务、不享受权利，纳税人权利备受冷落。即使现行《税收征管法》设立专章承认了纳税人权利，这些也仅限于税收征纳关系中的程序性权利，与通常所说的纳税人权利相比既不全面、也不完整。[1]同时，作为政府代言人的税务机关在税收的征管上，理所当然地将国家利益置于首位，以国家为本位的思想占据税收征管的整个过程，根本无视于纳税人的私人权利，征纳双方的主体地位明显不平等。由于这种税收理念的存在，我国在税收制度的设计上、税法制定的程序上及税收管理的制度上等方面都站在国家的角度上，而忽视纳税人自身的权利需求，纳税人仅负有纳税的义务，而不谈权利，税务机关享有至高无上的地位，将税收工作视为单向度的征收管理，亦片面地强调纳税人的单方给付性。税收征管的理念中到处充斥着国家利益，征纳双方地位明显不平等。

二、纳税人权利保护法律体系尚未成熟

在纳税人权利本位思想不彰的前提下，我国对纳税人权利保护的法律制度也未成体系。由于未有专门的纳税人权利保障法，我国关于权利保障的内容散见于税法、行政法等法律及其他规范性文件中，欠缺体系性且税收法律级次较低，除少部分法律由全国人大及其常委会制定，大部分的税法都是由全国人大授权国务院制定的行政法规。[2]现行纳税人权利保护法律体系尚未

---

〔1〕 参见李慈强："论青少年税收法治教育的误区及其匡正"，载《中国青年社会科学》2016年第2期。

〔2〕 参见荣建华："纳税人权利保障制度的立法探讨"，载《中央财经大学学报》2001年第3期。

成熟，仍然有以下诸多问题需要引起重视。

（一）纳税人权利主体地位不明

我国税收法律关系长期以来呈现出"权力关系说"的立场，纳税人履行单方面的纳税义务，税法制度未能体现纳税人权利主体地位，纳税人对其作为权利主体的意识也不清楚。首先，我国的《宪法》中未能明确纳税人的权利，仅有第56条强调了纳税人有依法纳税的义务，未明确规定纳税人基于此也应享有纳税人权利，这有悖于《宪法》作为公民基本权利保障法的功能。税收是国家凭借其政治权力取得财政收入、进行国民收入分配和再分配的一种主要形式，其目的是为社会提供公共物品和公共服务。纳税人作为国家税收收入的提供者，公共物品和服务的享受者，在税收法律关系中处于主体地位，理应享有义务所相对应的权利，而不能只单纯地强调纳税义务的履行。

其次，于具体税法制度的设计上过分强调纳税人的义务，没有体现纳税人的权利主体地位。《税收征管法》为督促纳税人切实履行纳税义务，设置了严厉的法律责任和惩罚制度。在行使救济权利时，由于国家税收利益优先原则，"先缴税，后复议"的规定一定程度上限制了当事人救济权的行使。救济程序的启动以纳税人履行"存有争议"的义务为前提，这一制度将国家的征税权优先于纳税人的救济权，并未从纳税人权利主体的地位进行考量。纳税人的主体意识则是纳税人在社会生活中所具有的独立人格和地位，而纳税人的权利主体意识，表现为纳税人对税收过程中自身享有权利的认知和重视态度。纳税人在纳税活动中只有确立了独立的人格和地位这一主体意识，才能依法去实现和维护自己的权利。[1]不管是从立法理念还是制度安排上，现有实践均未体现纳税人权利主体地位，以至于纳税人权利主体意识淡薄。在我国社会主义市场经济日趋完善、税收在国家财政收入中地位不断增强的今天，正确认识纳税人权利主体的法律地位，赋予纳税人应有的权利，对于推进税收法律建设、进一步强化依法治税、增强纳税人纳税意识、建立和谐的税收征纳关系等方面，都有非常重要的理论价值和现实意义。

（二）税收法定原则的立法缺失

审视我国现有的税收法律体系，其法律位阶和层次均明显地表现出"义务本位"的倾向。此种立法理念与制度安排已经与当前全面依法治国战略相

---

[1] 参见张琪："纳税人权利保障问题的法律探讨"，载《中央财经大学学报》2005年第6期。

冲突，也不利于推进税收法治的进程。随着社会的发展和人们思想的解放，这种以义务为本位的理念必将被历史所淘汰。要改变这种带有权力本位的立法倾向，就必须落实税收法定原则，使之贯穿于税收法律体系之中。各国宪法都对税收的立法权属进行了严格规定，明确指出一切征税必须经过立法机关制定法律，在法律授权下方可征税，否则任何机构和个人都无权征税。我国《宪法》并未对税收法定原则予以明确，我国《中华人民共和国立法法》（以下简称《立法法》）第 8 条和《税收征管法》第 3 条的规定，基本确立了税收法定原则。不过税收法定原则并未在实践中得到很好的尊重和执行。虽然从形式上确认了税收事项的专属立法权，但这也仅限于形式。[1]税收法定原则的缺失，进一步将纳税人权利保障置于不利之境地。

由于长期缺乏税收法定原则，一方面，我国税收法律的供给明显不足，呈现出税收立法行政化的态势。近年来，为加快税收法治进程，不少税种已通过法律来进行规制，然而实践中发挥最主要作用的依旧是税收行政规章与税收通告。[2]通过税收授权立法的方式，虽然效率高、针对性强，适用于形势变化不明的改革初期，但时至今日，不论是经济还是社会发展都已经进入新时期，税收授权立法带来的缺陷已远远超过其带来的便利。例如容易导致部门利益制度化，缺少公民的诉求表达和参与机制，由于稳定性不足而影响税法权威，不利于培养纳税遵从且提高征纳成本，形成制度惯性进而阻碍税收法治进程，等等。[3]另一方面，税收行政解释的空间过大。本应作解释、细化功能的税收规范性文件，实际上已然成为直接发挥效力的依据，甚至还存在变相立法的现象。税收法定原则的立法缺失，为纳税人权利保障招致了巨大的威胁，纳税人权益保障从立法或宪法层面来寻求救济都处于无据可依的局面。

（三）纳税人实体性权利亟待保护

虽然我国在 2015 年修正的《税收征管法》及其 2016 年修订的实施细则中确立了纳税人在纳税活动中的知情权、保密权、申请减免、退税权以及申辩、检举控告权等一系列权利，并颁布施行《关于纳税人权利与义务的公告》

---

〔1〕　参见赵丽容、方华："论我国纳税人权利保障之完善——从《关于纳税人权利与义务的公告》看权利立法完善"，载《特区经济》2011 年第 1 期。

〔2〕　参见刘剑文："论国家治理的财税法基石"，载《中国高校社会科学》2014 年第 3 期。

〔3〕　参见刘剑文："落实税收法定原则的现实路径"，载《政法论坛》2015 年第 3 期。

但也并未改变我国纳税人权利保障不足的现状。虽然该公告对纳税人的权利作出了清晰地罗列并予以强调，反映出我国法治的进步但同时也暴露出关于纳税人权利保障的更多不足。

学理意义上的纳税人权利，是从宏观角度来理解的，不仅包括税收征管、税务争议过程中纳税人的权利，还应包括税收立法（包括预算）和政策制定过程中纳税人的参与权、对税收的征收（既要求依法征收，又要求征收成本的最小化）和支出（包括支出的合理性和支出成本的最小化）进行民主化管理的权利以及提起"纳税人诉讼"的权利等。[1]尽管我国税收法律法规中对纳税人权利的规定也不少，但是纳税人权利种类仍不够丰富，某些实体权利仍处于理论阶段，法律规定仍处于空白阶段。例如纳税人在税收立法阶段的应享有参与权，于税收支出阶段应享有用税监督权，于权利救济阶段应享有诉讼权等。现阶段关于纳税人权利保护的实践中问题严重的是，一方面，行政权的不断膨胀、扩张；另一方面，行政权的行使并未受到适当的制衡、控制，导致纳税人权利被损害的可能性大为增加。特别是使国家和社会公共利益遭受重大损害的行政行为难以得到纠正，人民所期盼的小政府、效率政府、廉洁政府有待实现。由于纳税人实体权利的保障不足，对于"乱收费""公款消费"等违法财政支出行为，纳税人无法起到有效监督的作用，亦无法保障作为纳税人应享有的实体性权利。

三、税收征管制度管理色彩浓厚

我国《税收征管法》是税法体系中规范税收征纳关系的重要立法，在现行法体系中一定程度上起到税收领域"基础性法律"的作用。《税收征管法》对于规范税收征收和缴纳行为，保障国家税收收入，保护纳税人合法权益，促进经济和社会发展，都起到了积极作用。[2]但是随着经济社会发展和改革开放的深入，在现代治理语境下，《税收征管法》的制度框架难逃"征税之法"的定位，具体表现为大多数规范性条文主要关注的是义务的设立、责任的赋予和追究，"人治"现象亦滥觞于税收惩处过程中。

---

〔1〕 参见张喻忻、徐阳光："我国纳税人权利的法律保障现状思考"，载《行政与法（吉林省行政学院学报）》2004 年第 6 期。

〔2〕 参见刘剑文："《税收征收管理法》修改的几个基本问题——以纳税人权利保护为中心"，载《法学》2015 年第 6 期。

（一）税收征管法难逃"征税之法"

现行《税收征管法》虽然有着全面的立法宗旨和法律原则指引，但是想要摒弃"征税之法"成为真正意义上的"良法"，还需以纳税人为中心的"治理之法""服务之法"基本定位为导向，通过具体制度来实现善治。虽然《税收征管法》于制定时，在国库中心主义盛行、纳税人权利意识还未觉醒的历史条件下，能够考虑到应赋予纳税人申请减免退税权、陈述权、申辩权等权利，已然是税收法治进程的一大步。但是时隔二十年，纳税人权利的落实却依旧没有通过具体制度来实现。首先，争议多年的税收优先权与其他债权冲突的问题。为了保障国家税收收入，《税收征管法》特别强调税务机关至高无上的地位，将税收工作视为单向度的征收管理；片面地强调纳税人的单方面给付性，将税收放在特别优越的地位，赋予优先权进行特殊保护；在税收与普通债权存在冲突时，通常主张个体利益无条件服从国家利益。其次，《税收征管法》设置了严重的法律责任和严厉的惩罚制度，通过增加税法的威慑性督促纳税人履行纳税义务。纳税人超出纳税期限缴纳税款时，税务机关有权按照第 32 条加收高额的滞纳金。"立法者在设计税收滞纳金加收率时，既考虑了经济补偿性，又考虑了惩戒性"[1]。而第 51 条规定纳税人多缴税款时，税务机关可以直接予以退还而不给予任何补偿，即使纳税人要求利息，也只按照银行同期存款利率计算。同样是法律责任，滞纳金极强的惩罚性使得义务本位的思想跃然纸上。最后，在权利救济上"纳税前置制度"导致税务纠纷缺乏通畅的解决机制。《税收征管法》第 88 条规定，纳税人在行使救济权利之前，必须先行缴清税款、滞纳金或者提供纳税担保。"先缴税后复议"限制了当事人的救济权，使得争议在救济程序前必须事先由纳税人履行义务，这种现象长期以来为理论界所诟病。与纳税人的救济权相比，这一制度更为偏重保护国家的征税权，这正是税收立法以义务为本位、征纳双方地位严重不平等的体现。[2]

（二）"人治"现象仍滥觞于税收惩处过程中

作为守夜人或服务提供者的政府，难免会基于利己的动机扩大征税权的

---

〔1〕 张慧英："税收滞纳金探析"，载《税务研究》2003 年第 1 期。
〔2〕 参见李慈强："论青少年税收法治教育的误区及其匡正"，载《中国青年社会科学》2016 年第 2 期。

欲望和倾向。与市场主体追求自身利益最大化的形式不同，某些政府及其官员追求的是职位的晋升、更多的报酬和福利以及更高的政治地位，而这些追求的实现需要以税收为保障。正如经济学家尼斯卡南所说，政府官员其任期内追求的目标是获得最大化预算收入。[1]政府在提供公共产品和服务的过程中，受到权力寻租以及部门利益的驱动，其增加财政收入的欲望必将导致征税权的不断扩张，难免存在过度执法、权力行使失范的现象。

税务机关工作人员在执法过程中，由于税务行政裁量权具有权力的本质属性：天然扩张性和侵害性，[2]"有权力的人使用权力一直遇到有界限的地方才休止"[3]。正因如此，滥用行政处罚裁量权的现象仍然存在，在法定的处罚幅度较宽的情况下，容易滋生权力滥用、以权谋私的情况，导致同责不同罚或不同责同罚，处罚结果畸轻畸重，作出有违合法、合理、公平公正原则的裁量决定。[4]这些主要存在不合理考量和不公正裁量等现象，在自由裁量时加入不合理的考量，主要表现为未考虑相关因素或是考虑了不相关因素。未考虑相关因素是税务执法人员未根据法律规定或其他相关因素予以考量，以税务行政处罚为例，如果纳税人具有应从轻或减轻处罚的情节，执法人员在作出行政处罚时应当予以考量。考虑不相关因素，比如税务部门在税务检查中由于考虑某企业属于税收大户而对其偷漏税的行为不予处罚。不公正裁量往往是对同等情形作出了差别对待或进行歧视性裁量，例如对于中小微企业的欠税行为，税务机关不仅要求按期缴纳还需支付滞纳金，而对于大型企业或是国有企业则会允许延期缴纳，仅作出口头或是书面的催收。这些欠规范的"人治"现象，一定程度上降低了税收征管作为行政行为的公正性和权威性。

四、纳税人权利救济体系仍需完善

纳税人诉讼是指以纳税人身份对政府的违法公共支出行为等向法院提起的诉讼。在英美法上又叫纳税人提起的"禁止令请求诉讼"，是指以纳税人的

---

〔1〕 参见严剑秋："论政府税权的控制"，载《财贸经济》2001年第12期。

〔2〕 参见胡溢武、刘恒："行政裁量权的合理规制与法治政府建设"，载《重庆社会科学》2014年第3期。

〔3〕 参见［法］孟德斯鸠：《论法的精神》（上册），张雁深译，商务印书馆1961年版，第154页。

〔4〕 参见李登喜、李新、林剑雄："行使税务行政处罚裁量权存在的问题与规范建议"，载《税收经济研究》2017年第5期。

身份，针对不符合宪法和法律的不公平税制、不公平征税行为特别是政府的违法使用税款等侵犯国家和社会公共利益的行为向法院提起的诉讼。[1]建立纳税人诉讼制度，有助于加强财政监督力度，建立廉洁、节约型政府，也有利于增强纳税人权利意识，完善纳税人权利保障制度。但可惜的是，现我国关于纳税人诉讼制度仍处于理论探索阶段，实践中仍处于空白状态。

（一）纳税人原告资格问题的障碍

按照行政诉讼的一般原则，适格原告应与被诉行为之间具有法律上的利害关系，即诉讼上的利益。《中华人民共和国行政诉讼法》（以下简称《行政诉讼法》）第2条、第3条、第12条、第13条、第25条规定能向人民法院提起行政诉讼的公民、法人或其它组织一般应当与被诉具体行政行为有直接利害关系。虽然《最高人民法院关于适用〈中华人民共和国行政诉讼法〉的解释》第12条"与具体行政行为有法律上利害关系的公民、法人或其它组织对该行为不服的，可以提起行政诉讼"，将"直接利害关系"扩大为"法律上利害关系"，既包括直接利害关系，也包括间接利害关系。据此，对违法的征税行为以及违法支出税款的行为有直接或间接利害关系的纳税人，均有权提起诉讼。但对于纳税人诉讼而言，此种"法律上利害关系"难以界定。纳税人以其个体的名义提起以公共财政支出行为为诉请的对象或标的，而与公共财政支出行为有利害关系的是一个群体，即一定区域甚至全国范围内的纳税人。既可以说整体纳税人都具有诉讼上的利益，又可以说个体纳税人对被诉行为不具有直接的诉讼利益。因此，整体与个体对于公共财政行为的利害关系如何划分、如何界定是实践与学界共同的难题，而实践中法院便是以原告不具有直接利害关系而裁决不予立案或驳回起诉。例如在"中国纳税人诉讼第一案"中，2006年4月3日，常石林以个人名义状告湖南省常宁市财政局，要求法院认定该市财政局超出年度财政预算购买两台小轿车的行为违法，并将违法购置的轿车收归国库，以维护纳税人的合法权益。蒋石林认为，违反规定超标购买小轿车，意味着纳税人本可以不被征以相应部分的税款，或者该税款本应当用于为纳税人提供公共服务而未能实现，这在客观上侵害了

---

[1]　参见施正文："我国建立纳税人诉讼的几个问题"，载《中国法学》2006年第5期。

纳税人利益，纳税人可以据此提起诉讼。[1]此案正是因为法院认为常石林与被诉行政行为没有直接利害关系而不予受理。对于公民监督权的行使，在原告资格这一关便遭受到了严重阻碍，这不利于纳税人权利保护与公民税法意识的提升。

（二）纳税人公益诉权来源的障碍

纳税人公益诉权的本质是何种权利，与《税收征管法》规定的一般纳税人权利，如知情权、申请减免税的权利、要求保密权、陈述申辩权等不同，应当是与纳税人的纳税义务相对应的权利。上述权利的确定并非基于纳税人的纳税义务而发生，而是在纳税人履行纳税义务的过程中所应享有的基本民事权利，而这些权利与纳税义务并无对应的关系。[2]纳税人基于其纳税行为依法缴纳税款，税款作为财政收入用于公共支出，因此，与纳税义务直接相对应的是财政支出需满足公共利益与公共需要，保障纳税人享有公共物品和服务。公共资金的违法或不合理支出便意味着纳税人本可以不被课以相应部分的税金。[3]具体而言，纳税人应享有税收立法参与权、用税监督权、提起纳税人诉讼的权利等。虽然国家税务总局于2009年公布《关于纳税人权利与义务的公告》中列举的纳税人权利包括了税收监督权，但此处的监督权被限定为对税务机关的"违反税收法律、行政法规的行为，如税务人员索贿受贿、徇私舞弊、玩忽职守，不征或者少征应征税款，滥用职权多征税款或者故意刁难等，可以进行检举和控告。同时，您对其他纳税人的税收违法行为也有权进行检举"，此类监督权并非对财政支出行为的"用税监督权"。

目前我国《宪法》以及税收相关法律对于用税监督权的规定都处于空白阶段，《宪法》只规定了纳税人具有依法纳税的义务，没有明确规定纳税人的用税监督权。具体到司法实践中纳税人诉讼案件，法院在受理时，出于司法权的被动，以及对行政权行使司法审查的谦抑和克制，难免就会做出不予受理或驳回起诉的裁决。如果对纳税人的用税监督权不予以保障，当政府违法

---

〔1〕 参见王利军、李大庆："公益诉讼与纳税人权利救济"，载刘剑文主编：《财税法学前沿问题研究（6）：依法治国与财税法定原则》，法律出版社2016年版，第202~212页。

〔2〕 参见王霞、吴勇："我国开放纳税人诉讼的必要性及对策"，载《湘潭大学学报（哲学社会科学版）》2004年第3期。

〔3〕 参见梁慧星："开放纳税人诉讼，以私权制衡公权"，载《人民法院报》2001年4月13日，第3版。

使用财政资金的时候，纳税人只能束手无策。而我国财政支出信息公开制度尚不完善，首先，我国预算立法粗糙；其次，我国预算审议过程也缺乏公开性和透明度；最后，我国预算执行的随意性很大，资金使用缺乏透明度，滋生权钱交易等腐败问题。[1]这些严重阻碍了纳税人用税监督权的行使，不利于纳税人诉讼制度的发展。

第四节 能力不足：财税法治建设中纳税人的缺位

长期以来，因为"纳税义务人"观念的影响以及税收征管实践中纳税人处于被动地位的现状，纳税人在财税立法建设、财税执法建设、财税司法建设、财税守法建设中都显得较为被动，参与能力严重不足（具体参见表1-1）。这些主要表现在立法阶段中纳税人立法参与意识不强，纳税人立法协商能力较弱；执法阶段中纳税人办税能力有待加强，财政监督能力有限，社团建设能力有待提高；司法建设中因纳税人权利救济制度中不合理的安排以及纳税人公益诉讼的缺位，导致纳税人参与能力的缺失；守法建设中纳税人呈现被动遵从的倾向，而且守法倾向与社会利益关联不大，导致纳税人守法能力的停滞性。

表1-1 纳税人参与能力现状

参与阶段	问 题
立法阶段	参与意识低、协商能力弱
执法阶段	办税能力弱、财政监督能力不足、社团建设能力低
司法阶段	救济制度不合理、缺少公益诉讼
守法阶段	被动遵从、守法倾向与社会利益低关联、守法能力发展停滞

一、财税立法建设中纳税人参与能力的不足

"主体的本质在于参与。"[2]纳税人每一项权利的落实，都需要通过自身的参与得到实现。换言之，如果缺少纳税人参与，其权利便失去了保障，更

---

〔1〕 参见宋槿篱："关于财政公开问题的研究"，载刘剑文主编：《财税法论丛》（第4卷），法律出版社2004年版，第349~368页。

〔2〕 张文显：《法哲学范畴研究》，中国政法大学出版社2001年版，第167页。

谈不上税收民主，税收法治的目标自然也就无法实现。因此，把纳税人参与作为税收法律程序的重要内容，不但可以促进税法程序外在价值的实现，产生良好的税法、公平的税负、合理的税务决定以及公正的司法判决等实质性结果，而且有利于展示税法程序独立的内在价值，体现对纳税人人格的尊重和税法的民主性。[1]但是在实践中，在财税立法建设中纳税人参与显然是缺位的，除去制度的空白，从纳税人自身原因来看，其立法参与能力严重不足，主要表现为纳税人立法参与意识不强与纳税人立法协商能力较弱。

（一）纳税人立法参与意识不强

除了在税收征管过程中享有的权利，纳税人在税收宪法性法律关系中所享有的权利在税收法治中的意义更为重要。[2]这些税收宪法性法律关系中的权利主要包括民主立法权和民主监督权。在纳税人与税务机关之间所表现出来的纳税人权利系微观层面的纳税人权利，具体体现在《税收征管法》中；在纳税人与国家之间的纳税人权利主要体现于《宪法》当中，主要包括民主立法权和民主监督权。[3]而真正对纳税人具有根本性意义的，是其在宪法上的权利以及在税收立法中的权利。[4]纳税人立法参与意识不强，究其原因是纳税人对自身立法参与权的认识不足，税收立法民主参与度低。税收因具有强制性、无偿性、固定性，所以直接关系到纳税人的财产利益，国家的课税权则必须体现人民承诺的意思方可行使。纳税人需要认识到在现代民主国家，税法应体现整体纳税人的意志，税收立法参与权系纳税人固有的权利。但是在立法实践中，全国人大及其常委会在 1984 年和 1985 年将税收立法权两次下放，授权给国务院和国家税务总局等行政机关，被授权机关处于闭门立法的状态，纳税人的参与权受阻，致使难以培养纳税人立法参与的意识。纳税人立法参与意识不强，体现为部分纳税人认为"立法参与无用论"，认为即便参与立法过程，意见也不会被采纳，只要按照法律规定履行义务就行。但是，事实上税收法律规定直接关系到纳税人的利益，纳税人应对税收立法参与权抱以积极的心态，从有限的途径积极表达自身的诉求，争取自身的权利。只

---

〔1〕 参见丛中笑："纳税人参与权探析"，载张守文主编：《经济法研究》（第 7 卷），北京大学出版社 2010 年版，第 266~281 页。

〔2〕 参见刘剑文主编：《财政税收法》，法律出版社 2004 年版，第 198~199 页。

〔3〕 参见刘剑文：《税法专题研究》，北京大学出版社 2002 年版，第 167 页。

〔4〕 参见刘剑文、熊伟：《税法基础理论》，北京大学出版社 2004 年版，第 96~97 页。

有纳税人直接参与到税收立法过程中，才可以更好地集中民智、体现民意、满足不同人群的利益诉求，制定出符合民意的良法，保护纳税人自身权益。

（二）纳税人立法协商能力较弱

在现有途径的参与立法过程中，纳税人的立法协商能力不强的问题比较突出。这主要表现为以下方面：第一，纳税人参与机会有限。"民主的核心是选择，而不是已经被选择的，是在许多意见中进行选择，同时，选择一种终究能调整这些意见的方案。"〔1〕改革开放初期，由于加快建立市场经济体制的历史原因以及税收立法具有专业性和复杂性，全国人大及其常委会考虑到授权立法的效率性和及时性，为满足当时经济发展的需求，授权国务院及有关行政机关进行税收立法。但到目前为止，有些税收立法仍处于暂行条例的立法阶段。由于授权立法存在授权范围过大、空白授权、转授权等情况，税收法律制度中很难体现出纳税人的意志。行政机关在税收立法中仍占据着主导地位，纳税人能通过公开征集意见、参加决议大会发表意见的机会都十分有限。如2011年重庆市和上海市试行房产税改革，在税收法规颁布之后，公众才得知其内容，在立法过程中公众完全没有参与，纳税人的参与权、知情权等税收基本权利没有得到保障。第二，纳税人参与立法"形同过场"。税收立法过程是纳税人与国家协商的过程，就税法的内容达成一致意见。税收规定直接影响纳税人的利益，可以说在纳税人收入一定的情况下，纳税人的税款缴纳和国家税收的征收之间是一个"零和"博弈的过程。详言之，国家税收征得多一些，纳税人口袋的钱就少一些；反之，国家税收征得少一些，纳税人口袋的钱就多一些。一般而言，利害关系双方当事人对抗越激烈、博弈越复杂，对程序的要求也就越高，越要求程序的公正、公开和透明。〔2〕虽立法过程中有公开征求意见阶段，但真正参与表达意见的纳税人有多少以及意见是否作为参考都未可知，纳税人缺少实际有效的参与途径。税收立法参与人提出了意见，也缺乏反馈机制，纳税人的参与有"形同过场"之嫌。第三，纳税人立法参与程度不深。税收立法活动是一个需要循序渐进的过程，主要包括开启立法项目阶段、起草阶段、公开征求意见阶段等，我

---

〔1〕　[美] 卡尔·科恩：《民主概论》，聂崇信、朱秀贤译，商务印书馆1989年版，第38页。

〔2〕　参见夏启明："论纳税人的税收立法参与权——以个人所得税改革听证会为视角"，载杨紫烜主编：《经济法研究》（第6卷），北京大学出版社2008年版，第364~375页。

国纳税人税收立法的主要参与阶段为草案的公开征求意见阶段，其他环节参与较少，立法参与程度整体不深。

二、财税执法建设中纳税人互动能力的局限性

在全面推进依法治国、建设社会主义法治国家的背景下，纳税人在财税执法建设中的互动能力较弱。这具体表现为：在税收征管阶段，纳税人办税能力并没有得到及时提升；在财政支出阶段，纳税人存在监督能力有限的问题；以服务会员为宗旨的纳税人协会在财税执法建设过程中亦没有发挥其应有的职能；纳税人在执法阶段与政府的互动能力、博弈能力皆存在局限。

（一）纳税人办税能力有待加强

虽然征收制度在个税征收改革中变得更为科学性、合理化，但自然人纳税人尚未能完全适应申报模式的转变，纳税人的办税能力还有待进一步提升。传统的个人所得税申报采用的是代扣代缴征税模式，纳税人无需过多地参与到纳税申报中去，对纳税人办税能力的要求也不高。而在个税征收改革中，因施行专项附加扣除制度，我国现行的税收征管模式是"以纳税申报和优化服务为基础，以计算机网络为依托，集中服务，重点稽查"。在现行征管模式下，纳税人可以通过远程办税的方式完成申报，仅需下载安装远程客户端而无需去人工窗口办理，省时省力，便利纳税人。但事实上纳税人完成自我申报，不仅需要纳税的自觉性，还需要及时获取税收知识的能力和智能化软件的操作能力。纳税人需要关注税收政策的动态，自行填写申报表、专项附加扣除等信息，如果在纳税年度内涉及扣除情况的变化或是优惠政策的变化等，需要纳税人自行调整，重新在客户端进行报送。而纳税人的自行申报能力参差不齐，一方面，自然人纳税人的职业普遍为一般工薪族群体，缺乏对税法知识和会计知识的了解，专业上的壁垒会让纳税人产生畏难的心理；大部分年纪较大或文化程度不高的纳税人对税收知识与智能化的申报方式更为不熟悉，自主完成纳税申报具有一定困难。另一方面，纳税人获取社会化信息的能力不足，获取扣除条件相关信息的途径有限。据统计，2019 年 1 月至 12 月，某县进行个人所得税专项附加扣除信息申报纳税人累计 635 239 人次，其中选择代扣代缴申报的有 625 449 人次，占总体人次的 98.46%；有 8901 人次选择自行申报，仅占总体人数 1.4%。可见，纳税人自行申报选择占比低，一

定程度上可以反映出纳税人办税能力的大小。[1] 此外，不仅仅是自然人纳税人缺乏办税能力，纳税企业的办税能力也有待加强，中小微企业与大型企业的办税能力差距较大。对于我国绝大部分企业来说，办税人员的配置往往不够到位，企业办税通常由财务会计人员兼任，存在专业性不强、质量难以保证等问题，影响办税效果。

（二）纳税人财政监督能力有限

纳税人财政监督能力有限，究其根源，是我国财政监督的渠道不畅，限制了纳税人的监督能力和监督意识的提升。纳税人发生应税行为而产生缴纳税款的义务，纳税人缴纳的税款作为政府财政收入由政府负责预算编制与财政支出，基于征纳关系，政府向纳税人征收税款需要提供相应数量和质量的服务，纳税人理应享有监督权。然而财政支出的信息公开制度不健全，信息不对称使得纳税人了解政府用税的情况存在困难。例如，我国行政开支占财政开支的比例与其他国家相比占比较高。虽然近年来对政府公款吃喝、公车消费等不正之风进行了严整，但是此消彼长，仍可能出现以其他由头不当使用公款的行为，所造成的损失无法准确得到计算，纳税人也无从知晓行政开支的具体情形，纳税人对其他政府用税情况在信息公开不完全的情况下更是难以知悉。此外，政府的财政支出是一本"大账本"，纳税人由于缺乏专业性，难以辨明是否有侵害纳税人利益的行为存在。由于预算编制的技术性、模糊性，以及各级人大监督手段的不完善、监督程序的缺失，致使财政监督难以落到实处；至于政府财政部门和审计部门的监督，由于二者都属于政府的行政部门，性质上属于内部监督，独立性程度低，只有监督的功能却没有问责的权力。体制内监督的缺陷，使得政府既是财政预算的编制者、执行者，同时也是实质上的监督者，由于缺乏有效的制约，财政支出混乱的局面难以避免。[2] 在预算编制模糊、缺少实质监督的情况下，缺乏专业性的纳税人理清财政支出混乱的局面亦是难上加难。即便纳税人知晓了存在违法用税行为，其向政府问责的渠道也有限，难以发挥财政监督的作用。在纳税人诉讼第一案中常石林就政府的违法财政支出行为向法院起诉，由于原告不适格被驳回。在法律监督途径不畅的情况下，纳税人能使用的监督渠道不但屈指可数而且

---

〔1〕　数据来源：金税三期系统和自然人税收管理系统（ITS）。
〔2〕　参见高军、杜学文："构建我国纳税人诉讼制度初探"，载《经济问题》2009 年第 7 期。

缺乏有效性。向政府有关部门举报，通过发起舆论进行监督，向信访部门上访等这些监督方法也存在耗时耗力、欠缺效果等缺点。

（三）纳税人社团建设有待提高

纳税人社团建设通常以纳税人协会为表现形式。为缓和紧张的征纳关系，纳税人协会在税务机关与纳税人之间扮演着"中间人"的角色，作为纳税人的社团，其主要职能是为纳税人提供服务和反映纳税人诉求。自 2005 年来，第一批纳税人协会以服务税收、服务大局、服务会员为宗旨，在北京、江苏、浙江、山东、山西、新疆等地纷纷成立，在当地税务机关的支持下得到了一定的发展。但就其宗旨来说，实现程度还远远不够，当前存在服务能力缺失、维权手段有限、自治水平低下等缺陷与不足，尚难以支撑其特有的治理角色。

首先，纳税人协会服务能力缺失，主要表现为税务机关与纳税人协会之间的权责不明，纳税人协会的角色混乱，服务功能与辅助管理功能偏颇。纳税人协会成立的初心本来是代表纳税人表达利益诉求，但是由于纳税人协会的成立更多是源于税务机关的委托，税务机关下放某些权力，将管理压力分散，从而应对繁杂的税收问题，通过与纳税人协会的合作达成共赢的局面。这样导致纳税人协会对税务机关过度依赖，协会是服务于税务机关还是纳税人反倒分不清楚。其次，纳税人协会的维权手段有限。与其说手段有限，不如说是心有余而力不足，在现有法律框架下，纳税人维权的渠道本就阻塞。现阶段纳税人协会对税收立法参与、用税监督等领域的纳税人权利保护并无涉及，对于协助纳税人诉讼维权也涉及较少。纳税人协会主要从事税收法律法规的宣传以及税务培训等边缘性事务，主要功能严重缺失，保护纳税人权利的作用有限。最后，纳税人协会本身自治水平低下。在制度层面，缺少完善的工作机制，存在部门设置不科学、机制缺失和运行不畅等问题。其中，机构分工负责不明确、绩效评估制度不完善、缺少健全的内部工作会议制度并且没有相应的议事决策机制等问题尤为突出。在人员结构上，纳税人协会缺少如注册会计师、税务师、税务律师等专业人士，业务能力不能达到理想水平。纳税人协会自身建设的不完善，使得对纳税人的利益诉求不能予以有效处理，社团建设的实际效果亟待进一步改善。

三、财税司法建设中纳税人参与能力的缺失

实践中在财税司法建设环节，纳税人的参与度偏低而且参与能力有限。根据 2019 年中国税务行政诉讼大数据报告，[1]税务行政诉讼在全部行政诉讼中占比不大，而且 2019 年度税务行政诉讼相对人胜诉率仅为 8%，税务机关胜诉率 64%，在原告胜诉的案件中，超过 80% 的原告聘请了律师，败诉的案例中仅有 36% 的原告聘请了律师。税务行政相对人缺乏专业税法知识，缺乏对税务机关行政行为合法性、合理性的判断，与税务机关存在严重的信息不对称。许多案件起诉不符合受案范围或原告不具备主体资格，未被法院实体审理，还有很多案件由于当事人不能从税法和行政法角度提出有效的意见，无法获得法官的认可。从税务诉讼的结果来看，纳税人在司法诉讼中处于弱势地位，维权能力有限。从制度上来看，纳税人权利救济机制的不合理与纳税人公益诉讼制度的缺失，影响了财税司法建设中纳税人参与能力的培养。

（一）纳税人权利救济机制的不合理

根据我国法律规定，当纳税人不服具体税务行政行为时，有权申请行政复议，对行政复议结果异议的有权提起行政诉讼。在看似给予了救济权利的表象下，纳税人权利救济机制存在诸多不合理之处，尤为受学界诟病的便是"清税前置"制度。《税收征管法》第 88 条第 1 款规定："纳税人、扣缴义务人、纳税担保人同税务机关在纳税上发生争议时，必须先依照税务机关的纳税决定缴纳或者解缴税款及滞纳金或者提供相应的担保，然后可以依法申请行政复议；对行政复议决定不服的，可以依法向人民法院起诉。"纳税人如果想提起行政诉讼，必须先依照税务机关作出的纳税决定缴完全部税款、滞纳金或提供相应担保的前置程序后，才可以向有关机关提起行政复议，如果对行政复议结果不服，方可提起行政诉讼。"清税前置"制度的不合理之处使得纳税人在司法救济中的参与能力受限。

首先，纳税人行使司法救济权时往往被推定为"有罪"，其与税务机关抗衡能力有限。纳税人清缴税款属于实体法范畴，"而对税务决定不服，依法行

---

〔1〕　参见北京德恒律师事务所："2019 年中国税务行政诉讼大数据报告"，载 http://www.acla.org.cn/article/page/detailById/28530，最后访问日期：2022 年 4 月 18 日。

使诉权，提起诉讼，属于程序法的范畴，两者是属于不同法域的概念。"〔1〕清税前置制度为了保障税款入库，使得本应并行不悖的义务与权利强行有了必然的前后关系。而可以保障税收不流失的税收强制措施、保障行政相对人权利的停止执行行政行为的规则在实践中使用较少。对税款的前置清缴是将纳税人推向了"有罪"的境地，履行完税务决定才有和税务机关分庭抗礼的机会，在进入司法审判之前，法律的天平倾向于税务机关。其次，纳税人经济能力的大小影响了其参与司法救济的资格。在清税前置制度下，纳税人需要在短时间内筹集大笔资金，才有进一步证明自己行为合法的资格。如果纳税人没有清缴的经济条件，便等同于丧失了维权的资格，早早地被"拒之门外"。这就造成了纳税人花钱买救济权的局面，经济能力的高低不应成为救济权行使的条件，即使是无资力的纳税人也应当享有救济的权利，救济的属性是公平而非充满歧视。〔2〕最后，不合理的权利救济机制大大降低了纳税人的司法建设参与积极性。清税前置制度的存在，使得纳税人维权成本过高，且经过漫漫维权路之后效果也普遍不尽人意，最终严重降低了纳税人通过法定途径维权的积极性。而不服税务决定的诉求只能寻求非法定途径来解决，恶化了已然很紧张的征纳关系，也不利于税收法治进程的推进。

（二）纳税人公益诉讼制度的缺位

建立纳税人公益诉讼制度，有助于加强财政监督力度，建立廉洁、节约型政府，也有利于增强纳税人权利意识，完善纳税人权利保障制度。但可惜的是，我国关于纳税人诉讼制度目前仍处于理论探索阶段，实践中尚处于空白状态。制度的空白造成纳税人参与能力的缺失，虽然有纳税人的不断尝试，但是实际效果收效甚微。

我国《宪法》第41条规定"中华人民共和国公民对于任何国家机关和国家工作人员，有提出批评和建议的权利；对于任何国家机关和国家工作人员的违法失职行为，有向有关国家机关提出申诉、控告或者检举的权利，但是不得捏造或者歪曲事实进行诬告陷害。"《宪法》虽然赋予了公民广泛的监督权，但是，行政诉讼的受案范围将与原告不存在直接利害关系的具体行政行为排除在外，虽然原《最高人民法院关于适用〈中华人民共和国行政诉讼法〉

---

〔1〕 吴挺明、柯晨："论清税前置制度"，载《现代法治研究》2017年第4期。

〔2〕 参见胡玉鸿："'失败者正义'原则与弱者权益保护"，载《中国法学》2014年第6期。

若干问题的解释》（法释〔2015〕9 号）第 12 条对受案范围有所扩大，但纳税人公益诉讼依旧没有被实践所承认[1]。

2006 年 4 月 3 日，蒋石林以一名普通纳税人的身份状告湖南省常宁市财政局，要求法院认定该局超出年度财政预算购买两台小轿车的行为违法，并将违法购置的轿车收归国库，以维护纳税人的合法权益。该案被誉为"中国纳税人诉讼第一案"，最终因为不符合行政诉讼的受案范围被驳回。[2]总而言之，建立纳税人公益诉讼制度，能够加强纳税人对用税监督权的享有感、培养纳税人以主人翁的态度重视财政支出行为的合法性，更是纳税人行使用税监督权的有力手段。

四、财税守法建设中纳税人守法能力的停滞性

衡量和评价一个国家的税收征管制度是否有效，国际上通行的标准主要为：一是看税法能否被税务机关正确、高效地执行；二是看税法是否被纳税人较好地遵守。[3]税收遵从，从纳税人的角度来讲指的是纳税遵从，纳税人在税收征管过程中，无论是行使权利抑或是履行义务，都需要遵守税收法律规则。纳税遵从度是税收法治的重要考量因素，纳税遵从度高表明纳税人守法自觉，有足够的守法能力，体现出税收制度的成熟度高；纳税遵从度低则表明纳税人守法意识停留在被动遵守层面，守法能力不足，税收制度安排也需相应作出调整。纳税人的权利意识、守法意识，以及国家公务员的责任意识的进一步强化，是构建法治社会的突破口。[4]培养纳税人守法意识，提高纳税人守法能力，是税收征管改革和财税法治建设的终极目标。

（一）纳税人守法意识停留在被动遵守层面

报告显示，在纳税遵从度的现状调查中，就税款缴纳而言，受访者表现出不同的态度，有 28%的受访者认为应该及时主动缴纳，有 66%的受访者倾向于被动缴纳，有 5%的受访者倾向于逾期缴纳，有 1%的受访者倾向于不缴

---

〔1〕　原《最高人民法院关于〈中华人民共和国行政诉讼法〉若干问题的解释》第 12 条："公民、法人或者其他组织对行政机关不依法履行、未按照约定履行协议提起诉讼的，参照民事法律规范关于诉讼时效的规定；对行政机关单方变更、解除协议等行为提起诉讼的，适用行政诉讼法及其司法解释关于起诉期限的规定。"目前最新版本的司法解释（法释〔2018〕1 号）已经将该内容删除。

〔2〕　参见施正文："我国建立纳税人诉讼的几个问题"，载《中国法学》2006 年第 5 期。

〔3〕　参见阮家福："论我国税收不遵从的现状、成因与对策"，载《当代财经》2005 年第 1 期。

〔4〕　参见刘剑文："税收法治：构建法治社会的突破口"，载《法学杂志》2003 年第 3 期。

纳。在办理税务登记、变更、注销方面，有 18% 的受访者表示会及时主动办理，有 54% 的受访者认为会被动办理，有 25% 的受访者认为会逾期办理，有 3% 的受访者会放任不管。[1] 从此可以看出，纳税人被动遵守的占比较高。

不管是税收法律制度还是税收征管理念，都突出税收的强制性、固定性和无偿性，强调纳税人及时足额纳税的义务。"义务本位"思想不仅根深于制度中，而且蒂固于纳税人的思想中，导致纳税人基本处于被动遵守听从的地位。[2] 首先，从法律制度的角度来看，纳税遵从被动的原因主要是我国的税收制度不成体系，纳税人遵从的依据散落在多个规范性文件中，操作具有复杂性。而纳税人的专业度不够，自然导致守法能力有限，只能被动地等待税务机关的督促。其次，紧张的征纳关系也会使纳税人守法呈现不积极状态。税务机关于征纳关系中一直处于强势地位，"官本位"思想下税务执法人员粗暴执法时有发生，纳税人对政府产生不满，对财政支出的使用方向不满，对不公平的税收制度存在不满，对自身权利缺乏保障不满，为发泄各种不满情绪，纳税人容易产生抗拒的心态，降低了自觉遵守的积极性。再次，一方面社会大环境处于被动守法的状态，当社会群体都在追求自身利益最大化的情况时，如果没有丰富而又精准的监管措施，纳税人便会对主动纳税产生消极心理。另一方面，从纳税人自身因素探索其被动遵守的原因，主要有税收法治观念淡薄、对不遵守法律可能带来的否定性后果认识不足、存在侥幸心理等因素。纳税意识浅薄、对税收的片面认识使纳税人无法形成正确的纳税观念，比如不少自由职业人认为纳税是企业的事务，税务机关稽查不到个人不纳税的情况，便可多一事不如少一事，需要缴纳税款的时候税务机关自会找上门来的错误思想。最后，纳税人的税收知识掌握不足，对税法规定的纳税义务不了解，对履行纳税义务的程序不了解，往往不能全面、准确、及时地履行纳税义务，在税收征管实践中，确实存在纳税人不懂税法，不清楚自己究竟申报哪些税种等现象。这种畏难心理也使纳税人主动遵从的意识难以提升。从我国目前状况看，纳税人采取"积极主动"态度的人不多，采用"抗拒"态度的人也很少，群体中大多数人处于一种中间状态，即"消极观望"状态，

---

[1] 参见梁新："纳税人遵从度调研报告——以杭州市上城区为例"，载《行政事业资产与财务》2016 年第 22 期。

[2] 参见孙洪："新时期纳税服务出现五大转变"，载《中国税务报》2007 年 9 月 5 日，第 7 版。

能不缴税就不缴，税务机关通知缴纳再缴。

（二）纳税人守法倾向与社会利益关联不大

关于主动遵从的原因，有调查显示，有11%的人选择国家和社会需要纳税遵从，有26%的人选择税收遵从是企业负责任的表现，有8%的人选择享受遵从了利益不会受损的优惠政策，有13%的人选择国有企业需要遵从，有5%的人选择上市企业必须遵从，有28%的人选择办税员职业道德的体现，有9%的人选择其他。[1]从调查结果来看，纳税人守法倾向与社会利益关联不大。

纳税遵从可以分为多种类型，从形成原因及表现形式来看，主要有以下几种类型：防卫性遵从，出于防御动机，害怕受到处罚而采取合规行为，也是被动遵守的一个类型；制度性遵从，指的是因制度设计的严谨性，税务管理的严密性，纳税人客观上没有逃避义务的机会，从而选择纳税遵从；自我服务性遵从，遵从是为了通过合理的税收筹划以追求自身利益最大化，以最小的投入完成守法的义务；习惯性遵从，纳税人因长期以来的遵法合规行为形成的惯性，继而对税收法律法规予以遵从的方式；忠诚性遵从，纳税人因负有道德上的义务而积极、主动自觉地纳税申报应付税款的纳税遵从方式；代理性遵从，由税务代理专业人员为委托人完成代理事务，达到纳税人履行纳税义务的税收遵从效果。

从纳税遵从的类型来看，纳税人守法最理想的状态是出于对社会利益的考量，主动地自愿地遵守税收法律制度。然而现实中影响纳税人守法的因素有很多，纳税人的守法倾向往往与社会利益关联不大，或是由于征税权的威慑力，或是由于社会群体压力。在纳税遵从问题上，纳税人可以作为"经济人假定"，即纳税人是有经济理性的，自觉追求自身经济效益的最大化。税收作为一种经济行为，反映在税收遵从上，就是纳税人希望以最小的支出获得最大的社会、政治和经济权利和较高的税收遵从度。所以，纳税人不仅追求缴纳税款的数额最少，还追求税收遵从的成本最小。"经济人假定"强调的是纳税人遵从行为的经济属性。[2]在此假设下，纳税人将个人利益与社会利益

〔1〕参见梁新："纳税人遵从度调研报告——以杭州市上城区为例"，载《行政事业资产与财务》2016年第22期。
〔2〕参见黄立新："税收遵从的影响因素探究"，载《税务研究》2013年第5期。

对立，将税收遵从与不遵从的成本进行比较，从而作出选择。[1]这样的守法倾向，与我国大多数纳税人缺乏正确的税收认识有关，很多人没有意识到其纳税行为的本质是在购买政府提供的公共产品。事实上，在税收债权债务关系中，个人利益与社会利益并不是对立的，纳税人履行相应的义务能够促使个人利益与社会利益相辅相成。

---

〔1〕 参见安体富、曲璐、李瑞敏："税源管理的国际比较与改革思路"，载《山东经济》2009 年第 3 期。

第二章

概念与范畴：适格纳税人的提出与展开

税收债权债务论的普及为适格纳税人的培育奠定了法理基础，面对日益复杂且失衡的税制结构，提高纳税人的税收立法参与度、加强纳税人的财政监督质效以及回应纳税人对税收征管改革的个性化需求至关重要。与此同时，政府管理范式的转型为"以纳税人为本"的税收征管改革做好了榜样，在此背景下，提高纳税人税收活动参与的积极性，培育自觉、自立与自强适格纳税人成为新时期税收征管改革的核心课题。

第一节　适格纳税人的概念与凝练

一、适格纳税人提出的必要性

（一）税收债务关系理论的引入

有关税收法律关系理论的争论最早发端自德国的法学界。当时德国行政法学家奥托迈耶（Otto Mayer）所主张的权力关系说为主流思想。该理论认为，税法是公法的一支，与警察法并列，应视为干预行政法的典型代表。[1] 征税主体与纳税人的地位不应当平等，征税主体在税收法律关系中具有绝对优越于纳税人的地位，公民的纳税行为只是被动地对国家课税权的服从，税收债权必须依托征税主体的行政行为而成立。如今以现代的税法观念重新审视该理论，不难发现其中的明显缺陷，即它以行政权力为中心构建税法体系，忽视了对于纳税人权利的保护。1919 年，德国出台了《德国税收通则》，该法第 81 条规定："税收债务在法律规定的课税要件充分时成立，为确保税收债务而须确定税额的情形不得阻碍该税收债务的成立。"[2] 这一规定首次使用

---

[1]　参见葛克昌：《税法基本问题（财政宪法篇）》，北京大学出版社 2004 年版，第 7 页。

[2]　参见〔日〕金子宏：《日本税法原理》，刘多田、杨建津、郑林根译，中国财政经济出版社 1989 年版，第 19 页。

"债"的概念对税收进行了概括，并区分了税收的成立与税收的确定，将强硬的权力关系说撕开了一道小口，自此与权利关系说截然对立的一种理论——债务关系说逐步发展起来，并逐渐为主流学者所拥护。这一全新的税法理论与理念，促使税法从传统的行政法中独立出来。

债务关系说强调征税主体与纳税人之间的平等地位，认为征税主体和纳税人之间不存在支配与被支配、管理与被管理这样不平等的关系。债务关系说重视对纳税人权利的保护，主张通过税法构成要件和纳税人纳税权利与义务来构建税法体系。在制度设计上，债务关系说认为，税收债务成立于税收构成要件齐备之际，征税主体的行政行为不过是确认该债务存在和确保该债务履行的公权要素。

税收债法理论和制度的建构对我国税法的现代化起到了推动作用。[1]我国税法体系以债务关系说为税收法律关系的基本理论，典型表现是纳税义务发生时间的规定与《税收征管法》中关于税收请求权、担保责任请求权、退还请求权、退给请求权、退回请求权以及税收附带给付请求权的规定。《税收征管法》中对于纳税人义务的有关规定，归根结底也是为了保障税收实体法上请求权的实现。因此，税收债务关系理论的普及使我国税收征管理念向纳税人主导转变，以保障纳税义务适当履行为根本目的的税法体制、征管改革、服务提升、协同共治等各项措施陆续出台，核心要义在于培育拥有强烈主体意识、充足纳税能力与高度社会责任于一体的"适格"纳税人。

（二）税制结构的复杂与失衡

就目前我国的现行实体税种来看，不同税种在征税对象、税率、税款计算方法上均有一定差异，例如增值税只需要计算增值部分所应缴纳的税款，而消费税则需按照商品的价格计算税款。我国的税收承担着宏观经济调控、缩小贫富差距的功能。这也意味着国家必须依靠复杂的税收制度设计才能发挥全方位的调控作用，"复杂繁琐"往往与精准有效相挂钩。比如个人所得税超额累积税率的设计可以对高收入人群课征更高税率的税款，而低收入人群只需要适用较低税率。设定消费税的主旨是调控一系列特定消费品市场，提高消费门槛，抑制社会对特殊消费品的需求。我国的税制结构较为复杂，税收知识既囊括了法律知识，还结合了财会知识，对于普通广大公民而言学习

---

〔1〕 参见刘剑文："我国应重视税收债法的研究"，载《税务研究》2004年第1期。

难度较大。[1]复杂的税收制度设计也意味着行业的壁垒较厚，要求对税收知识有专门学习或研究，否则往往难以准确理解、计算和适用各类涉税条款。

从制度体系化视角来看，我国税收制度存在一定的结构失衡问题，主要表现为直接税收入在整体税收收入中所占比重较低，致使间接税一直是我国财政收入的主要来源。根据数据统计，我国 2020 年直接税所占比重为 34.9%，远低于欧美发达国家，甚至低于同属金砖国家的巴西和俄罗斯。[2]区分直接税与间接税的标志在于税负能否随着征管环节而转嫁，间接税的转嫁过程具备极强的隐蔽性，普通纳税人很难察觉，由此引发的直接后果是纳税人税收负担的无形增加，但久而久之仍会增加纳税人的税收痛感，从而提高纳税不遵从的风险。因此，厘清与简化我国的税制结构，降低税收知识准入门槛，提高直接税的比重，是培育适格纳税人的制度要求，同时也是"以纳税人为本"导向下税收征管改革的必经之路。

（三）征管理念与技术的转变

税收行政执法的工作量繁重，涉及面广泛，税务机关能否能够依法、高效地完成税收征管工作，关系到纳税主体对政府信任感、认同感的培养以及人民对税收法治建设的信心。近年来，随着税收债务关系说和纳税人权利理念的兴起，我国税务机关渐渐摒弃传统的税收征管模式，向"服务型"政府转型。伴随着"管理"向"服务"转变的税收征管理念的普及，税收征管技术也不断升级，为适格纳税人理念的提出以及现实的培育奠定了坚实基础。

2021 年中共中央办公厅、国务院办公厅印发了《关于进一步深化税收征管改革的意见》，使得税收征管改革向前迈进了一大步。该意见坚持了治税有数、执法有章的理念，内容涵盖税收执法、税收服务和税收监管三大方面，系统地回应了当前税收征管领域普遍存在的问题，例如执法缺乏规范性、征管准确度较低、行政粗放等，实现了业务流程、制度规范、数据要素、岗责体系等重要板块的一体化融合升级。这些改进措施显著地降低了税收征纳成本，较大地提升了纳税人的税法遵从度和社会满意度。该意见着眼于税收服务，纠正了长期以来税收执法部门粗放式、选择性、一刀切的弊病，力图依托先进的互联网技术，在我国建立全面、完善、优质、高效的税收服务体系，

---

[1]　参见李慈强："纳税人教育：税收征管法治建设的新议题"，载《江汉论坛》2016 年第 7 期。
[2]　参见刘昆："建立现代财税体制"，载《中国财政》2020 年第 22 期。

推动税务执法制度和机制的不断完善。

在税收征管技术上，我国以智慧税务为目标，以信息化为支撑，以大数据要素为驱动力，以发票电子化改革为切入点，沿着数字化、电子化的轨道不断前行，努力使新型税收征管系统兼具高集成功能、高安全性能、高应用效能的优势。近年来，税务机关依托互联网技术和大数据技术，大力推行线上缴税模式，不断拓展"非接触式"办税缴费范围，基本实现了"服务不见面，时刻都在线"，提升了税收征管效率和税收治理现代化水平。税收征管理念的转型以及征管技术的数字化普及，为适格纳税人的培育提供了舒适的摇篮，有助于纳税人深刻认识自身的主体地位，充分发挥人的能动性要素，使税收征管真正以纳税人为主导、以纳税人为中心，实现税收征管的人本化改革。

二、适格纳税人概念的提出

回顾财税法学研究史，并未有学者明确提出"适格纳税人"这一概念。活跃于报纸、新闻媒体以及学术文章字眼中的，大多是"合格的纳税人"[1]"有担当的纳税人"等类似的表述。"适格纳税人"这一概念由两部分构成，即"适格+纳税人"，纳税人作为各国民主政治的主体，是国家与公民、公私关系的具象化代表，其内涵与概念已有充分的讨论与研究，在此不再赘述。"适格"一词源于民事诉讼法中的"当事人适格"，在德国民事诉讼制度中将其称为"正当当事人"，用以判断当事人能否以自己的名义提起诉讼或被诉，属于资格准入标准的问题。公民权利意识的觉醒、社会法治理念的普及以及司法救济体系的健全，使得法律维权变得触手可及，诉讼主体的"适格"问题成为诉讼法领域的研究重心，"适格"一词逐步延伸至法学其他领域，成为主体资格问题的代名词，如"适格董事""证人的适格性""适格投资者""适格的残疾人制度"[2]等。狭义的"适格"仅用以判断制度主体资格是否符合既定标准，而广义的"适格"并未将适用对象限制在自然人或法人范围，

---

〔1〕 李炜光："做个现代社会的合格纳税人"，载《中国储运》2014 年第 5 期。

〔2〕 胡晓静："论董事自我交易的法律规制"，载《当代法学》2010 年第 6 期；汪建成、杨雄："警察作证制度的理论推演与实证分析"，载《政法论坛》2003 年第 4 期；王华秀："论银行个人理财纠纷救济机制的构建"，载《税务与经济》2015 年第 5 期；刘鑫、徐伟功："美国反残疾人就业歧视法律制度及其借鉴研究"，载《中国人力资源开发》2015 年第 5 期。

客观事物、制度标准也当然被涵括在内，如刑事诉讼中的"证据适格性"、劳务派遣中的"用工标准适格"[1]等。综上，"适格"一词已被普遍用于判断主体、制度、事物等是否符合客观标准（包括法律标准、社会道德标准等在内的各类标准），"适格者"能够进一步适用相应制度，反之则不具备准入资格。

从"适格"的内涵切入，纳税人适格似乎是一个悖论。人类文明的延续离不开社会的分工与合作，社会性是人类的首要属性与特征。伴随着商品交换规模的扩大，市场私主体之间难以协商达成共同的社会发展目标，加之公共服务、公共物品具有非排他性，亟需具备公信力的主体介入改善这一情况，国家便应然而生。"交换说"理论认为，纳税人以个人财富为代价与政府交换获得其所提供的公共服务与产品，进而维系社会的稳定运作，可见，纳税人身份是公民随着社会经济的变迁而自然获得的，与自然法意义上的人权相类似。那为何要在纳税人这一固有身份前设置"适格"之门槛？"适格"与纳税人身份是否产生冲突？

作为资格门槛或者准入标准，"适格"的引入意味着"不适格"客观现象的存在。在税收征管领域，纳税人"不适格"现象与纳税不遵从直接相关，无论是利己性不遵从、习惯性不遵从、社会性不遵从，抑或是无知性不遵从、懒惰性不遵从，[2]纳税人"不适格"始终根源于纳税义务的不履行或者不适当履行，在实践中具体表现为各类纳税信息的迟延申报、税务登记的不适当办理、账簿会计凭证以及发票的不合规管理、税款征收的违法逃避等，个别不遵从行为可能是由税收制度的不完善所引发，但绝大多数的纳税不遵从仍可归结于纳税人主体意识不强、纳税能力不够、纳税理念模糊。

"适格"标准的引入并不意味着对"不适格"纳税人主体身份的剥夺或剔除，"适格"门槛的设置也并不阻碍"不适格"纳税人正常公共福利的享受，无论纳税人"适格"与否，纳税人的宪法主体地位不会动摇。因此，税

---

[1]　李莉："论刑事证据的证据能力对证明力的影响"，载《中外法学》1999年第4期；张宝刚："论用人单位与劳务派遣工之间的关系"，载《北京市工会干部学院学报》2007年第1期。

[2]　See Robert Kidder, Craig McEwen, "Taxpaying Behavior in Social Context: A Tentative Typology of Tax Compliance and Noncompliance", in Jeffrey A. Roth and John T. Scholz eds., *Taxpayer Compliance*, Vol. 2, Philadelphia: University of Pennsylvania Press, 1989, pp. 47–75. 转引自国家税务总局纳税服务司：《国外纳税服务概览》，人民出版社2010年版，第12页。

收征管领域的"适格"纳税人并不会排斥任何纳税主体对于税收征管制度的适用,"适格"理念的普及以及"适格"制度的推广,其核心目的是塑造纳税人主人翁的价值观,借助征管制度对"适格"与"不适格"的纳税人进行"区别对待"。例如"适格"纳税人能够在正常纳税服务基础上享受更为便捷的服务,获得额外的声誉、经济等各类激励,反之,"不适格"纳税人将被税收征管机关列为重点监管对象,重大违法失信主体甚至会受到各行政部门的联合惩戒。

申言之,适格纳税人是税收征管改革对纳税人提出的理想化目标,是集强烈主体意识、高度纳税能力与坚定社会责任心于一体的"完美"纳税人。适格纳税人能够在遵从纳税义务的基础上,识别自身的利益立场,从私主体的视角切入审视公民、社会与国家间的关系,以合法正当的方式表达自身诉求,对现行税收征管制度提出切实有效的改进与完善建议,与公权力机关密切配合,积极参与我国财税法治的建设与发展。简言之,适格纳税人是具备与其经济实力、社会地位相匹配的纳税能力、主体意识以及政治观念,能够按照量能课税原则参与税收征管工作和国家财税法治建设的主体。[1]适格纳税人构成推进财税法治体系现代化、实现财税治理能力现代化的坚实主体基础。

三、适格纳税人特征的凝练

(一) 具备主体意识

适格纳税人应当具备一定的主体意识,自觉认同自己的纳税人身份。"主体意识是商品经济和民主政治的产物。"[2]无论是奴隶制社会的主奴人身关系,抑或是封建时期血缘氏族的附庸人身关系,集权与垄断式的政治经济关系决定了当时的部分主体难以存在主体意识。伴随商品经济的兴盛与民主政治理念的普及,公民的权利意识逐步觉醒,维权运动生生不息。现代经济社会中纳税人的主体意识主要包括三个层次,首先是权利斗争意识,为个人的生存环境与生活需求而斗争,认识到个体权益不容侵犯的自然价值,体悟到"为权利而斗争是个人的义务"[3]。在财税法领域具体体现为"征税有道,

---

〔1〕 参见李慈强:"纳税人教育:税收征管法治建设的新议题",载《江汉论坛》2016 年第 7 期。

〔2〕 甘功仁:《纳税人权利专论》,中国广播电视出版社 2003 年版,第 290 页。

〔3〕 [德] 鲁道夫·冯·耶林:《为权利而斗争》,刘权译,法律出版社 2019 年版,第 15 页。

用税透明"，公民所让渡的私人财产权必须符合自身的利益需求，否则纳税人将运用法律武器与公权主体相抗争；其次是社会主体身份意识，社会成员是纳税人主体的身份前提，和谐稳定的社会环境难以维系，纳税人身份从本质上也失去了讨论的意义。纳税人第二层次的主体意识要求其将社会成员资格内化为自我的一部分，在个体理性与经济人理念的驱动下，纳税人还应将社会公共利益纳入自我行动的考虑范畴，在行使权利或履行义务时反复权衡个体利益与社会利益，自觉履行社会稳定和平的维护职责，在社会公共权益受到侵犯时，勇于为权利而斗争；[1]最后是参政议政的国家主人翁意识，纳税人视角下的参政议政主要体现于对财政收支活动的监督与提议，单纯的自我保全与社会稳定维护是难以保证国家长久的进步与发展的，纳税人应将个人利益诉求与社会集体利益诉求通过公权机关所提供的合法渠道表达与声张出来，顺应税收征管改革大势，参与到税收协同共治大格局之中，以共同富裕为终极理想，充分发挥纳税人个体的差异性特征，打造多元化共治的民主政治国家。

另外，纳税主体意识的培养与税收道德教育息息相关，从纳税人的社会身份和自身特征分析来看，纳税人的年龄与税收的社会认同性相关度很高。通常而言，年龄较小的纳税人主体意识较弱，随着纳税人年龄的增长，其社会经验也相应丰富，对社会规范的认识也在不断提高，主体意识也会得到相应强化。这一定程度上从侧面反映了我国税收道德教育效果不明显，长期以来税收道德的宣传教育是不成功的。培养税收道德任重而道远，不可急功近利，需要我们从小树立纳税的意识。作为个人也要积极地融入整个社会的大环境中，在社会上找到自己的位置，明确自己的身份，只有这样才能真正认同自己作为社会的一份子，从而提高自己的主体意识。

（二）通晓专业知识

适格纳税人应当通晓各种涉税专业知识。如前所述，税收知识具有相当高的准入门槛，纳税人欲想通晓税收专业知识，一方面须发挥主观能动性，主动接触税收理念与知识，借助税务部门所提供的各类税收知识宣传媒介，提升税收知识水平。如今纳税服务不再受到具体形态的限制，征管机关通过互联网办税厅、微信公众号、网上课堂等线上方式进行税法宣传和政策的解

---

[1]　参见［德］鲁道夫·冯·耶林：《为权利而斗争》，刘权译，法律出版社2019年版，第32页。

读，改变了以往纳税课堂的形式，让纳税人的学习时间不再受空间和时间的限制，为征税主体进一步普税解税提供了良好的契机。尤其对于企业类的纳税人而言，是否具有良好的税务风险管理知识，对于企业战略决策的制定具有至关重要的作用，甚至关系到企业的生死存亡。因此，企业应当高度重视涉税风险管理工作，强化税务知识宣传与普及，同时企业员工也需要树立涉税风险防范意识，并掌握一定的税务知识。对此，企业可以定期组织涉税知识培训活动，提高员工的税务知识水平和能力，员工也应当积极配合企业的纳税工作，提高企业税务工作质量和效率，降低自己和企业的涉税风险，促进企业税务管理工作的顺利开展。

另一方面，纳税人可以请求涉税第三方主体的帮助，例如税务师、会计师、律师等专业人士，利用其已有的丰富涉税服务经验，充分发挥其行业专业性，进而推动纳税人税收知识能力与水平的提高。为满足广大纳税人对税收知识的需求，税务部门应借鉴成熟稳定的商业大数据技术建立纳税人需求体系，有针对性地进行税收宣传，推送纳税人需要的税收知识，尤其是直接关系到纳税人基本利益的税收优惠政策，大力宣传税收执法程序和纳税人权益等，由提供方便快捷的浅层次服务阶段向有针对性地推送税收政策和保护纳税人权益的深层次服务阶段发展。

（三）善于权衡公私利益

税收的重要性已无须多言。对于国家而言，税收是财政收入的重要来源，是维持国家机器正常运行、政府工作顺利开展的经济保障和基本动力。失去了税收，国家就会像无根之木、无源之水一般，失去立足的经济之本，遑论建设和发展。税收固然是从公众的财产中收取的，但其并非永久转移给国家后任凭政府及其工作人员恣意挥霍。税收所得的款项最终还是会以公共产品的形式返还给公民，以提高公民的生活水平和生活质量。放眼望去，我们所身处的社会中，几乎所有的基础设施建设，都是以税款为财政保障的。所以，在税收这个问题上，公民与国家并非对立关系，而是一种良性的互动关系。认识到这一点是纳税人建立对于纳税行为认同感的关键。正是因为税收具备"取之于民、用之于民、造福于民"的特性，纳税人应当深切地认识到，纳税行为本质上还是与自身的利益相一致的。如果纳税人不依法履行纳税义务，国家得不到充足的税款，国库就会陷入空虚，财政就会濒于瘫痪。那时，国家和政府想要开展任何利国利民的建设工作或管理工作都无以为继，良好的经济秩序和社会秩序也就无法维持。这无论对于个人还是企业而言都会是一场灾难。因此，缴纳税款的行为，虽然在短期内看来，是一种导致自身财产流失的行为。但是如果将眼光放长远一点，国家和政府有了足够的资金支持，为广大公民创设出更良好的经济环境和社会秩序，最终受益的还是纳税人自己。所以，适格纳税人应当善于权衡公私利益，深谙纳税这一行为在实质上是公共利益和私人利益的平衡，理解公共利益和私人利益其实并不矛盾，二者在本质上是一致的，只有这样才能形成对于纳税行为的认同感，做一个遵纪守法的纳税人。

四、适格纳税人法理价值的归纳

（一）培养纳税人意识

所谓纳税人意识，是指在纳税人税收活动中，通过行使权利和履行义务，对税收法律制度在思想上形成的综合认识。纳税人意识主要包括三部分：主体意识、权利意识和义务意识。[1]一个国家整体的纳税人意识形态能够直接反映出这个国家的治税理念与价值追求。

纳税人主体意识，是指纳税人意识到自己才是国家的主人翁，具有独立的法律人格和法律地位，与征税主体处于平等的地位，而不是单纯地听从公权力机关的安排或者任意受其摆布。拥有主体意识的纳税人，能够深刻理解自己的公民身份，作为市场经济的参与者和国家政治生活的参与者，能够对自己的行为负责，享有与别人同样的权利，负有与别人同样的义务。[2]税务机关在日常的税收征管活动中，应当注意充分尊重纳税人的主体地位。

纳税人权利意识，是指纳税人能够依法、自觉地行使自己被法律赋予的权利，既不忽视自己的合法权利，也不滥用自己的合法权利。纳税人行使权利的行为，应当是在理性思考下做出的。这就要求纳税人对于自己拥有哪些权利，以及如何正确地行使这些权利有一个基本的了解，并懂得如何在日常的纳税活动中，有效地运用这些权利保护自己的合法权益。

纳税人义务意识，是指纳税人能够依法、自觉地履行自己的法定纳税义务，积极、主动、正确地进行纳税申报工作，配合税务机关的税收征管工作，

---

[1]　参见盖地："简论纳税人意识"，载《财会学习》2010年第5期。
[2]　参见甘功仁：《纳税人权利专论》，中国广播电视出版社2003年版，第290页。

不实施逃税、漏税、抗税等违反税收法律法规的不法行为，维持良好的纳税信用状况。只有每个纳税人都树立了纳税人义务意识，自觉承担自己的法定纳税义务，良好的税收征管秩序才得以保证。

总而言之，适格纳税人理念的推广有助于树立良好的纳税人意识，随着纳税人意识的不断成熟和自觉外化，其将逐渐变成纳税人的共同信念和共同意识，适格纳税人这一队伍也因此会不断地壮大，为税收法治建设打下良好的思想基础。

（二）提高政治参与度

从表面上看，税收征管活动是一个令人乏味的实务问题，但是实际上，税收的本质反映了政府行政活动存续的来源，深层次折射的是政治问题。在此意义上，纳税人积极纳税也是一种政治参与。[1]我国纳税人的政治参与热情普遍不高，这是目前亟需改变的状况之一。作为一个适格的纳税人，具备较高的政治参与积极性是其必须具备的条件之一。公民政治参与的核心原则建立在税收参与促进政治转化的理论假设之上，即公民参与能够催生出更多的公众所偏爱的决策，会给社会带来更多的利益。[2]适格纳税人必须具备浓厚的主体意识，认识到自己是国家的主人，有权行使自己作为公民和纳税人的法定权利，并能够根据自己的经济实力、职业性质和社会地位以及其他因素，借助各种方式学习和积累纳税知识和纳税经验，积极主动地参与到税收征管的各项政治活动中来，比如税收立法、税务听证、财政监督等，为社会主义财税法治建设贡献自己作为公民的一份力量。

从民主行政的视角来看，无论是在公共决策领域，还是在公共事务的管理过程中，政府都倾向于融入更多的公民参与。[3]为实现税收共治的理想目标，政府应当积极回应纳税人想要参与涉税政治活动的要求，积极拓宽公民进行涉税政治参与的途径，开辟和搭建纳税人反映自己意见的畅通渠道，让纳税人理性的声音与合理的意见得以传达至公权力机关，并影响政策的制定和实施。事实上，适格纳税人政治参与的核心就在于公民如何处理其与政府、

---

〔1〕 参见陈琳："纳税是一种政治参与"，载《思想政治教学》1999 年第 4 期。

〔2〕 参见顾丽梅："解读西方的公民参与理论——兼论我国城市政府治理中公民参与新范式的建构"，载《南京社会科学》2006 年第 3 期。

〔3〕 参见曾莉："公共治理中公民参与的理性审视——基于公民治理理论的视角"，载《甘肃社会科学》2011 年第 1 期。

国家之间的关系。一个适格的纳税人，应当认识到自己的法律地位，不断为自己的权利努力，不仅要做到自觉依法履行自己的纳税人义务，更不能忘记自己被法律赋予的纳税人权利。尤其是为了守护住来之不易的权利，并不断地为其补充新内容、赋予新内涵，更需要纳税人自己积极地参与到与税收相关的各项政治活动中去。因此，拥有较高的政治参与积极性是适格纳税人的必备条件，也是纳税人适格的综合体现。

（三）塑造公共理性观

民主国家的一大重要特征就是公民普遍地具有公共理性。公共理性观的塑造对社会秩序和社会治理具有至关重要的作用。只有塑造了公共理性观的公民，才能确立公民主体意识，认识到自己才是国家的主人，形成正义、平等、自由、秩序等法治观念，积极、主动地参与到与自己利益息息相关的政治活动中去。但是就目前的情况来看，我国纳税人普遍缺乏对于社会事务与政治事务的关心，即使是对于许多与自身利益息息相关的社会事务，很多人也都处于茫然不知或者漠不关心的状态。由此可见，塑造我国公民的公共理性观还任重道远。现实生活中，少部分公民也会偶尔参与到政治事务中来，但他们中的绝大多数也并非具有公共理性观，而是基于个人理性和利己主义观念，以自己的利益而非公共利益为追求目标。这同样也不是一种科学合理的政治参与意识。完善适格纳税人的教育，塑造纳税人公共理性观在财税法治建设中必不可少。只有公民普遍建立了公共理性观，社会秩序才能走向稳定、和谐，公共之善或社会的公平正义才有可能达成，民主国家的建设目标才有可能真正实现。

纳税人的公共理性主要包括以下方面内容：第一，规范地表达意愿是公共理性的前提和基础。表达民意的重要性毋庸置疑，民意无法表达，就无法为公权力机关所知晓，公民自然也无法进行相应的政治参与活动。因此，纳税人表达自己意愿的权利受到法律和公权力机关的保护，法律有必要为此提供基本的立法保障。不过，虽然纳税人的知情权和表达权是纳税人实现政治参与的前提，但是有公共理性的纳税人不能滥用这些政治权利。纳税人必须在坚持政治正义的基础上，基于真实的客观实际情况和严谨的数据，通过自己的理性思考和逻辑分析，得出具有信服力的结论，而后再规范地表达自己的意愿。单纯的、非理性的情绪宣泄只是对舆论的煽动，很容易走向极端，无法体现纳税人的真实意思，更不能将问题的解决引入正确的轨道。因此，建立在非理性基础之上的情绪宣泄和臆测对于政治事务的推进和公共事务的解决实际上并无益处，只会增加纳税人和政府的负担，加大政治协商的成本，降低民主政治的效率。因此，规范地表达自己的意愿，是公共理性的必要构成条件，也是建立法治化税收征管秩序的应有之义。

第二，学会接受异见、凝聚共识是公共理性的重要表现。不同的人所处的立场不同，所追求的利益也各不相同。对于同一公共事务，不同利益团体所作出的选择也不尽相同。面对着日益多元化的社会和利益群体，不形成"重叠共识"，很难得出一个符合绝大多数人利益的方案。我国的财政领域经过了多年的理论研究和实践探索，形成了许多有关公共财政的基本共识，例如税收的本质、税法的基本原则、税收法律关系等。这些共识的建立为纳税人理性讨论涉税公共事务，提供了坚实的思想基础。

第三，落实税收法定原则、普遍地遵守法律是实现公共理性的保障机制。虽然目前我国的税收征管法律体系尚未完善，但是纳税人不能以此为借口，不遵守这些法律法规。遵守法律是每一位公民应尽的义务。诚然，改革存在阶段性、局限性，必然伴随着阵痛，就目前的情况来看，我国税收征管改革的真正完成还需要经历一段非常漫长的时间。所以，每一位纳税人更应当树立正确的纳税意识，依法履行法定纳税义务，行使自己的合法权利，并积极配合征税主体的征管工作，减少税务机关的工作负担，从而提高税收征管的效率，为税收征管改革的完成贡献自己的一份力量。此外，遵守法律这一要求不仅约束纳税人，同时也约束征税主体。征税主体应当严格贯彻税收法定原则，超越政治理性与技艺理性进行税收征管活动。所谓政治理性，就是以完成政治任务为导向，以征税主体和个人的政治利益最大化为原则的理性。而技艺理性则体现为征税主体机械、僵化地进行执法，不知变通，不会具体情况具体分析，导致税收征管活动中缺乏必要的人文关怀。在公共理性观的指导下，征税主体必须明确认识到社会主义公共财政的本质属性，摒弃政治理性和技艺理性这两种错误的倾向，将依法征税与保障纳税人权益有机地结合起来，这样才能最大限度地促进税收遵从，建立稳定和谐的税收征纳关系。

第二节 适格纳税人的判断标准

一、适格纳税人的判断标准

（一）纳税的认同感

一个适格的纳税人应当拥有对纳税行为的高度认同感。所谓认同感，就是能深切认识到一件事情或一个事物的价值所在，并自觉自愿地去完成的一种心理态度。所以，纳税人必须要深切认识到纳税这一行为之于自己和国家的意义，才能在不需要外力强制的情况下，自觉、自愿、自发地履行自己的纳税义务，成为一个适格纳税人。如果纳税人从内心深处并不认同纳税这种行为，缴纳税款只是出于对因为违法而导致的司法机关或行政机关惩罚的恐惧，那么他就不符合适格纳税人的主观条件，自然也不应当被视为一位适格纳税人。

在市场经济环境和民主法治社会的背景下，一个适格纳税人应当对纳税行为具有理性的认识和自觉的遵循。这种理性认识中，既包含了对自身作为国家公民主体地位、存在价值和权利义务的认识，还应当包含对纳税之于国家具有重要意义的认识。对于国家而言，税收必然是重中之重。从税收的功能来看，它既能够充裕国库、壮大国家财政力量，又能够成为调节收入分配的重要工具，使得收入的分配更加公正合理，缩小贫富差距，从而达到共同富裕的目的。对于公民而言，税款虽然来源于广大公民，但最终也会通过财政预算和公共产品提供的方式返还于广大公民。从这个角度而言，纳税行为最终造福的还是公民自己，国家和公民的利益在税收方面实现了统一。所以，人民作为国家的主人，自然应当具备对于纳税的认同感，自觉自发地履行依法纳税的法定义务，而不能推卸这份责任和义务。一切法律中最重要的法律，既不是刻在大理石上，也不是刻在铜表上，而是铭刻在公民的内心里。[1]纳税人只有从内心深处真真正正理解了税收的本质，认可了纳税的重要性，形成了对税法的认同与信仰，才能积极主动、自觉自愿地进行纳税，并自觉地鄙视和摒弃逃税漏税的行为。如果纳税人自身缺乏对于纳税的认同感，不明

---

〔1〕 参见［法］卢梭：《社会契约论》，何兆武译，商务印书馆1963年版，第67页。

白自己为何纳税，也就不会理解纳税的重要性。这种意识上的缺失也会自然地反映到他的行动之上，使之无法正确到位地履行自己的纳税义务。

（二）纳税信用状况

一个适格的纳税人应当具有良好的纳税信用状况。纳税信用是指纳税人依法履行纳税义务，并被社会所普遍认可的一种信用。换言之，纳税信用就是一种评价纳税人信用状况的标准。通过查询一个人的纳税信用状况，可以显而易见地了解其在履行纳税义务过程中的诚信程度。为了科学合理地评价一个纳税人的纳税人信用状况，为税务机关提供必要的信息参考，有必要建设一个完善的纳税人信用评估系统，准确、动态地反映纳税人的信用状况，记录其是否存在税务方面的不法行为。目前，根据《税收征管法》《国务院关于印发社会信用体系建设规划纲要（2014-2020年）的通知》《国家税务总局关于纳税信用评价有关事项的公告》等一系列的文件，我国已经初步建立起纳税信用评价体系。

纳税信用是在纳税活动中随着纳税行为的发生而一并产生的，本质上是一种道德规范。虽然纳税信用本身并不具备法律的强制约束力，但是其与科学规范的税收法律法规相辅相成，可以有效地对纳税人的行为进行约束，有效地提高他们的违法成本，从而达到规范税收征纳秩序、实现税收征管目标、优化经济发展环境的目的。毕竟纳税作为一种无偿将自己财产部分转移给国家的行为，会导致纳税人经济利益的减少。部分纳税人在经济利益的驱使下，可能会铤而走险，逐渐忘却依法纳税的基本原则，错误地走上逃税、漏税、骗税的道路。而纳税信用状况可以反映一个纳税人纳税的诚信程度，能够协助税务部门判断该纳税人是否能及时、自觉、完整地提供涉税信息，是纳税人适当履行纳税义务的重要评判标准。对于整个社会而言，纳税信用不仅仅代表其在税收领域的信用程度，也能够预示其在其他经济活动中是否守信。古语言："人而无信，不知其可也。"如果一个纳税人的纳税信用状况欠佳，可以直观地反映出其并没有正确、及时地履行法定的纳税义务，自然也就不符合一个适格纳税人的标准。

（三）税收知识与经验

一个适格的纳税人应当具备一定的税收知识和足够的纳税经验。适格纳税人不能对于税法和涉税事务一无所知，而只是被动地听从税务机关的安排，丝毫不发挥自己的主观能动性。适格纳税人不仅要具有正确的纳税意识，更要通过一定的学习去了解一些必要的、与自身利益息息相关的税收基础知识，并在实践中积累一定的纳税经验。在认识到纳税的重要性以及自己的法定纳税义务的同时，还要明白如何依法纳税，如何在自己的纳税人权利受到侵害时依法维权，以及如何更好地监督税务机关的工作。具体而言，适格纳税人需要自主学习的税收知识包括以下内容：第一，纳税人应当学习有关税收的基本概念和基本理论。其中的重中之重，便是有关税收本质和税收法律关系的知识。纳税人通过学习，明白税收的本质是公民使用公共产品所支付的对价，税收关系本质是一种政府与公民间的债权债务关系；通过学习，明白传统的行政分配论已经不合时宜，应当自觉摒弃；通过学习，确立纳税人主体意识，明白税务机关与纳税人之间不存在领导与被领导、管理与被管理的关系，征纳双方是平等主体。[1]第二，纳税人应当学习税法的基本原则，包括税收法定原则、诚实纳税原则、量能课税原则、税收公平原则等，并尝试运用这些理论去解读当下税收法律制度，理性评析税收征管行为，既用这些高屋建瓴的原理指导自己的纳税行为，也可借此行使自己作为纳税人对于税务机关的监督权利。第三，纳税人应当学习有关纳税人权利与义务的知识，了解税法中关于纳税人权利和义务的具体规定及其内涵。其一，纳税人只有明确知晓自己享有何种权利，才能在自己的纳税人权利受到行政机关侵害时第一时间拿起法律的武器维权。其二，纳税人只有明确了自身具有依法纳税的法定义务，才能积极主动地履行该义务。第四，纳税人应当学习有关税收政策、纳税法定程序方面的知识，掌握纳税申报方面的知识与经验，明白如何依法、及时、正确、高效地履行纳税义务。学习税收相关知识，不仅能让纳税人获得与税务机关进行充分博弈、运用纳税筹划等手段维护自己权利的机会和能力，还能培育纳税人的法律意识和维权意识，从而在必要的时刻维护其合法权益。此外，值得一提的是，纳税人对于税收知识的学习不能只停留在纸面上，更要在实践中去经历、体会，积累纳税经验，积极参与到税收法治建设的历史进程中。

（四）维权意识与能力

一个适格的纳税人应当具备合格的维权意识和能力。在纳税人权利受到

---

〔1〕　参见陈少英："试论税收法律关系中纳税人与税务机关法律地位的平等性"，载《法学家》1996年第4期。

侵害时，纳税人应当有意识地、冷静地使用法律武器来维权。我国的税收法治宣传工作向来是以纳税人义务为中心开展，往往将纳税人权利这部分重要的内容束之高阁，没有做重点关注和宣传。这种只聚焦纳税人义务的宣传模式，使得纳税人往往对自身的义务知晓得多，对权利知道得少，显然不利于纳税人树立良好的维权意识。这一直是我国纳税人税收权益保护问题中的不利因素。而且，在传统的税收征纳模式下，税务机关处于绝对的优势地位。在很多情况下，即使纳税人明知税务机关的行政行为侵害到了自己的合法权益，也往往由于畏惧公权力而选择不去维权。因此，广大纳税人应当积极学习税收法律、掌握税收知识、积累税务经验，明确纳税人权利的种类、内容与救济手段，自觉增强自身的纳税人维权意识。纳税人应当在意识到自己享有哪些税收权利的基础上，懂得如何行使和维护自身的纳税人权利，并在生活中灵活运用所学知识，让权利真正落实到现实中，而不只是静置于纸面的空谈。面对税务机关或其他公权力组织对纳税人权利的不当侵犯，纳税人不能无动于衷，不采取任何措施；而是应当在清楚地认识到自身的正当权利正在受到侵害时，运用一切法定的救济手段来捍卫自己的纳税人权利。法学家鲁道夫·冯·耶林曾言："大凡一切权利的前提就是在于时刻都准备着去主张权利。"[1]纳税人树立良好的维权意识，还有利于监督税务机关的工作，减少税务机关内部的违法行为。此外，在具备合格的维权意识的同时，纳税人还应该努力学习掌握合法又高效的维权方法，有效地利用各项法律提供的救济手段，提升自己的维权能力和维权水平。最后，在能力不足、精力不够的情况下，还可以求助于税务代理机构和纳税人社团进行维权。

（五）政治参与积极性

一个适格的纳税人应当参与到国家征税权的各个方面，具有政治参与的积极性。[2]从实质上来讲，纳税"具有个人委托国家代为完成自己所需、却又无力提供的公共服务的根本性质"。它不仅仅是一个财务层面的问题，它更是一个政治层面的问题，并且是与每个公民的利益息息相关的政治问题。[3]因此，涉税法律法规的制定应当坚持民主立法，集思广益，广采民意，让该

---

〔1〕［德］鲁道夫·冯·耶林：《为权利而斗争》，刘权译，法律出版社2019年版，第2页。

〔2〕参见黎江虹："经济法主体研究：以纳税人为视角"，载张守文主编：《经济法研究》（第15卷），北京大学出版社2015年版，第135页。

〔3〕参见刘剑文、许多奇："纳税人权利与公民的纳税意识"，载《会计之友》1999年第9期。

法律法规能够准确地体现每个阶层的公民的意志，反映各个阶层的公民的利益，以求促进社会主义政治文明的建设。因此，纳税人应当主动地去了解政治参与的各个途径，通过理论学习提高自己的政治素养，积极主动地参与到税收立法活动中去。

纳税人的政治参与不仅是为了个体利益以及纳税人群体利益，更重要的是为了遏制权力集中所带来的权力滥用与无序扩张的风险。"一切有权力的人都容易滥用权力，这是一条亘古不易的经验。有权力的人们使用权利一直遇到界限的地方才休止"[1]。审视我国的税收征管制度，随着"以纳税人为本"理念的普及以及简政放权式税收征管改革的推进，征税机关所担任的角色从传统的监管者与管理者逐渐向协作者与服务者所转变，其所享有的各项行政权正不断下放回归到每个纳税人手中，这正是纳税人参政议政的重大成果。纳税人的适格与否，最为重要的标志就是政治参与积极性，较高的政治参与积极性能够推动纳税人集体利益的整体提高，虽然会存在部分"搭便车"现状，但是一旦纳税人的建议得到采纳，升格为税收政策或者税收法律，那么纳税人所付出的代价都是值得的，纳税人权益将会被固定在我国法律制度体系中，纳税人所享有的各项权利范围与深度将会永久获得提高。总之，纳税人自身应当深刻认识参政议政，尤其是对政府财税行为进行监督的重要性，通过向政府机关、税收征管部门呼吁提议，扩展政治参与渠道以求得成本低廉、效率发达的纳税人政治意见表达途径。政府机关与部分也应当及时回应纳税人的整体诉求，借助税收宣传工具培养纳税人的参政理念，真正实现以纳税人为中心的税收征管改革目标。

二、各判断标准间的内在联系

（一）高纳税认同感是良好纳税信用状况的前提

纳税信用是衡量纳税人纳税行为诚信程度的标准，是社会信用体系的重要组成部分。尽管从本质上来讲，它只是一种不具备国家强制力做后盾的道德规范。但其依然可以在约束纳税人行为、降低税收征管成本、维护税收秩序方面发挥出重要的作用。税务机关、政府其他部门、社会中介等机构可以根据纳税人的纳税信用状况，判断其是否正确地履行了依法纳税义务，是否

---

〔1〕　参见〔法〕孟德斯鸠：《论法的精神》（上册），张雁深译，商务印书馆 1961 年版，第 154 页。

曾经实施过涉税不法行为，从而综合衡量该纳税人的纳税信用水平。

而纳税人自觉诚信纳税，保持良好纳税信用状况的一个前提，就是其对于纳税行为具有高度的认同感。行为是意识的产物，只有具有高纳税认同感，才能理性认识到税收"取之于民、用之于民、造福于民"的本质，才能自觉依法履行法律规定的纳税义务。当纳税人真真切切地认识到了纳税的重要性之际，才会自发、自觉、自愿地依法纳税，不使用违法违规手段进行逃税漏税活动，时刻让自己的纳税信用状况保持在一个良好的水平。如果大部分的纳税人都建立起对于纳税行为的高度认同感，那么就会自然而然地推动全社会形成诚实守信、依法纳税的良好氛围，税务机关的工作压力也会大大减轻，从而也能更好地履行职责，让税收征管活动更加顺利地开展。因此，高纳税认同感是良好纳税信用状况的前提。所以，如何通过各种手段以提升纳税人对于纳税行为的认同感，是国家和税务机关应当认真思考的重要命题。

（二）税收知识和经验与维权意识和能力息息相关

从社会实践来看，纳税人税收知识和经验的丰富性，与他的税务维权意识和维权能力水平是成正比的。没有对纳税本质的清晰认识和正确的纳税观念，就不会形成良好的维权意识，更不会在纳税实践中自觉提升自己的维权能力。而如果没有良好的税收知识储备和经验积累，当纳税人的纳税权利受到侵害时，纳税人即使想要维权，也往往容易陷入手足无措的境地。因此对于纳税人而言，税收知识和学习的经验积累，与纳税人维权意识和能力息息相关。

在互联网时代，纳税人学习税收知识通常有许多简单又便捷的途径。比如，可以通过网络的各种免费或付费的税务课程进行学习，也可以积极参加政府组织的各种以宣传税务知识为内容的公益讲座，还可以去图书馆寻找相关的书籍阅读以进行系统化学习。当然，广大纳税人并不需要以成为一个税务专家为目标对税收知识进行学习，不需要事无巨细地掌握税收活动的每一个原理、每一项操作。但是对于与自身切身利益相关的税务知识，纳税人还是应当对其有一定的认识，比如税收法律法规、税收政策解读、纳税人的权利和义务、纳税申报的流程、税收筹划的方法、权利救济的途径等。只有掌握了必备的税收知识，并在实践中学会运用这些法律赋予的纳税相关的权利，才能在自身的纳税权利受到公权力或是其他不法侵害时，懂得如何利用法律武器进行合法适时的反击，从而更好地维护自己的权益。一般而言，纳税人的税收知识越充足，税收经验越丰富，他的维权意识和维权能力往往就越强。

（三）较高的政治参与积极性是纳税人适格的综合体现

"公民在财政体系中的参与是政治参与的重要组成部分，因为公民与国家发生关系的最直接渠道就是国家依靠法定权力从作为纳税人的公民手中转移走一部分资源，然后公民消费政府提供的公共物品，公民在这个过程中必然形成对制度的权利表达和对分配过程的利益诉求。"[1]纳税人的政治参与权越广泛，参与程度越高，税务机关对纳税人越信任，纳税人的税收遵从程度越高。[2]但是我国公众的纳税人意识和涉税政治参与热情长期以来都处于一个较低迷的状态，这是目前亟需改变的状况之一。作为一个适格的纳税人，较高的政治参与积极性是其必须具备的条件之一。适格纳税人必须具备浓厚的主体意识，认识到自己是国家的主人，有权行使自己作为公民和纳税人的法定权利，并能够根据自己的经济实力、职业性质和社会地位以及其他因素，在严格遵循基本权保障原则和量能课税原则的前提下，良好地运用其通过各种方式学习和积累的纳税知识和纳税经验，积极主动地参与到税收征管的各项政治活动中来。政府也应当积极回应纳税人想要参与涉税政治活动的要求，积极拓宽公民进行涉税政治参与的途径，开辟和提供纳税人反映自己意见的畅通渠道，让纳税人理性的声音与合理的意见得以传达至公权力机关，并影响政策的制定和实施。事实上，适格纳税人政治参与的核心就在于公民如何处理其与政府、国家之间的关系。一个适格的纳税人，应当认识到自己的法律地位，不断为自己的权益努力，不仅要做到自觉依法履行自己的纳税人义务，更不能忘了自己被法律赋予的纳税人权利。为了守护住这一切来之不易的权利并不断地补充其新内容、赋予其新内涵，需要纳税人积极地参与到各项与税收相关的政治活动中去。因此可以说，拥有较高的政治参与积极性是适格纳税人的必备条件，同时也是纳税人适格的综合体现。

三、适格纳税人判断标准的适用原则

（一）以客观事实为依据

客观事实，就是不以人的意志为转移的客观存在。判断一个纳税人是否

---

〔1〕　赵光磊："公共财政体系中政治参与的价值和方式"，载《山东经济》2009年第3期。

〔2〕　See Lars P. Feld, Bruno. S. Frey, "Trust Breeds Trust: How Taxpayers are Treated", *Economics of Governance*, Vol. 3, 2002, pp. 87-99.

属于适格纳税人，应当坚持以客观事实为依据，做到实事求是，一切从实际出发。以客观事实为依据判断适格纳税人，首先要检验纳税人是否具备了适格纳税人要求的主要条件：对纳税的高认同感、良好的纳税信用状况、丰富的税收知识与经验、良好的维权意识和能力以及政治参与的积极性。虽然前述标准中存在一些难以直接从外观进行判断的内在心理因素，但是可以从该纳税人先前的纳税实践和纳税行为中的表现进行审视和衡量。比如，一个具有对纳税高度认同感的纳税人，一定会自觉自愿地依法履行自己的法定纳税义务，他的纳税信用状况必然是良好的，不会留下存在逃税漏税或其他涉税不法行为的记录；而纳税人对于税收知识的掌握程度和税收经验的充足程度，也可以通过其日常进行纳税的方法和手段来判断；当纳税人的纳税权利遭到公权力侵害时，该纳税人的反应以及其后采取的维权措施中可以看出该纳税人是否具有良好的维权意识并具备合格的维权能力；从纳税人是否有积极参与税收立法听证会等民主立法活动，或是否积极行使了自己对于税务机关及其工作人员的监督权中可以看出该纳税人对于政治参与的积极性。总之，判断一个纳税人是否是适格纳税人不能仅依靠主观臆测，而是要在立足客观事实的基础上进行审慎判断。

（二）以综合性考量为方法

根据上文可知，想要成为适格纳税人，必须要满足严格的要求。不仅要求纳税人在心理层面具备高度纳税认同感、良好维权意识和政治参与积极性，还要求纳税人在实践层面具备丰富的纳税知识和经验并拥有良好的纳税信用状况，这些条件是内在关联，相辅相成的。纳税人如果缺乏上述任何一个条件，就难以被认定为一个适格的纳税人。因此，判断一个纳税人是否为适格纳税人，除了要以客观事实为基础之外，还要以综合性考量为方法，全方位、多角度地基于以上几个重要条件对纳税人各方面综合素质和涉税实践情况进行判断。如果单单只关注纳税人一方面的表现，而忽略了其他方面的表现，就难免会有所偏颇，无法做出准确的判断，得到正确的结果。比如，一个纳税人也许会具有十分良好的纳税信用状况，但其内心对于纳税行为并没有多少认同感，也不认为纳税是一件非常重要的事情。虽然他也会自觉履行自己的纳税义务，但都只是出于对公权力的畏惧和长久以来对法律的惯性遵从，在维权意识和政治参与意识方面就更是欠缺，那么此时就不能认定该纳税人为适格纳税人。

（三）遵循税收公平原则

判断一个纳税人是否属于适格纳税人，还应当坚持遵循税收公平原则。税收公平原则，是指政府在进行税收征管时，应当使各个纳税人承受的负担与其经济状况相适应，并使各个纳税人之间的负担水平保持均衡。换言之，政府在税收筹集方面，应当做到以公平为要义，公正平等地对待所有纳税人。政府既要做到公正地赋予权利，也要做到公正地分配义务与责任。税收公平原则包括横向公平和纵向公平。横向公平即税负横向公平，亦称"税负水平公平"。税收横向公平是指经济能力或纳税能力相当的纳税人所缴纳的税款也应当相同。税务机关不能在没有任何法律依据的前提下随意地对纳税人实施区别待遇，对待条件相同的纳税人应当适用同样的税收规则。换言之，从税收横向公平的角度而言，税收征管应当将纳税人的经济能力或是纳税能力作为依据，而其他的一些无关因素，如性别、种族、地域、职业等就不应当被纳入考量范围内。税收纵向公平是指经济能力或纳税能力不同的人应当缴纳的税款数额也应该不同。税务机关应当根据纳税人的具体经济条件，用不同方式对待在经济上给付能力与事实关系都不尽相同的纳税主体。[1]至于如何对判断纳税人的经济状况，则还需要我们的立法者和执法者继续不断地顺应着经济的发展和变化，探索出公平的、具有信服力的衡量尺度。总而言之，税法的任何规定都应当无一例外地坚持贯彻税收公平原则，对所有纳税人都做到一视同仁，不应当以任何理由歧视任何纳税人，也不应当在于法无据的前提下给予部分纳税人特别优惠。根据税收公平原则，判断某一纳税人是否为适格纳税人的标准也应当以其经济能力作为主要参考，从而对其适用不同的标准，对所有纳税人不加以区分地适用同一标准反而是对税收公平原则的违背。

（四）特殊情况特殊对待

万事都有例外，一切规定如果变成了僵硬死板的教条，无法根据实践中的具体情况灵活变通，做到特殊情况特殊对待，就注定会失去它的生命力，跟不上社会发展和时代变迁的脚步，无法成为社会实践和生产生活的指导。本书所提出的"适格纳税人"判断标准，是基于现有的税收理论和税务实践，根据我国的具体国情，对适格纳税人应当具有的条件进行严谨分析后归纳提

---

[1]　参见施正文："论税法主体"，载《税务研究》2002 年第 11 期。

炼后得出的，具有广泛的适用性，但不一定可以涵盖并指导复杂现实生活中的每一种情况。更何况现实中的税务具体情况纷繁复杂，难以一概而论。因此，对此需要具体问题具体分析，做到特殊情况特殊对待。只要纳税人基本满足了以上这些条件，即使纳税记录中存在一些小瑕疵，比如曾因为过失延期缴纳税款等，我们也不该简单粗暴地剥夺其成为适格纳税人的资格。总而言之，用机械的、定式的、僵化的思维来指导纷繁复杂、情况多变的税收实践，是万万不可的。

第三节　适格纳税人的三大层次

一、适格纳税人层次划分的依据

（一）纳税意识

纳税意识，是指依法履行纳税义务的意识。具体而言，是指纳税人能够依法、自觉地履行自己的法定纳税义务，积极、主动、正确地进行纳税申报工作，配合税务机关的税收征管工作，不实施逃税、漏税、抗税等违反税收法律法规的行为，维持良好的纳税信用状况。只有每个纳税人都树立了纳税人义务意识，自觉承担自己的法定纳税义务，良好的税收征管秩序才得以保证。纳税义务的履行要求纳税义务人根据纳税义务的具体内容，应为或不为一定行为，以保证国家税收权力得以实现。[1]由于税收是国家财政收入的主要来源，是国家凭借政治权力，依据税收法律对纳税人的强制课征，因此，纳税义务人必须依法全面履行其纳税义务，否则就要承担相应的法律上的不利后果。

纳税人适格与否的判断标志之一是其自身的纳税意识。纳税不遵从的原因与影响因素众多，但最终都将表现为纳税义务的不履行或不适当履行。纳税人纳税意识受到法治理念、税收本质认知及经济理性的影响，纳税人适格的首要前提是对法律保持敬畏、奉法律为权威。伴随社会主义法治体系的不断完善，我国的法律制度体系已逐渐趋于成熟，包括财税法在内的各项法律规定均是在一般社会道德标准基础上升华而来。通常而言，税收严重失信主

---

[1] 参见王建国、刘小萌："纳税人权利视域下公民参与的法治逻辑"，载《哈尔滨工业大学学报（社会科学版）》2019 年第 3 期。

体在其他领域也存在一定的违规行为，其法治理念与思想水平普遍低于一般公民，具备较大的违法风险性；税收本质认知问题是关乎于公民、政府及国家关系的问题，纳税人适格并不意味着其已完全理解三者之间的关系，反之，适格纳税人是对公民、政府及国家间的一致性、一体性关系有了清晰认知，国家宛如父母，纳税人与其并非处于对立面，唯有认识到如此程度，纳税人才能从根本上转变纳税意识。经济理性具体是指纳税人在对纳税成本（包括各类程序性成本以及违法成本等）与个人利益理性衡量之后所作出的理性行为，在我国税收法律体系不发达时期，偷税漏税行为猖獗，其本质原因就是经济不理性理念的驱动。总之，良性的纳税意识要求纳税人对法律保持敬畏，理解政府以及国家的立场，在经济理性驱动下通过合法合理的行为减少纳税成本，实现合理避税以及税收筹划。

（二）权利意识

纳税人权利意识，是指纳税人能够依法、自觉地行使自己被法律赋予的权利，既不忽视自己的合法权利，也不滥用自己的合法权利。纳税人行使权利的行为，应当是在理性思考下做出的，这就要求纳税人对于自己拥有哪些权利，以及如何正确地行使这些权利有一个基本的了解，并懂得如何在日常的纳税活动中，有效地运用这些权利保护自己的合法权益。

成为适格纳税人的基本要件首先就是要厘清自身享有哪些权利，认知生存权、结社权、言论自由权等权利的本质，并结合我国现行法律，借助法律条款列明与自身利益息息相关的权利，在自我意识中搭建一棵权利束，在行使纳税权利以及履行纳税义务过程中反复提醒自己，审视自身权利是否受到侵害。鉴于纳税人的主体地位，我国有必要一部专门的"纳税人权利保护法"以系统地对纳税人权利进行保护。对纳税人权利保护进行专门立法可以有效地淡化当前税收征纳模式中鲜明的不平等色彩，更好地保障纳税人各方面的合法权利，具有独特的作用。尤其是在"税收基本法"的制定还未提上日程的当下，率先出台"纳税人权利保护法"有利于弥补当前税收法律法规体系中的漏洞和缺陷，提升财税法体系的完整性，矫正权义失衡的体系结构，适应新时代国家治理能力现代化的需要。

（三）参政意识

在树立了纳税意识和权利意识之后，适格纳税人还应当树立必要的参政意识。纳税人应当积极地参与到涉税的政治活动中去，不能只是甘当"沉默的大多数"，对自己的权利袖手旁观。纳税人应当加强自身政治参与的积极性，提高政治素养，积极主动地参与到税收立法活动中去。此外，除了税收立法的积极参与，纳税人的政治参与还体现在纳税活动的方方面面，如根据自身纳税经验对纳税服务的优化提出改进意见、通过政府信息公开网等途径监督税款的流向等。总之，纳税人应当树立纳税人权利本位的观念，以主人翁的姿态站在新的高度，监督整个税务机关的行政行为。纳税人可以根据民主政治理论，对其公仆——政府及政府工作人员提出非常明确的考核标准：要求政府以最低的价格，提供效用最大的公共产品；要求政府的所有用税行为公开透明；要求政府清正廉洁，节约每一分钱的税款，等等。政府应当是纳税人权益的代言人，以纳税人利益为出发点使用纳税人缴纳的税款，严惩税务机关工作人员贪污税款的行为。纳税人在自觉自发纳税的同时，也应当积极行使法律赋予的监督权利，监督政府的征税行为、税款使用行为以及维护纳税人权利的行为。长期以来，我国公众的纳税人权利意识一直不高，对于国家的税收征管活动缺乏足够的关注，甚至可以说是以一种蒙昧、冷漠的态度在应对。为了缓解现代政府与广大公民关系的疏离与不信任问题，真正实现以纳税人权利保护为中心的税收征管，政府有必要注重培养纳税人的公民意识和政治意识，积极鼓励纳税人参与到与切身利益相关的政治活动中来。

二、第一层次：自觉的纳税人

（一）纳税意识发生巨大转变

自觉的纳税人最主要的特征就是纳税意识的巨大转变，即从"要我纳税"的被动服从转向"我要纳税"的主动配合。从法治素养与法治理念维度看，自觉的纳税人已经深刻理解法制规范的意义，具备将法律规范以及社会道德要求自觉内化为行动考量标准的能力，秉持坚定的法治主义思想，以法治理念审视自我以及他人的行为。其中最重要的行为体现就是能够按照财税法律规定按时适当地履行自身所负担的纳税义务，包括《税收征管法》规定的法定时间内上报纳税信息、做好发票、会计账簿等凭证管理、个人纳税人可以牢记个税自我申报的重要时间节点等；从税收本质认知的维度看，自觉的纳税人已经能够初步理解税收债权债务关系理论，树立起纳税人与征税机关平等相待的观念与意识，从"官本位""国库主义"等思想中摆脱出来，明白税收对自我提升的重大意义；从政民关系维度来看，自觉的纳税人已经能够将政府以及国家视为共同促进社会进步与发展的牢靠伙伴，遵循税制改革政策指引，积极投身税收征管协同共治的工作中去，在发现税制中所存在的问题时，善于使用民主政治的协商工具，利用互联网等新兴技术与本地人大代表沟通交流，以自身利益为出发点抒发对税制的完善优化意见，并且可以根据自身的经济实力，培养自我的税收知识与税收能力，意识到单独纳税人能力的局限性，开始逐渐明晰结社权的重要性，懂得去向社区、纳税人社团等集团求助，利用税务代理机构等中介主体扩展自身的纳税人能力。此阶段的纳税人，征税机关已经基本不需要投入过多的监管资源，自觉与理解是其最大的特征与表现。

（二）各方面能力与水平开始逐步改善

当自觉的纳税人建立起初步的纳税意识之后，他就会有意识地通过各种手段去学习税务相关的知识，以提升自己的税收知识水平以及维权能力。对于一个适格纳税人而言，仅仅只具有纳税意识是不够的，还应当具备一定的税收知识和经验。如果一个纳税人对于税法和涉税事务一无所知，只是被动地听从征税主体的安排，不发挥自己的主观能动性，与税务相关的各方面的能力和水平也格外欠缺，那么他就不应当被认定为一个适格纳税人。因此，自觉的纳税人能够主动、积极地去了解一些必要的、与自身利益息息相关的税收基础知识，并在实践中积累一定的纳税经验。具体而言，这一阶段的纳税人至少应当对税收的基本概念、税收的本质、税收基本原则和基本理论、税收法律关系等理论性知识有一些初步的了解，对于税法中一些常见的规定应当也有所认识，能够及时获知并理解政府的一些税收政策。自觉的纳税人是适格纳税人培养教育工作的第一层次，这个阶段纳税人的纳税人意识逐步觉醒，各方面能力和水平也开始逐步改善。

（三）初步理解公民、政府与国家间关系

自觉的纳税人已经能够初步理解公民、政府与国家间的关系。自觉的纳税人完成了"要我纳税"到"我要纳税"的意识转变，虽然此时的纳税能力与税收知识仅处于初级的水准，但其对纳税义务以及税收的本质已经有了一个初步的认知。税收的本质问题无外乎于公民、政府与国家间的关系。如前所述，传统的税收法律关系理论以"国家利益"至上为原则，认为政府与公民并非平等主体，而是支配与被支配、控制与被控制的关系。我国的征税主体在很长一段时间，都遵循着这种传统的税收法律关系理论，按照传统的税收征管模式开展税收征管工作。在这种模式下，政府处于绝对的主导、统治地位，而纳税人则处于被动、服从的地位，仅仅是政府行政管理的对象，被动地履行依照国家制定的税收法律缴纳税金的义务，对于纳税人权利缺乏应有的重视。随着纳税人地位的转型、税收债权债务关系论和纳税人权利理念的兴起，传统的税收征纳法律关系已经渐渐被学界和实践所抛弃，迎来的是全新的"政府—纳税人"关系模式。

国家和人民的关系，从法律上看来，不是权力服从的关系而是权利和义务的关系，其性质与个人相互间的关系毫无差异。[1] 纳税人之所以自觉纳税，就是已经充分认识并理解了税收债权债务关系论。自觉的纳税人将传统意义上税收对私人财产权的"剥夺"视为得到个人认可的财产让渡，纳税人作为国家的一份子，其所享受的和平稳定的社会生活环境，是借助税款所一步步搭建起来的。而政府作为国家的代言人，具备其他主体没有的公信力与权威，税收正是纳税人与政府以及其背后的国家之间的协商与博弈。只有依法履行了纳税义务，才能够继续向政府提出个性化、多元化的公共服务与产品的需求。政府与纳税人在主体地位上平等，政府既有行使税收征管权的权力，又承担纳税服务的义务；纳税人既有依法纳税的义务，又拥有知情权、政治参与权、监督权、救济权等一系列纳税人权利。政府与纳税人之间形成一种良性的双向互动的关系，相互约束、相互依存、和谐相处。此时，国家和纳税人之间的税收法律关系也处于动态的平衡。纳税人的监督可以督促政府依法行政，而政府的依法行政可以保障纳税人的权利，促进纳税人遵从税法，构建起良好的税收征管秩序。

三、第二层次：自立的纳税人

（一）权利意识已经较为强烈

这个阶段的纳税人，权利意识已经较为强烈。自立的纳税人不仅知晓自己所享有的税收法律所赋予的权利种类，而且还了解这些权利的具体内涵，明晰积极参与权和消极防御权的各项权利外延。例如，了解生存权、平等权、财产权、自由权等消极防御权的权利本质，从而理解量能课税、基本权利保障等税法基本原则的来源。除此之外，自立的纳税人开始逐渐接触立法参与

---

〔1〕 参见〔日〕美浓布达吉：《公法与私法》，黄冯明译，中国政法大学出版社2002年版，第7页。

权、言论自由权、选举与被选举权和结社权等积极参与权，明白积极参与权对自身利益的正向促进作用，从而开始借助纳税人社团、涉税服务机构等来确保自身所享有的权利得到更为高效便捷地行使。

此外，在权利遭受公权力的侵害时，自立的纳税人能够积极地运用法律的力量来维护自己的合法权益。长期以来，中国的官本位传统让许多纳税人不敢正面对抗公权力机关，即使行政机关的确实施了违法行为、侵害了自己的权利。因此，加强适格纳税人教育的目的之一，就是强化纳税人的权利意识，让纳税人意识到税务机关是向纳税人提供服务的机关，而不是高高在上的"官老爷"，自己所缴纳的税款是政府提供公共产品的对价。因此，自立的纳税人在具备强烈的权利意识的同时，能够主动学习掌握合法又高效的维权方法，用法律知识武装自己的头脑，有效地利用各项法律提供的救济手段，提升自己的维权能力和维权水平。

（二）各方面能力与水平已显著提升

自立的纳税人是适格纳税人的第二个阶段，相较于从"要我纳税"到"我要纳税"的自觉的纳税人的转变，自立的纳税人最突出的特点是具备与其经济实力相匹配的纳税能力及税收知识水平。在吸收纳税义务本质属性、税收行为本质、税法基本原则等知识的基础上，自立的纳税人将更多倾向于学习有关税收政策、纳税法定程序方面的知识，掌握纳税申报方面的知识与经验，明白如何依法、及时、正确、高效地履行纳税义务。学习税收相关知识，不仅能让纳税人获得与征税主体进行充分博弈，运用纳税筹划等手段维护自己的权利的能力，还能培育纳税人的法律意识和维权意识，从而在必要的时刻维护合法权益。此外，自立的纳税人已经具备有一定的维权意识和能力，在认识与明白自己所享有哪些税收权利的基础上，懂得在其权利受到侵害时，有意识地、冷静地使用法律武器来维权。面对征税主体或其他公权力组织对纳税人集体权利的不当侵犯，自立的纳税人不会无动于衷，而是能清楚地认识到个体利益与集体利益间的密切联系，以维护与保障纳税人集体利益为前提，与不当侵害行为作斗争，运用一切法定救济手段去维护纳税人权利的尊严。

（三）主人翁意识与主体意识浓厚

自立的纳税人已经拥有较为浓厚的主体意识和主人翁意识。较之自觉的纳税人，自立的纳税人对于公民、政府与国家之间关系的认知更为深刻，主要体现在以下三个层次：首先，自立的纳税人是自我的主人，观念中已经留下纳税有利于自身利益这一烙印，其能够从自身的工作、生活、学习、娱乐等全方位、多角度考量依法纳税的必要性，将纳税人身份与其在社会中的其他身份切实相融，实现无论身处何处，都不忘纳税的本质与要求；其次，自立的纳税人是纳税人群体的主人，从纳税人集体利益视角切入，个体纳税人的权利与集体利益息息相关，当个体权利受到不法侵犯时，纳税人集体利益同样在遭受着减损。其他纳税人在纳税过程中可能遇到相同的权利侵犯行为，自立的纳税人能够将纳税人集体利益纳入自身行动的考量范畴，认识到自身的维权行为不仅是对个体利益的维护，其具有维护保障纳税人集体利益的重要意义，作为纳税人集体的主体，为提高集体利益而斗争是每个纳税人的应有义务；最后，自立的纳税人能够认识到自己才是国家的主人翁，也是社会主义法治社会的建设者，具备参与财政法治建设的积极性与理性，能够通过宪法及税法所赋予的政治参与权投身国家政务，将个人立场与纳税人集体立场相结合，提出切实可行的税收征管改革、财税制度完善乃至民主政治改进的建议。

当然，主体意识浓厚不代表主体意识走向极端化。权利与义务是天然相互统一、不可分割的整体。正确的纳税人主体意识，应当既强调个人权利与个人利益，又兼顾个人义务与社会责任。此外，征税主体在行使税收征管权力的时候，也应当尊重纳税人的主体地位，在法律规定的范围内行使自己的行政权力，并同时完善纳税服务制度，加强对纳税人权利的保障。

四、第三层次：自强的纳税人

(一) 参政意识浓厚且重视自身的社会作用

首先，自强的纳税人应当具有浓厚的参政意识，重视自己的社会作用，而不是对涉税事务保持着一种冷漠、淡然的态度，对于相关的立法和政治活动不闻不问。积极的纳税人政治参与，能够推动税收参与式民主的发展，这是完善税收法律法规体系、建设良好的税收征管秩序的社会基础。[1]具体而

---

[1] 参见刘剑文："纳税人权利保护的实现机制——基于改进纳税服务的视角"，载《涉外税务》2012年第9期；张富强："论税收国家的基础"，载《中国法学》2016年第2期。

言，自强的适格纳税人应当积极并善于参与涉税的立法活动，[1]纳税人所享有的税收参与权中最重要的权利，就是立法参与权。我国采取人民代表大会制度，纳税人可以通过选举能代表其意志的人大代表表达诉求，或是通过各种政治参与渠道，例如，法律征求意见稿意见征集平台亲自参与反映自己的立法诉求。宪法和其他法律应当保障纳税人的立法参与权，既要从程序法层面确保纳税人权利的顺畅行使，也要探索与创新纳税人立法参与权的内涵与外延，使民主政治的每个角落都留有纳税人的身影。其次，自强的适格纳税人应当懂得如何正确行使自己的言论自由权。只有保障了公民的言论自由权，才能保证每个纳税人都能够向公权力机关有效地反映意愿、传达自我诉求，才能保障国家税权的运行受到纳税人的监督，不至于偏离法律的轨道。从纳税人角度来看，言论自由要求税收的立法过程和预算审议做到公开、透明，让潜规则和暗箱操作无处遁形，使纳税人可以明确地了解每一笔税款的征收和使用。最后，自强的适格纳税人从社会群体维度来看，更像一个具备理性利益追求、掌握维权能力、理解纳税本质的社群，其主要依靠结社权来组织或参加纳税人社团，能够形成制约税务机关行政权的有力群体。在现代社会中，个人能发挥出的力量是弱小的，很难影响到法律制定和政治格局，而结社就是一种增强公民个体力量的重要方式。结社既可能是一种经济自助形式，也可能是一种文化发展方式，还可能是一种政策参与形态。不同的纳税人协会、社团等群体虽然宗旨和约定各不相同，但其本质目的是相统一的，即为了纳税人的合法利益而存续。在一些结社制度比较健全、结社文化较为发达的西方国家，早已经形成了许多规模不一的纳税人社团。这些纳税人社团较之于纳税人个体，在维护纳税人权利方面有着更为广泛的影响力。[2]因此审视适格纳税人的纳税参与权不应忽视纳税人社团建设这一群体维度。

政府也应当尊重纳税人的主体地位和话语权，及时回应纳税人的民意民情，并将其作为出台各种税收立法的必要参考。在纳税人参政渠道方面，互联网技术的发展带来了物联网、人工智能、大数据等新技术、新模式，税收征管改革也顺应了数字化转型潮流，为税收政治参与提供了多样化的新型渠

---

〔1〕　参见甘功仁：《纳税人权利专论》，中国广播电视出版社2003年版，第60页。

〔2〕　See Serim, Nilgun, "Taxpayers'Rights The Turkish Model", *European Taxation*, Vol. 48, No. 4., 2008, p. 21.

道，但是仍存在反馈机制不健全、新兴技术未得到充分利用等缺憾，政府应当在征集纳税人对表达渠道需求的基础上，进一步创新与拓宽参政路径，落实税收制度改革的具体要求，通过各种宣传手段，培植纳税人的政治参与意识，调动纳税人政治参与的积极性，在税收征管活动的各个领域、各个阶段、各个环节都创设公民政治参与的空间与机会，努力回应纳税人的关切。[1] 只有这有才能为纳税参与权的实现提供有力有效的技术工具手段和良好的社会舆论基础。

（二）各方面能力与水平已趋于完备

自强的纳税人通过持之以恒的学习和坚持不懈的努力，涉税事务相关领域的各方面能力与水平都趋于完备。首先，这一阶段的纳税人具有正确的纳税意识，对于纳税行为具有高度的认同感。此时的纳税人对纳税行为具有理性的认识和自觉的遵循，能够深切认识到纳税这一行为之于自己和国家的意义，因此在不需要外力强制的情况下，就能自觉、自愿、自发地履行自己的纳税义务。其次，这一阶段的纳税人在税务方面的知识储备与经验积累也相对完善。纳税人不仅已经掌握税收的基本概念、基本理论和基本原则，知晓自己作为纳税人的权利与义务，也明白如何正确高效地纳税，懂得基本税收筹划的知识，并且也具有极强的维权意识和维权能力，在自己的纳税人权利受到行政机关侵害时能够第一时间拿起法律的武器维权。作为一个自强的纳税人，在涉税事务中能够充分发挥自己的主观能动性。再次，这一阶段的纳税人具有高度的政治参与积极性。纳税人能够主动地去了解政治参与的各个途径，通过理论学习提高自己的政治素养，积极主动地参与到税收立法活动中去，以主人翁的姿态站在新的高度，监督征税主体的行政行为。最后，这一阶段的纳税人，其纳税信用状况必然也是十分良好的。纳税信用是指纳税人依法履行纳税义务，并被社会所普遍认可的一种信用。换言之，纳税信用就是一种评价纳税人信用状况的标准。良好的纳税信用状况，体现了纳税人在税收领域以及其他经济活动中符合诚实守信原则的要求。

（三）领悟到"人应服务于社会"的价值本质

人生价值，即人在整个生命历程和现实实践过程中，对个人和社会所产

---

〔1〕 See Malcolm Russell-Einhorn, *Legal and Institutional Frameworks Supporting Accountability in Budgeting and Service Delivery Performance*, The World Bank Press, 2007, p. 183.

生的作用和意义。人生价值主要包括两部分：自我价值和社会价值，两者既相互区别，又密切联系、相互统一。一方面，自我价值实现是社会价值实现的前提基础，社会应当尽可能地创造条件，为个人发展提供必要的物质的和精神的条件，创设良好的社会环境，以促进个体实现自我价值。另一方面，社会价值实现是个人价值实现的必要保障。人是社会性的动物，在社会中生存、发展，没有社会价值，人生的自我价值就无法存在。一个人完全脱离社会，不为社会做任何奉献，一味地向社会索取，强调个人需求的满足，这是不合理也不现实的。因此，个人必须努力对社会尽责，从这个意义上可以说，人生的价值在于奉献，而不在于索取。在多元化价值观冲击社会的当下，为了弘扬社会主义核心价值观、建设社会主义和谐社会，我们更要强调崇尚奉献、乐于付出的价值观，谨记人是社会性的动物，每个人都应当为社会的建设贡献自己的一份力量。

纳税在本质上来说，就是个人价值与社会价值的统一。从表面上来看，税收意味着纳税人的私人财产权被政治权力合法地"剥夺"，但是一方面，政府向公民纳税得到了纳税人或其代表的授权，另一方面，税收本质是政府向公民提供公共产品和公共服务的对价。正如西方法谚所言：税收是我们为文明社会付出的代价。国家与纳税人之间体现的是一种利益交换、平等互惠的关系。因此，基于税收"取之于民，用之于民，造福于民"的特性，纳税可以充盈国库，促进国家和社会的建设，而最终享受这一切利益的还是纳税人自身。在这个过程中，纳税人既享受到了用税款建设的社会所提供的各种物质保障，促进了个人的发展，又通过纳税向社会做出了贡献。缴纳的税款数额越大，对社会所做的贡献也就越大。自强的纳税人应当认识到这一点，依法履行纳税义务，并在此过程中领悟"人应服务于社会"的价值本质，实现个人价值和社会价值的统一。

第四节　适格纳税人的立法确认与完善

一、宪法保护：奠定适格纳税人的权利基础

（一）纳税人权利的明确保护

纳税人权利是公民基于宪法而拥有的、具有法治意义的一种基本权利。

因此，奠定适格纳税人的权利基础，首先应当从宪法入手，在宪法层面给予纳税人权利明确的保护。法治的基本价值目标之一，就是通过法律来限制政府的权力，以防止政治权力无节制地膨胀，从而"有效利用这些权力，制定政策，提高公民福利"。因此，推动纳税人权利入宪，有利于从根本大法的层面为纳税人权利保护筑起一道法治意义上的坚实屏障。此外，推动纳税人权利入宪，对于公民财产权的保护也具有十分重要的意义。《宪法》规定，公民合法的私有财产不受侵犯。税收作为公民享受政府提供公共产品的对价，本质上是公民将自己的财产转移给政府所有的一个行为，与公民财产权具有密切联系，自然也必须以《宪法》为依据，遵守《宪法》的原则指导。

具体而言，为了真正实现"纳税人权利入宪"，确立纳税人权利在《宪法》的地位，可以对宪法进行如下修改：首先，对《宪法》第56条进行修改，明确规定"中华人民共和国纳税人有依照法律纳税的权利和义务"，将纳税人权利上升到宪法性权利的高度；其次，在《宪法》中明确规定税收事项为法律保留事项。所谓法律保留事项，是指只能由全国人民代表大会及其常务委员会制定的法律进行规定的事项。《宪法》中应当明确税收事项为法律保留事项，国务院等其他行政机关都无权制定条例、规章等有关税收事项的法律规范。根据《宪法》，他们所拥有的与税收相关的权力只有执行税法的权力。只有这样才能在宪法层面彰显税收法定原则的应有之义，贯彻税收法定原则的内在意涵；最后，我国《宪法》明确规定了"国家尊重和保障人权"，也明确规定了"中华人民共和国公民有依照法律纳税的义务"，但在纳税人具体享有哪些权利方面规定却较为笼统和模糊。未来我国在关于这一方面的宪法修改中，除了明确税收法定原则、对纳税人权利做出原则性规定之外，更应当对纳税人具体享有的权利和义务的种类、内容进行进一步的细化和阐述，让其内涵更加清晰与明确。综上所述，根据纳税人在权利中所处地位和角色，可以将纳税人宪法上的权利进一步具体地划分为消极防御权和积极参与权。[1]具体见下文分析。

---

〔1〕 参见陈少英、王峥："纳税人权利保护探析"，载刘剑文主编：《财税法论丛》（第8卷），法律出版社2006年版，第37页。

（二）纳税人的消极防御权

消极防御权在纳税人的宪法权利体系中，是具有底线意义的、地位不可动摇的重要权利。消极防御权的主要功能就是在于"消极防御"，严格划定国家征税权行使的宪法界限，使得公权力无法侵害到纳税人的合法权益。具体而言，主要有以下内容：

1. 纳税人的财产权。税收是以纳税人财产权的存在为前提的，因此可以说，如果宪法不保护纳税人的财产权，那么纳税人其他的权利保护也就无从谈起。财产权在纳税人权利体系中的基石性地位可见一斑。如果纳税人的财产得不到保护，纳税人就无法缴纳税款，最终必然导致国家陷入税源枯竭、无税可征的境地。所以，宪法有必要明确对于纳税人财产权的保护，坚持税收法定主义，反对课税过度，提倡平等课税。[1]我国《宪法》第13条规定："公民的合法的私有财产不受侵犯"，这就是从实质上确认了纳税人的财产权这一宪法权利。

2. 纳税人的生存权。生存权即纳税人维持自己基本生活的权利。税务机关在对纳税人征收税款的时候，不应当侵害到纳税人的生存权。具体而言，在纳税人生存权的保护方面，应当注意以下方面：第一，规定最低课税限度，这个最低课税限度不应当超过维持纳税人健康和最低生活所需要的最低费用；第二，课税范围中应当排除某些特殊财产。部分特殊财产，比如住宅、农业用地、经营场所用地等，由于其与纳税人的生存质量息息相关，因此应当被排除在课税范围之外。即使要对其进行征税，税率也不宜过高；第三，税收强制执行措施和税收保全措施范围也应当排除第二点中所提到的特殊财产，以充分实现对纳税者基本人权的保障。我国《宪法》目前没有明确规定纳税人的生存权。但是《税收征管法》第38条的规定"个人及其所扶养家属维持生活必需的住房和用品，不在税收保全措施的范围之内"体现了对纳税人生存权的确认和保护。

3. 纳税人的平等权。"税法为强制性对待给付，不能仅以有法律依据即有服从义务，因此可能多数暴力或民主滥用情事，为保障多数人，税法应受严格的平等原则之约束。"[2]纳税人平等权主要可以分为两部分，一是纳税人

---

〔1〕　参见刘剑文、熊伟：《财政税收法》，法律出版社2009年版，第193页。
〔2〕　葛克昌：《税法基本问题（财政宪法篇）》，北京大学出版社2004年版，第170页。

的不受歧视权，二是纳税人的量能负担权。纳税人不受歧视权是指国家应当平等地对待所有纳税人，公平地以法定标准向他们征收税款，不因性别、种族、宗教信仰、受教育程度等的区别而歧视不同的纳税人。纳税人的量能负担权是指税收负担应根据纳税人的经济能力和纳税能力进行公平分配。权力机关在进行税收立法时，应当认真考虑纳税人的个人经济条件，在比例原则的指导下分配其应当承担的税负。我国《宪法》第 33 条的规定"中华人民共和国公民在法律面前一律平等"确认了纳税人的这一权利。

4. 纳税人的自由权。纳税人自由权具体包括人身自由权、人格尊严权。我国《宪法》第 37 条规定："中华人民共和国公民的人身自由不受侵犯。"据此，纳税人除了依法被司法机关认定实施了税收犯罪活动而受到刑罚处罚外，其它任何形式下的税收征管活动均不得侵犯其人身自由权。人格尊严是人权的基础，纳税人的人格尊严同样需要宪法和法律的保护。我国《宪法》第 38 条规定了这项权利："中华人民共和国公民的人格尊严不受侵犯。"在税收实践中，纳税人的人格尊严权应受到两方面的保护：一是人格保护权，是指纳税人的人格在任何情况下都不容侵犯，应当受到公权力机关的保护。二是诚实推定权，是指税务机关在没有确凿的证据以证明某一纳税人实施了涉税不法行为之际，应当推定该纳税人是诚实的。[1]这和刑法上的"无罪推定"原理类似。

（三）纳税人的积极参与权

纳税人在宪法上的积极参与权，是指纳税人在税务领域积极主动行使的、充分实现其意志的权利，主要表现为纳税人对税收立法活动的实质性参与和对国家征税、用税行为的监督，即"从现行宪法精神中构造出来的一项旨在维护纳税者对税的课征与支出两个方面进行民主化管理的权利，它也是社会主义民主原则在税财政领域中的具体体现。"[2]具体包括以下内容：

1. 参与立法权。国家向纳税人征收税款的权力不是天生的，而是来源于公民的授权。公民通过选举代表组成议事机关，由代表民意的议事机关制定法律来授予国家权力。因此，税法的制定权应当归属于能够真正体现公民意

---

〔1〕 参见涂龙力、王鸿貌主编：《税收基本法研究》，东北财经大学出版社 1998 年版，第 147～148 页。

〔2〕 ［日］北野弘久：《税法学原论》，陈刚等译，中国检察出版社 2000 年版，第 31 页。

志和纳税人利益的民意代表机构。非经民意代表机构授权，任何机关不得制定税收相关的法律法规。[1]所以，纳税人在税收方面的积极参与权中最重要的权利，就是参与立法权。具体而言，纳税人可以通过选举能代表其意志的人大代表，或是通过各种政治参与渠道对立法反映自己的意见，从而参与到实际的立法活动中。宪法和其他法律应当赋予并保障纳税人的立法参与权，让税收立法充分体现民意，代表人民的利益。

2. 言论自由权。言论自由是指纳税人在不违反宪法和其他相关法律法规的前提下，可以自由发表意见和观点的权利。只有保障了公民的言论自由权，才能保证每个纳税人都能够向公权力机关如实有效地反映意愿、传达意见，才能保障国家税权的运行受到纳税人的监督，不至于偏离法律的轨道。从纳税人角度来看，言论自由要求税收的立法过程和预算审议过程均做到公开、透明，让潜规则和暗箱操作无处遁形，使纳税人可以明确地了解每一笔税款的征收和使用。

3. 选举与被选举权。在选举制度较为完善的前提下，纳税人可以通过行使选举权与被选举权，选举出代表自己利益、与自己观点一致的民意代表，使自己的意志直接或间接在权力机关得到体现。比如，在立法机关制定税收相关的法律时，纳税人或其代表可以通过投票表明立场，维护作为纳税人的合法权益；在进行预算审批时，纳税人或其代表也可以通过行使否决权，改变政府财政支出的结构。如果发现公权力的行使违反了法律，损害了纳税人权益，辜负了纳税人的信任，纳税人或其代表还可以行使罢免权，罢免这些公权力机关的领导人员或工作人员。

4. 结社权。在现代社会中，个人能发挥出的力量是弱小的，很难影响到法律制定和政治格局。而结社就是一种增强公民个体力量的重要方式。结社既可能是一种经济自助形式，也可能是一种文化发展方式，还可能是一种政策参与形态。纳税人的结社权是指纳税人在不违反宪法的前提下，自由组成各种性质、层次和职能的社团的权利。这些社团各有其宗旨和约定，在法律法规规定的范围内履行自己的职能，形成一种可以制约政府权力的民间力量。在一些结社制度比较健全、结社文化较为发达的西方国家，就已经形成了许多规模不一的纳税人社团。这些纳税人社团较之于纳税人个体，在维护纳税

---

〔1〕　参见甘功仁：《纳税人权利专论》，中国广播电视出版社 2003 年版，第 60 页。

人权利方面有着更为广泛的影响力。[1]纳税人结社权是承认了纳税人作为与周围社会主体密切联结、广泛协作的理性社会公民地位，可以有力增强小微纳税主体的维权意愿与能力。

二、税收法律体系对适格纳税人的确认

（一）在各实体法中明确对纳税人权利的保护

推动纳税人权利入宪之后，下一步就是在各个实体法中明确对纳税人权利的保护，从而构建一个完善的纳税人权利保护体系。具体而言，完善纳税人权利的实体法，可以从以下方面做起：

第一，制定专门的税收基本法。当前我国的税法体系还存在诸多的不足，这些问题都需要通过制定一部统领税法体系的税收基本法来加以解决。税收基本法中应当包含以下内容：税法基本原则、税收立法权分配、税收管辖权分配、税收具体程序、纳税人权利和义务、税收监察、以及税收救济途径，等等。其中，为了更好地落实对纳税人权利的保护，可以用专章对纳税人的基本权利及义务进行规定。[2]这样可以为纳税人基本权利保护提供法律层面的规范依据。

第二，制定专门的纳税人权利保护法。世界上许多税法体系比较完善的国家已经先行一步，出台了专门的法律去保护纳税人的各项权利，比如美国、澳大利亚等国家，他们对于纳税人权利保护的重视可见一斑。我国的税法体系建设起步较晚，对此可以借鉴其他国家的有益经验，取其精华，再结合我国的具体国情制定一部专门的"纳税人权利保护法"，将纳税人的各项权利比如知情权、隐私权、监督权、诚实推定权等都囊括其中，并加以细化规定，以彰显我国对于纳税人权利保护工作的重视。

第三，加快制定和完善与纳税人权利保护相关的法律。一些辅助性的保护纳税人权利的法律法规也要予以高度重视，比如预算法、财政转移支付法、社会保障法等，只有这样才能建立起一个完善的、全面的法律法规体系来系统地保护纳税人的权益。这些相关的法律法规在纳税人权利保护方面也能发

---

〔1〕 See Serim, Nilgun, "Taxpayers' Rights the Turkish Model", *European Taxation*, Vol. 48, No. 4., 2008, p. 21.

〔2〕 参见王玉春："宏观探讨我国的税法体系"，载《税务与经济》2009 年第 2 期。

挥出重要的作用，比如国家的财政预算与税款的使用和流向息息相关，预算法的完善有利于纳税人更好地对政府用税行为进行监督；再比如政府信息公开法的内容也包含了对涉税信息公开的规定，只有较好地平衡个人隐私保护与公共信息公开之间的关系才能更好地保护纳税人的知情权。

（二）国家税务总局出台适格纳税人的试点方针

国家税务总局应当尽快出台有关适格纳税人的试点方案，高效发挥行政效能，在某些符合条件的地区率先开展改革探索纳税人权利保护的有效途径。在传统的税收征管关系中，税务机关处于毋庸置疑的中心地位，就像处于一台已经倾斜的天平的顶端，而纳税人则好比是天平的底端，居于弱势的、被动的地位，只能被动地服从税务机关的行政命令，不敢质疑或做出反抗。纳税人的权利常常是处于一种缺位的状态。在这种传统的税收征纳关系中，纳税人对税法的遵从很大程度上并非出于对纳税行为的认同感，而是出于对公权力的惯性服从以及对于违反义务后惩罚措施的畏惧。这种模式不仅极大增加了行政机关的管理负担，而且也不符合纳税人权利本位观和"为纳税人服务"的理念，不利于保障纳税人的权利。随着市场经济的发展，税务行政理念逐渐变革，纳税人的地位从"纳税义务人"向"纳税权利人"转型，税收征纳关系中的纳税人中心主义逐渐占据上风，以强调公共服务中顾客导向的新公共管理理论开始崛起并逐渐为大众所接受，推动着纳税服务的产生、发展和新型的税收征纳关系的建立。国家税务总局应尽快顺应这一变革趋势，加快税收征管改革的步伐，出台相应的试点方针，带头推动适格纳税人制度的建立，促进我国纳税人地位的转型和"政府—纳税人"关系的转型，促进税收行政管理理念的革新和纳税服务的实践。

（三）各地税务局颁布配套试行办法与方案

各地税务局是直接实施国家征税权力、落实各项税收政策的行政机关，也是直接面对纳税人、为纳税人提供服务的行政机关。税收相关的法律法规为纳税人提供了权利保护的依据，但是税务机关具体的执法过程才是纳税人书写在法条上的权利能否得以实现的关键，是立法目的能否实现的关键环节。所以在加强立法保障的同时，也应当敦促税务机关对于纳税人权利予以积极的行政保护。因此，在税收征管改革的背景下，各地税务局也应当积极响应法律法规的修订、新政策的出台和国家税务总局的命令，颁布配套的试行办法与方案，在实践中贯彻纳税人权利保护的原则，纠正当前纳税人权利缺位的现状，探索更有效保护纳税人权利的途径。

配套的试行办法和方案中应当包含以下内容：第一，税务机关的执法理念需要与时俱进地予以更新。传统税务机关主导型的征纳关系应当被摒弃，取而代之的应当是以纳税人为中心，重视纳税服务的全新理念，并在各项工作中全方位地落实这种先进理念。第二，应当改革现行的税收征管的模式、完善为纳税人服务的机制。在税收执法的过程中要尽量强化行政指导的作用、弱化行政命令的元素。行政指导是一种不具有强制力的行政行为，因此更容易被相对人所接受。行政指导过程中的民主性、公开性，使得纳税人能够积极、主动地行使他们的法定权利。第三，税务机关还要加强对税收信息的网络化建设，积极推行"一窗式"服务等方式。一方面，纳税人可以及时了解到最新的税收法律、税收法规和税收政策，另一方面，纳税人也可以及时向税务机关反馈自己的意见和建议。此外，信息渠道的畅通还能促进各地税务机关的资源共享和信息共通，减少税收成本。第四，应当健全税收行政执法的监督体制。税务系统内部应当设置专门的、独立的监督部门，以便监督人员可以不受干涉地履行职权。第五，坚持查案、审理和执行彻底分离的原则，明确划分征收、管理和稽查三个重要环节的权力分配，防止权力腐败的发生。

三、完善与税收服务相关的法律法规

（一）《税收征管法》的适当调整

纳税服务是税务机关以实现税收征管目标为前提，引导纳税人依法纳税，并在此过程中向纳税人普及税法，维护纳税人合法权益的一项综合性工作。随着我国社会主义市场经济的发展，税收越来越影响着人们的生活。而长期以来，我国实行的都是一种"政府主导型"的税收征管模式，政府的力量和角色过于强势。在传统的税收征纳模式下，政府是不可置疑的强制方、管理方和监督方，而纳税人就是完全被动的被强制方、被管理方和被监督方。这种模式显然无法体现纳税人的主体地位，也无益于纳税人的权利保护。因此，如何建立一套科学完善的纳税服务体系，提高税务机关的纳税服务意识显得尤为迫切。而建立完善的纳税服务体系，首先就是应当完善纳税服务相关的法律体系，让纳税服务工作的开展于法有据。

当前我国的立法并未给予纳税服务明确定位，2005 年印发的《纳税服务

工作规范（试行）》目前已经失效，纳税人获得优质纳税服务的权利缺乏足够且有效的法律依据。鉴于此，为了顺应趋势、贯彻依法治税和为纳税人服务的先进税收征管理念，有必要将纳税服务的规定纳入《税收征管法》。只有纳税服务的理念有了法律上的依据，纳税服务意识才能更加深入人心，纳税服务工作的开展才能更加顺利，纳税人的各项权利才能得到有效保护。立法上先迈出第一步，科学合理的纳税服务体系才能逐渐在我国有序建立起来。此外，纳税服务作为一项维护纳税人权利的综合性工作，贯穿于税收工作的始终和各个环节。所以，顺利地开展纳税服务工作，需要税务机关各个部门的默契配合与分工合作。因此，不能将纳税服务单独地归入税收征收、税收管理、税收检查或者税收法律救济这些已有的税收征管程序中，而应当为其开辟单独的篇章加以规定。

（二）与纳税人社团相关的法律文件的完善

纳税人社团是由纳税人组成的，代表纳税人利益的，具有丰富的职能的非政府性质的纳税人自治组织。它主要有以下这些功能：协助进行纳税申报、提供多元纳税服务、监督政府用税情况、协调纳税人与政府部门之间的关系、支持纳税人维权，等等。纳税人社团通过将分散、弱小的纳税人集合起来，以寻求抗衡强大的国家征税权的有效途径，为纳税人提供有力的、来自民间组织的支持。目前，我国的纳税人社团制度还不够完善，甚至可以说还处于初步建立阶段。无论是外部的制度保障、群众基础、社会认知，还是社团自身在工作内容、人员结构、服务能力、机构设置等方面都有所欠缺，这些显而易见的不足使得我国的纳税人社团无法充分发挥其维护保障纳税人权利的作用。因此，立法机关应当加快立法的步伐，在依托我国税收征管实践和借鉴国外经验的基础上，制定出统一、规范的法律法规，从而为纳税人社团履行组织功能提供行为规范和权利保障。在与纳税人社团相关的法律文件中，应当包含纳税人社团的性质、特征、职能、组织体制、运行机制、权利内容、法律责任等内容。其中，立法的重点应当在社团自治权的内容，以及对税务机关与社团的关系界定上予以足够关注。综合国外纳税人社团的实践经验，完善纳税人社团相关的立法应当从以下方面入手：

第一，明确纳税人社团的法律地位，构建税务机关—纳税人社团—纳税人三方良性互动的征纳格局。纳税人社团是民间自发组织的以维护纳税人利益为首要目的的组织，只有得到了法律的明确承认，才能依法充分履行其职能，发挥其收集信息、监督政府、协调矛盾、支持维权等重要作用。

第二，明确纳税人社团的权限边界。法律在赋予纳税人社团法律地位之后，还应当清晰、合理地划定社团与税务机关的权限边界。纳税人社团与税务机关既不是隶属关系，也不是依附关系，而是合作、互补的关系。因此，税务机关不能任意介入或干涉纳税人社团履行职能、开展工作。只有明确了纳税人社团的职能内容和权限边界，才能使纳税人社团工作的开展于法有据，从而更好地为纳税人权利保护提供组织化保障。

第三，健全纳税人社团的组织体制。统一、高效的组织体制是社团工作顺利开展的重要保障。从国外经验来看，一般会成立一个社团总会来领导各地纳税人社团分会。纳税人社团总会是最高领导机构，掌握最高的章程制定权、监督权、指导权、决定权等，为各地协会工作的开展提供基本准则和行为规范。各地分会接受总会领导，在总会的指导下履行职责、完成任务。分会之下还可以依据各地实际情况成立相应的内设机构，分门别类地开展相应的维权、沟通、咨询、监督等工作。在这种分工明确、各司其职的组织架构下，纳税人社团的各项功能实现了科学分解和有效落实。

（三）税务中介机构规范文件位阶的提升

现代税收制度的复杂性催生了税务中介机构的产生。税务中介机构是在涉税市场业务中接受纳税人的委托，代理纳税人从事各项涉税事务的社会中介机构。在税务中介机构提供的帮助之下，纳税人可以更好地履行各项纳税义务，也能更好地维护自己的各项权利，监督税务机关的税务行为。

市场经济是法治经济，"法治"贯穿所有经济活动的始终。税务中介机构的建设和运行也需要法律来指导，税务中介机构的行为也需要法律来约束。因此，应当加快法规制度建设，提升税务中介机构法律规范的位阶，让相关法律法规具有更强大的约束力和更广的适用范围，为税务中介市场的健康运行创造良好的法治环境。具体而言，第一，立法者有必要出台一部关于税务中介机构的法律法规，用专门立法来约束这部分主体；第二，完善税务中介法律、法规体系，为税务中介机构工作的开展提供必要的法律指导和规制。

我国的税务中介行业起步较晚，各方面的制度都不太成熟，需要完善的地方还很多。因此，我国可以学习外国的先进经验，再结合自身的具体国情，逐步建立起适宜当前社会实践的税务中介法律法规体系，促进我国税收法治环境的进一步优化。

四、加强与税务救济法律的衔接

（一）修改完善税务行政复议的相关规则

第一，扩大抽象行政行为的审查申请范围。首先，可以考虑将规章纳入审查申请范围，实现对税务规章的常态化、机制化监督；其次，应当允许纳税人单独对抽象税务行政行为申请审查。根据我国目前法律的规定，抽象行政行为只能在纳税人对具体行政行为申请复议的同时附带申请。这种制度本质上是将抽象行政行为排除在税务行政复议的单独申请范围之外，不利于对抽象行政行为进行监督。因此，建议取消这一限制性规定，将抽象行政行为也纳入税务行政复议的审查申请范围之中，让税务行政复议的监督功能得以充分地发挥。

第二，废止行政复议纳税前置规定。在该规定下，纳税人如果不当场缴纳税款，就无法通过法律途径救济自己的权利。这对纳税人而言显然有失公平。至于废除此条是否会导致税款流失，只要立法上完善现有纳税担保、税收保全、代位权、撤销权、阻止出境等制度，即使没有行政复议纳税前置规定，也能够防范纳税人利用行政救济权而导致税收流失的风险。

第三，设立税务行政复议听证程序。听证程序是程序法的核心，是体现民主政治、保障程序公正的关键环节。[1]有研究表明，当事人的"参与"程度与对案件判决的接受程度成正比。[2]通过听证程序，纳税人和税务机关能够达成良好又有效的沟通，纳税人也能更好地理解和接受税务机关的行政决定，从而提高行政执法的效率，让涉税争议问题获得圆满解决。

（二）将适格纳税人的争议纳入行政诉讼范围中

除了确认适格纳税人的法律地位、赋予纳税人足够的权利之外，税法还应当为这些权利提供必要的保障，保证纳税人权利能够被及时、全面、真正地行使，从而保证依法治税。能够实现的权利才是真正的权利，而税务行政诉讼是保护税务行政相对人权利的最后一道壁垒。因此，有必要适当扩大税

---

〔1〕 参见应松年主编：《行政程序法立法研究》，中国法制出版社 2001 年版，第 231 页。

〔2〕 参见宋冰编：《程序、正义与现代化——外国法学家在华演讲录》，中国政法大学出版社 1998 年版，第 376 页。

务行政诉讼受案范围，将有关适格纳税人的争议也纳入其中。比如，纳税人如果认为税务机关拒绝认定自己为适格纳税人的理由违法或有失公平，就可以基于此提起诉讼；对税务机关违反税负公平的案件，纳税人也可以针对该不公正的征税行为提起诉讼；对税务机关违反法律规定、徇私舞弊或者过失不征或少征税款的案件，纳税人有权提起诉讼；对税务机关不履行查处偷漏税职责的案件，举报人有权提起诉讼；对泄漏纳税人隐私的案件，相对人有权提起诉讼。

第三章

价值与溯源：适格纳税人的理论基础

　　理论的提出源自对现实生活的观察、反思与总结，基于实践中税收的种种乱象与监管治理的诸多缺陷，有必要提出适格纳税人理论这一学说。适格纳税人理论能够促进纳税人法律素养的提升，有助于建设纳税人主体能力，培养纳税人权利意识，是我国财税法治建设所必备的理论基础与未来走向。要理解这一学说的理论构建，需要从税收的源头出发探究公共财政的本质，财政信托理论为此提供了可行的视角，加之纳税人权利本位、监督抗衡与主体能力建设理论，纳税人"适格"学说的合理性与正当性由此得到证立。

第一节　财政信托理论与纳税人权利本位

一、财政信托理论：从财政权利到财政权力

　　对财政信托理论的阐释主要从两个角度出发，一是从理论上追溯财政信托的法理根源，探寻法律制度表象背后的理论认识与蕴藏其中的精神诉求；二是对财政信托理论的价值核心进行理解，从公共财政角度展开对财政权力与财政权利关系之平衡的论证。

　　（一）财政信托的法思源解析：政治信托学说

　　财政是以政府为主体、以最大化满足社会公共需求为目的的经济活动。财政是与市场社会一并诞生的，要素市场的出现使得社会剩余产品大量增加，经济体系不再被禁锢于政治体系中，作为王权与皇权敛财工具的财政在市场社会中真正独立出来，成为介于政治、经济与社会三类体系间的媒介发挥着至关重要的联结作用：政治体系通过财政向社会提供使经济体系发挥作用的公共服务，同时政治体系也通过财政向社会提供公共服务以实现社会体系的

运转。[1]申言之，对财政现象及财政学的研究视域应当涵盖以上领域，切不可局限于以政府为主体的市场经济领域，否则不仅陷入偏颇且容易走向极端。

那么，信托理论的思想与理念如何与财政法及财政制度框架相融合呢？这就需要从财政信托之主体出发，对政治权威的正当性理论来源进行探究，也就是对研究国家与人民关系的理论展开分析，其中政治信托学说就是财政信托理论的直接思想来源。

政治信托理论建立在社会契约论之上，经过不断发展成为英国"光荣革命"中为人民争取最高权力、反抗君主专制的重要理论之一。[2]自由主义社会契约理论认为，人人具备"谋求和平"与"保全自我"之本性，[3]因此，人们为了避免战争状况的持续，选择签订并服从于一个整体的协议，诞生一个统一的人格以争取和平的生存环境，此人格也被称为公共意志，具象化表现为"国家"。国家的产生意味着国家权力对人民的统治，权力具有天然的扩张性与侵略性，因此就需要国家之法——《宪法》予以控制与约束。虽然社会契约论提供了一种以平等契约为核心的思想路径，但其陷入了自然法形而上学的困境，公正与理性试图代替真正的主权，而国家与人民关系中的政治要素被模糊甚至舍弃。

政治信托理论认为，人民通过社会契约建立了政治社会，在这一社会中，全体人民被视为一个政治共同体，其意志仍为共同意志。社会契约是一种人们"彼此相约加入同一社会进而构成一个政治体的契约。"[4]此处的契约属于平等主体（人民）之间的契约，而非自由主义社会契约论所指的服从于主权者、要求其保护的单向契约。政治共同体成立后，其将政治权力授权于政府，[5]此即为政治信托。政府的形式由人民决定，政府的政治权力来源于人民的委托，人民作为委托人享有要求政府按照其要求行使政治权力的权利，

---

[1] 参见［日］神野直彦：《财政学——财政现象的实体化分析》，彭曦等译，南京大学出版社2012年版，第21~24页。

[2] 当代哲学家罗尔斯认为洛克的政治信托理论就是制宪权理论的雏形，参见［美］约翰·罗尔斯：《政治哲学史讲义》，杨通进等译，中国社会科学出版社2011年版，第123页。

[3] 参见［英］霍布斯：《利维坦》，黎思复、黎廷弼译，商务印书馆1985年版，第98页。

[4] ［英］洛克：《政府论（下）》，叶启芳、瞿菊农译，商务印书馆2007年版，第59页。

[5] 参见［英］彼得·拉斯莱特：《洛克〈政府论〉导论》，冯克利译，生活·读书·新知三联书店2007年版，第145~146页。

政府的权力在信托协议中予以明确规定。对此还特别强调立法机关作为一个受托人，立法权的行使必须以信托目的的实现为准则，否则立法机关的受托权力将重新回归于人民手中。[1]

随着信托理念在政治领域的广泛使用，政治信托理论在整个理论界和实务界都获得了认可与支持。[2]财政作为国家权力运作的其中一部分，根据从整体到部分的推理逻辑，将政治信托理论中的信托观念应用到财政运作中是合理的。而在具体的适用原则与财政框架制度构建上，需要把握政治信托理论中对权力的控制理念，基于现实的经济社会发展状况，相应调整委托人的权利，以权利去限制受托人的权力，以此达到二者的动态均衡，实现财政法与国家之满足人民最大需求的根本目的。

（二）财政信托的核心范畴：财政权力与财政权利

通过上述分析可知，财政信托立基于政治信托理论，公民基于自由意志订立财政信托协议，把原本归属于公民个人的私有财产转让给国家，以此换取国家对公民个人权利的保障和公民公共需求的满足，财政权由此产生，其最终来源是公民的托付。[3]此即财政信托运作的理论性解释。从法律关系的角度来看，财政信托的核心在于财政权力与财政权利二者间的协调与配合。

财政权力作为政治共同体存续所必须的要素，是最不可或缺的政治权力，财、人、事的合力决定着其他政治权力的运行机制及其实效。从财政运行机制来看，财政权力在收入过程中承担着合法地"剥夺"公民私财产之作用，与公民的财产权利产生直接冲突。但是公民凭借代表人通过制定法律将此"剥夺"限定在其可忍受限度内，从而保持社会的稳定，财政权利与财政权力的博弈也主要集中于此过程。例如，在财政支出过程中，财政权力为了公共利益的最大化而将生产要素、技术要素与劳动要素的价格进行控制与干预，甚至超越了其"弥补市场缺陷"的职能范围，为了抑制权力的不当扩张，行政复议、行政诉讼成为财政权利常见的保护手段。

财政权利是财税法学界近年来兴起的理论话题，有学者将财政法的主观

---

〔1〕　参见［英］约翰·洛克：《政府论》，杨思派译，九州出版社 2007 年版，第 495 页。

〔2〕　参见胡明：《财政信托论》，法律出版社 2018 年版，第 53 页。

〔3〕　参见胡明：《财政信托论》，法律出版社 2018 年版，第 61 页。

权利界分为防御性财政权利与受益性财政权利。[1]在财政信托中，委托人所享有的防御权（排除妨碍）主要体现在两个原则中，一是法律保留原则，欲想扩张财政权力，必须经人民之代表"法律"的同意，在税收征纳环节体现得尤为明显；二是以"市场失灵"为边界，财政的出现就是为了提供"公共市场"，专职于公共产品与服务的提供，对于市场经济的干预应当持非必要不干涉的态度。财政受益权来源于财政信托的受益权，委托人有权利向受托人请求财政给付，享受社会公共利益，其所给付的内容大致可分为两种，一为对价性给付，如水、电、燃气、公共交通等，二为非对价性给付，如维持有尊严生存的社会保障。

财政权利与财政权力的博弈应当遵循以下原则：[2]一为非营利性原则，国家作为财政受托人，应当致力于实现委托人的公共需求最大化满足的目的。因此无论是在经济管理还是经济活动中都不可以为自己谋取特别利益或者说谋取私人利益（此处的私人利益应扩大解释为与自己相关的利益，如部门利益、单位利益），不能直接参与市场逐利活动，出现与民争利、夺民之益等严重违背财政信托契约的行为；二为绩效原则，受托政府不能仅仅确保财政资金不用于营利活动，还需要以结果为导向的标准，通过绩效的考察可以使政府将有限的财政资源配置到受益人的公共需求上来。但是需要强调的是，由于权力与权利的天生不平等性，单纯的权利声张是难以有效的，需要借助权力的外壳，才能与其他权力进行抗衡，与纯粹的"权力—权力"模式不同，此处侧重于"权力（以权利为核心）—权力"的模式，将权利观念融入权力规制中，发挥人民的主动性与积极性。

当然，从现实主义的视角切入，理想化的财政信托运作模式是很难甚至说不可能存在的。权力压迫、侵犯乃至剥夺权利之情况屡见不鲜，这是权力天性使然，因此在财政法律的立法及财税制度模式的选择过程中，应当倾向性地保护财政权利，侧重于人民财政权利的声张与权利的救济。在适当舍弃效率的代价下培养人民的权利意识，在增进公共福利的理念指导下构建财政权利体系，同时在形成良好的权利法治社会环境之前，对财政权力及财政行为的规制也不应舍弃，这样才能适应现代财政国家的发展趋势。

---

〔1〕 参见胡明："财政权利的逻辑体系及其现实化构造"，载《中国法学》2018年第1期。

〔2〕 参见胡明：《财政信托论》，法律出版社2018年版，第39~41页。

二、纳税人权利本位：以人为本与权利至上

无论是以纳税人为本、以消费者为本还是以行政相对人为本，追根溯源其始终是围绕"以人为本"这一基本命题发散而来的。而上述各理论的区别在于"人"处于不同的社会领域，代表着特殊的利益群体，有的或处于市场的弱势地位，有的或一直暴露于权力侵犯的风险当中，还有的主体其基本财产权利甚至得不到完整保护。但是无论社会如何变迁，衍生的各类社会主体称谓如何变化，从古至今其作为人的身份本质是没有变的，因此研究"以人为本"这一前置问题是必要的。

（一）以纳税人为本：权利为价值内核

通过文义解释可知，"人"与"本"是以人为本命题的核心要素。具体而言，"以人为本"中的"人"非自然科学所指代的生物物种的人，而是作为哲学社会科学对象的人。其首先是指社会全体成员，社会由个体的人构成，生活在同一历史背景下的人组成了各具特色的社会与国家，只有这样理解"人"的概念才能够真正反映人的实际与客观性；[1]其次是指人民，人民是人类文明和社会财富的创造者，是历史的创造者，是国家权力的真正拥有者，将"人"之概念作这样理解有利于处理国家与人民间的关系，确定人民的主体地位，更好的维护人民之权利；最后是指个体的人，无论是法人亦或自然人，法律后果的承担者终究为个人，个人作为集体与国家的逻辑起点，法律制度的设计始终是围绕个体的人来展开的，因此我们必须承认以人为本的"人"是作为个体的人。[2]

"本"是指什么？其具备深刻的内涵与多样化的外延，如事物的本质、指导思想、行动准则、出发点与归宿、终极目的、价值起点、经济本位等，对"本"的理解需要结合所要表达的内容来确定。在法哲学领域内，"本"与权利义务是紧密挂钩的，以人为本中的"本"就是指法律关系的主体，权利义务的享有与承担者，法律制度设计的首要考量因素。综上所述，以人为本必须要明确法律是以人为目的而制定的、且服务于人的，人的权利为法律制度

---

〔1〕 参见陈志尚："准确把握以人为本的科学内涵"，载《北京大学学报（哲学社会科学版）》2005年第2期。

〔2〕 参见胡锦光："论以人为本的'人'"，载《法商研究》2008年第1期。

设计的最主要价值考量因素，法律的根本目的是实现人类的全面发展与自由个性的解放。

在明确以人为本要以权利为核心后，理解纳税人权利的问题也就迎刃而解了。纳税人与上述所论"人"的不同之处在于纳税人具有特殊性。首先，纳税义务具有强制性。在纳税人权利与义务关系中，纳税义务即为税收强制性的表现，从接触这个世界以来人们就承受着税收的负担，这是无法改变的事实；其次，纳税义务具有无偿性。不同于直接的商品交换，缴纳税款的同时纳税人不能得到即刻的直接对价，纳税人享受的权利间接体现为稳定的社会秩序、安定的国际环境、全面的社会保障等；最后，纳税权利保护具有困难性。税收具有固定性之特征，征税对象、税率等税收要素应当实行法律保留，而且国家征税要按照法定的程序进行，但是同时法律的滞后性弊端也暴露无遗，借以法律手段来保障纳税人的权利必定要承担保护不周延的后果，这也是纳税人权利保护困难性的体现。

以纳税人为本首先要以纳税人权利为本，以纳税人权利为本要结合纳税人的特征，使之与其他社会领域的主体区分开来。例如，对于金融消费者权利的保护而言，其侧重于"卖者尽责，买者负责"原则的贯彻，而纳税人权利的保护则更为注重纳税权利本位意识的培养。从征纳关系的缓和、征管理念的转变到纳税人权利的声张，纳税权利意识始终处于核心地位，过分地强调义务的履行对于征税机关而言是无益甚至有害的，税法宣传活动向纳税权利倾斜是如今的趋势，也是未来服务型政府主张的必然理念。以纳税人为本要围绕纳税人权利的享有而展开，此处享有的权利是指纳税人实际的感受，从经济、政治、外交、教育、社会保障、文化、科学等各方面给予纳税人直接的"回报"体验，而使纳税人获得此感受的职责承担者即为国家。国家繁荣富强，社会安定和谐，那么纳税人的纳税义务就不再"无偿"。以纳税人为本，要以纳税人权利为中心，侧重于纳税人利益与诉求的声张，需要我国法律体系的支持与行政机关的配合。我国目前仅在《税收征管法》中规定了纳税人的程序性权利，关于纳税人的实体权利并未作法律安排。例如，与税收支出监督权、税收知情权、公共产品的选择权等与人权密切相关的权利都未规定在法律条文当中。这不利于纳税人意识的培养，没有合适的要求表达平台与手段，税收征纳关系也难以得到缓解。因此，我国亟待建立纳税人权利的法律保护体系。

（二）纳税权利至上：人为权利之起点与归宿

权利至上意指权利位于道德价值体系中的最高阶层，人的行为活动要以不侵犯他人的个人权利为最低要求。权利至上的自由主义以个人权利为基础，通过对国家起源、合理性证成与乌托邦的推想来论述个人权利的至高无上与不被侵犯性。

理论上，个人权利至上主义包括以下三方面论点：首先，个人权利是逻辑在先的、绝对第一位的权利，绝对的个人权利不应当为另一些人所用，不能以"社会利益"的名义被牺牲。[1]针对有些人提出的为了社会整体利益可以牺牲个人权利的说法，该理论指出根本不存在能够以损害个人权利为方式而提出的"社会利益"，只存在享有各类利益与遭受各类损害的个人。在边际限制的道德观[2]的制约下，人与个人权利的独立性被突出，"经由他们同意"为做出这种牺牲的前提，否则该种行为就是对个人权利的侵犯。

其次，反对权利功利主义，即通过权利侵犯行为的最小化来实现社会教育目的的原则。根据功利主义的惩罚理论，在某种情形下，如果惩罚一个无辜的人是阻止犯罪的唯一方法，那就可以这样做。个人权利至上主义限制与禁止一切类似行为，功利主义的目标在于最大限度地减少对个人权利的侵犯的情况下来实现社会幸福总量的最大化，但是问题在于道德底线不容违反，哪怕是一丝一毫的轻微跨越都不可以。

最后，道德的边际限制不仅适用于个人行为，同时也是国家行为的根本道德标准。按照这一标准的要求，国家的任何行为都不得以侵犯个人权利为前提，国家与政府的权力不可用于强制个人服从于除其个人权利以外的其他目的。总之，道德边际限制的根本目的在于维护个人权利，无论是打着"社会利益""权利功利主义"还是国家的名义去打破这一界限，侵犯个人权利与自由的行为都是个人权利至上主义所抵制的。

个人权利至上主义对于权利地位与价值的强调无疑是具备积极意义的，但是人作为天生的社会性生物，个人权利与自由的行使需要依赖于社会，该理论对于权利保护的极端态度尤其不适合于我国社会主义的发展，根本原因

---

〔1〕 See Robert Nozick, *Anarchy, State, and Utopia*, Basic Books Press, 1974, p. 33.

〔2〕 从否定的意义上来看，所谓道德的"边际限制"是指他人的权利确定了对你的行动的约束，在任何行动中都不能违反这一道德的最终界限，参见周穗明：《当代西方政治哲学》，江苏人民出版社2016年版，第133页。

在于其忽视了社会与个人之间联系的重要性。

此处所主张的纳税权利至上并非纯粹的极端权利至上主义，而是以人为起点与归宿的纳税权利至上。以人为起点强调的是从个人视角对权利的保护，以人为归宿则属于从国家视角对社会的保障，从人的出生到死亡就是一个由个人融入社会的过程，社会作为人的最终归宿，对社会的保护也属于人的至高追求。纳税权利至上属于财税领域对纳税人权利保护的理论呼吁，其根本意义在于唤醒纳税人的个人权利意识与社会意识，通过对侵权行为的制裁、纳税权利的行使来提高社会对于纳税人权利的关注，进而通过立法机关、税收行政部门、社会团体、专业中介机构及其他多元主体来实现关于纳税权利边际限制的扩张，形成纳税人与整个社会的良好互动与和谐相处。

三、纳税人适格：权利本位之必然要求

对纳税人的身份特征进行逻辑推理，首先，纳税人是作为人这一主体存在，享有维持生命、自由、财产持有的基本人权；其次，纳税人属于财政相对人，与国家财政机关及其执法人员相对，通过行使财政权利来促进国家财政的发展，与财政主体共同承担着国家财政任务；最后，具体到税收征管领域，纳税人因其承担着纳税义务而被称为"纳税人"，这是对税收征纳关系的特征所进行的归纳。对于纳税人适格的论述将从人、财政相对人与纳税人三个层面展开，遵循演绎的逻辑推理方法，对纳税人适格的标准进行归纳总结。

（一）主体适格：人权声张的应然逻辑

人权从何而来？法律权利以法律作为来源，契约权利来自契约，因此人权显然以人或者人性作为其来源。不过人性（如何成为一个人）如何产生权利呢？

人的需求常常被用来定义人性，"需求创设了人权。"[1]但是人的需求与人性同样是含糊不清的，科学也并未对人的需求作出明确而具体的界定。对人的需求的理解需要从哲学领域进行切入，"需求"具有道德上的意义，而人权的来源正是源自人的道德性。人们并非为了生活而"需要"人权，而是为了一种有尊严的生活才"需要"人权。正如《世界人权宣言》所说，人权产

---

〔1〕 参见〔美〕杰克·唐纳利：《普遍人权的理论与实践》，王浦劬等译，中国社会科学出版社2001年版，第12页。

生于"人自身的固有尊严"。我们并不是对健康要求拥有人权，而是对于过上一种身体健康的生活而享有人权。没有身体健康，就称不上是人的生活，没有了人权同样也就失去了过上有尊严的生活的权利。

作为人权基础的人"性"是一种道德假定，一种对于人的可能性的考虑。如果丧失或者跨越了人性的道德边界，那么人也就会堕落，从而变得不再是人。对于关于人性的七大罪恶理论，人权理论家们可能不会认同，但是不可否认人性中的确存在着大量负面的因素，而人权的核心目的之一就是寻找出这些因素，通过道德、法律、契约等途径进行规避与抑制。

人权的行使需要个人的适格。个人的适格与人的主体意识、权利意识、斗争意识、底线意识密切相关，这些意识都属于人的道德性范畴。首先，人的主体意识是指人要意识到自己是个人。在封建专制统治时代，皇权至上的阴影笼罩下，人的主体性趋于湮灭，人权的主体不复存在；其次是人的权利意识。权利意识是指人要明白自己拥有着哪些权利，这些权利对于自己想要的有尊严的生活又有何作用。在我国改革开放的初期，对于市场经济与计划经济的认识存在严重误区，人们意识不到自己享有对财产自由处置的权利，也就无法通过财产来获取更大的收益；再次是人的斗争意识。人的斗争意识是指人能够清楚自己的权利受到了侵犯，且有强烈意愿与做出此种行为的个人、组织或团体进行抗争；最后是人的底线意识。人的底线又称为人的道德边界，即人性的弱点。我们无时无刻不在与人性的弱点做斗争，因为那是作为人的最后底线，屈服或甘于堕落也就失去了为人的资格。

（二）财政相对人适格：财政权利发挥之基础

从本质上来看，财政权利是指公民作为一般财政相对人应当享有的权利。只要公民履行了财政义务（主要是指纳税义务），就自然地享有与财政义务相对应的权利，这同时也是权利义务相一致的法治原理的要求。[1]公民财政权针对的是国家有关财政的行为，公民可以通过一定的程序或方式请求国家在财政领域作为或不作为，目的在于保护自身的财政利益与公共利益。

公民的财政权具体包括以下特征：首先，公民财政权属于私人财产权的衍生权利。公民要想获得财政权利就必须承担向国家转让部分私有财产的义务，被转让而出的财产权经由财政部门之手，通过以社会公共利益为目的的

---

〔1〕　参见胡伟："财政民主之权利构造三题"，载《现代法学》2014 年第 4 期。

财政行为，进而衍生成为公民所享有的财政权。其次，公民财政权属于宪法权利。公民财政权蕴含了财政民主、财政正义、财政公平等深刻的政治理念，是一种能够体现在财政事务上公民当家作主的权利，是一国政治领域的理论基石。其产生于公民权利与国家权力的制衡过程中，属于公民对国家财政的控制，[1]因此是一项不可替代的宪法性权利。最后，公民财政权利属于一种社会权。从利益归属的角度看，公民财政权属于一种影响社会公共利益形态的权利，并不能仅仅掌握在少数人手中，而需要全体或者绝大多数社会成员参与，这样才能保证财政真正地"取之于民，用之于民，造福于民"。[2]

公民财政权利的上述特征对财政相对人提出了适当性要求：第一，作为私有财产权的衍生权利，公民享有财政权利的前提是要履行财政义务。我们可以借助权益投资的原理切入理解，公民以自己的部分财产作为出资标的，向国家进行投资从而获取公共利益，因此履行财政义务是前提，这既是道德上的义务又是法律所规定的义务。第二，要保持财政主人翁的态度与意识。虽然公民财政权利目前并未在宪法当中明确规定，但是财政权利从根本上代表了民主，属于财政领域的民主，财政权力源于财政权利，没有公民财产的支持，财政一词也无从说起，因此公民应当拥有财政主人翁的态度与意识，只有这样才能真正发挥出财政权利的价值意义。第三，要有社会整体利益的意识。公民财政权利具有社会权的性质，属于公民对社会利益建设的参与权，因此参与的方式、内容与限制都与社会利益紧密相关，忽略社会利益而仅以个人利益为主的行为是不可取的。以社会利益为代价谋取个人利益的行为是违反权力行使之限制的，这是财政权利行使的最低要求。

（三）纳税人适格：纳税人权利合理行使之前提

纳税人权利属于纳税人履行纳税义务过程中各类自由的总称，既包括征纳过程中的程序性权利，例如我国《税收征管法》所规定的纳税申报方式选择权、延期申报权、陈述与申辩权等，也包括实现私人财产向财政转移过程中的各项实体权利，例如税收知情权、保密权、税收监督权等。纳税人权利并无一个准确的界限范围，随着权利意识的提高与社会经济的发展，纳税人权利形式与种类会不断增加。在不违背社会利益的大前提下，纳税人享有与

---

[1] 参见杨大春：《中国近代财税法学史研究》，北京大学出版社 2010 年版，第 85 页。

[2] 参见胡伟、程亚萍："财政权之法理探究"，载《现代法学》2011 年第 1 期。

纳税义务相关的各种自由，任何机关与个人不得侵犯与干涉。

纳税人权利的行使同样需要纳税主体的适格，如同民法对民事行为能力的规定一样，缺乏一定行为能力的纳税人即使拥有了权利，权利功能也不能得到充分发挥。上文已对适格纳税人的判断标准有所提及，此处将对其作原则性的总结归纳。首先，基于纳税人权利与国家权力的相对性，纳税人需要具备纳税认同意识。国家基于父爱的考量强制性地将义务分配给公民，这是对纳税人公共需求的满足，也是在人的社会性特征基础上做出的判断，不受社会利益限制的个人权利终将导致个人的灭亡。其次，基于纳税人权利的正当性，纳税人需要清楚自身想要的税收需求，例如怎样纳税才能使效率最大化、税率如何调整才对社会整体有利等，明确税收需求必须以税收知识和经验、维权意识和能力、政治参与度为基础，只有提高自身各方面的能力才能明确自己的利益诉求。最后，基于纳税人权利的现实可行性，纳税要保持良好的信用水平。纳税人与纳税人之间、纳税人与征税机关之间、纳税人与社会之间处于环环相扣的权利义务链条之中，虽然承担了纳税义务后就可以享有税收权利，但是实际的履行情况将会影响纳税人的信用状况。一旦受到税务机关的行政处罚，信用记录上留下污点，那么其他的纳税义务人与其发生征纳税权义关系时，必定会慎重考量甚至拒绝与其进行交易。

四、权力至上主义：适格纳税人构建之阻碍

权力伴随着人类社会的进步而产生与发展，双刃剑属于对权力最恰当的描述。如果没有权力，社会将缺失凝聚力，成为一盘散沙，"一切规模较大的直接社会劳动或共同劳动，都或多或少地需要指挥，以协调个人的活动。"[1]但是权力天生具有扩张性与侵略性，无论是以氏族为核心的原始社会，还是以强权霸权为依仗的封建集权专制社会，某个人或团体所拥有的权力通常凌驾于他人的权利之上。人成为了权力所有者的工具，权利也就失去了意义。权力至上主义属于特定历史时期的产物，是由社会经济发展水平所决定的必然现象，是人类制度文明自然发展的一个阶段。在权力主导的社会制度下，王权至上导致权利地位的削弱甚至消亡，法律的作用极其有限，国民没有自

---

〔1〕 ［德］马克思：《资本论》（第一卷），中共中央马克思 恩格斯 列宁 斯大林著作编译局译，人民出版社1975年版，第367~368页。

我意识，盲目的权力崇拜使得权力产生异化。这些都不符合现代文明社会对国家与公民关系的应然要求。

（一）权力之本源回溯：利益

权力乃为权利而设，本身也须以相应权利为基础；权力与权利最终是为了利益，本质上都源自利益。[1]利益可以分为个人利益与社会利益。人首先表现为有血肉、有思想的自然个体，供个人生存、生活与发展的利益就是个人利益。同时，人的社会性决定了在同一群体间的人们有着共同的利益即社会利益，主要包括集体利益、区域利益乃至一国的整体利益。由于人与人之间在天赋、财富、家庭状况等因素方面存在差异，同时资源的有限性加剧了竞争，不同个体获取资源的能力决定了其所拥有的利益的多少，为了利益的最大化，人们开始在相互竞争中发生争议与冲突，此为纠纷的原始样态。如何"定分止争"成为社会发展中不可规避的首要问题。在原始社会中，具有权威的氏族长老与部落首领成为协调与裁判的不二人选。随着国家的出现，特定的公共机关尤其是国家公共机关开始承担此项社会职责，对社会中各个群体之间以及个人之间的利益进行分配与权衡，这种活动简称为权（衡）利（益），即经"权"确认后的"利"。

从事上述权衡利益、协调人与人之间利益关系的主体具有极高的公信力，庞大的信任基础由此成为权力的摇篮，权力的最初目的与根本任务就是为了确认、权衡与保障权利的实现。它是根据权利的拥有者即广大公民的意愿所产生的，广大公民的权利成为公共机关权力的本源，实际上权力就是广大公民对自我利益的部分让渡，经由公共机关这一链条的传递而产生的。因此权力的行使不能违背它的宗旨与超越它的范围，必须以权利的保障为目的，对公民利益的干涉范围不能太小也不能太大，否则将会导致浪费或者滥用。

（二）权力至上主义难以适应市场经济发展

如上所述，权利与权力本源于利益，权力对公民之间的权利进行平衡与分配。财产所有权作为人权之一，自然法学派与法律实证主义学派都将其作为除生命权、自由权之外的核心权利，在法学、政治、哲学领域乃至整个社会都已经达成对私人财产不容侵犯理念的一致认可。税收作为以国家为主体、对公民施加的强制性财产索取，从外观上看似乎是一种对财产权的侵犯，但

---

[1] 参见漆多俊："论权力"，载《法学研究》2001年第1期。

是国家基于父爱主义对公民私有财产权的范围作了限缩，通过社会公共利益的方式向公民提供其所需的利益，即安定的社会秩序、充分的社会保障、和平的国际环境等。因此，税收权力作为分配调节利益的主要权力之一，对权力的实施范围、行使主体、宗旨目的进行规制是极为必要的。

在以市场经济为主的现代社会，生产资料主要掌握在个人手中，为提高商品交换的效率，各类专门化的市场开始出现，人们借助市场协调互相之间的利益关系以期实现利益最大化。与权力至上主义时期相比，权力尤其是征税权力对于市场经济的作用看似有所降低，实则不然。市场经济属于披着"市场公平交换"这一外壳的利益竞争，经济实力强大的市场主体借助市场竞争机制逐渐吞并其他主体，如果不加限制，市场将会演变为"集权市场"。权力至上作为集权体制的理论基础，在市场经济背景下难以获得适用，在权力至上理念主导下，法律实效得不到发挥，市场主体与市场本身的负面性也难以得到抑制，权力只会不断地膨胀从而导致极端后果。

适格纳税人的培养需要以纳税人权利意识的培养为核心，权力至上主义漠视权利的存在，处于与纳税人适格的社会发展趋势相对立的一面。总结来看，权力至上的理论结构[1]为：第一，一人的权力至高无上。"普天之下，莫非王土，率土之滨，莫非王臣"描述的就是这种情况；第二，法律沦为形式，法律实效不复存在。在权力本位制度系统中，法律和道德、宗教、习俗等一样，只是权力运行的手段之一，附属于权力。此时法律已被异化，其本身所具有的批判精神已经荡然无痕了。综上，从结构层面的角度来讲，权力至上主义已经完全不能适应当今需要培养适格纳税人的社会；从市场经济的角度来讲，权力至上对利益的掠夺难以适合市场经济的发展；从个人权利意识的培养角度而言，权力至上主义下的权利根本没有生存空间，因此盲目崇拜权力的理论已经跟不上时代的脚步。

（三）现代法治国家不容权力至上主义存在

适格纳税人的培养不仅依赖于市场经济，而且还需要法治国家的全力支持。国家法治环境的构建需要注意多种因素，首先是公民的主体意识。在传统的权力至上社会环境中，公民以"依赖"和"顺从"为主要特征，他们失

---

[1]　参见陈卯轩："制度文明：从权力本位到法治"，载《西南民族学院学报（哲学社会科学版）》1999年第2期。

去了应有的主体活力与自主思想，主体意识根本无从产生与培养。因此，要想提升适格纳税人所需的个人权利意识，就需要公民对自己的身份与地位有一个准确的认知，给予其充分的权利行使自由；其次，还需要培养公民对法律的信仰。诚如西方法谚所言，"法律必须被信仰，否则它将形同虚设。"只有法律被信仰时，公民才会真正地尊重、认可和接受它。培养法律至上的法治环境需要采取自上而下的策略，立法机关制定以人民利益为根本的法律，以政府为首依法行政出台配套实施政策，而后借助社会团体、中介机构、媒体力量等进行推介，改变公民关于"法律工具论"的传统看法，确保法律属于社会共同认可的最基本道德界限，而不是某一人的权力扩张工具；最后，还需要壮大广大市民社会，加强对社会团体组织的培养。

从权力至上主义所导致的社会结果来看，一方面，权力主导会导致权力的异化，脱离为权利服务的本质。在权力本位的社会中，权力失去了公信力基础，只有暴力作为支撑，法律的实际职能极为狭隘，法律制度与规则受到君主主观态度的影响，不再以社会公平正义为度量标准，成为"人治"纯粹的工具；另一方面，公民对权力产生了盲目崇拜，自主性完全缺失。在权力主导的社会背景下，服从是公民唯一需要承担的义务，在暴力的阴影下，公民也不得不履行此义务。长久以往，"奴性"与"依赖性"根深蒂固，人民不再理解自身在社会中的地位与价值，主体性已经全部消失不见。

综上所述，权力至上主义完全背离了建设法治国家的方向，与当今财税法领域所主张的权利本位思想相冲突，而且由权力至上主义所导致的极端个人主义会对社会稳定造成巨大的破坏，引发社会认同危机与政治合法性危机，进一步激化社会矛盾。因此，从培养适格纳税人的角度看，权利本位不容许权力至上主义的复燃，从法治国家的角度来看，民主政治更加不容许权力至上主义思想的存在。

第二节　监督抗衡理论与纳税人主体能力建设

一、监督抗衡理论：从权力监督到权利监督

监督即监察和督促，是特定主体为实现某种目标而开展行动，通过对方案、过程及结果的审视、分析和整理以进行评价与控制，其根本目的在于防

止差错并纠正错误。[1]而抗衡则具有对抗或匹敌之意，是指处于对立面的双方因某一事物而展开的对抗活动。因此，监督抗衡是一方通过监察与督促的方式，希望达到能够与另一方相对抗的地位与状态。此处的监督抗衡属于处理公民与国家之间关系的方式之一，是公民为了抑制权力的扩张性带来的负面影响而采取的制约措施。

（一）权力监督的理论基础与现实困境

1. 权力应当受到监督与制约的原因

第一，人性的弱点使然。西方传统学说普遍认为人性本恶，他们大多都认为人生来是自私、懒惰与贪婪的。对此恩格斯对人性曾论断道："人来源于动物界这一事实已经决定人永远不能完全摆脱兽性，所以问题永远只能在于摆脱得多些或少些，在于兽性或人性的程度上的差异。"[2]列宁也曾经明确指出："各政党各阶级的任何代表，作为个人是可能犯错误的。"[3]作为掌权者的个人更加容易暴露人性恶的一面，因此，这就要求掌权者的用权行为时刻处于监督之下。

第二，权力天然具有异化的倾向。权力的本质是利益，从权力的产生目的来看，权力是为了分配、平衡和协调人与人之间的利益关系，同时为了公民谋取社会公共利益，权力的特征决定其拥有者只能是少数。此外，权力本身就具有扩张的性质，权力的不断扩张带来利益的不断扩大，导致人性的弱点受到挑战，因此需要对权力加以控制，否则将引发权力公为私用、违规滥用等情形。

第三，权力存在"授权—监督"关系的制约。我国实行的是人民代表大会制度，由人民选定人大代表作为自己的代表，人大代表首先是作为个人，代表人民的主体，其受到自我认知的因素与政治、社会等外部因素的影响。有必要对其进行相应的监督。

2. 权力受监督的具体方式

以监督力量的来源进行划分，权力的监督包括权力监督与权利监督。权

---

[1] 参见吕静锋："从权力监督走向权利监督——网络空间下的民主监督刍议"，载《深圳大学学报（人文社会科学版）》2010年第5期。

[2]《马克思恩格斯选集》（第3卷），中共中央 马克思 恩格斯 列宁 斯大林著作编译局译，人民出版社1995年版，第442页。

[3]《列宁全集》（第十三卷），人民出版社1957年版，第343页。

力监督属于国家权力的自力监督，权利监督则是公民权利的外力监督。[1]西方关于国家权力监督思想最早起源于古希腊的分权理论，该思想主张"一切政体都有三个要素"，[2]这一思想成为近代西方资产阶级分权理论的渊源。现代西方国家普遍采用了较为完整与系统的分权与制衡理论。在我国，国家公权力的组织架构是按照"议行合一"的构想进行设计的，全国人民代表大会（及其常委会）作为最高权力机关，拥有国家的最高权力（在地方则是地方各级人大及其常委会），行使着宪法所赋予的立法权，由人大产生的"一府两院"则分别行使着行政权、检察权和审判权，并对人大负责、受人大监督。[3]除了人大监督、行政监督、司法监督外，我国还设置有民主党派监督、媒体监督与群众监督制度等，同时近年来也提出了"强化权力运行制约和监督体系"的改革任务。

3. 权力监督的现实困境

尽管我国的权力监督制度丰富，体系庞大，但就权力腐败问题而言，所取得的成效依旧不尽如人意，根本原因在于监督权力没有从国家权力行使权中合理分离出来。[4]实践中主体的监督职能受到政治、文化等多重因素的影响，未能实际发挥出其独立的监督作用，具体而言体现在以下方面：

首先，我国的官本位思想根深蒂固，权力接受监督和制约的意识相对淡薄。[5]在传统文化的熏陶之下，官本位思想仍然存在，影响着权力的监督与制约。在现实生活中，部分权力的执掌者缺乏对权力来源及本质的正确认知，将权力视为彰显个人身份地位的象征，认为掌握了权力就意味着拥有了一切。而权力的正当行使、合理约束成为异常奢侈的要求，因此这样的社会环境下权力监督的实际效果并不理想。

其次，权力本位理念仍未完全转变，权力存在着排斥监督的倾向。随着

〔1〕 参见莫负春："论权力监督和权利监督"，载《华东政法学院学报》1999年第3期。

〔2〕 参见［古希腊］亚里士多德：《政治学》，吴寿彭译，商务印书馆1965年版，第214～215页。

〔3〕 参见杨解君："全面深化改革背景下的国家公权力监督体系重构"，载《武汉大学学报（哲学社会科学版）》2017年第3期。

〔4〕 参见吕静锋："从权力监督走向权利监督——网络空间下的民主监督刍议"，载《深圳大学学报（人文社会科学版）》2010年第5期。

〔5〕 参见陈朋："重构政治生态：权力制约监督的一种新视角"，载《江苏行政学院学报》2016年第3期。

政府行政范式向"服务型"的转变，权利本位执政理念成为社会主义建设的通识。但是由于权力具有个人依附性特征，部分权力主体的法治素养不高、潜意识中权力本位理念仍然存在，加之"权力—权力"自立监督的低效，导致此种现象难以得到纠正与改善，从而对自力监督机制的完善产生极大的消极影响。公民权利是公权力存续的最终根源，所有的权力主体都应当对手中的权力保持警惕，防止被腐败、滥用等行为所侵蚀，秉持廉洁自好的服务理念，为我国社会主义法治建设作出应有的贡献。

最后，社会廉洁价值观有待加强，权力监督的社会基础较弱。权力诞生于权利之中，应当以权利为本，为社会公共利益的最大化而服务，同时接受公民权利的监督与制约，也就是"权应为民所用，情应为民所系，利应为民所谋"。为防范权力膨胀异化的负面风险，除了完善健全"权力—权力"的自力监督机制外，更重要的是发挥权利的监督职能，充分调动公民、社会团体、企事业单位等主体的监督积极性，较为有效的方式是建立廉洁自律的社会价值观。但是当前社会上普遍存在"权力畏惧"的情况，廉洁自律的价值观缺乏社会基础，不利于权力滥用、渎职腐败等不当行为的规范与整治。

（二）权利的多元监督：监督抗衡的应然选择

以权力制约权力的监督模式有着其历史的必然性，建立在长期以来政治学的理论思考与权力制约的实践基础上，属于权力监督的传统方式，但这种模式的弊端也很明显，它不能解决分权与集权之间的矛盾。[1]监督权与政治权的关系纠缠不明，也难以阻止凭借监督权寻租的可能，因此，寻求新的权力监督模式迫在眉睫。

权利监督又可以称之为民主监督，是指通过公民权利而实现对权力的监督，根据监督主体的不同可分为公民监督、政党监督与舆论监督。[2]公民监督强调公民个人对宪法所赋予的监督权的行使。政党监督是指政党组织对行政机关的工作实施的监察与督导的相互监督，以党派的利益为根本，监督权行使的主体为整个党派。而舆论监督是指借助新闻媒体的力量实施的监督，一般只有在舆论势头足够强烈的情况下监督的效果才会明显，因此舆论影响

---

〔1〕　参见叶战备、金太军："'以权利制约权力'视角下的舆论监督"，载《探索》2005年第4期。

〔2〕　参见莫负春："论权力监督和权利监督"，载《华东政法学院学报》1999年第3期。

力属于舆论监督的重点。

对于普通公民而言，控制舆论所需的成本巨大，而政党监督又属于民主党派的特权，因此只有公民监督实践中较为常用。

就我国而言，多元的"权利—权力"的权力监督模式与我国的民主集中制在某些方面相匹配，既有效界定了所集中的权力的行使范围，又将民主权利分配给代表公民的利益团体，监督更为直接和精准。因此在一定程度上，多元社会的权利监督模式具有可借鉴性。

二、主体能力理论：主体能力的建设

（一）主体能力理论：能力为核心

根据主体能力理论，能力框架与评价机制主要由"功能"（functioning）与"能力"（capability）两个核心概念构成，前者侧重于一个人的成就，即"最后实际上做了什么"，后者又被称为"可行能力"，它是对一个人"可以做些什么（doing），又能成为什么（being）"的回答；能力侧重于一个人实际能够做什么，而不在于他事实上最后做了什么。以商品功能的理想化转化为例，商品首先需要识别其特性了解其具备的功能，而后主体必须具备实现功能的可行能力（大多数情况下为复数），通过实现功能的活动（或活动组合），最终达到预期的效用，（参见图 3-1）。将此处的商品代换为个体的人时，就变成如何看待人的价值实现的问题了，（参见图 3-2）。

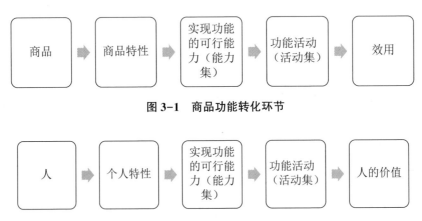

图 3-1　商品功能转化环节

图 3-2　人的价值的实现过程

上述为理想化的模型，在现实生活中必须考虑的是，要想达到预期的效用，需要考虑实现功能的活动在不同人的身上是各不相同的。在这种情况下，上述概念之间会涉及更多的影响因素。以收入为例，影响因素就至少包括个人的异质性、环境的多样性、社会氛围的差异、人际关系的差异以及家庭内部的分配，等等。[1]环境因素（包括自然环境、社会环境、政治环境等）会对个人的特性产生影响，因此人与人之间的可行能力也大不相同，在选择功能活动过程中，人的心理状态对活动的选择起着决定性的影响作用，这也会导致每个人所实现的价值大不相同。

主体能力理论反映了个体自由的、真实的积极自由，同时也提醒我们不能仅局限于对消极自由的关注。人们不仅有法律上的权利为自己提供食物，更重要的是他们也有经济上的能力去这么做。[2]可见，法律规范中的权利体系要切实考量权利主体的能力，脱离主体能力的法律规定是形而上且不实际的。要以结果为导向，完善权利规范体系，最终促成权利的实际行使与能力的现实转化。

（二）主体能力建设与社会福利提升

通常而言，社会福利泛指包括个人、家庭和社区在内的人类社会的一种正常和幸福的状态，[3]而贫困、疾病和犯罪等社会病态则是其反面。广义的"社会福利"制度是指国家和社会为实现"社会福利"状态所做的各种制度安排，包括增进收入安全的"社会保障"的制度安排。狭义的"社会福利"则是指为帮助特殊的社会群体、疗救社会病态而提供的社会服务。此处的社会福利采取的是一般意义上的含义，即社会的正常与幸福的状态。

社会福利状态属于理想的社会状态，现实中的贫困、饥荒、犯罪、不平等会阻碍着社会的进步与人类的发展。以贫困与不平等的社会病态为例，传统的福利经济学使用收入或效用来测量与对比个人的福利，但是纯粹的数字无法排除个人主观性的干扰，因此应将能力方法引入到社会福利建设当中。贫困的根本原因不是粮食短缺所造成的，而是"能力失败"的结果。[4]一味

---

〔1〕　参见［印度］阿马蒂亚：《以自由看待发展》，任赜、于真译，中国人民大学出版社2013年版，第59～60页。

〔2〕　参见董骏：《阿玛蒂亚·森能力人权观研究》，法律出版社2019年版，第84页。

〔3〕　参见尚晓援："'社会福利'与'社会保障'再认识"，载《中国社会科学》2001年第3期。

〔4〕　参见王艳萍："阿马蒂亚·森的'能力方法'在发展经济学中的应用"，载《经济理论与经济管理》2006年第4期。

地提供粮食是不可能解决贫困问题的，同样，收入不平等仅是表面问题，实质问题是"经济不平等"或者说"能力不平等"，授之以鱼不如授之以渔，建设主体能力才是根除社会问题的唯一途径。

1. 贫困问题下的能力观

面对贫困问题，各国通常采用"贫困线"[1]标准，但是有学者指出，该方法以数理模型与理想化假设为基础，逻辑上虽然可行，但是现实结果却过于僵化。因为其忽略了不同穷人之间的差别，没有考虑到穷人的收入低于"贫困线"的程度，且"贫困线"对于穷人之间的财富分配不敏感。[2]另外，"贫困线"设置的初衷是为了对处于"贫困线"以下的低收入人群提供社会救济，但现在却经常被人们用来衡量一国的富裕程度。"我们必须认识到，一国内部穷人的贫困或一国的贫穷或富裕完全是两个不同的问题"[3]。当"贫困线"被用来衡量国家的财富储量时，一国内部的穷人利益极易受到忽略，长此以往，穷人最终会沦为牺牲品。

根据主体能力理论，贫困是指一个人的可行能力遭到剥夺，致使其无法得到富裕的结果。换言之，能力理论不仅仅将收入作为可行能力丧失的原因，还将其他各种因素也考虑了进来。例如，年龄、性别、社会角色、生活环境等都对贫困的形成起着重要作用。因此，能力理论在识别贫困能力上更为全面，其主张一个国家在识别出贫困（能力剥夺）的程度后，应该将有限的资源（医疗、教育等）集中用于扩展能力的事业上来，对症下药，以期高效率的获得实效。

2. 不平等问题中的能力观

不平等问题具有多种应对之策，传统代表有"基本善方法"与"资源方法"，前者是指为了使"基本善"[4]的分配处于公平状态，应当贯彻落实"最大自由原则""机会的公正平等原则"以及"差别原则"，即"自由"在

---

〔1〕"贫困线"是指一个国家在一定的社会发展条件下，为救助其社会成员收入难以维持家庭基本生活需要者（低收入者）而制定的救济标准或界限，参见董骏：《阿玛蒂亚·森能力人权观研究》，法律出版社 2019 年版，第 115 页。

〔2〕参见［印度］阿玛蒂亚·森：《贫困与饥荒——论权利与剥夺》，王宇、王文玉译，商务印书馆 2001 年版，第 18 页。

〔3〕参见［印度］阿玛蒂亚·森：《贫困与饥荒——论权利与剥夺》，王宇、王文玉译，商务印书馆 2001 年版，第 18 页。

〔4〕"基本善"是指"自由和机会、收入和财富、自尊"。

善的分配顺序中排在最优位，其次是公正平等和差别对待。后者是采用竞拍选择与保险相结合的方式来分配社会资源，通过保险来补偿人民由于自然劣势形成的不平等，通过竞拍选择模式来让人们分配资源。总之，在对待不平等问题上，传统方法都是旨在为人们所期待的生活提供一个外在的环境。但这也仅是形式上的平等，他们并不关心人们是否真的有能力享有"基本善"或者"资源"，忽略了人际之间的异质性，也就未真正地实现实质平等。

主体能力理论是对上述方法的继承与发展，相较于传统，能力理论能够更加全面、深刻地反映出各种不平等状况，而且在度量不平等过程中不追求精确与完备。反之，主体能力理论侧重于不平等的形成，即过程的不平等，以及相应的结果。另外，主体能力理论属于一个开放与包容的理论，在评估不平等问题上并不会局限于某一因素，而是从人本身出发来考虑不平等问题。

三、主体能力与监督抗衡：互为因果且相辅相成

从主体能力理论视角对权力的监督问题进行考察，无论是权力监督还是权利监督，其侧重点都在于监督环境的构建与监督方式、制度的选择，例如"权力—权力"与"多元权利—权力"都是从权力监督的模式方面展开的讨论。但是根本问题在于，即使搭建出理想的权力监督制度与模式，又如何确保监督权的行使主体即公民，具备可行能力去行使监督权呢？这才是权力监督的重点。因此，要想发挥权力监督的作用，主体能力建设应置于第一位。

（一）监督抗衡：主体能力提高的产物

我国目前的权力监督体系中，以权力监督权力的模式仍占主要地位，用权利监督权力的制度虽然有制度支撑，但是实际效果并不明显。但是无论选择哪种权力监督模式，国家权力机关都已经将公民的监督权上升至法律层面，关于监督权的法律环境也在不断趋于完善。下面从主体能力理论出发，按照其能力方法对监督权进行详细分析（参见图3-3）。

图3-3　监督权效用的转化

公民监督权的最终效用是对权力的监督与抗衡，想要实现预期效用，必须首先对监督权的特性进行了解。只有了解了监督权的特性，主体才能培养对应的可行能力。权利监督具有终极性、广泛性与法律或制度保障性的特征。终极性是指公民权利为国家权力的终极来源，国家权力监督属于公民的委托监督；广泛性体现在权利所有主体与监督方式和渠道两方面，监督权为所有的公民普遍享有，公民可以通过向国家机关建议、申诉、控告来行使监督权，或寻求媒体、社会组织、民主党派等来对权力进行监督；法律或制度保障性是指监督行为应当有相应的反馈机制，以保证公民的监督权利能够及时得到回应。在监督行为作出后一般会产生道德、舆论或精神上的压迫，但受监督者是否对行为进行纠正仍然由其自身决定。常见的情况是，监督权行使后如同石沉大海，毫无波澜，这会极大地影响公民的监督积极性。因此，为改善现状，近年来我国不断出台相关法律法规及配套制度措施，以强化监督权保障性之特征。

在了解权利监督的特性后需要考察主体的可行能力。终极性与广泛性决定了公民天然具有监督权，因此监督意识属于公民所需的首要能力。监督意识不仅包括对监督这一基本概念的理解，还要求公民有对权力进行监督的积极性，政治参与度的提高就与监督意识息息相关。环境因素（包括自然环境、社会环境、政治环境等）极大地影响着公民监督意识的培养，如前所述，权力监督失效的直接结果就是公民监督意识的丧失。另外，公民还需要对监督渠道与方式有所了解，这是公民所需的次要能力。有了监督的想法却不知如何监督，这也属于监督权行使的一大障碍。

概括而言，实施权利监督需要公民具备监督意识，了解监督方式与途径。当然这也仅仅是笼统的讨论，因为具体到个人层面，例如，位于偏远山村的公民与地处城市的公民就有所差异。对于前者而言，提升可行能力所需成本较高，且上访、网络媒体等监督方式可能不太适用，这就极有可能使其丧失监督的念头；后者则相反，经济自然环境都较为优渥，对于能力的培养更应当侧重于监督意识。

总之，只有具备以上两种可行能力，权利监督的预期效用才可能达到，也只有随着主体能力的提高，权利监督才可能有所成效。由于可行能力之后还需要功能活动的实施，对于权利监督而言，是指制度的安排、负责机关职能的分配及其他与权利监督相关的一系列活动，这也正是政治学、行政法与理论法领域所讨论的问题。

（二）主体能力：监督抗衡的必要条件

提高主体能力才能达到监督抗衡的效用，上文已经从正面角度予以论述。下面将以监督权的滥用，例如互联网监督权的滥用与媒体舆论监督权的滥用为核心，从反面来论证主体能力对于权力监督的必要性。

公民享有在法律规定范围内任何形式的监督权。随着经济的不断发展，互联网与新闻媒体行业愈加繁荣，互联网监督或者以互联网为载体的媒体监督成为主流的舆论监督形式。互联网监督与媒体监督具有共同的特点：首先，监督主体具有普遍性。智能手机与互联网的普及使得监督唾手可得。其次，监督者具有虚拟性。互联网具有匿名的特征，监督者的真实身份往往被网名所掩盖，一个公民可以同时拥有多个互联网平台的社交账号，这使得互联网变得更加虚无缥缈。最后，监督空间具有不确定性。对于公民所掌握的监督证据，他可以将其提供给新闻媒体，也可以选择于任何时间、任何地点在网络上公开，这也是互联网监督的主要特征之一。但是，权利监督应当有一定的限度，而这个限度正是针对公民能力所提出的。在现实生活中，舆论干扰司法走向、互联网监督侵犯他人隐私权等乱象层出不穷，部分权利主体的法律意识堪忧，缺乏必要的规范意识，加之社会中所弥漫扩散的不良风气，使得互联网以及媒体监督似乎成为一种滥用权利的工具，权利监督存在异化之趋势。因此，想要实现预期的监督效用，在具备监督意识、了解监督渠道的基础上还需要培养监督者自身的法律意识，提高自身对网络信息的筛选能力，不随波逐流、不跟风从众，保持独立的思考，从自身角度出发合法合理地使用监督权。

四、纳税人适格：发挥税收监督效用之关键

将视阈集中到税收征管领域，纳税人想要对税收权力进行权利监督，就必须借助一定的法律权利，在这里主要体现为税收监督权。我国《税收监管法》第 8 条第 5 款规定，纳税人、扣缴义务人有权控告和检举税务机关、税务人员的违法违纪行为。虽然目前在我国的税法体系中关于纳税人的监督权仅有程序性的规定，[1]在实体层面还未有明确的法律保障，但是这并不影响

---

〔1〕　这主要是指在具体的税收征纳关系中享有的权利，与税务行政机关的税收征管行为直接联系，又称为纳税人微观上的个体权利，参见甘功仁："论纳税人的税收使用监督权"，载《税务研究》2004 年第 1 期。

我们对其监督效用的讨论。此部分将从纳税人享有的税收监督权切入，讨论纳税人适格，即主体能力适格的必要性。

（一）税收监督权：发挥监督效用之前提

税收监督权属于纳税人依据宪法在税收征管领域享有的一种资格，拥有这种资格，纳税人可以对税务机关的行政行为进行监察与督促，以保证其具有规范性与道德性。2009 年 11 月 6 日，国家税务总局公布实施了《关于纳税人权利与义务的公告》，明确提出了税收监督权。2011 年 1 月 19 日，国家税务总局公布《〈纳税人权利与义务公告〉解读》，纳税人的税收监督权的内容主要包括以下方面：（1）监督税务机关是否存在违反税收法律、行政法规、规章和税收规范性文件的行为；（2）监督税务机关的工作人员是否存在索贿受贿、徇私舞弊、玩忽职守、不征或者少征应征税款，是否有滥用职权多征税款或者故意刁难您的违法违纪行为；（3）监督税务机关对行使检举、控告权是否有故意刁难或进行打击报复的行为；（4）监督税务机关的纳税服务过程；（5）监督其他纳税人是否存在违反税收法律、行政法规、规章和税收规范性文件的行为。[1] 由此可见，我国纳税人的税收监督权仍停留在税收征管的程序层面，与之相对应的监督效用也被禁锢了在程序当中，税收征收程序的优化、征管人员行为的规范、税务服务种类的增加、税收征管水平的提高成为其监督效用的极限。

然而，纳税人理想中的税收监督权却宏大得多。在我国，税收收入在财政收入中占极大的比重，属于典型的"税收国家"，税收将公民的财产权合法地转移到国家的名下，公民在许可同意的同时当然也想要了解政府是否做到了"取之于民，用之于民，造福于民"，即对财政的支出行为与支出流向进行监督。这也是学者所主张的"纳税人基本权"[2]，也有学者将其称之为"税收使用监督权"[3]，或者"税收支出监督权"[4]。

确定纳税人拥有税收支出权对纳税人权利的保护有着极为重要的影响。

---

〔1〕 参见国家税务总局："《纳税人权利与义务公告》解读"，载 http://www.chinatax.gov.cn/n810214/n810641/n2985871/n2985903/n2986053/c2992898/content.html，最后访问日期：2021 年 6 月 4 日。

〔2〕 ［日］北野弘久：《税法学原论》，陈刚等译，中国检察出版社 2000 年版，第 53~56 页。

〔3〕 甘功仁："论纳税人的税收使用监督权"，载《税务研究》2004 年第 1 期。

〔4〕 黎江虹：《中国纳税人权利研究》，中国检察出版社 2010 年版，第 42 页。

首先，税收支出监督权属于权利监督一种，可以有效地限制国家征税权力的扩张与异化。其次，税收支出监督权是评价税法正当性的标准之一。权力的正当性是指权力具有合法性基础，是有相应的权利作为支撑。对税法正当性的评价不应当局限于法律实效层面，是否产生社会实效也是对立法质量的一种检验。税法是否正当，根本上来源于纳税人是否授权主权者对纳税人的利益进行法律上的规制，即是否征求过纳税人的同意，而证明此过程的最主要证据即为纳税人实体权利，税收支出监督权就属其中之一。最后，税收支出监督权的确立有利于扭转社会上的"义务本位"风气，从而形成以纳税人权利为本位的社会氛围。

总之，无论是程序上的税收监督权还是实体上的税收支出监督权，都对优化我国的税收征管环境有正向促进作用，前者从程序上规范税收征管机关的征税行为，后者从国家与纳税人层面改善整个社会对税收征纳关系的看法，二者的监督效用相辅相成，仅在侧重点上有所区别。因此，在税收征管改革趋势下强化对税收监督权的制度完善，并借助税收宣传、纳税服务培养纳税人的监督意识，对于发挥权利监督效用是极为必要的。

（二）纳税人适格：实现监督效用之关键

税收监督权属于程序法层面纳税人享有的监督资格，税收支出监督权属于实体法层面纳税人享有的监督权利。虽然后者未予明确法律规定，但是基于监督权的终极性特征，自权力诞生以来监督权也随之产生，采取适当的方式，在不侵犯他人利益与社会公共利益的前提下行使税收支出监督权是符合法理的。

有了资格或者说掌握了权利，并不代表着权利就一定会实现，还需要主体可行能力的支持。首先，就程序法层面的税收监督权来说，积极主动的监督意识对于纳税人而言是首要条件。税收监督权在我国的法律与各项政策性文件中都有明确规定，因此对于纳税人而言，依照规定来行使税收监督权是实现程序性监督效用最有效的方法。当然，对于纳税人而言，媒体舆论监督，互联网监督，借助民主党派、社会团体及其他社会组织来行使税收监督权也都是可行的，只不过相较之下成本会更高。在具备监督意识、选择适合自身情况的监督方式以及在把控监督尺度的前提下，监督效用也会如期实现。

其次，就实体法层面的税收支出监督权而言，监督意识虽然重要，但是规范意识则更加需要纳税人重视。税收支出监督权与财政监督权在内容上相类似，但是二者针对的主体不同，前者是纳税人，后者为财政相对人，虽然大多时候两者属于同一主体，但是作如此区分是为不同领域研究的需要。就纳税人权利监督而言，采用税收支出监督更为合适。我国《宪法》对公民的监督权做了明确规定，而其他各种监督权都根源于此，税收支出监督权也是如此。这种权利类似于自然法学派所提倡的"自然权利"，以社会惯例与道德习俗为价值判断标准。此类权利在行使过程中常常与法律规范发生冲突，根本问题在于道德与法律之间的界限划分。因此，纳税人在行使监督权时，需要时刻保持规范意识，将权利行使行为约束在法律法规明确划定的范围内，在选择监督方式时也要注意适当与合理，监督的尺度与道德标准所持平，在不违背社会公德与侵犯社会公共利益的前提下行使权利，这是对纳税人适格所提出的要求。

最后，主体能力适格体现在税收征管领域即为纳税人适格。作为纳税人，想要得到预期的监督效用必须首先拥有监督权利，这是发挥监督效用的前提。实现监督效用的关键在于权利主体的能力适格，要满足权利实现的各项具体条件，结合自身情况来分析要选择的监督方式、监督尺度等。只有切实符合纳税人自身的现实条件，才是真正意义上的"适格纳税人"。

第三节　法治遵从下的纳税人监管与治理

一、政府行政范式的嬗变：从管理型到服务型

(一) 管理型政府：权力本位的政府类型

政府掌握着公共权力，代表着公共利益，其本质上是公共力量的实体化。在服务型政府理念被提出之前，政府类型仅有统治型与管理型两种，前者是通过公共权力的行使和公共利益的实现来强化少数人的统治，而后者则是在少数人的管理活动中行使公共权力和维护公共利益。

政府一方面根源于社会，与社会有着不可分离的一体性；另一方面，所有的政府又都是社会的异化，是作为社会的一种异己力量而存在。政府作为相对独立的主体，凭借其所掌握的公共权力来实现自我的扩张与成长。公共权力具有双重性：一方面，它是管理社会公共事务所必需的；另一方面，它又可以成为其掌握者谋取私利的工具。鉴于此，政府想要维护公共权力的公

共性质，就必须在内部设立相应的制约机构，用来监督和控制公共权力的行使，由此也造成了政府规模的膨胀。[1]特别是对于管理型政府来说，它的规模膨胀更为突出，由于管理型政府侧重于行政人员的能力，即执行公共政策的能力和运用管理技巧的能力，常常会忽视他们服务于公共事务的意志力和思想素质，所以管理型政府中存在着诸如以权谋私和滥用公共权力等问题。

统治型和管理型政府的执政理念具备两大共同的特征：第一，它们秉持政府本位主义思想，以政府自身为中心展开权力的运作与管理运行机制；第二，它们属于权力本位主义的政府类型，以集权形式实现权力的集中。换言之，被称作行政权的政府权力一直表现为一种集权，权力在官僚制体系的金字塔中被自下而上地集中起来，上层发号施令，下级依令而行。政府本位主义与权力本位主义造成了对政府以及权力的盲目崇拜，为政府的畸形发展制造了机会，将政府规模膨胀的可能性转化为现实。不同于统治型政府，管理型政府具有一套具备科学意识的官僚体系，并以行政效率与普遍个体利益的实现为目标，也正是此原因导致了管理型政府对效率病态的追求，从而造成了机构臃肿、冗员充斥、作风懒散、推诿扯皮以及普遍性的官僚主义问题。管理型政府模式背后所蕴藏的巨大社会危机迫使政府管理理念的更新与管理模式的转型，也正是在此背景下，服务型政府揭开舞台帷幕，承接了改革的历史重任。

（二）服务型政府：公民本位、社会本位与权利本位

随着行政体制改革的不断深入，人们逐渐意识到在处理国家与公民之间的关系问题上，公民应当处于主人地位，政府作为公共利益的维护者，产生于公民权利的授权以及公民利益的让渡，应当担任仆人的角色。而无论统治型政府还是管理型政府，国家与公民的"主仆关系"发生了颠倒，重新审视这一重大问题，政府管理模式也应当自上而下发生转变，将服务理念贯彻到政府行政的每个角落，从而真正向"服务型政府"转型。

"服务型政府"是"在公民本位、社会本位理念指导下，在整个社会民主秩序的框架下，通过法定程序，按照公民意志组建起来的以为公民服务为宗

---

[1]　参见张康之："限制政府规模的理念"，载《行政论坛》2000年第4期。

旨并承担着服务责任的政府"[1]。服务型政府是对管理型政府的全面跨越与彻底改革，而非在行政管理体制上的修修补补，其在管理理念方面存在着根本区别，具体体现在以下方面：

1. 在政府与公民的关系处理上，服务型政府摒弃官本位、政府本位、权力本位理念，而向公民本位、社会本位、权利本位回归。[2]传统行政模式下"官重民轻""官显民微"的环境抑制了民主政治的发展，为了真正体现行政权力的公民权利本质，使政府这一"公器"的目的真正落实在为公民、为社会服务上，我们在建设服务型政府时，首先必须重新确定政府与广大公民的关系，只有在这种"主（公民）—仆（政府）"关系下，我们所追求的政府模式才是真正意义上的服务型政府模式。

2. 在公民权利上，服务型政府更加强调以人为本。在传统政府模式中，政府行为与高度集权的计划经济相适应，过多地强调政府对社会的指挥、计划与调控功能，并借助行政网络的严密性，将触角延伸到社会的每一个角落。但是在服务型政府的模式下，我们强调公民权利的第一性，因而一切管理活动都是围绕着怎样保护和实现公民权利进行的。例如，公民所享有的各项权利都将通过法律化固定在法律文本中，政府会为公民权利的行使提供平台，并且政府还将主动接受公民的监督，以切实在行政活动中体现公民意志。可以说，保障和实现公民权利就是这种新的政民关系的内在要求。

3. 在政府职能上，服务型政府是一切从服务出发的政府。在管理型政府管理模式下，政府与社会之间呈现出"大政府，小社会"格局，政府职能无限扩张，有时甚至是"为管理而管理"。由于公民权利的兴起，以管理为主的行政模式不能再起主导作用，必须以为公民服务为根本的出发点和归宿。因此，服务型政府的职能表现出强烈的人性化特征，即服务内容、服务方式均是围绕着怎样才能使"人"（公民）得到更大满足而展开。它不再追求"管得住的政府就是好政府"，而是坚持"最能服务于公民的政府才是好政府"的理念。

4. 在法治保障上，无论是保护公民权利，还是规范政府行为，服务型政

---

[1] 刘熙瑞："服务型政府——经济全球化背景下中国政府改革的目标选择"，载《中国行政管理》2002年第7期。

[2] 参见刘熙瑞、段龙飞："服务型政府：本质及其理论基础"，载《国家行政学院学报》2004年第5期。

府都坚持以法治作基础。管理型政府体现的是人治格局，行政人员将自身意志借助行政机构来实现，法律起不到应有的作用，滋生出种种"权大于法"的腐败现象。服务型政府强调公民权利，将政府与公民之间的关系通过法律来固定，为保障公民权利提供制度安排。可见，是否实行法治是区分管理型政府与服务型政府的又一重要标志。

二、税收征管体系的完善：适格纳税人与分类分层式监管

改革的核心在于把控趋势、掌握方向，而税收征管改革之舵正是借以税收征管理念来掌握。适格纳税人这一征管理念其实早已在我国的税收征管体系中有所体现。例如，在征管方式层面，国家税务总局早在 2016 年就已经推行纳税人分类分级管理，[1]运用第三方涉税信息对纳税申报情况进行比对，区分不同风险等级、分别采取差别化应对措施。随着以数治税改革趋势的推进，征管数字化技术愈发成熟，目前我国税收征管体系已经具备将分类分层管理理念扩展至自然人纳税人的基础条件。因此，有必要对适格纳税人这一理念进行重申，探索其在自然人纳税人层面的应用可能性。

（一）适格纳税人：税收征管理念之创新

税收征管制度作为国家治理与政府行政的财政基础，其管理理念与整体的行政范式保持一致，随着政策导向而展开体系的改革与完善。如前所述，我国政府的行政理念历经由"管理型"向"服务型"的转型与发展，税收征管理念同样如此。

历史上，虽然"民本治税思想"的理念早已出现，但是受制于农耕经济的物质基础以及当时仍未健全的社会主义制度，我国的税收征管模式在长时间内维持着"重管理、轻服务"的形态，加之"君本位"封建思想的长期熏陶，纳税人自身的权利意识淡薄，将纳税义务与纳税权利完全混同，税收管理主义在我国税收征管实践中占据了大部分的历史篇章。

随着我国经济实力的不断强盛，西方新式管理理念与税收治理理论逐渐进入我国税制改革的视野。以公共财政理论、新公共管理理论为代表的治理理念与我国的税收治理理念发生融合。公共财政理论是在市场经济的背景下，主张公共财政是公共利益实现的物质基础，借助民主制度反映广大公民的公

---

〔1〕　参见《纳税人分级分类管理办法》（税总发〔2016〕99 号）。

共利益诉求，通过具体行政机构编制社会经济发展计划、合理分配财政收入来满足公共需求。可见，公共财政的"财"源于纳税人，"政"以纳税义务的履行作为基础前提。因此，公共财政理论自然而然衍生出"以纳税人为本"的税收征管理念，而这一理念也正是现阶段税收征管所大力提倡与遵循的。

公共财政理论为税收征管提供了改革方向，而新公共管理理论则为改革带来了具体落实方案。"以人为本"的新公共管理理论要求将组织内的人际关系放在首位，将管理工作的重点放在激发被管理的积极性和创造性方面，其核心在于确认和保障个体的主体性（参见表3-1）。我国的税收征管机关为了激活纳税人的主体意识，落实"以人为本"的征管精神，已经在不断地对纳税服务展开探索与创新，同时还将过去的分散型、粗放型管理向集中型、规范型的服务转变。

表3-1　新公共管理理论的核心

序号	主张	具体内容
1	尊重人	强调成员是组织的主体
2	依靠人	认为有效管理的关键是成员的积极参与
3	发展人	明确使人性得到最完美的发展是现代管理的核心
4	为了人	指出服务于人是管理的根本目的

但是与之伴随而来的是纳税人的纳税自觉度问题。由于纳税人的纳税意识不强，未能真正理解纳税权利与纳税义务间的关系，常常引发逃税、漏税、税务违法等不当行为，因此，如何衡平"管理"与"服务"，培养纳税人的主体意识成为当前税收征管改革的主要任务。2003年3月10日，国家税务总局在《2002年—2006年中国税收征收管理战略规划纲要》中首次提到"纳税遵从"，并对纳税人明确了及时申报、准确申报、按时缴纳等基本要求。[1]从税收征管理念角度来看，纳税遵从更多地体现为税收征管方式的层次化与类型化，相较于宏大的"以人为本"精神与中观的新公共管理理论，其属于实践层面的制度设计手段，包括公平合理的税收制度设计、深刻且广泛的税务宣传推广等，在法理上可提炼为纳税权利与纳税义务的衡平，在税收环境建

---

〔1〕　参见李林木："促进纳税遵从"，载《福建税务》2003年第10期。

设中则体现为征纳双方关系的培养与升温。

"适格纳税人"理念是在"以人为本"思想基础上演变而来的，其融合了公共财政理论、新公共管理理论与纳税主体遵从理论的思想精华。引入"适格"这一概念，突出了其纳税主体地位，且与诉讼主体资格认定的底层逻辑相一致，只有满足"适格"的要件，才能真正称得上是"适格纳税人"。在税收征管实践中，"适格纳税人"制度的构建需要以税收征管体系为依托，以纳税遵从的层次化、等级化管理为手段，强调公平效率的纳税信用等级设计，辅之以税务机关的纳税服务，构建以纳税人为主导的征管模式，使税收征管真正意义上向服务纳税人转变。

（二）分类与分层：纳税信用体系之完善

在现代社会中，纳税人的身份与生俱来，既无法自我推脱，更不可能为他人所剥夺。鉴于纳税人身份具有"烙印"性，加之部分公共物品具有非排他性、非竞争性，无论纳税人是否履行纳税义务，均能够享受其所应当享受的部分公共利益，这便是经济学中所称的"搭便车"现象。为了督促纳税人履行纳税义务，摆在税收征管机关面前的通常有两条路径：一是正面的激励，即对于那些为集体利益的增加作出贡献的个人，除了使其能获得正常的集体利益的应有份额外，还额外给予其一份收益；二是反面的惩罚，对于那些未能履行与集体利益保持一致的义务的个人，组织将给予其声誉不利、资格剥夺或限制，甚至自由限制的惩罚。这就是所谓的"有选择性的激励"机制。[1]

"适格"这一概念本身带有"严格要求，区别对待"之内涵，只有满足"适格"之要求，才能享受"不适格"主体所不能享受的权益。在税收征管领域中，税务机关对于纳税信用高、对集体利益贡献较大的纳税人，将给予其额外的声誉、经济、服务等多类型的权益激励。相反，对于偷税、漏税、重大失信主体，除施加对应的行政、刑事及经济惩罚外，还会课以额外的惩戒手段。例如民事诉讼法中的适格当事人，特指与特定诉讼中的争议标的具有直接利害关系的主体，非利害关系人不得参与民事诉讼。"适格纳税人"也还有"适格"之意，旨在通过分类分层式监管督促纳税人更积极主动地履行

---

〔1〕　参见［美］曼瑟·奥尔森：《集体行动的逻辑：公共物品与集团理论》，陈郁、郭宇峰、李崇新译，格致出版社、上海人民出版社 2018 年版，第 40 页。

纳税义务。

我国的税收征管实践中存在"重企业，轻个人"的传统，这在纳税信用分类分层管理体制中同样有所体现。当前对于我国的企业纳税人而言，已经有相对成熟的纳税信用分级管理体系，其以《纳税信用管理办法（试行）》为依托，借助联合惩戒与激励机制实现对企业纳税人行为的调控。但是我国的自然人纳税人至今仍未被包括在纳税信用等级评价体系当中，"适格纳税人"的"严格要求，区别对待"理念未能体现在自然人纳税人的税收征管体系中。2019 年 8 月 20 日，国家税务总局与国家发展和改革委员会联合出台《关于加强个人所得税纳税信用建设的通知》，强调要将纳税信用关注的重点放在与个人所得税相结合的自然人身上。因此，为充分发挥"适格纳税人"的激励功能，以纳税主体遵从理论为基础，科学公平地设定分类分层监管体系，是顺应我国税收征管改革趋势的必经之路。

1. 自然人纳税信用主体的分类与分层

根据《纳税人分级分类管理办法》等相关规定，当前我国对自然人纳税人的分类采取以收入和资产为主，兼顾特定管理类型的标准。自然人纳税信用体系建设可以遵从现有制度，将监管重心首先放在高收入、高净值自然人群上，但是单一的资产认定标准难以适应瞬息万变的数字时代。鉴于税务知识具有技术性、复杂性的高门槛，非从事相关行业的专业人员一般很难透过税法漏洞实施违法违规行为。因此，自然人纳税信用管理还应当考虑各种职业特征，分析其中的税务隐蔽违规风险，将纳税信用覆盖"重点人群"，具体包括但不限于以注册会计师、律师、评估师、税务师等人群，同时企业的法定代表人、财务负责人、高级管理人员等也应纳入信用主体范围。上述主体范围难免有重合之处，从税款征收出发，税收征管机关应对双重范围中的重合人群进行"重点+重点"关注，借助分类+分层的管理模式（参见图 3-4），实现税收监管资源的最大化利用。

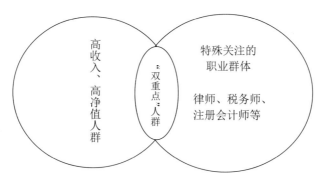

图3-4　分类分层式"双重点"信用监管

2. 自然人纳税信用信息采集的分类与分层

为配合与落实对"重点人群"的监管，自然人纳税信用信息的采集同样须遵循分类与分层理念。首先，由于自然人纳税人所涉税种以个税为主，加之自行申报的纳税方式，与其直接对接的税务部门一般为区县级税务机关，因此，纳税信息收集的主力军是区县级税务机关，负责对一般自然人的数据进行采集；其次，根据《纳税人分级分类管理办法》第22条、第23条规定，对于高收入、高净值自然人纳税人的纳税数据，应当区分国家级与省级，分别由国家税务总局与省税务机关负责收集；最后，根据各级税务机关对各类纳税人纳税信息的分析与统计，汇算出各纳税人的税收风险等级，对高税收风险的纳税人采取"收集+核查"的信息收集方式，实现以税收风险为导向的纳税信息分层管理体系。

3. 自然人纳税信用评价的分类与分层

目前，纳税信用评价体系主要有以下模式可供选择：一是信用积分制，以分值为依据，加减分为纳税信用反馈，具有延续性之特征；二是信用等级评定制，通常以100分为初始分值，根据失信行为进行扣分，按照总分将纳税信用评判为不同等级，一般以一个或几个纳税年度为评价期限；三是失信个案评定制，通过正向列举纳税失信行为，对失信人采取"纳税黑名单"等类似的制裁手段。[1]从纳税义务的法理性质出发，积分制最能够反映"信用"之内涵，但是考虑到我国目前对于企业纳税人采取的是等级评定制，其中成熟可以借鉴的经验可以直接为自然人纳税信用体系所吸收。因此，出于制

---

〔1〕　参见陈娟："关于构建自然人纳税信用体系的研究"，载《天津经济》2018年第5期。

度构建成本的考量，制度初创阶段应当在吸取经验的基础上，采取等级评定制。

4. 自然人纳税信用应用的分类与分层

当前，我国的企业纳税人信用等级评价制度过于重视对失信行为的惩戒，从而轻视了对诚实纳税信用主体的正向激励，有违法律制度的中立性。为了突出纳税应用的双向性，对于守信自觉的自然人纳税人，不仅应从税额减免、纳税申报等税收征管程序方面提供便利，而且有必要扩展纳税信用激励机制的社会影响面，从医疗、教育、金融、土地等多领域予以激励支持，并根据纳税人的等级评价，实施分层次的激励措施，以最大程度地提高纳税人的纳税积极性。同时，对于违法失信的自然人纳税人，一方面需要严格根据《税收征管法》乃至《中华人民共和国刑法》的规定等予以规制，另一方面还应当借鉴企业纳税人的联合惩戒机制，对多次失信、拒绝纳税等性质严重的纳税人实施自由限制、资格剥夺等类型的惩戒，从否定性评价方向切入，完善自然人的纳税信用体系。

三、税务执法方式的完善：科学化、精准化与专业化

对税务执法方式的优化与完善，其实就是税务执法不断科学化、精确化与专业化的过程。2021 年 3 月 24 日，中共中央办公厅、国务院办公厅印发《关于进一步深化税收征管改革的意见》，明确要求进一步完善税务执法制度和机制，严格规范税务执法行为，提升税务执法精确度，强化税务执法的区域协同与内部控制监督。该意见为新时代税务执法方式的优化指明了道路与方向，并成为税务执法方式改革的体系支撑与政策保障。

（一）当前税务执法方式所存在的问题

1. 纵向税务执法机关间存在信息阻塞问题

目前我国的税务执法体系采取五级的层级化管理结构，国家税务总局作为一级税务执法机关，负责起草税收法律法规草案、提出税收政策建议等重大与宏观的税收事项，通过垂直管理与双重管理方式，将税收任务层层下达至地方各级税务机关。信息在层层传递过程中会有流失与消耗，由此引起的信息不对称问题会弱化基层税务执法效力，同时，鉴于税收政策的统括性特征，地方各级税务机关对政策的理解也各不相同，由此可能会引发自由裁量权的滥用，偏离税收法律或政策的核心旨意。

2. 横向税务执法机关间沟通与协调机制不完善

在我国现有的行政执法体系下，税务执法部门属于地方行政部门的一部分，在各自职能范围内开展税务执法行为。税务执法机关难以克服传统行政执法体系中所存在的弊端，即"各自为政"以及"各行其是"。税务执法具有综合性与治理性的特征，各个执法部门间缺乏良性的沟通与协调会导致执法效果的事倍功半，甚至会引起税务执法的地方化、区域化风险，而且执法层级越低，税务执法的"独立化"问题愈加严重。

3. 税务执法资源难以得到合理分配

执法资源的匮乏问题自从国家出现以来就一直存在，有效合理地配置执法资源成为公权力主体所要实现的重要目标。税务执法机关面对的执法相对人（纳税人）数以亿计，如何在各级执法机关之间配置执法资源就成为关键，上述意见所提出的精确执法、精细服务、精准监管、精诚共治四项要求可以进一步总结为税务执法的精细化，需要将有限的资源精准地应用到合适的位置。因此，合理分配税务执法资源是精细化的前提与基础。

4. 税务柔性执法与刚性执法的界限界定不清

目前在税务执法领域，法律法规的不完备造成许多税务执法的法律依据不足，执法方式随意，规范性缺失。柔性执法理念的兴起引发税务执法模式的"创新"，但是问题在于柔性执法与刚性执法间存在模糊的界限，极易导致税务执法机关自由裁量权的滥用，从而恶化征纳双方的关系。因此，如何把握柔性的执法尺度，是税务执法方式优化过程中需要考虑的问题。

（二）"四位一体"框架下税务执法方式的改革

"四位一体"的税务执法方式以上述意见中关于税收征管改革的总体要求为依据，为深入推进精确执法、精细服务、精准监管、精诚共治，提高纳税人的税法遵从度与社会满意度，需要将服务、监管与共治一并纳入到税务执法的框架中来，即税务执法并非单纯的执法，而是与税费服务相配合，引入多方参与主体的综合性与开放性并存的税务执法，具体内容详见下图 3-5。

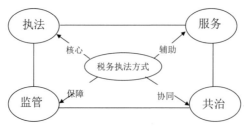

图 3-5　"四位一体"的税务执法框架[1]

　　"四位一体"税务执法框架具体由四部分组成，分别为执法、服务、监管与共治。其中执法意指"依法行使税务行政权"，主要是指依法征税；服务则侧重于强调"柔性管理"与"为纳税人服务的意识"；监管贯穿于税务执法全过程，注重"事前事中事后"的一条龙监管；共治侧重于多元主体的共同参与，提倡"协同治理"的理念。在"四位一体"税务执法框架中，税务执法无疑是优化税务执法方式的基础与核心环节，税费服务处于辅助地位，为税务执法方式的优化提供更多创新点，同时也是落实税务执法的有效补充，税务监管为税务执法方式的优化划定边界，通过规范税务执法流程以实现实体公正，最后，税收共治属于税务执法方式优化的理想目标与提高我国税收治理能力的有效机制。将执法责任、服务意识、全方位监管、多元协同治理纳入到税务执法方式的改革框架中，既遵循了"共建、共治与共享"的现代化治理理念，同时还是对传统一元化改革方式的超越，通过税务执法、服务、监管与共治的相互渗透与补充带动税务执法从本质上的提升。

　　（三）税务执法方式在制度层面的优化路径

　　1. 继续坚持与贯彻"三项制度"[2]。三项制度追求税务执法的透明化、税务执法的规范化与保证税务执法的公正性，对于提高纳税人税收遵从度、提升税务执法质量有着直接的影响与作用。具体而言，三项制度的落实需要做好对税务行政人员的针对性培训，将实际落实情况纳入到绩效考核机制中，科学设置考核标准。为解决部门间配合联结弱的问题，各个执法部门应当健

---

　　〔1〕　参见李波、王彦平："优化税务执法方式的实现路径探析"，载《税务研究》2021年第6期。

　　〔2〕　"三项制度"具体指行政执法公示制度、执法全过程记录制度、重大执法决定法制审核制度，详见《国家税务总局关于印发〈优化税务执法方式全面推行"三项制度"实施方案〉的通知》（税总发〔2019〕31号）。

全联动机制，沟通交流落实机制，强化配合意识，分工合作确保制度的高效实施。

2. 重视税务执法柔性理念的培养与柔性执法制度的建设。柔性管理与柔性执法方式的创新需要以税务行政相对人的合法利益为出发点，加强与纳税人之间的交流沟通与合作，在以人为本的政治理念指导下开展柔性执法制度的设计与完善。具体而言，"首违不罚"制度应当进一步扩大清单范围，将成熟经验逐步推广至全国；继续完善风险提示制度，根据企业规模、性质、税法遵从程度和信用级别进行分类管理，对于信用良好的纳税人做好纳税服务工作，对纳税人的涉税风险及时进行提示，通过前置风险提示程序避免税收违法行为的产生。

四、税费服务体系的优化：以优质高效智能为方向

2013 年 12 月，国家税务总局在全国税务工作会议上开创性地提出税收现代化概念，并勾勒出建设现代化税收所需的"六大体系"，[1]其中优质便捷的税费服务体系是重要的一环。随着税收治理体系与税收治理能力现代化工作的不断推进，"六大体系"的表述与内容也在不断完善，而优质便捷的税费服务体系始终处于改革的重心地位。为顺应数字时代对税费服务的要求，前述意见将税费服务体系的建设目标调整为优质高效与智能，强调对服务需求的响应速度，更优更快更智能地为纳税人服务。

（一）目前税费服务体系的不完备之处

1. 税务部门对税费服务的认识还停留在表面

目前，部分税务机关及其工作人员仍然简单地将税费服务理解为文明服务与形象服务。[2]事实上，税费服务并非税务机关行使征管权利时向纳税人提供的额外赠品。相反，它是税务行政人员应当承担的义务与责任，文明用语、礼貌待人属于税费服务甚至税收征管过程中最基本的要求。我国税费服务体系的建设还有很长一段路要走。究其原因，一方面是因为税费服务未上升到法律层面，法律义务中并未体现对纳税人的服务要求；另一方面可归咎

---

〔1〕　参见国家税务总局厦门市税务局课题组等："关于税收治理体系和治理能力现代化演进、逻辑关系及实现路径的认识"，载《税务研究》2020 年第 9 期。

〔2〕　参见王宁："浅谈如何健全优质便捷的税费服务体系"，载《财金观察》2020 年第 2 辑。

于税务机关对于税费服务缺乏应有的重视，其将自身置于高高在上的执行者地位，完全割裂税收管理与税费服务之间的联系，"重管理、轻服务"的意识仍然存在。

2. 税收管理制度的不完善影响着税费服务质量的提高

审视当前的税收管理制度，纵向税务机关间存在信息不对称与传递过程中的失真问题，横向税务机关之间业务联系不紧密，容易形成"孤岛效应"，加之个别税务机关内部的职责分配混乱不清，常常导致纳税人在办理业务时一头雾水。随着税收征管改革的推进，税收征管程序大幅精简，但是个别税务机关内部仍存在层层审批、多头审批、重复报送等问题，导致纳税人时间无故的消耗，纳税人权益得不到合理的保障。另外，部分税务机关仅关注事后的税费服务，忽略了事前的税收政策宣传，不重视纳税辅导，因此导致了税费服务的社会满意度较为低下。

3. 个别税务干部的作风不适应税收现代化建设的需要

作风问题与意识问题息息相关，经过多年来服务型政府的发展与建设，绝大多数的税务领导与干部已经养成为公民、为纳税人服务的理念。但是仍有个别干部，尤其是基层税务干部，对权力的认识不够深刻，以执法者自居，不能将服务融合在管理之中，成了税务系统中的"短板"。随着税收治理体系现代化与治理能力现代化建设的推进，税务机关干部的素养与能力也应当"现代化"，保持正确的管理理念是首要前提，没有服务意识的税务干部即使知识渊博、能力优秀，也难以适应多元化服务的趋势。

（二）税费服务的根本目的：激发市场主体活力

市场的稳定发展离不开政府的适当干预，"无形的手"容易产生失灵甚至失败的情形，需要政府"有形的手"进行合理的调控。服务是最好的治理，市场的发展依靠于市场主体的活力，而市场主体活力的激活与配套制度息息相关。对于纳税人而言，税费服务的质量影响着其正常的经营活动，优质的服务能够一次性地解决纳税人的纳税缴费问题，高效的服务能够大幅缩减该过程所用时间，智能的服务能够充分利用数字时代的优势，[1]使纳

---

〔1〕 参见孙玉山、刘新利："推进纳税服务现代化营造良好营商环境——基于优化营商环境的纳税服务现代化思考"，载《税务研究》2018年第1期。

税人多走"网步"，少走"马路"。[1]因此，从本质上来看，建设优质高效职能的税费服务体系，对于更好地激发市场主体活力和发展内生动力起着积极的作用。

根据前述意见对于未来税费服务体系建设的工作部署，到2023年，我国将基本建成税费服务的新体系：第一，对于纳税人服务需求的响应将更加及时与迅速；第二，服务端的供给资源将大幅增加，服务主体将更加多元，以适应纳税人不断提高的多元化需求；第三，税收营商环境的建设将更加优化；第四，目前我国税费服务体系中所存在的问题将基本解决，税费服务体系将更加完善。这些要求与继续落实深化"放管服"改革和优化税收营商环境方案要点都将成为"十四五"时期的税费改革焦点，也将成为激发市场主体活力的强大动力，[2]因而亟需我们在具体的工作中予以贯彻落实。

（三）税费服务体系的优化路径

税费服务体系的完善是一项具有全局性、系统性与长期性的工作，税务机关应当坚持"以纳税人为本"的发展思想，以纳税人的正当需求驱动税收改革创新，以法治化推进税务治理体系和治理能力现代化，[3]具体包括以下路径：

1. 税费服务体系的优质化

税费服务体系的优质化首先需要提高税收宣传的服务质量，保证税收政策宣传的及时性与有效性，在媒体上及时登载税收政策，并以通俗易懂的语言进行转述；其次还应优化涉税咨询服务，针对不同类型提供人性化的咨询辅导，同时还应将政策辅导、办税辅导与权益辅导落实在纳税人权益保护的全过程；再次还需增设预警提示服务，在纳税人申报缴税前，根据纳税人的纳税信息及时提醒其纠正错误；复次，应健全税费服务制度，规范税务服务人员的行为，完善基于纳税人满意度的服务考评机制等；最后，还需强化纳税人权利保护服务，完善税务听证、行政复议与诉讼等制度，从社会角度切入，为纳税人提供以社会组织为主体的纳税人权益保护平台，提高纳税人的权利保护意识。

---

〔1〕 参见迟连翔、韩吉营："税收治理体系现代化内涵及其构成"，载《财金观察》2020年第1辑。

〔2〕 参见王伟域："推动高质量发展 服务国家治理现代化——《关于进一步深化税收征管改革的意见》解读"，载《中国财经报》2021年4月27日，第8版。

〔3〕 参见毛圣慧、王铁铮："税收营商环境优化的国际经验借鉴及路径研究"，载《河南师范大学学报（哲学社会科学版）》2020年第4期。

2. 税费服务体系的高效化

税费服务体系的高效化需要从服务流程入手。为此应当建立以纳税人为中心的服务流程，将服务作为管理的前置环节，通过主动推送申报提示、催报催缴、纳税辅导等信息，将被动管理变为主动服务。同时，还应建立扁平化、一站式专业化服务，对纳税人发起的业务办理和税收咨询事项集中统一管理，对任务的生成、分派、处理、反馈进行全程监控。合并前台部门、归集涉税事项、简化办税流程、整合服务资源，打造"一窗通办、内部流转"的大前台，提升办税效率。

3. 税费服务体系的智能化

税费服务体系的智能化要充分利用与发挥数字时代的优势。税务机关应当积极开发和完善智慧办税服务平台，一方面，通过改变信息供给方式，加强渠道功能性引导。以电子税务局为主阵地，基于纳税人的不同需求，积极开发移动、自助终端等多元化办税、缴税和开票渠道，提供远程可视化业务办理服务，实现纳税人的便捷办税；另一方面，还要强化供给支撑，实现新型智慧服务模式。以现代信息技术为支撑，将大数据、云计算、人工智能等技术与办税业务充分融合，逐步建立健全智能化、无纸化的高效便捷办税服务模式，借助信息化手段精准定位纳税人的诉求，通过诉求实时协调响应机制，加强与纳税人的交流互动，为其提供更具针对性的服务。

第四节　税收共治格局与社会多元治理

税收治理作为国家治理中的重要一环，承担着激发市场主体活力、保障财政收入、助力经济高质量发展的重要职责。近年来，随着税收征管改革的深入，税收治理更加强调社会主体多元化参与，即所谓的税收协同共治。协同共治起源于社会多元治理理论，其以"多元主体"为中心，强调社会多元主体的参与配合，按照网格化或其他方式实现对公共事务的高效管理。因此，对税收共治格局的研究离不开社会多元治理理论。

一、社会多元治理：国家治理能力现代化的进路

（一）宏观背景：从"国家统治"到"国家治理"

统治由"统"与"治"两部分组成，分别代表了国家的两项基本职能，

即政治统治与社会管理。[1]"国家统治"强调国家的本质是一种政治统治职能，政治统治以对社会的管理为基础。[2]从历史经验与实践总结中可见，统治具有以下特征：其一，统治主体是一定的社会公共机构；其二，统治权力运作方向是自上而下，依靠的是国家强制力；其三，统治的最高效方式是集权。[3]计划经济时期的全能型政府就是经典的范例。在政府统治时期，国家权力由于缺乏必要的约束而过度膨胀，经济运作低效率而且成本极高，政府机构权力一家独大，社会权力与市场权力的影响被压缩到最小，腐败频发、主体活力匮乏。

近年来，在全面深化改革、加快中国特色社会主义建设的进程中，政府首次提出并使用"国家治理"的概念，强调要注重发挥法治在国家治理与社会管理中的重要作用。2013年11月，党的十八届三中全会正式提出国家治理体系与治理能力现代化的命题。"国家统治"向"国家治理"的转变意味着党执政理念的升华、国家治理模式的进化，也标志着我国全面深化改革的总目标将落实于国家治理的制度层面，为税收法治改革提供了明确的方向。[4]国家治理理念的确定有利于行政体制、经济体制与社会体制的和谐互动，借助良性的协商机制形成顺畅的政治沟通，构建党领导下多元主体共同参与、平等协商的国家治理模式，实现伟大的社会变革。[5]

从政治学角度来看，治理相较于统治存在多方面的区别（参见表3-2），在利益代表的多元性、权利性质的民主化、制度设计的回应性等方面具有较大的进步，因而日益受到理论的推崇和实践的热爱。相较于统治，治理的主体更加多元，除政府外还含括企业法人、社会团体等，并且侧重于通过协商来实现参政议政。另外，治理还舍弃了统治传统下独断专制的权力运作模式，以公共利益为核心开展行政活动。

---

[1]　参见唐亚林、郭林："从阶级统治到阶层共治——新中国国家治理模式的历史考察"，载《学术界》2006年第4期。

[2]　参见方涛："从'国家统治'到'国家治理'——马克思主义国家学说中国化的历史演进"，载《中共天津市委党校学报》2014年第4期。

[3]　参见臧乃康："统治与治理：国家与社会关系的演进"，载《理论探讨》2003年第5期。

[4]　参见邓永勤："税收共治的历史逻辑与实现路径"，载《税务研究》2016年第12期。

[5]　参见吴汉东："国家治理现代化的三个维度：共治、善治与法治"，载《法制与社会发展》2014年第5期。

表3-2　统治与治理的主要区别[1]

内容	权力主体	权利性质	权力来源	权力运作向度	作用范围
统治	单一性	突出强制性	主要依靠法律及国家强制力	通常采取垂直形式	以政府权力为界
治理	多元化	更侧重于协商	除了上述来源，还包括各类非强制契约	更多是平行化运作的	以公共利益为根本目的、公共领域为边际

（二）社会多元治理：治国理政现代化的理论基础

国家治理能力与国家治理体系是一个有机整体，前者是从治理主体角度对主体能力进行的总结与归纳，是指运用国家制度管理社会各方面事务的能力，后者则是对国家管理制度体系的描述，是指在党领导下管理国家的制度体系。国家治理能力的高低以发挥国家治理体系制度效能为衡量尺度，国家治理能力除了制度因素外还包含多种因素，如治理理念、治理主体的素质等。因此，"国家综合治理能力不是政府多项能力的简单相加，而是所有能力构成的一个有机整体。"[2]

转变治国理政的理念与方式是实现国家治理能力现代化的核心。十八届三中全会就国家治理体系作出以下决定：要通过增强具体治理机制的多元化、协同性和互动性，实现国家治理体系与能力的现代化。治理机制以治理理念为内核，上述政策部署中蕴藏着深刻的理论基础，即社会多元治理理论。

社会多元治理理论属于西方治理理论的延伸与发展。治理理论诞生于西方世界政治管理危机的大背景之下，由于市场失灵与政府干预的失效，西方各领域学者开始对政府、市场与社会之间的关系进行反思。传统的政治学、经济学与行政学往往以二分法来解释和分析现实问题，即重视市场与政府间的关系而忽略社会在国家治理过程中的作用。传统方法不仅无法适应现代化的发展，难以满足人民的多元诉求，而且限制了理论本身的适用范围，治理理论在此情景下呼之欲出。

理论上，"治理"是社会管理领域中的一系列机制，既包括正式的政府机

_____

　　[1]　根据学者的表述进行梳理、整理而成，参见俞可平："推进国家治理体系和治理能力现代化"，载《前线》2014年第1期。
　　[2]　参见施雪华："政府综合治理能力论"，载《浙江社会科学》，1995年第5期。

制，也包括非正式、非政府的管理机制。[1]有学者将"治理"解构为六方面的内容，即作为最小国家管理活动的治理、作为公司管理的治理、作为新公共管理的治理、作为善治的治理、作为社会——控制体系的治理以及作为自组织网络的治理。[2]从理论内涵角度来看，治理理论具体包括以下三方面内容：第一，多中心的治理与合作。多中心意指治理主体的多元化，不仅仅限于政府机关，还将社会团体、行业协会及其他社会组织囊括在内，而且这些主体各自在其领域内形成了权力中心。第二，政府的治理中心角色。治理理论中又将其成为"元治理"，政府在多元权力的协调与互动过程中承担"长老"角色，不仅是由于政府拥有着丰富的管理经验，更重要的是政府承担着制定社会基本准则的责任。[3]第三，网格化的治理体系。多元主体作为治理主体，政府与公民、政府与公民社会、政府与市场间关系成为治理内容，以市场经济为物质基础，社会公共利益为治理目标，公民权利为治理标的，通过谈判、协商、让步等方式进行利益平衡，最终形成以政府为引导者的平行互动、相互依存的网格化体系。

二、税收共治格局：税收征管改革的理想化目标

（一）缘起：税收征管改革的现实所需

1. 税收征管改革需顺应国家治理模式转变之趋势

随着国家治理模式由"统治""治理"向"现代化"的转变，作为国家治理的物质基础与起点，税收必须顺应时代大潮，做出相应的革新与发展。2019 年，在党的十九届四中全会提出坚持和完善中国特色社会主义制度、推进国家治理体系和治理能力现代化总目标后，国家税务总局随即完善正在推进中的税收现代化体系建设，提出了以"新六大体系"和"六大能力"为标志的税收治理现代化新要求。其中，协同共治能力即是税收治理"六大能力"之一。国家治理体系与治理能力的现代化是实现我国全面深化改革的直接路径，其需要构建党领导下多元主体共同参与、平等协商的国家治理模式，落

---

〔1〕 参见［美］詹姆斯·N·罗西瑙主编：《没有政府的治理》，张胜军等译，江西人民出版社 2001 年版，第 208 页。

〔2〕 参见［美］格里·斯托克、华夏风："作为理论的治理：五个论点"，载《国际社会科学杂志（中文版）》1999 年第 1 期。

〔3〕 参见王强编著：《政府治理的现代视野》，中国时代经济出版社 2010 年版，第 208 页。

实到税收征管领域来看，税收要以"组织财政收入"为导向，以"治理"和"发展"为导向转变。税收治理要服从并服务于国家治理模式转变这一时代背景，不但要注重发挥税收"筹集财政收入"的职能，也要强化税收在维护社会公平正义、优化资源配置和提高全要素生产率方面的作用。

2. 大数据时代的到来要求税收征管模式的转变

公民的多元化参与是大数据时代的突出特征。因特网赋予了人们平等地传播与表达思想的权利，使得社会文化呈现多元化的发展趋势。[1]而大数据治理作为政府管理的新型方式，为公民提供了前所未有的社会治理参与契机，自媒体、物联网等媒介使得公民的参政议政权获得了极大的拓宽。

大数据时代的税收治理早已演化成为一个综合性问题。大数据技术的发展使得税收治理的根基，即纳税信息的承载媒介发生了根本性的转变，传统的文本、口头式申报已经成为过去，涉税数据成为税收征管所要面对的主要形式。涉税信息除涵盖纳税人的纳税情况、应纳税额等信息外，还包括了企业或个人的个性化特征，以及社会文化、环境资源配置等外部信息，综合性、复杂性是涉税信息的主要特征。因此，为了应对大数据时代给税收征管带来的挑战，税收征管必须广泛考虑税收治理所带来的各种附加效应，详细分析涉税大数据中的其他相关因素，通过纳税人数字画像的方法对症下药，实现税收征管资源的有效合理配置，并且将综合性治理的思想与理念拓展到纳税服务、税收监管等其他治理领域，真正意义上向"服务型"模式转变。

(二) 内涵：税收共治理念的学理分析

税收共治之所以成为税收征管改革的终极目标，理论上是因为税收共治既有助税收治理终极目的——增进全社会和每个国民福祉总量的实现，有助于每个国民不断增长的美好生活需求的满足，也有助全体国民高满意度公共产品的生产与供给，更有助社会主义核心价值观倡导的自由、公正、民主、诚信等现代化理念的全面税制嵌入，同时有助税收共识的达成，并夯实税收共治制度基础。总言之，只有税收共治才可以最大限度地实现税收的终极目的，提升国民的公共福祉。

现代化税收共治格局包含税收共建、税收共治以及税收共享三个方面。

---

[1] 参见袁峰、顾铮铮、孙珏：《网络社会的政府与政治：网络技术在现代社会中的政治效应分析》，北京大学出版社2006年版，第120~125页。

其中税收共建是指全社会相关主体共同参与税收建设，比如制度规则、机构平台和人才队伍等。税收共治是指全社会相关主体共同参与税收治理，横向的税收共治可以定义为税务部门与党委政府部门、金融机构、中介组织、纳税人等其他部门或单位之间的协同共治；纵向的税收共治则是税务机关内部或不同层级的税务机关之间对同一纳税人开展的统一全盘的管理。税收共享是指全社会共同享有税收的信息价值、服务环境和治理成果等。

具体到实践层面，税收共治格局的实现首先需要部门协作共同推进改革，例如通过电子发票与财政支付、金融支付和各类单位财务核算系统、电子档案管理信息系统的衔接，加快推进电子发票无纸化报销、入账、归档和存储等；其次，还必须由社会协同相向发力。积极发挥行业协会和社会中介组织作用，支持第三方按市场化原则为纳税人缴费人提供个性化服务，加强对涉税中介组织的执业监管和行业监管；再次，构建完备可靠的司法保障体系。进一步健全做实公安派驻税务联络机制，实行税警双方制度化、信息化、常态化联合办案，进一步畅通行政执法与刑事执法衔接工作机制；最后，加强国际税收组织间的合作与交流。进一步扩大和完善税收协定网络，加大跨境涉税争议案件协商力度，实施好避免双重征税的双边协定，为更高水平的对外开放提供有力的税收支撑。

（三）展望：税收征管环境的未来格局

科技进步是社会发展的引擎，也是提高政府治理效能的推动力。大数据时代为我们带来了可供深度挖掘和分析的、具有巨大潜在价值的海量信息，税务部门自身也已经掌握了海量的数据资源。因此，要把大数据、人工智能等现代科技深度融合到税收共治体系中，打造数据驱动、人机协同、融合共享的智能化税收共治新模式。

未来的税收征管将呈现如此之环境：首先，软件机器人快速准确地完成重复规律性的流程化电脑工作，比如数据采集、批量录入、数据监控、智能客服等，解放人类的双手。而人的判断力、抽象思维和创造力，则有效地弥补软件机器人的不足；其次，随着互联技术的深化与发展，行业协同、行政监管、社会治理的边界与区分都将趋于模糊，在互联网跨界融合的理念下，"税收治理+行业治理""税收治理+社会治理"等各方面的"税收治理+"模式成为主流，从而形成良性的税收共治生态圈；最后，信息媒介的数字化将刷新税收治理的传统逻辑，工作重点由原来的税收信息收集转变为识别与辨认。数据驱动背景下的税收治理不仅需要考量大数据的"历时性",还需要考量其"实时性",通过分析智能终端产生的海量实时信息数据形成监管、预测,从而为税收共治各主体方开展工作提供重要数据基础和决策支撑,使得税收共治的主动性更为明显、方式更为灵活、内容更加丰富、质量更加高效。

三、税收共治格局之搭建:政府、社会组织与公民的三方协力

税收共治有利于解决税收治理中的堵点、难点,实现互利共赢,因而成为税收治理现代化的重要特征。为了推进税收共治协同,必须凝聚社会合力,完善制度机制,拓展途径方式,构建政府牵头、税务主责、部门合作、社会协同、公众参与、司法保障的良好格局。[1]无论是社会多元治理框架的搭建,还是税收协同共治格局的实现,都必然离不开政府、社会组织与公民三方力量的协调与配合。

(一) 解构:税收共治的三方基础

理论上,多元合作共治强调以"多元主体"为核心,关注政府、市场及社会三者间的关联关系及其衍生问题。社会本身具有"多元化"的本质特征,个性相异的多方治理主体是保持社会长久活力的根本,而协同共治是在以此为基础的社会治理空间内,让政府、社会组织、公民等参与主体利用自己的资源、知识或技术,以互动的方式参与社会治理的一种全新活动。[2]税收协同共治作为社会多元共治的重要一环,发挥着保障财力稳定与维持经济秩序的基础作用,其构建与完善同样倚靠政府、社会组织及公民的三方合力,通过政府牵头、税收部门搭建基础框架、公民积极参与、社会组织履行中介职能,整合社会资源与管理力量,从管理流程、组织力量、信息共享、司法保障等方面,实现税收征管改革的现代化转型。

1. 税收共治中的政府统筹引领

政府作为税收治理中的枢纽,承担着引领与统筹的责任。此处的政府引领具体包含两方面内容:一是坚持党对税收治理的全面领导,这是我国推进税收治理现代化的根本保证和最大优势;二是坚持政府的"元中心"治理理

---

〔1〕 参见漆亮亮、陈志阳、陈莹:"基于'六治'视角的税收征管法修订建议",载《湖南税务高等专科学校学报》2021 年第 5 期。

〔2〕 参见辛浩、王伟域:"基于区块链的税收协同共治研究——以武汉市'区块链+不动产'税收治理项目为例",载《税收经济研究》2021 年第 2 期。

念，充分发挥其统筹与管理职能，以政策为导向，展开对税收共治格局的构建。一方面，在税收治理过程中，应当坚持新发展理念，以构建新发展格局为目标，协调政府各方组织体系。另一方面，还应当强化政府责任，自上而下明确税收治理任务分工，做好责任的精确落实。

2. 税收共治中的社会中介组织配合

鉴于税务知识天然具有难理解、专业化等特征，征纳双方之间极易发生知识与信息断层，税收征管机关的管理目的无法很好地传达给纳税人，加之纳税人在税务知识方面的缺乏，由此常常引发征纳双方间的对立与冲突。此时亟待缓冲机制的引入，为双方搭建互联互通的中介平台，而税务代理行业的中介性、社会服务性与专业性正契合此种社会需求。首先，大力发展税务代理行业有利于促进税收征管转型。税务代理行业尤其是涉税鉴证服务，对于提高税收征收效率、降低征税成本具有正向效应，目前我国的税务中介机构的地位仍未得到应有重视，有必要充分发挥社会中介的组织力量，对征管成本与压力进行分散与消化；其次，发展税务代理行业能够促进税收服务体系的完善。[1]精细化、个性化税收服务已经取代了统括式、粗放式的传统税收服务模式，为满足不同纳税人特异化的税务服务需求，税收征管机关应当在金税四期的基础上，充分发挥税务代理机构的专业化特质，针对不同纳税人的特点，提供更为周到细致的服务。同时，强化税务中介机构的外部监督力量，不论对税务征管机关还是纳税人，都起到了相互制约、互相权衡的功效；最后，税务中介行业能够有效地维护纳税人合法利益。随着社会经济发展水平的提高，纳税人税收成本最小化与政府税收权益最大化的矛盾将愈发突出，税务代理机构的中介性特征决定了其独立与公正的立场，这些专业人员能够灵活运用法律、税务等工具帮助纳税人有效地展开维权，充分保障纳税人的合法权益。

3. 税收共治中的公民积极参与

公民作为社会的最小单位，承担着整个国家的财税法治建设责任，是税收协同共治体系中的基本单元。无论是税务征管还是纳税服务，这些都离不开纳税人的参与和协同。从理想化层面来看，税收应当是由纳税人主导进行展开，服务体系的创新、征管模式的改进都是根据纳税人的需求而展开的。因此，税收协同共治体系的构建应当以纳税需求为导向，一方面，借助现有

---

〔1〕　参见丁芸："税务中介对税收征收管理的重要作用探析"，载《注册税务师》2015年第4期。

税务征管网络基础，加强意见沟通与反馈平台的建设，另一方面，通过落实税收法定，借助税务机关、司法机关、公安机关等多重主体的合力，强化纳税人的协力义务，对不履行或不适当履行纳税义务的主体予以联合惩戒，激活纳税人主体意识，提高其税收参与和纳税遵从度。

（二）明晰：税收协同共治格局的运行逻辑

税收协同共治格局应当以纳税人的纳税需求为导向，围绕纳税需求来展开税制设计、服务提升、法治保障与税收宣传。为充分调动发挥全社会相关主体的税收参与积极性，首先，税务协同共治格局应始终坚持党的领导，始终坚持党的领导，发挥其组织、宣传、管理的领导优势，强化党对税收治理的统筹策划；[1]其次，明确政府"元中心"的治理地位，充分发挥其牵头落实的行政优势，促进部门配合与社会协同；再次，税务部门作为实施主体，应当承担主要构建职责，发挥其税收征管与服务的专业性职能；复次，激活社会中介机构的社会服务功能，在纳税服务及维权保障方面充分利用其专业优势；然后，引导公民即纳税人广泛参与税法制定、平台搭建，针对其纳税诉求展开相应的税收宣传服务；最后，政府、社会组织及公民之间互联互信、信息共享，实现税收协同共治的大格局（具体的运行框架详见图3-6）。

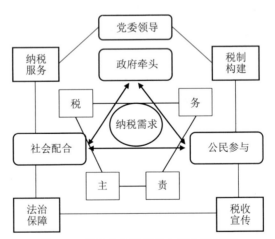

图3-6　税收协同共治格局的运行框架

---

〔1〕　参见漆亮亮、赖勤学："共建共治共享的税收治理格局研究——以新时代的个人所得税改革与治理为例"，载《税务研究》2019年第4期。

（三）搭建：税收协同共治格局的实现进路

税收共治格局的实现同样应当从政府、社会组织与公民等三方主体维度入手，发挥各自的应有之力。

1. 政府牵头管理与税务机关主导落实协同共治

一方面，政府应当牵头发挥法治保障作用，提升法律层级，推进依法行政，依法治税。健全法律救济，探索涉税信访、纳税服务投诉处理、税务行政复议应诉相结合的大联动机制，实现各类调解主体的有效互动，形成调解工作合力。深化法律顾问和公职律师制度，完善法律顾问和公职律师参与重大行政决策审核把关机制，发挥法律顾问新型智库作用；另一方面，政府还应当重视司法保障作用，加大警税协作力度，实现联合办案制度化、信息化、常态化。建立完善税务、公安、法院、检察院四部门工作联系机制，搭建线索移送、执法监督平台，促进行政执法和刑事执法有效衔接。推进行政复议和诉讼专业化建设，建立协同应对机制，做好调解和解、行政复议、行政诉讼等纠纷解。

同时，税务机关应当建立健全智慧税务平台体系，充分利用信息化时代大数据、网络化优势，积极建设智慧税务。一是加快公共服务领域数据集中和共享，打破信息孤岛和"数据烟囱"，打通多部门纵横联动的大动脉，建立创新、高效的"数据超市"，形成数据资源共享体系；二是有效推进税收征管和纳税服务创新，进一步打通各单项应用系统，融合建立统一的电子工作平台，形成全系统大整合、大联通、大数据的工作格局；三是充分利用大数据平台，提高对风险因素的感知、预测和防范能力，科学设计快速预警模块，发现管理漏洞，精准打击违法，提升监管质效；四是建成电子综合涉税服务体系，促进移动互联与大数据集成深度融合，推进"互联网+政务服务"体系建设。

2. 社会中介机构自治与税务机关监管协同共治

主动与行业协会等社会中介组织对接，进一步发挥税务代理机构在税收治理、税法宣传、培训辅导和数据调查等方面的部门和专业优势。支持第三方按市场化原则为纳税人提供个性化服务，加强对涉税中介组织的执业监管和行业监管。国家税务总局提出，加强涉税中介组织执业监管和行业监管的初步方案；制定加强涉税中介组织执业监管和行业监管的意见；制定税务代理管理办法，全面规范税务代理行为；制定支持第三方按市场化原则为纳税人提供个性化服务的措施。各地税务机关积极发挥涉税专业服务作用，加强对涉税中介组织的执业监管和行业监管。

3. 公民积极参与和全社会各方协同共治

第一，应当强化纳税人的法律责任意识。现行《税收征管法》并未明确规定纳税人的法律主体责任，弱化了纳税人的法律责任意识。为强化纳税人和扣缴义务人的法律主体责任，建议明确规定"纳税人、扣缴义务人对纳税申报、扣缴税款申报的真实性和合法性承担责任"。同时，适当弱化扣缴义务人的法律责任，进一步强化纳税人的法律主体责任。第二，应当增强纳税人自我监管和自我教育的动力。〔1〕

四、适格纳税人之培育：以税收共治的社会环境为摇篮

税收协同共治大格局的搭建与营造需要纳税人的积极参与，同样，对于纳税人而言，良好的税收环境不仅有利于强化纳税主体意识、增强纳税责任感，而且能够使其深刻体会国家之于纳税人的关系与纽带，体会纳税义务设定的必要性。总而言之，税收协同共治的社会环境与适格纳税人的培育是相辅相成、互相促进的，纳税人自我法治理性的培育提高了税收征管的效率，而税收征管体系的人性化改革对于纳税人主人翁意识的养成也具有极强的感化作用，纳税人与税收协同共治的社会环境共同形成了良性的循环系统，不断促进我国税收征管体制的发展与完善。

（一）规则层面：税收法定的纳税人参与

税收协同共治体系中最能具象化纳税人诉求的无疑是税收法律制度。同样，纳税人主体意识提高的典型表现就是积极参与税收立法、政策的拟定，以合法合理的方式参政议政，行使自身的财政监督权。当前，我国纳税人参与税收立法的主要一般途径是对各类征求意见稿的评议，通过政策发布平台，向税务机关表达自己的需求。2018 年我国进行的《中华人民共和国个人所得税法》的修正就是纳税人参与税收协同共治的典型实例。

据统计，自 2018 年 6 月 29 日全国人大将审议后的《中华人民共和国个人所得税法修正案（草案）》在中国人大网公开之后，短短一个月内，即

---

〔1〕 参见漆亮亮、陈志阳、陈莹："基于'六治'视角的税收征管法修订建议"，载《湖南税务高等专科学校学报》2021 年第 5 期。

2018 年 6 月 29 日至 2018 年 7 月 28 日，就已经收到超过 13 万条公众意见。[1]此后，《个人所得税专项附加扣除暂行办法（征求意见稿）》和《中华人民共和国个人所得税法实施条例（修订草案征求意见稿）》在 2018 年 10 月 20 日至 2018 年 11 月 4 日的意见征求期间，仅关于《个人所得税专项附加扣除暂行办法（征求意见稿）》的公众意见就多达 16527 条。[2]公民的积极参与极大地提高了税法的关注度，实现了纳税人诉求的充分表达与征求意见的良性反馈。这对于适格纳税人主体意识、权利意识以及责任意识的培育是至关重要的。

（二）执法层面：规范精确执法与纳税人遵从

构建税收协同共治体系的直接目的是保障国库财源稳定，确保财政预期收入以满足财政计划及社会发展目标。而税务执法作为税收征管的具体落实，不仅需要严格遵循行政法的依法行政原则，同时还应当结合税款征收、税务执法的特性，以纳税人需求为导向，提升执法的精确性、规范性。2021 年 3 月 26 日中共中央办公厅联合国务院办公厅出台《关于进一步深化税收征管改革的意见》，其中关于税务执法，明确提出了如下改革方向：一是健全税费法律法规制度，落实税收法定，为税制改革打下坚实的法制基础；二是严格规范税务执法行为，严禁"征收过头税"等的行政不当干预，进一步推进行政执法"三项制度"，[3]全面披露税务执法记录与结果；三是提升税务执法精确度，发挥行政执法的教育功能，宽严相济、法理相融，坚持问题导向，推广"首违不罚"清单制度等。

从国家对税务执法改革提出的要求来看，这些都是从纳税人角度出发，为提高其遵从度而所做出的考量。具体来说，纳税人的不遵从很大程度上受到税务执法规范度的影响，在此之前，滥用税务行政裁量权、表面一套暗地一套、执法标准区域间不统一等诸多乱象丛生，降低了税务机关的执法公信力，同时致使纳税人与纳税遵从相背离。适格纳税人的成熟表现之一为积极主动地履行纳税协力义务，配合税收征管机关的执法工作，但是不成熟的执

---

[1]　参见李丽辉："个税草案关注度高 收到意见超 13 万条"，载《人民日报》2018 年 7 月 30 日，第 10 版。

[2]　参见李思默："财政部、国家税务总局有关负责人详解个税抵扣办法：六大专项附加，三步即可扣除"，载 http://china.chr.cn/news/20181225/t20181125_524460337_10.shtml，最后访问日期：2018 年 12 月 25 日。

[3]　即行政执法公示制度、执法全过程记录制度、重大执法决定法制审核制度。

法体系与不专业的执法人员将会极大降低纳税人的信任，甚至会导致适格纳税人向"不适格"的转变。

税务执法作为纳税人权利保护的底线，[1]坚持纳税人权利保护原则、降低纳税人缴税负担与成本是构建规范的税务执法体系的应有之意。以纳税人所享有的参与权、申辩权、举证权与陈述权为例，规范化与精确化执法要求就事论事，税务相对人的违法行为并不影响其税收权利的行使，应当给予税务相对人行使权利充足的空间，仔细听取其陈述与辩解，在此基础上再对其违法行为进行分类分级判断，依法作出行政处罚。这些理念的变革，是以法律精神作为支撑的，也是精确执法的前提。

（三）服务层面：人本导向下的纳税人自觉度提升

税收征管工作可以视为三层金字塔形：其中基础层包括税法宣传、政策咨询、纳税辅导、税务登记、纳税申报和税款征收等工作；中间层包括纳税评估、税源监控、风险管理、成本管理以及税务检查；最高层是指征管法规制度建设、征管组织结构建设等。纳税服务主要集中体现于基础层，受制于中间层和最高层，同时也反作用于中间层和最高层。[2]纳税服务与纳税人解除频率最高、解除面最为广泛，因此纳税服务质量的好坏直接影响税收痛感，从而干扰纳税自觉度的提升。适格纳税人能够从税收征管机关的视角出发，找出现行纳税服务的缺点与待改进之处，但是前提是不影响缴费成本、不加重纳税人缴费负担。在纳税人真正适格之前，纳税人一般会以"经济人"的立场出发，考量现有税费服务对时间、经济等成本的影响，从而采取最利于自身利益的纳税方式，其中不乏违法违规行为。因此，改革纳税服务模式与适格纳税人的培育息息相关。

在税收征管改革大势推动下，前述意见明确了"优质、高效、智能"六字方针，确立了纳税服务的改革方向，其中"优质"贯穿纳税服务整条主线，要求全方位、多层次提高纳税服务质量；"高效"主要体现在减轻纳税人缴费成本、减少纳税人缴费次数与时间以及拓展"非接触式"办税的缴费模式；"智能"是指以12366平台为基础，针对纳税人的个性化需求推行智能化服务。这

---

〔1〕 参见滕祥志："国家治理视角下的优化税务执法方式——时代定位、理念变革与实现路径"，载《国际税收》2021年第10期。

〔2〕 参见尚可文主编：《税收征管模式改革与创新》，重庆大学出版社2021年版，第38页。

些措施中所蕴含的、与适格纳税人理论基础相一致的重要前提就是信赖与合作。

如前所述，适格纳税人的培育仅仅借助外部力量的推动是不可行的，只能通过强调"适格"这一条件，让纳税人深刻理解与认识到自身角色的重要性。对于社会、政府以及税务机关而言，还权于纳税人的重要表现就是对纳税人保持充分的信任，近年来税法学界所推崇的诚实信用推定权就是此理念的代表。另外还有学者建议将征纳平衡、诚信推定、信赖合作、权利保护等写入《税收征管法》总则第一条的宗旨条款，以扩大和丰富税法解释的内涵。[1]当然，事先裁定制度的推广也是信赖合作与纳税服务理念的体现，这部分内容将在后部分具体阐述。但是单纯的诚信推定存在权利膨胀的风险，需要辅之以纳税人自我申报与评定的承诺制，通过对虚假承诺或不当承诺的纳税人施以惩戒，进而将正面促进与反面惩罚的双向措施结合起来，确保纳税人纳税自觉度的提升。

（四）监管层面："信用+风险"的纳税行为规制

权力与权利是一组能够相互转化、共存共生的概念，未设牢笼的权力将会是一头野兽，而不设限制的权利只会是披着"权利"外衣的暴行。对于税收监管同样如此，在推行"纳税人为本"、给予纳税人权利空间、由管理转向服务等理念盛行的今天，保持清醒与谨慎的改革态度是十分必要的。这将主要体现在税收监管层面，从风险控制视角切入，前述意见提出"信用+风险"的精准化税务监管，将监管矛头对准中高风险人群，秉持"差别化对待"的激励理念，对纳税缴费信用度高的纳税人给予更多的纳税便利，同时按照分类分级化纳税人管理方式，依法对高收入高净值人员进行重点监管。

适格纳税人的培育需要构建一套完备的监管机制。在税收协同共治体系的建设初期，社会氛围仍未形成，纳税人的纳税自觉度与法治思想水平均未达到"适格"之要求，因此还需要依靠税收监管机制这一外部力量展开推动与提升。在税收监管体制中，根据监管主体不同可分为税务机关监管与社会中介机构监管，前者包括税务稽查、税收检查、风险全程监控等措施，后者主要是指涉税专业人士如律师、税务师等，在从事专业工作的过程中接受政府委托，对市场主体展开税务检查与合规建设，涉及严重的违法违规行为应

---

〔1〕　参见滕祥志："国家治理视角下的优化税务执法方式——时代定位、理念变革与实现路径"，载《国际税收》2021年第10期。

当及时向税务机关报送。另外，社会公众及各行业组织人员都具有税务违法举报的权利；自我监管是从纳税人自我层面展开的排查与自省，对轻微税务违规的行为及时进行矫正。税务机关监管与社会中介机构监管作为税收协同共治的一部分，应当从国家有关机关与税务机关、税务机关与社会中介机构、中介机构与行业协会等关系层面入手，加强相互之间的沟通与联系，通过协商合作构建统合性的大社会监管体系。而对于纳税人的自我监管，税务机关一方面应当加强税收宣传，及时高效地普及税收知识，同时开放税务执法文书查询渠道，对严重失信人员进行社会公示，通过营造"纳税光荣、逃税可耻"的社会环境推动适格纳税人的培育。

第四章

能力与素养：适格纳税人的内涵建设

从限制政府权力的政治信托论，到扩张公民财政权利的财政信托论，以"权力"与"权利"为核心的法理博弈为税收法治建设开拓了全新进路。法律的生命在于实施，适格纳税人的本质在于能力的提升建设。无论是参与能力、义务履行能力抑或是财政监督能力，都离不开纳税人权利的体系建设与税收制度保障，审视我国的税收法律体系，"重程序、轻实体""重管理、轻参与"的特征阻碍了纳税人权利能力的培养，与"以纳税人为本"的税收征管改革趋势相背离。为构建纳税人与征管机关协商互动的双向沟通机制，强化纳税人权利意识、明确纳税人所享有的实体权利、搭建纳税人财政监督和公共参与的有效平台，是我国税收征管制度改革中的重要命题。

第一节　适格纳税人的立法参与权

一、适格纳税人立法参与权的法理根基

适格纳税人的立法参与权可以理解为纳税人对税收事项的决定权，其不仅包括对税种设立、税率设定以及税收征收管理制度的决定权，而且还包括税款如何使用、分配的决定权。因此适格纳税人的立法参与权是一个宽泛的概念，它并不局限于纳税人在法律制定中享有的"立法权"，还应当涵盖纳税人在预算的编制、执行以及监督等方面享有的权利。这种宽泛意义上的"立法参与权"有其法理根基，从来源上看，其可以用税收法定主义进行阐释，从决定权的拓展上可以引入宏观税收权利理论加以论述。

（一）税收法定主义：纳税人立法参与权的源头活水

适格纳税人立法参与权的通俗理解就是纳税人对税收立法的参与权利。传统理论认为，税收是对公民进行的一种强制、无偿、固定的公课。如果承认税收具有强制性，税收对于纳税人而言，似乎就没有了协商的余地，因为

强制性往往体现为公权力机关的单方认定与强力执行。然而需要明确的是，税收的强制性来源于税收法律，税收具有强制性并不意味着其强制性来源——税法的制定过程也是一种强制性的过程。相反，正是因为税法可以赋予税收强制性，在税法的制定上就更需要遵循民主原则，因为强制力的正当化来源于公民的普遍认同。现代民主法治理论始终强调人民是国家的主人，人民可以通过各种途径和形式参与国家治理，国家权威之所以有正当性，是因为人民同意它可以如此行事。

申言之，国家税收权力的合法性来自国家可以提供一般公民或者公共服务机构所不能、不愿、不被允许提供的公共产品和服务，而提供这些产品和服务需要支出一定代价或者成本。[1]为支付这一代价以及成本，国家基于民主法治中的契约说理论对公民进行强制无偿的课征，此种课征是对公民基本权利——财产权的一种限制。正是因为税收的课征关系到公民的基本权利，因此税收的征收必须取得公民的同意。但是这种同意在现代国家治理中不应当被理解为国家需要与每一个纳税人个体都达成一种合意。因为以个人为单位进行差别化管理只可能在氏族部落时期行得通，随着人口增长以及社会结构的复杂化发展，公民通过其代表行使权利、表达诉求几乎是必然的趋势。[2]因此在代议制基础上制定反映公民普遍意志的税法制度就成为现代税法理论中取得公民同意的主要方式，也就是税法的基本原则——税收法定主义。税收法定主义从本质上体现了强烈的财政民主思想，深刻诠释了税收立法事项应当由公民参与的原理。但是适格纳税人的立法参与权并不局限于对税收立法事项的参与，本书所阐述的适格纳税人的立法参与权需要进一步展开解读。

（二）税收全过程参与：纳税人立法参与权的贯彻落实

从主体角度而言，适格纳税人的概念与公民的概念是密切相关的，纳税人意识几乎等同于公民意识。这种观念似乎与我国《税收征管法》的规定有所出入，根据该法第4条规定："法律、行政法规规定负有纳税义务的单位和个人为纳税人。"这似乎将纳税人的概念限定于"法律、行政法规规定"的符合课税要件的公民，并且根据社会公众的一般直觉观念，只有那些"纳税大户"才够资格称得上是纳税人，并不是所有公民都属于纳税人。但是，每个

---

〔1〕 参见黄茂荣：《法学方法与现代税法》，北京大学出版社2011年版，第3页。
〔2〕 财税法学领域有法谚云"无代表则无纳税"，反映的就是其中的道理。

公民生活在社会之中，必然会进行商品交换，因此我们都是流转税的纳税人。从法律角度而言，公民的概念与纳税人的概念是紧密相连、浑然一体的。我国《宪法》第 56 条规定："中华人民共和国公民有依照法律纳税的义务。"从宪法层面为全体公民设定了纳税义务，因此将纳税人与公民在范围上等同，在事实上与法理上都是说得通的。而就内容而言，目前学术界存在着将"财税权利的适用范围由狭义之税收领域，扩张至整个财政收入、支出及管理的全领域"[1]的趋势。从宏观上说，经过公民同意征收的税款应当用来提供一般市场上不能、不愿、不得提供的产品以及服务。具体需要提供哪些产品与服务，以及国家应该通过何种方式来提供前述产品与服务，也应该由公民通过权力机关进行决定。因此，适格纳税人对于税收事项的参与不应局限在税收征管领域，而应当扩展到征税前的阶段，包括公共预算事项的表决参与、税法的制定参与；并且在征税后的阶段也应有所延伸，涉及对税款的合理使用以及使用效果进行监督参与。简言之，适格纳税人的参与权贯穿于税收的、立法、征管、使用、监督等诸多领域。这就要求适格纳税人应当具有强烈的公民意识，对于公共事务的决策以及监督保持强烈的热情。纳税人对税收事项的参与大致上可以分为税前、税中以及税后三个阶段，本节将重点解析纳税人在税前阶段对税收事项的参与。因此，虽然本节题为"立法参与权"，但此处所谓的"立法参与权"是一个宽泛的概念，所有纳税人从税前到税中阶段的参与都将在本节进行讨论，具体包括预算参与权与狭义的立法参与权。

二、适格纳税人立法参与权的概念重构

适格纳税人立法参与权在内涵上可以进一步划分为抽象价值与具体外延两个维度。在抽象价值维度，立法参与权从预算参与角度出发是一种以纳税人为中心的主观权利，可以体现出强烈的主观能动性；从具体外延来看，纳税人立法参与权以税收债务关系说为基础，具有平等协商之色彩。二者分别对应适格纳税人的主观能动性以及理性，这种抽象价值最终将反哺于纳税人自身，从而提高纳税人的税收遵从度。而纳税人立法参与权的具体外延大致可以分为预算参与权与狭义的立法参与权两个方面，是通过具体的权利设置和制度安排来实现法律规范价值的形式。

---

[1]　刘剑文等：《财税法总论》，北京大学出版社 2016 年版，第 275 页。

（一）立法参与权的抽象价值

1. 预算参与角度：纳税人主体意识之提高

"公法权利规范是最重要的价值规范。"[1]预算法体系在以往较长一段时间内，被误认为只是一种规范国家预算计划制定、执行以及后续监督、检查这一完整流程的操作性、技术性规范，而忽略了每一项执行标准背后的价值追求。

预算法关系到整个社会公共资源的配给和供应，与社会公共的重大利益相关联，预算事项中的纳税人参与至少涉及国家治理现代化、公共财政民主以及税收遵从度等方面的规范价值。在财税法理论中，一般将纳税人的权利分为积极权利与消极权利。纳税人在税收征收管理中所享有的一系列权利倾向于表现为一种消极权利，即要求国家在税收征收管理过程中的行为不得超越一定限度，对公民基本权利不得造成过度侵害，属于一种对抗性、防御性的权利，其主要表现为请求国家不作出一定行为；[2]而在税前的预算参与权利则表现为一种积极权利，即以自我为中心、从自我出发要求国家通过某些积极举措保障纳税人在公共资金支用方面的处置权利以及监督权利，其对外效力为请求国家作出一定行为，对内表现为适格纳税人积极通过自身行动行使权利。这种权利表现形态在公法理论中也常常被称为主观权利，是一种"藉由公法的规定，赋予某一法律主体，借助法秩序而贯彻其自身利益保障的法律力量"[3]从而有强烈的主观意识和主观参与特征，集中体现了适格纳税人从被动到主动的行为特质。同时，传统积极权利与消极权利的二元划分方法是一种宽泛的、大而化之的划分。纳税人在预算参与问题上，同样有权要求国家不作出某种行为，以免干涉纳税人行使权利的行动，这就使得其具有消极权利的属性。因此，适格纳税人的预算参与权利也并不适宜完全僵化地被限定为一种积极权利、主观权利，其同样具有消极权利的特征，并且在某种程度上可以彰显法律所提倡的客观规范价值。

---

〔1〕 徐以祥：《行政法学视野下的公法权利理论问题研究》，中国人民大学出版社 2014 年版，第 160 页。

〔2〕 参见刘剑文等：《财税法总论》，北京大学出版社 2016 年版，第 135 页。

〔3〕 ［德］哈特穆特·毛雷尔：《行政法学总论》，高家伟译，法律出版社 2000 年版，第 152～162 页。

2. 立法参与角度：公权私权平等协商之价值

前文已经明确国家税收的合法性来源是公民的同意，这也是税收法定原则的概念内涵之一，因此适格纳税人对税收立法的参与本来就是题中应有之义。[1] 关于适格纳税人是否享有税收立法的相关权利，在底层逻辑上还涉及"税收权力关系说"以及"税收债务关系说"的理论之争。如果采纳"税收权力关系说"的理论，征税主体与纳税主体的法律地位并不对等，两者是一种"命令-服从"关系，并不存在交涉或者谈判的空间。纳税主体在此种情形下只能被动地接受征税主体事先作出的权利义务安排。但是在"债权债务关系说"的理论框架之下，征税主体与纳税主体处于平等地位，双方的关系类似于民事契约关系，因而任何涉及权利以及义务的条款都应当由双方进行平等协商、充分磋商以达成一致的意思表示。在这种逻辑之下，纳税主体即适格纳税人对于税收立法的参与就是理所应当的。事实上，在现代市场经济条件下，无论是"税收权力关系说"还是"税收债务关系说"都不能完全概括税收关系的本质特征，"税收权力关系说"无法解释纳税人在与征税的公权力主体的交涉过程中所享有的某些权利，其对于纳税人合法权利的保护不足。而"税收债务关系说"对于税款征纳过程中，税务机关实际享有的一些行政优先权视而不见，这不符合事实状态。而实际的情况是，在税收关系的不同阶段两种学说都有所体现。在税前的预算编制、税法制定阶段，纳税人享有充分的参与权利，此时"税收债务关系说"的相关理论可以为其提供正当化基础。而一旦税法经过法定程序被制定出来，在具体的法律执行阶段，税务机关基于法律授权享有众多行政职权，纳税人有义务服从税务机关的管理，因此"税收权力关系说"的因素更为显著一点。这也表明在适格纳税人的立法参与环节中纳税人与公权力机关之间的交涉具有平等性，纳税人从自身利益以及集体利益出发，在这种平等协商中的理性发挥至关重要。

（二）立法参与权的具体外延

适格纳税人的立法参与权是指纳税人通过国家规定的途径和形式参与预算事务、税法制定的各种权利。

从主体上讲，适格纳税人立法参与权的权利主体在范围上具有广泛性。国家财政收入的供给者以及最终使用者都是纳税人，因此，适格纳税人在财

---

[1]　参见刘国："税收法定主义的宪法阐释"，载《华东政法大学学报》2014 年第 3 期。

政资金的供给以及分配事项，也即税收征收以及公共预算事项中理应具有充分的参与权。而在现代国家，每个公民都负有依法纳税的义务，几乎都是直接或间接的负税人，因此税款的征收也应当取得每一个公民的同意，每个公民都也应当有权参与税法的制定。从此意义上讲，现代国家是税收国家，纳税人和公民是外延相等的两个概念。就立法参与权而言，其权利主体应当是该国的所有公民。

从程序上讲，纳税人立法参与权的行使须通过合法途径，遵循法定程序。一方面，公共预算以及税法制定的高度专业性和运作复杂性决定了适格纳税人的参与过程必须遵循一定的程序原则，不能是一种杂乱无序的参与。另一方面，公民行使立法参与权，除了需要获得相关信息之外，还必须能够理解预算信息以及税法制定修改信息，能够对所获得的信息进行分析和判断，并提出自己的意见和见解，以推动预算公平，促进立法科学化、民主化，也就是说，其参与还应当是一种有效的参与。所以为了保障适格纳税人有序、有效地行使立法参与权，必须科学界定参与过程中纳税人与相关国家机构之间的权利和义务关系，并通过法律设定纳税人行使立法参与权的途径和程序。

从性质上讲，适格纳税人的立法参与权是一种公法性权利，其义务主体是国家。现代民主法治国家普遍认可人民主权原则，人民是国家的主人，政府只是受托行使国家权力、承担受托责任的公共机构。为了防止政府作为公权力机关及其工作人员滥用公共预算权以及立法权，适格纳税人当然有权参与到预算活动以及税法制定当中来，表达自己的意愿，并通过相应的方式对国家的预算活动进行监督和控制。因此，立法参与权体现了纳税人与国家之间的基本关系，理应成为一种宪法性权利。相应地，国家作为立法参与权的义务主体，应当通过不断加强民主法治建设，创设各种合法途径，满足适格纳税人行使立法参与权的要求。

在具体表现形态上，适格纳税人的立法参与权具体表现为：税收立法信息知情权、税收法律起草参与权、税收法律审议权、税法执行监督权以及预算编制参与权、预算审批参与权、预算绩效评估参与权等具体权利形态。适格纳税人通过系统综合的立法参与权体系，充分行使其在税收征收前对于征何种税、征多少税、怎么征税、如何用税等财政税收事项的决定权。

三、适格纳税人立法参与权的实践困境

适格纳税人立法参与权的有效行使在现实生活中遭遇了诸多困境，主要表现在以下两个方面，一是参与范围过于狭隘，二是参与强度过于微小。本文将适格纳税人立法参与权充分行使的现实条件限制概括为"参与情境限制"与"参与强度桎梏"两个方面。其中所谓"参与情境"是指适格纳税人行使参与权利的具体应用场景，在我国这种场景主要包括人大立法中的参与以及行政立法中的参与。而"参与强度"则意在说明适格纳税人在具体行使立法参与权的情形下所能发挥的正面力量的大小，通常纳税人"参与强度"会受到"群体有无意识"以及"集体行动困境"两个方面因素的影响。

（一）纳税人立法参与具有间接性与门槛性

1. 代议制立法参与的间接性

我国实行人民代表大会制度，但并不是每一位纳税人都是人大代表，纳税人立法参与权的直接行使具有一定条件。虽然人大代表能够代替特定区域、范围内的选民抒发与表达其见解和诉求，但是毕竟专业性较强。

从预算参与角度而言，预算从规范形式上表现为人民代表大会审议通过的一种文件。但是我国《预算法》在预算的编制、审查、批准、执行等基本环节中均未明确规定一般公共预算的公众参与制度。我国预算事项的公众参与集中体现于两个方面，一是预算由人民代表大会审查批准，预算的民主性和代表性在这一过程中得以彰显；二是在预算使用、国有资产管理等事项中赋予一般公众以监督权，在政府信息公开等环节中赋予公众以预算事项的知情权。然而公众对预算的参与主要是间接性的，公共预算的大部分环节对于纳税人来说仍然是一种"黑箱"，而纳税人作为社会公众，在行使监督权、信息知情权过程中将面临较大社会压力，加之行政信息公开的效率低下，会导致纳税人主体意识不显，行权意愿不高，最终使这种权利沦为一种宣示性的权利。[1]因而从实际效果上严重限制了纳税人的预算参与度。

从立法参与的现实情况来看，社会公众可以通过座谈会、论证会、听证会、立法公开征求意见等方式行使参与权利，但是在参与过程中存在两个方面的问题。一是立法程序中的公众参与并未形成一种常态化的机制，多数情

---

[1] 参见宋彪："公众参与预算制度研究"，载《法学家》2009 年第 2 期。

况下只是规定可以通过多种形式听取社会公众的意见，而这些形式往往不固定，不利于适格纳税人形成参与立法的习惯，并且如果听取意见的方式过分随意也会使相关公众对于此机制的有效性产生疑虑。二是在我国《立法法》明确规定的公众参与机制中，论证会、座谈会等在实践中其实也只是吸取部分专家学者、社会精英参与其中，因此这些沟通机制的代表性受到质疑。

税收立法的纳税人参与的另一客观障碍是"税收法定"在落实上的不足。虽然我国"十三五"期间在税收立法方面取得重大进展，但不可回避的是仍有实体税法是以国务院制定的暂行条例形式呈现，而国务院制定暂行条例与人大制定法律在立法的民主性以及纳税人参与度方面差别较为明显。根据《立法法》的相关规定，人大立法程序中的公众参与体现于法律草案的起草、审议以及公布等各个阶段，而国务院立法程序中的公众参与限于草案的起草以及公布阶段。"相比于互动性、开放性更强的人大立法程序，行政立法程序具有更强的内部性和封闭性，而基于这种特性，就需要更'高强度'的立法参与来体现、保证立法的民主性与科学性。"[1]但现实情况是，在行政立法程序中所规定的公众参与机制、方式却更加宽泛随意，从而构成了纳税人行使立法参与权的制度障碍。

2. 税法专业化发展为纳税人参与建构了高墙

税法专业化发展所带来的门槛性首先与社会复杂化发展有关。随着社会主义市场经济的发展，社会纵向分层以及横向分化使得社会公众面临利益多元化局面。[2]虽然立法的公众参与有利于协调不同利益群体之间的矛盾与冲突，但是社会日益精细化的分工也使法律朝着日益精细化的方向发展，立法变成一种精细化的作业，其涉及诸多细分领域和专业问题，而社会公众的知识结构以及文化水平是参差不齐的，这就为立法的公众参与在客观上制造了障碍。特别是在财税法这种专业性比较强的领域，纳税人面对林林总总的税法条款总是会陷入一筹莫展的境地，纳税人的立法参与更是无从谈起。立法文本和法律规范是公众认知法治的基础，是公众获取法治信息并进行输入、加工和输出的前提，是公众形成法治认知最基本也是最重要的途径和

---

〔1〕 刘睿："我国立法参与模式的规范分析"，载《人大法律评论》2019 年第 2 期。

〔2〕 参见刘剑文、侯卓："税收立法民意吸纳机制的重构——一个可能的分析进路"，载《江淮论坛》2012 年第 3 期。

渠道。[1]法律条文与规范的精细化、专业化发展将致使公众无法充分理解立法背后所蕴含的法治精神与价值，难以发挥法律规范的指引功能，不能够实现法律对公众生活的导向目的。一方面，立法专业化在无形中形成一堵高墙，阻碍与拦截了公众的普遍参与，消解了公众法治行为的践行；另一方面，信息爆炸时代下公众认知提升的难度不断加大，某些新媒体为迎合商业流量需求而刻意宣传"诱导性"法治理念，使公众接受到了更多的负面、歪曲的法律条款的不当解读，严重阻碍了公众法治认同的形成，不利于适格纳税人的培养以及遵法守纪精神的普及。

（二）纳税人立法参与具有盲目性与消极性

1. 公众参与条件下的盲目性

适格纳税人立法参与权的行使，无论是对于预算的参与还是对于税收立法的参与，都需要以高度理性为基础。广泛的公众参与固然可以提高税收治理中的民主性和代表性，然而公众参与对税收治理的积极作用会受到"集体无意识"现象的制约。

所谓的"集体无意识"现象，指大众在集体舆论的裹挟之下容易失去主见。[2]即在群众集聚的客观条件之下，群体中的每一个个体都会在极大程度上削减其理性能力，从而使其在群体中作出智识贡献的可能性会大大降低。现代信息网络技术的迅速发展为公权力机构与广大公民之间的沟通搭建了前所未有的开放式渠道，但是，网络技术的发展也在客观上为公众的集聚提供了虚拟空间，这种虚拟空间中的公众集聚可以突破时间以及空间的限制，因此规模是空前的。公众在网络空间中的高密度集聚为"集体无意识"现象的出现提供了土壤。同时网络空间的匿名化、分散化、去集中化的特点也使得网民在网络上的发言比较随意，趋向于情绪化的宣泄而非理性式的表达，这种随意的、不假思索的发言模式加剧了网络空间中公众发言的非理性程度。在高度集聚以及高度匿名的双重保护之下，网络中公众的言论代表性以及科学性都面临着不确定性。在公共治理事务中，网民往往更倾向于赞同批评现行体制的发言，这种现象当然对于监督公权力机构能够起到积极作用。但是

---

〔1〕　参见高颖："立法专业化背景下公众法治认知的壁垒及其消解路径"，载《宁波大学学报（人文科学版）》2018年第4期。

〔2〕　参见［法］古斯塔夫·勒庞：《乌合之众》，冯克利译，中央编译出版社2000年版，第27页。

在立法参与中，一味地"唱反调"，甚至是为了反对而反对，而不能提出真诚、理性的建议会消解纳税人立法参与行动的严肃性，将民主法治的建构性努力蜕变为一种"集体心理"支配之下的闹剧。这就构成了纳税人立法参与中的强度限制。

2. 集体行动困境下的消极性

纳税人立法参与还面临着"集体行动困境"。一般认为，由具有相同利益需求的个体所组成的群体中的成员，都有采取积极行动以进一步追求群体利益扩大的激励，但这其实是一种思维定式化的判断谬误。实际上，除非一个集团中人数很少，或者存在强制或其他某些特殊手段使得个人按照他们的共同利益行事，有理性的、寻求自我利益的个人不会采取行动以实现他们共同的或集团的利益。[1]这是因为在一个由若干个体组成的利益集团内部，正是由于所有个体的利益都是具有一致性的，其采取积极行动所获取的群体收益也具有公共性，这种公共性意味着群体中的每一个个体，无论是否在行动中付出成本都会平等地共享行动所带来的正面收益。这种事实所带来的结果就是，每一个群体成员所能选择的最优策略就是不采取任何行动，而坐等群体中的积极者采取行动。具体到适格纳税人的立法参与权行使中，税收立法所涉及的利益关涉全体纳税人，每一个纳税人都倾向于不采取任何行动而坐享其他纳税人行动所带来的利益，但是结果往往就是几乎所有纳税人在这种"搭便车"的心态之下都不会采取任何行动。例如，国家税务总局在官方网站上公布了《中华人民共和国发票管理办法（修改草案征求意见稿）》，但是关于这项信息，无论是在互联网上的传播还是讨论次数都是较为有限的。其中可能涉及立法事项中宣传力度不足的问题，同时也意味着不能忽视中国传统的"枪打出头鸟"的守成式智慧所起的负面作用。[2]因此摆脱集体行动困境下的消极性需要提高纳税人的主人翁意识，抛弃传统守成式智慧。

---

〔1〕 参见［美］曼瑟·奥尔森：《集体行动的逻辑：公共物品与集团理论》，陈郁、郭宇峰、李崇新译，格致出版社、上海人民出版社 2018 年版，第 72 页。

〔2〕 参见王锡锌：《公众参与和行政过程——一个理念和制度分析的框架》，中国民主法制出版社 2007 年版，第 85 页。

四、适格纳税人立法参与权的实现路径

（一）顶层设计：完善纳税人立法参与的法律规范

适格纳税人的立法参与权主要包括公共预算参与以及税收立法参与两个方面，但是适格纳税人在公共预算方面的权利，我国《预算法》中少有明确规定。在立法参与方面，我国法律规定公民可以通过人民代表大会参与到立法进程当中，同时作为非人大代表也可以通过论证会、听证会、座谈会等多种灵活形式发表见解和建议。但是这种参与在程度与效果等方面均存在缺陷。同时适格纳税人的立法参与权作为一种公民普遍享有的权利，应当在《预算法》以及《税收征管法》等财政税收法律中以纳税人视角加以重申以及明确，只有这样才能体现以纳税人为中心的思想。综上所述，法律上的顶层设计是至关重要的，具体如下：

1. 权利条款

应当在法律层面对适格纳税人的预算参与权以及立法参与权的具体权利条款进行明确规定。原因在于纳税人的预算参与权是一种公法权利，与私法权利相比具有显著的区别。众所周知，私法权利可以由当事人约定，也可以由法律明确规定。但是立法参与权涉及私主体与公主体之间的交涉，作为一种公法权利只能由法律明确予以规定，因为从法理上来说公法权利是法律明文授予当事人的一种"资格"。[1]这种资格具体到权利条款的设置上，可以推导出立法参与权的众多具体形态，例如税收立法信息知情权、税收法律起草参与权、税收法律审议权、税法执行监督权、编制参与权、审批参与权、执行参与权、绩效评估参与权等。[2]通过在法律层面对具体权利条款的明确规定，使得适格纳税人的预算参与权以及立法参与权真正做到有法可依。

2. 义务条款

立法还应当拟定义务条款以及法律责任条款，确保条文形成具有假定条件、行为模式、法律后果的完整结构。在义务条款的设定上应当结合前文所

---

〔1〕　参见〔德〕格奥格·耶利内克：《主观公法权利体系》，曾韬、赵天书译，中国政法大学出版社2012年版，第49页。

〔2〕　参见陈治："纳税人预算参与权规范化的理论逻辑与实现路径"，载《地方财政研究》2019年第12期。

叙述的纳税人立法参与权的积极性与消极性双重属性，同时为公权力主体设定作为与不作为两种类型的义务。就作为义务而言，应当是规定公权力主体有义务采取一系列积极举措保证纳税人能够适当、充分地行使其权利；就不作为义务而言应当规定公权力主体不得不当干涉纳税人行使立法参与权。其中不作为义务条款主要分为两个方面，其一是不得不正当地妨碍适格纳税人行使其立法参与权；其二是未经正当程序，即纳税人参与与认同，不得针对纳税人制定对其不利的公共预算计划或者税收法律。

3. 责任条款

应当在法律条文中对公权力主体违反义务的法律责任进行明确。立法参与权作为一种纳税人应当享有的宪法性权利，公权力主体的问责机制也不应当单纯停留在行政法框架内的问责层面，即不应当满足于行政系统内部的追责与惩戒，而应当切实将适格纳税人放在中心地位，对于公权力机关违反相应义务的问责应当着重落实在对于纳税人的回应与报告上，例如可以赋予适格纳税人对于预算事项以及税收立法事项的质询权、询问权，要求政府或者其他公权力机关对相关事项作出解释说明。[1]唯有如此才能超出单纯的行政系统内部的追责惩戒机制更好地确保适格纳税人权利的实现。

（二）基层落实：创新纳税人立法参与机制

除了法律层面的规范保障外，还应当为纳税人行使立法参与权提供组织以及程序上的保障。在人民代表大会制度之下，并不是每一个纳税人都能够直接参与到预算的编制、决策、执行以及税收过程中。因此在法律条文对纳税人的立法参与权进行明确之后，还应当设计一套组织程序规则与人民代表大会制度相衔接，使得纳税人尽可能更"直接"地参与到预算以及税法制定工作中。

在适格纳税人的预算参与问题上，参与式预算机制为我们提供了可以选择的路径。以浙江温岭的参与式预算实践为例，其通过民主恳谈会将纳税人与人民代表大会联结起来。即首先召开民主恳谈会，由民意代表对预算草案进行讨论提出意见，人大代表出席会议听取民意代表的修改建议，相关行政机关领导出席会议并负责回答民意代表的问题。其次由人民代表大会对

---

〔1〕 参见史际春、冯辉："'问责制'研究——兼论问责制在中国经济法中的地位"，载《政治与法律》2009 年第 1 期。

人大代表根据民意代表的修改意见进行修改的预算草案进行审议。民意代表可以列席会议，行政机关领导出席会议并负责回答人大代表的提问。而后人大代表还可以根据讨论提出预算草案的修改案。这种通过增加与民意代表的磋商程序的方式，在一定程度上为纳税人参与到预算工作中提供了程序保障，也提高了预算工作中各项具体方案的民意代表性，是一种值得借鉴的制度。

在适格纳税人在税法制定问题的参与上，当前最重要的问题是在行政立法的框架之下，加强税收立法的民意协调机制。党的十八届四中全会通过的《中共中央关于全面推进依法治国若干重大问题的决定》提出要"加强人大对立法工作的组织协调，健全立法起草、论证、协调、审议机制，健全向下级人大征询立法意见机制，建立基层立法联系点制度，推进立法精细化。"在税收立法的制定上，国务院应当充分发挥基层立法联系点的积极作用。在具体制度上，可以参照上文论及的纳税人预算参与权利实现机制。基层立法联系点的人员通过民主恳谈会与纳税人建立联系，听取纳税人以及税务机关对于具体税法条款的意见。同时，适格纳税人应当积极参与基层立法联系点的沟通协调工作，在关系到自身利益的问题上充分发声。

（三）理性引导：转变纳税人意见征求意见方式

人民代表大会在纳税人意见征求机制的完善过程中，应当有意识地引导纳税人理性表达自己的利益诉求。纳税人的理性品质应当成为适格纳税人的内在要求，即不仅应当主动积极地参与税收立法以及预算事项，还应当在这种参与过程中发挥出理性的特质。这种引导可以通过具体的民意吸纳制度表现出来。首先，在意见的征集问题上，宽泛的建议征集可能是一种没有效率的体现。政府以及立法机关应该将具有争议性的条款进行单独重点展示，并对不同意见的合理性进行说明、阐释。在此基础上进行意见征集、公众听证会以及专家论证会可能会更有效率。同时，明确争议焦点可以让公众将有限的精力集中在重点问题上，减少不必要的争议和非理性的思考。

面对税收立法领域专业性较强的情况，纳税人首先应当主动加强税法实务以及理论知识的学习。这种主动学习的态度也是适格纳税人主观能动性的体现。以上已经多次强调，适格纳税人与一般纳税人的区别在于，适格纳税人完成了从被动接受到主动参与的转变，而适格纳税人要参与到税收立法这样一个涉及较强专业性的民意吸纳机制系统时，正确的态度自然是主动使自己具有参与其中的能力。这种理论以及实践的学习涉及纳税人自身利益，纳税人本来应该加强自身的主动性，但是鉴于这种学习的收益在短期内是不明显的，仍然需要税务机关在制度框架内加强引导。例如，税务机关可以通过在税务 APP 设置理论学习与税务知识答题区，引导纳税人主动参与学习，并可以通过设置礼品奖励等方式加强激励。同时面对税收立法专业性的问题，在立法意见征集程序上也不能陷入"民粹主义"。立法机关应当主动拓宽民意吸纳渠道，重视领域学者和行业专家的意见。兼顾专家论证会、专家听证会与网络民意调查、公众听证会的意见，科学性与民主性二者不可偏废。不能因为追求"民主性"忽略科学性，也不能单纯追求"科学性"而忽视群众合理的意见，造成精英立法的局面。简言之，在吸纳民意时，应综合运用多种方式，不宜使民意来源渠道过于单一、狭窄。[1]"兼听则明，偏听则暗"，只有听取多方意见才能兼顾"民主"与"科学"。

（四）即时回应：健全纳税人意见反馈机制

面对适格纳税人在立法参与权行使问题上的集体行动困境，即时回应机制是一种行之有效的策略。如果每一条立法建议和预算建议最终的结果是石沉大海，是否被采纳只有相关法律条文或者预算方案正式公布才能得到验证，面对这样的机制，适格纳税人的热情不可避免地会降低，并且对于渠道有效性的疑虑会增加，民意协调机制的公信力会下降，长期效果就是越来越少的纳税人愿意参与这样的机制。因此立法机关以及税务机关亲自通过互联网等渠道参与讨论，在一定程度上可以化解集体行动困境。

在税收立法实践中，公众参与的主要形式为听证会与征求意见稿的诉求征集，在纳税人参与机制中属于"表达"侧，而在"回应"侧的构建与完善方面我国目前的税收立法实践仍有待提高。形式上的民意征集收效甚微，重要的是保障公民的发声得到尊重。从这个角度切入，税收立法的公众参与要求立法机关重视与尊重民意，对他们的利益诉求进行对向互通，以防止沟通不畅、精英立法等危机的出现。对于可以全部采纳或部分采纳的意见和建议在立法中予以反映，尤其是对于决定不能采纳的建议，根据具体情况在政府

---

〔1〕 参见刘剑文、侯卓："税收立法民意吸纳机制的重构——一个可能的分析进路"，载《江淮论坛》2012 年第 3 期。

公开网站或是电视报纸等新闻媒体进行集中答复或是通过电话、邮件、信函的方式向提出者说明理由。真正意义上的国家与公民间的双向度契合需要良好的反馈机制，从而才能从复杂的行政行为中实质性地判断和保障公民参与的价值内涵。[1]同时建立起对征求意见的反馈机制也能促进公众参与的积极性，提高公众参与度。

　　总之，纳税人对税收事项的参与应当完成从被动接受到主动参与的转变。在公法权利体系中有积极权利与消极权利的划分，前文对此已经有所论述。积极权利是需要纳税人主动提出请求，要求公权力机关作出一定行为的权利。而消极权利则相反，是权利人有权不受公权力机关不当行为干涉的权利。积极权利更多体现以自我为主、从自我出发的特质，在纳税人权利体系当中，积极权利与消极权利是同时存在的。广义上来讲，纳税人的权利也不局限于税收征收管理阶段，而是可以提前到税收的决定以及预算的编制阶段。而在税收的决定以及预算编制阶段，纳税人所享有的参与权更多地呈现出积极权利的特质，因为预算参与权与立法参与权都需要适格纳税人发挥主观能动性，积极参与到与公权力机关的交涉以及"博弈"的行动当中。正如学者所言，"在整个预算权利体系中，保障人民在预算决策、预算执行以及绩效评估中的预算参与权无疑是预算权利的核心所在。"[2]同时，"立法不是立法机关的自成品，而是'相互竞争的利益群体之间寻求某种妥协'的博弈产物，如果相关利益群体不能充分表达意见，实际上就是取消博弈，扼杀表达。"[3]从某种意义上讲，只有参与预算编制以及税收立法的纳税人才能称得上是适格纳税人，因为这两种权利的行使是整个纳税人权利体系中最能体现纳税人主体地位的权利。具体而言，在预算参与问题上，本文参照了近年来学术界讨论比较热烈的参与式预算机制，这种机制在基层政权的实践当中表现出了强大的生命力和适应性。在立法参与问题上，有效的民意吸纳机制对于适格纳税人是不可缺少的。同时，本节所阐述的内容与适格纳税人的人格养成以及行为遵循密切相关联，适格纳税人之权利意识首先应当着眼于预算以及立法的参与意识。在立法以及预算编制的参与中，真正的适格纳税人还应当保持专业的态

---

〔1〕　参见周玉丽："论公众参与立法制度的完善"，载《湖南警察学院学报》2015 年第 2 期。

〔2〕　朱大旗："现代预算权体系中的人民主体地位"，载《现代法学》2015 年第 3 期。

〔3〕　崔卓兰、孙波："地方立法质量提高的分析和探讨"，载《行政法学研究》2006 年第 3 期。

度以及理性的精神，"打铁还须自身硬"，纳税人应当加强理论以及实务知识学习，才能使自己能够在行使权利的过程中游刃有余，并基于公共理性在公共事务中扮演更加重要的角色。

第二节　适格纳税人的纳税履行权

一、适格纳税人纳税履行权的概念重塑

适格纳税人在履行纳税义务过程中积极参与、行使权利所要实现的总体目标是依法纳税、适度纳税与公平纳税，是将税前阶段纳税人参与预算编制、执行、评估以及参与税收立法所确立的应然目标具体化的贯彻和落实。

因此，适格纳税人纳税履行权的概念不能单纯从字面含义进行理解。从权利义务的对向关系视角来看，适格纳税人的纳税履行权是指纳税人为切实有效地遵照税收法律履行纳税义务，其在税收征管过程中所享有的各项"参与权"，这种参与权体现在税收执法、税收司法等税收法律的实现过程中，与税前的预算参与、税收立法参与有所不同，其主要面向税中阶段，即整个广义上的纳税环节中所享有的权利。纳税人在税前阶段所享有的参与权主要涉及整体利益以及公共利益，而在税中阶段享有的参与权则主要涉及具体事项以及个体利益，其与整个征纳环节具有千丝万缕的联系。从权利的法律价值角度出发，纳税人的纳税履行权属于一项本源性权利，是其他税收权利的解释依据，并能够源源不断地派生出以实现税收法律原则为目的的各类程序性权利，属于纳税人天生享有的固有权利，主要包括依法纳税权、不受过分征收和过度执行权以及公平纳税权。从法律规范体系角度出发，适格纳税人的纳税履行权可以分为实体性权利与程序性权利，前者包括税收知情权、信息保密权、监督权等，后者含括纳税申报方式选择权、申请延期纳税权、陈述申辩权等。

二、适格纳税人纳税履行权的外延剖析

（一）纳税履行权的法理核心：本源性权利

所谓本源性权利，是指纳税人在税收征纳过程中基于其自然存在而理所应当享有的一种权利。本源性权利无需以其他权利为基础，其本身就是非本

源权利的一种解释。这种权利在体系中应当被规定于税收基本法之中，税收征管法或者其他实体税法中所规定的纳税人权利都是以本源性权利为基础进行构建的，都是为了最终实现本源性权利的价值，因此本源性权利从根本上来说是一种"所有纳税人都享有的不可侵犯的一种固有权利"〔1〕。具体而言纳税人在税收征纳过程中所享有的本源性权利包括以下内容：

1. 依法纳税权。税务机关作为行政机关具有依法行政、依法征的义务，与此项义务相对应的权利就是纳税人所享有的依法纳税的权利。依法纳税权亦应从税收法定原则推导出来，具体而言就是税收涉及限制公民基本权利，因此必须由法律对税收事项加以明确规定。此项原则在税收执行阶段就表现为，法律明文规定的纳税事项应当按照法律规定征税、纳税；法律没有明文规定的纳税事项不得征税、纳税。这对于征税主体和纳税主体而言，存在一体两面的权利义务关系。纳税人有权依照法律纳税，并有权拒绝不符合法律的课征。征税主体应当严格按照法律行使征税的权利，不得无度地横征暴敛。具体而言包括以下要点：（1）符合法定课税要件者依法纳税，对于不符合法定课税要件者其得以拒绝纳税。〔2〕对于符合税收征收法定程序的征收予以缴纳，对于不符合程序的税捐征收不予缴纳。〔3〕（2）禁止类推原则。纳税人可以拒绝征税机关通过类推、比附方法课征没有法律明确规定的税收。（3）信赖利益保护原则，应当保护纳税人对有利于纳税人的答复函、司法解释、判例、行政规则的合理信赖。〔4〕（4）税法禁止溯及既往，纳税人有权拒绝将其应税行为之后颁布的对其不利的税法条文适用于其身。

2. 不受过分征收权以及不受过度执行权。公民在税收征收过程中不得被课以超出其负担能力的税收，征税机关相对应具有"量能课税"的义务。税

---

〔1〕 ［日］北野弘久：《税法学原论》，陈刚等译，中国检察出版社2000年版，第59页。

〔2〕 参见 ［日］金子宏：《日本税法原理》，刘多田、杨建津、郑林根译，中国财政经济出版社1989年版，第51~53页。

〔3〕 此处纳税机关相应义务详见《税收征管法》第3条："税收的开征、停征以及减税、免税、退税、补税，依照法律的规定执行；法律授权国务院规定的，依照国务院制定的行政法规的规定执行。任何机关、单位和个人不得违反法律、行政法规的规定，擅自作出税收开征、停征以及减税、免税、退税、补税和其他同税收法律、行政法规相抵触的决定。"同时第28条规定："税务机关依照法律、行政法规的规定征收税款，不得违反法律、行政法规的规定开征、停征、多征、少征、提前征收、延缓征收或者摊派税款。农业税应纳税额按照法律、行政法规的规定核定。"

〔4〕 参见黄俊杰：《纳税人权利之保护》，北京大学出版社2004年版，第56页。

收是国家依据其公权力强制征收的无对待给付的一种法定公课。虽然有学者基于税收债务关系说对于税收无对待给付的论断提出质疑，[1]但是税收即使有对待给付也不是一种直接的对待给付，而是具有明显的间接性和不对应性。税收并不完全符合市场机制，而是具有明显的调节与再分配功能。在公共产品的提供上，并不是享受多少公共产品就支付多少对价，而是由社会公众根据其经济实力进行分担。因此税法理论一般认为税款的征收不应当遵循对价原则，而应当遵循量能课税原则。[2]由于税收是对公民基本权利的限制，因此需要有一定的限度，此处的限度应当是量能课税原则中的"量能"。应当如何对公民进行"量能"以确定税收征收的合理限度成为一个重要的问题。一般认为针对财产进行征税不得超过财产可以获取的孳息收益，因为一旦超过财产可能获取的孳息收益就会对财产本体造成伤害，从而有侵犯公民财产权的嫌疑；而对于所得进行征税，就不得对公民的生存权造成威胁，即应当按照最低生存标准确定免税额。[3]

另外还有不受过度执行权，这意味着适格纳税人可以拒绝税务机关超过必要限度的执行措施。我国税收实务中颇具争议性的问题是税收滞纳金是否可以超过税收本金数额。根据《中华人民共和国行政强制法》的第45条的规定："加处罚款或者滞纳金的数额不得超出金钱给付义务的数额。"而《税收征管法》第32条只规定了"纳税人未按照规定期限缴纳税款的……按日加收滞纳税款万分之五的滞纳金。"对于滞纳金是否可以超过税款本金并未予以明确，实务中有人据此认为既然特别法未作出限制，基于特别法优先的原则应当认为在税款执行罚当中并没有不得超过本金的限制。但是这应当是一种误读，第一，从制定法意义上看，在特别法没有作出规定的情况下，应当适用一般法的一般规定。只有当特别法有明确的规定才得以适用特别法，不能因为特别法未做规定，就想当然地推导出与一般法相矛盾的结论。第二，在税务执法上还应当遵循行政法"比例原则"[4]的限制，一旦税收滞纳金超过税

---

〔1〕 参见李炜光："写给中国的纳税人"，载《书屋》2016年第12期。

〔2〕 参见黄茂荣：《法学方法与现代税法》，北京大学出版社2011年版，第63~64页。

〔3〕 参见黄茂荣：《法学方法与现代税法》，北京大学出版社2011年版，第53~55页。

〔4〕 具体而言，比例原则包括以下内容：（1）合目的性，即手段应当有助于法律目的的实现；（2）合工具性，即手段是实现目的所必要的行动；（3）合比例性，手段所造成的损害不得超过所能获得的利益。

收本金，就意味着手段造成的损害超过了所能获得的利益，这就超过了比例原则的限度，因此属于一种过度执行手段。纳税人对于不符合比例原则的执行手段可以拒绝，并通过行政复议、行政诉讼等方式维护自身合法权益。

3. 公平纳税权。税收应当尽量避免介入市场竞争之中，因此税收必须保持一定的中立性。从纳税人角度而言，纳税人在税收征管过程中自然享有公平纳税的权利。税收应当是形式正义与实质正义的结合体，依法纳税是形式正义的体现，公平纳税蕴含实质正义的思想。纳税人在公平纳税方面享有的公平权利具体而言可以分为三个方面：（1）普遍性原则。即纳税人所缴纳的税收应当具有普遍性，全体公民都负有宪法所规定的纳税义务；（2）平等原则。即对于经济状况相同的纳税人应当课以负担平等的税收，而对于经济状况本身就处于不平等状态的纳税人，可以在合理限度内设定不同的税收负担。例如，个人所得税差额累进税率，在实质意义上不违背平等原则的要求；[1]（3）对应原则。即纳税人应当对那些与其有实际经济联系的税收项目纳税，对于那些具有指向性的公共产品和公共服务，应当由其受益者纳税，对于那些具有来源性的污染物，应当由其制造者纳税，这也是一种公平性的体现。[2]

（二）纳税履行权的法律实现：派生性权利

所谓派生性权利是指需要用本源性权利对其正当性进行解释的权利，派生性权利就是为了实现本源性权利而存在，这种权利一般规定于税收征管法或者具体的实体税法中，是一种具体的权利。上文中所叙述的纳税人的本源性权利，概括来说就是纳税人有权依法纳税、适度纳税、公平纳税，而派生性权利就是为了保障纳税人得以依法纳税、适度纳税、公平纳税。派生性权利包括实体权利以及程序权利，大多规定于国家税务总局在 2009 年公布的《关于纳税人权利与义务的公告》中。

1. 实体权利。实体权利是纳税人的固有权利，其不依赖税收征管程序而独立存在。纳税人在税收征管过程中所享有的主要实体权利包括：（1）知情权，即"纳税人有权了解国家税收法律、行政法规的规定以及与纳税程序有关的

---

〔1〕　参见黄俊杰：《纳税人权利之保护》，北京大学出版社 2004 年版，第 3 页。

〔2〕　参见林进富：《租税法新论》，三民书局 2002 年版，第 5 页。

情况，包括：现行税收法律、行政法规和税收政策规定；办理税收事项的时间、方式、步骤以及需要提交的资料；应纳税额核定及其他税务行政处理决定的法律依据、事实依据和计算方法……"[1](2) 保密权，纳税人有权要求"税务机关为纳税人的情况保密。保密的范围主要包括纳税人的技术信息、经营信息和纳税人、主要投资人以及经营者不愿公开的个人事项"。[2](3) 监督权，即纳税人对税务机关及其工作人员在税收执法过程中的一切行为有提出批评和建议的权利，对于税务机关及其工作人员在税收执法过程中的违法行为有提出控告、申诉和检举的权利。如果因为税务机关及其工作人员的违法行为受到损害，还有权获得国家赔偿。(4) 纳税人所享有的其他实体权利，具体可以参考国家税务总局《关于纳税人权利与义务的公告》，在此不再一一列举。

2. 程序性权利。程序性权利是纳税人在税收征管程序中所享有的权利，依赖于税收征管程序存在，程序性权利一般是为了保证实体权利得以实现的一种权利。纳税人所享有的程序性权利主要包括：（1）申报方式选择权，此项权利可以体现纳税人在税收征收管理过程中的主观能动选择，即纳税人可以选择到税务局办税大厅、邮寄或者数据电文等不同方式进行纳税申报。（2）申请延期纳税权，纳税人因不可抗力或者暂时资金周转困难，可以向税务机关申请延期缴纳税款。（3）陈述、申辩权，税务机关对纳税人作出影响其权利义务的课税处分前，应当事先将相关情况向纳税人说明，并听取纳税人的陈述和申辩，对于纳税人提出的合理建议应当予以采纳，不得在未听取纳税人的陈述或者申辩的情况下做出对纳税人不利的处分。（4）纳税人的其他程序性权利，不再一一列举。

三、适格纳税人纳税履行权的法理价值

（一）控权价值：从自然公正到正当程序

适格纳税人在纳税履行过程中的参与有其正当性。这种正当性应该从税法的性质出发进行讨论，税法在公法与私法的划分之上应当属于一种公法，

---

〔1〕 参见国家税务总局于 2009 年 11 月 6 日公布的《关于纳税人权利与义务的公告》（国家税务总局公告 2009 年第 1 号）。

〔2〕 参见国家税务总局于 2009 年 11 月 6 日公布的《关于纳税人权利与义务的公告》（国家税务总局公告 2009 年第 1 号）。

因为财税法调整纳税人与国家公权之间的关系。税法的公法特性决定了税法应当遵循公法的一般原则，而在公法之中当事人的参与是正当程序原则的重要内容。正当程序原则的源头是英国普通法体系中的"自然公正"原则，最初体现于1354年爱德华三世颁布的《自由令》第三章："未经法律的正当程序进行答辩，对任何财产或身份拥有者，一律不得剥夺其土地或住所，不得逮捕或监禁……"〔1〕在普通法的传统中，自然公正是关于正当行使公权力所必备的一种程序要求，其核心要点有二："一是公平听证规则，即任何人或团体在行使权力可能使别人受到不利影响时必须听取对方意见，每一个人都有为自己辩护和防卫的权利；二是避免偏私规则，即任何人不能成为自己案件的法官，也就是说某案件的裁决人不得对该案持有偏见和拥有利益。"〔2〕这种"自然公正"原则后来发展成为现代行政法意义上的正当程序原则，即不得在当事人不知情的情况下做出对当事人不利的行政处分。因此当事人的"知情"与"参与"成为行政执法活动的必要条件，这种"知情"与"参与"一般通过尊重当事人的陈述与申辩权利来实现。税收征管过程涉及对纳税人基本权利即财产权的限制甚至是剥夺，同时税收征纳过程主要是一种行政执法过程，因此应当遵守行政法的基本原则，允许纳税人参与其中，发表自己的见解、进行必要的陈述、申辩，对违法行政行为提出申诉、控告、检举以维护自身合法权益。〔3〕这种参与在适格纳税人视角之下进行考察，具有一些别具一格的特征。

适格纳税人在纳税履行过程中的参与应当是一种身体力行的举动，即所谓参与应当具备主体性，应当是一种积极身体活动，而非仅仅一种牵涉其中的事实状态。再者，纳税人的这种参与应当是在纳税人主观意识支配之下进行的活动，而不是一种对税务机关行为的被动反应，换言之纳税人在纳税履行过程中的参与还应具备有意性。适格纳税人的参与权应当是一种在主观意识支配之下实施的积极遵守法律、维护财税法律秩序的身体力行的举动。〔4〕

〔1〕　参见周佑勇："行政法的正当程序原则"，载《中国社会科学》2004年第4期。

〔2〕　[英]威廉·韦德、克里斯托弗·福赛：《行政法》，周华兰等译，中国人民大学出版社2018年版，第95页。

〔3〕　参见施正文："论征纳权利——兼论税权问题"，载《中国法学》2002年第6期。

〔4〕　参见胡国梁："积极守法：一个被忽视的法治维度"，载《中南大学学报（社会科学版）》2015年第1期。

纳税人只有以主人翁的自觉意识积极主动地参与到税收征纳过程中，才能真正发挥民主在税收中的积极作用和重要功能。

（二）决策价值：从管理模式到参与模式

我国传统的行政决策模式是计划经济时代的直接产物，长期以来在社会生活中扮演了主导角色。这种行政决策模式，我们将其称之为管理主义模式。其主要特征见下表4-1。

表4-1　管理主义行政决策模式——七大特征

序号	面向	具体内容
1	理念	行政机关作为公共利益代表居于管理主体地位，公众或个人作为具体利益和个别利益的代表居于管理的客体地位
2	组织结构	行政决策的组织结构是金字塔式的官僚科层制，决策目标来自上级，对自下而上的需求往往缺乏回应的动力
3	日常管理议程设置	一般由行政机关及其智囊团体主导议程设置，公众在程序和结果上均缺乏有效的影响力
4	信息获得和流通	决策者一般通过自主调查和咨询的方式来获得决策所需的信息，没有可靠的程序来保证公众自主提供的信息能够获得决策者的回应
5	利益代表和表达渠道	公众的利益通常被要求通过指定的渠道加以代表和表达，又往往因行政机关的官僚化而被堵塞，公众在很多时候处于无组织状态
6	政策接受	公众对政策的接受被视为有利于降低政策的执行成本，往往通过政治动员和社会动员的方式来塑造公众的政策偏好
7	政策反馈和纠错机制	反馈和纠错机制比较薄弱，只有借助上级行政机关的权威才能纠正本级行政机关的决策错误

在管理主义模式下，治理被简化为决策者对人和事的单向管理，决策者对公众的政策偏好甚至需求进行塑造，公众独立的需求和政策偏好缺乏有效的政策输入途径。在社会环境已经发生变化的情况下，行政机关如果继续维系封闭的行政决策管理主义模式，其成本无疑将变得越来越高昂。从长远来看，这是一种不可持续的发展趋势。之所以这样说，理由有三：（1）管理主

义模式采取的自主调查手段不能满足社会利益多元格局下行政决策所依赖的信息需求。（2）管理主义模式无法在行政决策的各环节乃至全过程吸纳和考虑公众的政策偏好，其行政决策容易受到公众抵制。（3）因其缺乏开放性，管理注意模式下的政府更容易被特殊利益集团腐败。

在参与式治理模式中，公众被视为利益相关者，是需要在治理过程中紧密团结、分享政策影响力的伙伴。而在管理主义模式中，行政机关是管理的主体，公众是消极的管理客体。引进公众参与，是否能为行政决策带来更大的合法性呢？答案是肯定的。事实上，自20世纪80年代以来，在全世界范围内，各国行政管理过程中公众参与的重要性都在加强。将公众参与引入行政过程，分享对行政决策的影响力，已经成为增强行政决策合法性的重要机制。它对于行政过程的意义在于以下两点：（1）弥补立法机关对行政机关控制的不足，使得行政机关的运作能够真正体现公众对公共利益的追求，从而提高政策的可接受性；（2）弥补专家在知识和信息上的不足，以便提高行政决策的质量，增强其合理性。

（三）制度价值：从公共选择到制度供给

纳税人在税收征管过程中的参与权是现代民主政治的有机组成部分。其中税收民主是纳税人参与税收事项的制度条件和价值基础，而纳税人参与是税收民主实现的基本形式。[1]民主一般是通过广泛的公众参与体现出来。传统理论认为，税收征管制度的建构只取决于公权力机关的意志，这是一个单方性的过程。但是近年来随着民主法治理论的发展，公共选择理论逐渐被引入税收征管过程。基于公共选择理论，税收征管制度的形成可以被理解为一个市场化的过程，这个过程不仅与政府等公权机关（供给者）有关，也与其"消费者"即纳税人有关，制度的形成与变迁在双方的交涉以及"博弈"过程中发生。因此在这个意义上，纳税人参与不仅仅是公法理论中正当程序原则的要求，其背后同样具有私法逻辑，双方通过多次交涉与"博弈"，通过经年累月的试错，最终可以探索出对于双方都比较有利、且成本较低的制度设计方案。[2]纳税人只有亲身经历这个过程才能够对税收征管过程中的不合理

---

〔1〕 参见徐阳光："民主与专业的平衡：税收法定原则的中国进路"，载《中国人民大学学报》2016年第3期。

〔2〕 参见方钦、李钧："一致同意的理由：审视公共选择的行动逻辑及其规范内涵"，载《学术研究》2020年第8期。

现象有切身体会，这种不合理被反馈给税务机关之后可以被修正、调适，形成具有可接受性以及适应性的税收征管的具体规则。同时，此时的适格纳税人参与还能够获得其他阶段行使参与权所需要的信息。

由此可见，纳税人在税中阶段的参与本身不仅仅是一种民主形式，同时也是在税前以及税后阶段行使民主权利的前提条件。因此，市场导向的改革关键在于在法律与制度框架范围内，确保政府在市场中的应有职能。

四、适格纳税人纳税履行权的落实进路

（一）协力义务：纳税人履行权的权利对价纳税履行权的品格要素

作为适格纳税人，应当对于实现由自己参与决定的法律秩序目标采取一种积极态度，这种积极态度不仅体现于权利意识，更能够从义务意识中表现出来。因为义务的履行有利于法律秩序的实现，而实现法律、实现确定的秩序安排也正是适格纳税人行使权利的最终目标。从这个角度来讲，无论是义务的履行还是权利的行使，其最终方向都是一致的。适格纳税人在税收征管中的参与权益，往往是以履行义务的方式呈现出来，这集中体现为适格纳税人在纳税履行过程中履行协力义务。

关于协力义务，学者认为"由于课税原因及事实多发于纳税义务人所得支配之范围，税捐征缴机关掌握困难，为贯彻公平合法课税之目的，因而产生纳税义务人协力义务。"[1]具体到本文所讨论的问题，纳税人协力义务的履行对于纳税履行过程中纳税人权利的实现是至关重要的。首先，协力义务的履行有利于纳税人依法纳税权的实现，适格纳税人积极主动进行纳税登记、纳税申报、保管账簿发票等税收凭证、依法安装使用税控装置，在税务机关进行税务检查时进行诚实、全面陈述，对税务人员依法进行的稽查积极配合，这些举动表明纳税人已经具备了适格纳税人的内在品格，完成了从"要我纳税"到"我要纳税"的转变。[2]同时，这种配合行动有利于税收征收如实地反映纳税人的真实经济状况，最大限度地实现税法预先设定的法律秩序安排，有利于适格纳税人按照法律规定的课税要件对其真实经济活动符合课税要件

---

〔1〕 葛克昌主编：《纳税人协力义务与行政法院判决》，台湾翰芦图书出版公司2011年版，第4页。

〔2〕 参见李慈强："纳税人教育：税收征管法治建设的新议题"，载《江汉论坛》2016年第7期。

的部分进行纳税。其次，适格纳税人积极履行协力义务本身就是行使纳税参与权的一种表现，正如劳动权、受教育权在法律上具有权利与义务双重属性一样。适格纳税人的协力义务在理论上可以被理解为同时具有权利与义务的二元属性，协力义务的履行既是纳税人的义务，也是适格纳税人的一种权利。对于适格纳税人来说，紧密地参与到税收征管过程中就是其自身利益的一种体现，而履行协力义务就是实现这种利益的方式。最后，应当注意到适格纳税人协力义务的履行对于其他适格纳税人公平纳税权的实现具有不可忽视的作用。如上所述，公平纳税的内涵在于普遍性以及平等性。纳税人普遍以及平等地纳税，是以适格纳税人普遍而平等地履行协力义务为前提的。如果有部分纳税人拒不配合，有可能就不能对其充分征税，这对于其他纳税人而言是不公平的。因此，适格纳税人不应仅仅从自己本位利益出发选择策略并安排自己的行为，还应当致力于税收公平秩序的实现，诚实履行协力义务。

（二）涉税服务：纳税履行权的实现路径

另外，适格纳税人为保证公平纳税、适度纳税等相关权利的实现，还应当有权进行纳税筹划以及聘请税务代理人帮助自己以更规范、更明智的方式参与到税收征管的过程之中。适格纳税人是积极参与到税收事项中的纳税主体，但是绝对不应当将适格纳税人理解为具有积极动机致力于多缴税的纳税人，因为这是一种不合理、不科学、不符合人性的期待。[1]适格纳税人这一概念立足于社会主义市场经济条件而存在，是一个理性并富有活力的市场主体角色，其不仅具有公共义务与社会责任，还应当具有充分的动机为自己争取最大的利益。这种动机是市场经济得以活跃、得以发展的原始推动力，不能予以扼杀，而应当予以鼓励，因为这正是适格纳税人独立人格所在。英国《纳税人权利法案》所规定的纳税人享有的"纳税成本最小化"的权利以及经济合作与发展组织（OECD）的《纳税人宣言》范本所规定的纳税人的"税收筹划权"正是这种精神的体现。适格纳税人为自身利益进行的符合公平纳税、适度纳税的筹划性安排，只要符合立法规定、具有合理商业目的，就应当予以承认。

同时，适格纳税人概念的提出也并未强求纳税人必须以自己为主体参与

---

〔1〕　参见葛克昌：《税法基本问题（财政宪法篇）》，北京大学出版社 2004 年版，第 134~136 页。

税收征管事项。适格纳税人应当是能够看到自身局限性，并能够进行扬长避短的纳税主体。因此为了纳税人公平纳税、依法纳税以及适度纳税权利的实现，适格纳税人应当善于通过税务律师、税务师等专业人士为自己代理纳税事项，帮助自己参与到税收征管的过程之中，正确、适当地履行纳税履行权，充分发挥适格纳税人的参与作用，维护自身权益，实现税法的规范性价值。综上所述，适格纳税人在纳税履行中的参与权的价值目标可以概括为公平纳税、适度纳税以及依法纳税，并且这种参与同时兼具权利与义务的双重属性。在构建这种参与权的实现路径时，应当尊重客观的市场经济规律，鼓励纳税人基于自身利益以及经济理性积极参与到税收征管的过程当中。只有切实从理性纳税人的角度建立权利的价值需求，才能正确认识适格纳税人的品格，并从一种科学的角度认识适格纳税人在纳税履行中的参与。适格纳税人的积极参与是一种"人人为我，我为人人"的参与模式，其协力义务的履行、各种实体权利以及程序权利的行使不仅仅有利于自身公平纳税权、依法纳税权以及适度纳税权的实现，客观上也有利于整个市场中的其他主体的公平纳税权益的实现。只有我们从这个角度认识适格纳税人的参与权，从一种真实的人性角度建构这种权利的参与模式，才能实现法律秩序价值追求的理想效果。

第三节　适格纳税人的公共参与权

公共参与权是指公民参与公共决策生成以及公共事务运行的权利。公共参与要求政府提供公众意见反馈的渠道，确保广大公民能以更直接的方式参与公共事务，监督行政机关的行政行为，以此保证公众能够对公共决策及公共事务产生一定影响。保障公众参与权也是民主行政的要求。从适格纳税人的角度来看，适格纳税人通过行使公共参与权，参与立法、行政及司法等公共活动，能够真实反映自身的利益诉求，维护合法权利，监督公共事务的有序运行。

一、适格纳税人公共参与权的法理根基

（一）公共参与理论

公共参与理论的内涵丰富，涉及"公共介入（public involvement）""政治

参与（political participation）""大众参与（public or citizen engagement）"等多个概念。传统的观点认为，公共参与理论是以政治参与理论为基础不断发展而来的。[1]政治参与理论起源于西方政治学界，在漫长的发展历程中随着政治实践的发展而内涵逐渐丰富，已经成为民主国家必不可少的构成条件。此外，政治参与理论还强调公民的积极性，只有主动的参与行为才能被视为政治参与权的行使。"公民在政治舞台的现身和表演不是被迫卷入而是自愿作为，积极介入政治过程意味着通过行使正当权利而在一种互动情境中做出关乎公共事务的集体决策"。[2]

随着政治实践的发展和民主国家的建立，公民的主体意识和权利意识也逐渐觉醒。随之而来的，便是公民公共参与范围的拓宽。[3]同时，公民公共参与的方式也发生了改变，随着代议制民主的缺陷逐渐凸显，公民越来越倾向于选择直接参与公共事务。不过，作为公共参与的起源和重心，政治参与始终是公共参与的重要组成部分和题中应有之义。[4]当然，从范围和内容上来说，公共参与所涉及的领域远远大于政治参与，所涉及的具体事项也更加多样化。只要与公民利益密切相关的领域，都可以成为公共参与的对象。"公共参与就是公民试图影响公共政策和公共生活的一切活动。"[5]公民积极参与公共事务的决策、执行和监督之中，利用多种多样的渠道反映自己的意见，表达自己的诉求，维护自己的利益，为政府制定科学合理又符合民意的决策提供了必要的保障，也为制约公权力的膨胀提供了来自民间的力量。

（二）财政民主理论

所谓财政民主，是人民主权思想在财政领域的具体体现，是指人民依照法律规定的程序和方式，通过代议机构或直接行使对国家重大财政事项的决定权。财政民主理论认为，财政决策要体现人民的意志，反映人民的利益，财政收入或财政支出等重大财政事项的决策都必须于法有据，或是由其制定

---

[1] 参见武小川："论公众参与社会治理的法治化"，武汉大学2014年博士学位论文。

[2] 参见［美］乔万尼·萨托利：《民主新论》，冯克利、阎克文译，上海人民出版社2009年版，第118~119页。

[3] 参见吴锦旗："从政治参与到公民参与的范式转换"，载《中国石油大学学报（社会科学版）》2010年第1期。

[4] 参见吴锦旗："从政治参与到公民参与的范式转换"，载《中国石油大学学报（社会科学版）》2010年第1期。

[5] 贾西津主编：《中国公民参与：案例与模式》，社会科学文献出版社2008年版，第1~2页。

法律予以规范，或是经过代议机构的同意。否则，该决策必然缺乏法律和政治上的正当性，从而丧失予以执行的公众基础。

财政民主建设是民主国家实现良法善治的重要环节。在财政民主原则的指导之下，公民财产权与政府财政权得以实现良性互动。一方面，作为税收国家，公民税收是财政收入的一大重要支柱，国家必须在保护公民财产权的基础之上，依法向公民征税以充盈国库；另一方面，没有公民的同意，国家财政权就没有了稳固的合法性根基。因此，保护公民财产权也是国家不可推卸的责任之一。[1]只有在财政民主制度的保障下，公民财产权与国家财政权才能在法治的轨道上达到平衡。

从理论上看，构建财政民主的关键点，就是切实保障公民参与重大财政事项的权利。重大财政事项往往与公民切身利益息息相关，公民有必要积极参与到关于重大财政事项的决策中去。公共参与意味着成为决策意志所代表的一份子，而非一个旁观者。一般而言，大多数国家的财政民主主要表现为财政议会主义，即公民通过代议机构发表意见，并决定重大财政事项的审批和通过。在我国，中央和地方的权力机关是全国人民代表大会和各级人民代表大会，人民通过选举能够代表自己利益、反映自己意志的人作为代表，并通过其在代表大会上代表自己就各项财政事项的决定作出表决，决定重大财政事项的预算审批，从而行使自己在财政领域的公共参与权。此外，《立法法》第8条明确规定财政、税收的基本制度是法律保留事项，只能由法律进行规定，让财政民主在形式和程序上得到了保障。同时，财政民主还要求保障公民的财政监督权。公民可以对政府在各个领域的财政行为的决策内容、执行程序、实施效果，以及是否存在违法行为进行监督。政府也要依法进行信息公开，保证财政行为的公开性、透明性，从而保障公民对于各类财政事项的监督权。因此，公民的公共参与是财政民主的必然要求和前提基础。

二、适格纳税人公共参与权的概念重构

（一）应然的理论层面

学界针对公民公共参与权的权利体系已经进行了诸多探讨。有学者认为，公民参与权有公民的知情权、公民的参与权、公民的监督权等三种基本表现

---

〔1〕 参见漆多俊："论权力"，载《法学研究》2001年第1期。

形态。[1]同时有学者进一步指出，公民参与权利体系可以分为公共决策动议权、公共决策创制权与复决权、公共决策表决权、公共决策听证权、公共决策监督权等内容。[2]但是在中国当前的法律框架下，这些理论都有一定的不足之处。政府公共决策涉及多个环节，因此公民的公共参与权也应当贯穿决策制定、审批、通过、执行、修正、完善的全过程。基于对我国当前法治环境和政治环境的考量，我国适格纳税人的公共参与权应当包含知情权、动议权、听证权、监督权、救济权等五项权利，通过良好的制度设计保障公民的公共参与权。

第一，纳税人的知情权。所谓知情权，是指公民知悉、获取政府有关信息的自由与权利。公民拥有知情权是公民开展后续公共参与的必要前提。因此，在知情权的框架下，政府有义务为纳税人提供必要的能够影响到政府决策和公共利益的相关信息。[3]这些信息不能只是片面、部分、不完整的信息，而应当包括所有与公共事项有关的、可能影响到公共利益及纳税人判断的所有相关信息。

第二，纳税人的动议权。"动议权是指政府决策过程中，公民可以以适当的人数和组织提出政府政策动议，通过与政府的谈判和协商机制来达到表达意愿的目的。"[4]动议权是确保政府涉税决策合法合理，并符合纳税人利益的重要保证。

第三，纳税人的听证权。听证权是指纳税人有权参与与公共利益密切相关的重要涉税决策的公开听证会，并且可以在听证会上依法发表意见、提出建议。为了保障纳税人的听证权，政府必须完善涉税听证制度，确保在实体和程序上合法合规、科学民主，只有这样才能保障听证会真正发挥出集合民意、吸纳民智的作用。

第四，纳税人的监督权。监督权是指公民具有对政府公共决策和行政行为进行批评、质询、检举和控告的权利。税务机关的征税行为和用税行为都与纳税人的利益有着直接联系，纳税人有权对政府的涉税行为进行必要监督。同时，进入新媒体时代，纳税人的监督渠道在新媒体的帮助下日益增多，方

---

[1]　参见马青红、张慧平："公民参与权的理论检视"，载《理论探索》2001 年第 6 期。
[2]　参见李伟权：《政府回应论》，中国社会科学出版社 2005 年版，第 198 页。
[3]　参见李伟权：《政府回应论》，中国社会科学出版社 2005 年版，第 200 页。
[4]　刘飞宇：《转型中国的行政信息公开》，中国人民大学出版社 2006 年版，第 32 页。

式更为便利快捷,有助于纳税人更好地实施监督权。

第五,纳税人的救济权。税法在赋予纳税人各项公共参与权的同时,也要完善相应的救济制度,保障纳税人救济渠道的通畅。纳税人的救济途径一般分为行政救济和司法救济两类,其中,司法救济是目前公民权利受到侵害时寻求救济的重要手段。

(二) 实然的应用层面

依照我国目前的税收法律法规体系,纳税人的公共参与权可以分为实体性权利和程序性权利两类。

首先是实体性权利。我国《宪法》中所规定的纳税人实体性的公共参与权主要有以下内容:(1)参政权。我国《宪法》第2条规定:"中华人民共和国的一切权力属于人民,人民依照法律规定,通过各种途径和形式,管理国家事务,管理经济和文化事业,管理社会事务";(2)监督权。我国《宪法》第41条规定:"中华人民共和国公民对于任何国家机关和国家工作人员有提出批评和建议的权利;对于任何国家机关和国家工作人员的违法失职行为,有向有关国家机关提出申诉、控告或检举的权利"。(3)言论自由和结社自由。我国《宪法》第35条规定:"中华人民共和国公民有言论、出版、集会、结社、游行、示威的自由"。宪法作为国家的根本大法,其中对于公民公共参与权的规定,为公民参与政府公共决策奠定了坚实的法理基础。纳税人的实体性的公共参与权在行政法中也有所体现,主要包括:一是批评、建议权,纳税人可以针对涉及公共利益的涉税事项,向政府反映意见,并提出相应的建议;二是控告、检举权,纳税人有权对于国家行政机关及其公务人员的违法失职行为提出控告或检举;三是协助公务权,纳税人有权协助行政主体实施公务活动;四是知情权,纳税人有权了解政府在作出涉税决策时的一系列信息。

其次是程序性权利。程序性权利是公民实体性权利最终得以实现的程序保障。公民作为力量薄弱的弱小个体,没有合法程序为公民的实体权利保驾护航,仅凭自己的力量很难与强大的公权力机关抗衡。同时程序性权利也是制约政府权力膨胀的有效利器,所有的行政行为都应当遵循一定的程序,政府不能恣意妄为。纳税人公共参与的程序主要分为行政程序和行政救济程序。纳税人在行政程序中的权利主要有获得通知权、申请权、申请回避权等。纳税人在行政救济程序中的权利主要有提出行政复议的权利、提出行政申诉的权利、提起行政诉讼的权利等。

三、适格纳税人公共参与权的现实困境

(一) 公权力话语权的强势地位

在传统的税收征纳双方关系中，拥有征税权力的政府一直以来居于绝对的优势地位，纳税人只能被动地服从政府的征税命令，权利意识和主体意识都尚未萌芽。而且，长期以来公权力强势的传统，一定程度上也影响了目前的政府与纳税人关系。政府向来被视为是纳税人的管理者、支配者，而非服务者。纳税人往往只看到自己的义务，却忽视了自己被法律赋予的权利。

公权力话语权的过分强势，会带来一系列的不良后果，其中之一便是公共权力的异化。所谓公共权力异化，是指公共权力失去了"公共性"，不再代表公共利益，而是成为以权谋私、以公假私的工具。而公权力一旦缺乏必要的监督和制约，没有被约束在法律和制度的笼子里，必然将走向异化。可以说，公权力从诞生之初，就具有"反公共性"的内在因子，需要公权力的使用者和监督者加以警惕。公共权力的异化，在实践中有多种表现形式：以权谋私、贪污腐败、权力滥用、玩忽职守，等等。随着社会的发展，公共事务变得复杂又繁芜，公权力的触角不断延伸，随之而来的便是公权力的扩张与膨胀。异化的公权力如同一把达摩克利斯之剑，悬在纳税人的头顶，随时可能侵害到纳税人的合法权利。在公权力过于强势的背景下，公民无法进行充分的意思表示，公共参与自然也无从提起。即使能够在某些局限的领域反馈自己的意见，往往也是限制重重，无法与政府形成良好的互动关系，公民参与的有效性大打折扣。在我国的税收法治实践中，一方面，税务机关长期忽视对涉税信息的公开，公民的知情权没有保障，无法参与后续的决策制定和权力监督；另一方面，国家赋予了税务机关一定的涉税事项上的自由裁量权，如果无法建立有效的制约制度，不能及时控制违法违规的税务行政行为，就会动摇税收法定原则的根基，大大提高纳税人的合法权利被侵害的可能性。

(二) 权利救济渠道不畅

从微观的角度观察适格纳税人的公共参与权，主要聚焦在纳税人权利的救济方面。在我国税收活动的长期实践中，行政征税、用税权力的话语权远远强于纳税人的参与权监督权，纳税人的意见表达受到一定程度的限制。具体而言，行政机关过于重视税收制度实施的力度和严格性，而不重视自身信

息公开的义务，所以无法有效保障纳税人的知情权，使纳税人不能有效参与公共权力监督和维护自身权利。税务机关在部分行政行为中拥有较大的自由裁量权，如果不加以限制和监督，极易发生行政权力过分膨胀、排斥纳税人的公共参与权的现象，最终导致税收决策和规范过于模糊，操作随意性加大，侵害社会公共利益。在司法救济方面，对纳税人参与权利救济的保护尚不完备。完善权利救济制度是纳税人公共参与权真正落到实处的关键举措。"徒有纳税人权利的列举，若缺乏权利救济机制或是权利救济渠道不畅，则纳税人的具体权利也难以得到真正实现。"[1]目前我国主要有两类纳税人权利救济程序，即行政复议和行政诉讼。税收行政复议是税务机关内部的救济程序，缺乏来自外部的监督，因此对纳税人权利的救济具有天然的局限性。而目前税收行政诉讼的限制较多，提高了获得权利救济的门槛，比如，纳税人只能就与自身有直接利害关系的事项提起行政诉讼。因此，行政复议和行政诉讼在救济的时效性和有效性等方面互有衔接、补充，但实质上还是存在不少被侵权人得不到救济、纳税人的权利无法被现有程序完全保护的情况。尤其是纳税人申请相当一部分司法救济之前，救济制度设置了复议前置限制，又进一步设置了缴纳税款前置的限制。这样苛刻的条件使得大部分寻求税收司法救济的纳税人望而却步，实际上就是直接限制了纳税人参与司法救济的权利。"公民参与的逻辑起点是公民资格……积极公民资格要求具备对公共权利和义务的感受能力……"[2]然而，在税收征管和权利救济的过程中，纳税人逐渐丧失追求应有的纳税人权利，而是谨慎应对负担的纳税义务，细心核查应缴纳的税款，应付税务稽查，而权利的实现往往依赖税务机关的主动工作。

（三）纳税人专业能力不足

我国纳税人所面临的公共参与权方面的困难，一方面来自政府，另一方面来自纳税人自己。主体意识的缺乏和专业能力的不足，是纳税人无法积极参与到公共参与活动中的重要原因。这与我国长期以来以义务为中心的纳税人教育和税法宣传体系有关。长期的耳濡目染让许多纳税人能够明白纳税的

---

〔1〕 刘剑文："《税收征收管理法》修改的几个基本问题——以纳税人权利保护为中心"，载《法学》2015 年第 6 期。

〔2〕 曾莉："公共治理中公民参与的理性审视——基于公民治理理论的视角"，载《甘肃社会科学》2011 年第 1 期。

重要性，并依法自主履行自己的纳税义务，却很少关心自己身为纳税人的权利。尤其是当所涉及的事项决策议题专业性较强或者与普通广大公民的利益相关度较弱时，纳税人出于在专业技能和知识储备方面的不足，即使参与到了决策的制定过程，也很难发挥积极作用，公共参与的意义和价值也无从体现。税法是一个兼具专业性、复杂性和技术性的法律部门，其体系和内容都十分庞杂，不经过系统的学习或是借助专业机构的帮助，普通纳税人的确很难掌握相关的专业知识与技能。再加上我国对税法教育一向不够重视，大多数税法宣传工作只停留在口号式的宣讲上，纳税人无法凭借其习得足够的专业知识。缺乏相关的专业知识，纳税人自然不明白如何正确、高效地进行公共参与，从而维护自己的纳税人权利。

四、适格纳税人公共参与权的实现机制建设

（一）财政听证制度的建立健全

听证制度的建立健全是纳税人实现公共参与的必要前提和应然要求。民主化和科学化程度较高的听证制度，可以引导公民在理性的驱使下有序地参与到公共事务的探讨和决策中来，如实地反映自己的看法和意见，不是人云亦云也不是随口胡言。只有在高效且完善的听证程序之下，纳税人公共参与的积极性和主动性才会被最大限度地激发出来，纳税人参加涉税政策制定、执行和监督的深度和广度才会得到拓展，最终实现决策民主性、公开性和科学性。通过听证的外部监督，限制行政权力的膨胀，广集民智，保障公共决策的公平性。任何的公共预算及支出行为都影响纳税人的利益，纳税人有权参加听证程序，可以通过建言献策和监督的行使保障合法社会利益不受侵犯，提高税收利用效率，使得税制改革在法治轨道上持续平稳地推进。

财政听证主要指权力机关、行政机关在作出预算等财政决策前，纳税人有权针对相关问题提出意见，主要分为人大财政听证和政府财政听证。财政听证参与程序方面，应当重视在预算编制、审核过程中的听证程序构建，保障适格纳税人自由反馈切身利益诉求和相关意见建议，防止其他权力对听证过程的干涉。预算听证程序的完善主要应当在以下方面着力："一是确定预算听证主体，包括预算听证组织者、相关利益主体、专家等；二是明确预算听证内容，为提高听证的实效性，应提供明确的听证内容，如听证项目、项目可行性分析、地点、时间等；三是规定预算听证权利，听证者能在听证过程

中提出质询及相关意见；四是对预算编制的裁决应秉承公平、公开原则。"[1]只有构建完善的听证程序，才能从实质上保障适格纳税人的听证权利。

（二）宏观层面的公共参与权保障

1. 行政环节的参与（用税决策参与）

实现纳税人权利，不仅要积极促进纳税人参与税收立法、税务行政、司法救济等方面，还要构建有序、有效的参与机制，保证公共参与权的规范行使，为依法治税提供正向动力。纳税人的公共参与"在行政环节，有告知型参与和有限吸纳型参与；在司法环节，有校正型参与和改善型参与"。[2]行政环节的告知型参与，是指税务机关将尚未发布的税收决策，通过听证会等形式与纳税人进行交流。但是此种情形下的决策已经基本成型，税务机关的主要目的在于争取纳税人的理解，偏重于政策宣传，纳税人参与与否基本不影响决策的主要内容。有限吸纳型参与则与此相反，税务机关针对特定税收决策，在税务机关的主导下，吸纳纳税人参与决策的生成过程中，尽可能在起草阶段吸收纳税人的利益诉求，进而进行选择和权衡，最终形成成熟的税收决策。

2. 司法环节的参与（权利救济参与）

司法救济渠道是救济纳税人权利的重要手段。司法环节的校正型参与，即上述一般性的纳税人权利的救济参与。当纳税人的合法权利遭到税务机关违法的行政行为的侵害时，以发起税收行政诉讼的方式，寻求法院具有独立性和权威性的审判，以此维护自己的合法权益。司法环节的改善型参与，是指公众参与司法裁判等活动，提高司法机关公平、公正、公开处理涉税行政案件的能力，保障纳税人在行政诉讼中与行政机关的对抗更为均衡。不同诉求的纳税人在不同时期选择的公共参与的方式也是不同的。最后，纳税人公共参与权的保障需要进一步着力，为提升税收效率，提升税收法治化打下坚实的广大公民基础。

（三）税收活动的公共参与权保障

1. 纳税人知情权保护

知情权是参与权的基础，任何人都无法在一无所知的情况下参与到某个

---

〔1〕 蒋悟真："中国预算法实施的现实路径"，载《中国社会科学》2014 年第 9 期。
〔2〕 参见汪锦军："公共服务中的公民参与模式分析"，载《政治学研究》2011 年第 4 期。

决策的讨论、制定、审批和监督中来。公民只有足够了解某项事务的相关信息后，才能有效地行使公共参与权。知情权和公共参与权紧密相连、不可分割，保障纳税人的知情权，是保障纳税人行使公共参与权的首要步骤。关于公民知情权的定义和内涵，我国学界也进行了诸多讨论。有的学者主张"五权说"[1]，有的学者主张"三权说"[2]。基于我国目前的法治实践和政治环境，笔者认为，在公共参与的领域内，纳税人的知情权至少应当包含两种权利。第一种是知政权，即纳税人依法享有的知悉与税收活动相关的法律法规、政策文件、行政行为的权利；第二种是社会知情权，即纳税人依法享有的知悉税收活动相关的社会动向和社会实践的权利。

为了全面高效地保障纳税人的知情权，政府必须树立良好的法治政府理念和纳税服务意识，做好相应的涉税政府信息公开工作。在这一点上，理念的更新是最为重要的。虽然我国政府目前还未彻底完成从管理型政府到服务型政府的转型，但在社会主义法治社会建设浪潮的推动下，未来的政府必然会全方位地落实"为人民服务"的宗旨与原则。在信息公开方面，政府应认识到信息公开是政府的义务，是保障纳税人合法权利的必要环节，是现代法治社会的必然要求。与之相对应地，纳税人也要尽早完成主体意识的自我觉醒，认识到自己是国家的主人，享有法律赋予的应有的权利。纳税人应当积极关注涉税政策的变化和涉税信息的公开，监督政府的信息公开活动。如果发现政府的工作没有完成到位，也要善于行使自己的监督权，督促政府依法公开涉税信息，保障纳税人的知情权。

2. 公共参与权的税法制度建设

纳税人的公共参与权得到有效保障既是政治文明的标志，也是纳税人权利体系建立健全的标志。为了推动纳税人能够有效地在法治轨道上行使自己的公共参与权，让涉税决策广聚民智、广纳民意，有必要通过精心的制度设计，以建设完善的保障公共参与权的税法制度体系。从公共参与权的权利内容和运用范围来看，公共参与权制度的完善主要涉及政府决策、行政执法和

---

〔1〕 "五权说"：知情权包括知政权、社会知情权、对个人信息了解权、法人的知情权和法定知情权（指司法机关享有的了解案件有关情况的权利），参见王利明主编：《人格权法新论》，吉林人民出版社1994年版，第488页。

〔2〕 "三权说"：知情权包括知政权、社会知情权和个人信息知情权。参见石路："论政府公共决策中的公民参与权"，载《理论导刊》2011年第4期。

救济机制的完善。

首先，完善涉税行政立法和行政决策公共参与机制。公民的公共参与是政府税收政策取得合法性的前提条件，也是税收政策具备民主性和科学性的保证。完善涉税行政立法和行政决策公共参与机制，应当以促进纳税人意愿表达为目标，让每个政策都充分吸纳纳税人的意见，反映纳税人的利益。政府应当采取一定的措施，引导纳税人有序地参与到政策制定的各个环节中来，使得纳税人在掌握大量主客观信息的基础之上，理性地发表自己的意见和看法，对政策的内容和程序提出建设性的意见。纳税人充分参与到行政立法环节，不仅可以提升政策的科学性、合理性，还有利于提升纳税人的税收遵从，促进纳税人积极自愿自主地履行法定纳税义务。关于行政立法和行政决策中的公共参与，我国已经出台了一些法律法规和规范性文件予以规制。[1]不过，这些规定中也有显而易见的不足之处。例如，不够强调纳税人的主体地位，纳税人参与涉税行政决策的方式仍是较为被动的，主要通过座谈会、论证会、听证会等形式来实现。而组织这些会议、启动这些程序的主动权往往掌握在政府手中，纳税人的主动权无从体现。针对以上问题可以从以下几方面着手进行改善：（1）完善听证程序。可以增设听证公示制度，规定政府在进行重大涉税事项的立法或决策前必须公示，纳税人可以在符合法定条件的情况下申请召开这些会议等，从而获取一定在公共参与方面的主动权；（2）完善责任追究制度。对于行政机关在决策过程中侵害公民公共参与权的行为予以追究，不能轻易放纵。

其次，完善行政执法公民参与机制。税务机关在行使征税权力之时，应当树立纳税服务意识，充分关注纳税人的诉求，保障纳税人的合法权利，重视行政行为所带来的法治效益和社会效应。税务机关应当充分尊重纳税人的知情权和公共参与权，做好信息公开和沟通协调工作，着力提升涉税行政行为的执法效益。此外，政府还应当开辟公民反馈执法意见的路径，提供更多的监督渠道，保障纳税人的监督权，充分发挥公民监督权的力量。

最后，完善权利救济制度。目前我国纳税人的公共参与制度还未广泛全面地建立起来，实践中纳税人的权利受到侵害的现象屡见不鲜。因此，完

---

〔1〕 比如《立法法》《行政法规制定程序条例》《规章制定程序条例》《全面推进依法行政实施纲要》等文件。

善纳税人公共参与权的权利救济制度是非常紧急且必要的一项工作。第一，税法需要明确规定纳税人公共参与权受到侵害时的各项救济措施，让纳税人寻求救济具备法律上的依据；第二，应当适当拓宽纳税人的救济渠道。单一的渠道无法解决复杂且多样的现实问题，也不利于纳税人声音的传达。除了行政复议和行政诉讼这两项比较常见的法定救济渠道之外，税法还可以完善诸如向党政领导申诉、信访等其他救济途径，作为纳税人法定救济途径的必要补充；第三，应当强化权利救济机构的独立性和权威性。受制于领导个人意志或是其他机关权威的救济机构，无法真正发挥出保障纳税人权利的功能，只有提升了权利救济机构的地位，才能为纳税人维权提供必要的底气。

3. 纳税人税法参与能力建设

提高纳税人的税法参与能力，必须加强针对纳税人权利的宣传。通过大量有的放矢的税收宣传和税法教育，潜移默化地培育纳税人的公共参与意识，增强纳税人的公共参与能力。虽然我国也比较重视税收宣传工作，但宣传的重点却大多数聚焦于纳税人的义务和纳税遵从，而忽视了对于纳税人权利的宣传。未来的税收宣传工作，应当以纳税人权利为中心，对症下药地提高他们的公共参与意识和公共参与能力。在宣传内容方面，可以着重于普及社会大众的税法基本知识和纳税人权利体系。此外，还有一点需要强调的是，纳税人作为个体的力量必然是渺小的，而想要大幅度地提升自己的涉税事项公共参与能力和自我权益维护能力，可以通过加入纳税人组织的方式，用集体的力量提升公共参与的效率与效益。纳税人协会的职能丰富多样，既可以提供税收咨询服务，宣传普及最新的税收政策，也可以监督政府征税权、用税权的运行状况，是公民进行集体公共参与的重要手段。同时，寻求专业机构的帮助，比如委托专业的律师事务所、税务师事务所等代理机构也是一个行之有效的选择。

第四节　适格纳税人的财政监督权

一、适格纳税人财政监督权的纳税人权利属性

"财政乃庶政之母"，现代公共财政是"集众人之财，办众人之事"，对

实现公共利益最大化起重要作用。然而在财政运行的实际过程中，效率低下、分配不均等问题时有发生，如何提高财政监督质效是无法回避的重要议题。"财政监督即监督财政，是对政府财政活动的监督，是确保政府财政活动有效率地提供公共产品的一种制度安排"。[1]过往国内学者们对财政监督机制的研究多集中于人大、财政、审计等机关的财政监督职能行使上，对于纳税人的监督权利及其内在逻辑鲜有论述。伴随着执政理念的转变与权利意识的高涨，本世纪初开始出现从财政收益主体即适格纳税人的角度来探讨财政监督权。本书拟从纳税人权利属性角度出发，探讨纳税人财政监督权的特征、构成以及实现困境，进而构建与纳税人参与的、与其他监督方式协调联动的财政监督权运作机制。

（一）主体层面：适格纳税人天然具有监督权能

1. 源于理性经济人与政治委托代理理论

一切有权力的人都容易滥用权力，他们使用权力一直到遇有界限的地方才休止。从理性经济人角度来看，在市场经济运行过程中，作为维护私有财产权的理性经济人，纳税人同意纳税的根本目的在于维护自身利益，即确保政府在市场失灵时能为其提供公共产品与服务；在此过程中，纳税人理应享有对政府征税与用税行为的财政监督权。此外，从委托代理学说出发，当公民将税收等财政收入之使用权交由政府这一公共权力代理机构时，并未真正放弃其对国家财政资源的实质统治与真实所有，政府只能在授予范围内行使权力（支配纳税人的税款等），否则便构成僭越。为顺利实现公共财政制度，需"建立公共财政监督的法律体系，以法的形式确定公共财政监督的主体、客体、内容以及法律责任"以"实现我国公共财政监督法治化"，减少制度成本，提升运行效率。[2]只有把权力关进制度的笼子，才能确保政府的征税与用税行为不会对公民的财产权造成侵害。

2. 纳税人权利体系的自然延展

纳税人的权利问题既是现代公共财政的核心问题，也是所有财政法律体

---

〔1〕 参见於鼎丞、廖家勤："财政监督与监督财政——关于财政监督基础性问题的理论分析"，载《暨南学报（哲学社会科学版）》2003年第6期。

〔2〕 参见李袁婕："论我国公共财政监督制度的完善"，载《审计研究》2011年第2期。

系的基石。[1]可以从征纳两方不同主体角度来理解实质意义上的纳税人权利。从纳税人角度来看，纳税人权利是其基于无偿纳税行为而应享有的符合其自身利益要求的相应权利；从国家角度来看，国家征收与使用税收的行为必须满足纳税人纳税之根本目的，确保公共财政的合理合法支出以最大程度满足反映大多数纳税人利益的公共需求。考量现代财政的公共性特征，纳税人的权利体系应包含受益权、监督权、主动参与权、消极防御权等方面，并渗透至财政运行的全过程之中。其中，受益权是纳税人主体地位与公共财政的本质体现，财政监督权则是确保受益权的必要基础，保障着其他权利的实现。"对纳税人权利的强调，也就是突出了纳税人是税收的合法所有者的身份，同时也将纳税人财政监督人的身份进行了强调"[2]。因此，从纳税人角色过渡到纳税权利，再延伸至纳税人财政监督权的过程是自然且顺畅的。

（二）权利层面：财政监督权的民主与法定化

适格纳税人天然具有监督权能。纳税人财政监督权涉及财政的本质，是连接国家与纳税人的关键。纳税人财政监督权的确切落实，能起到牵一发而动全身之效，有利于保障纳税人作为财政委托人的正当权利、鞭策其他财政监督主体履行职责、强化并严密国家财政监督体系，真正贯彻现代法治国家的民主旨意，最终实现"取之于民、用之于民，造福于民"的公共财政理念，增进全社会福祉。

另外，当前将纳税人与财政监督权相挂钩的理论研究与实践经验还不丰富，尚未形成完整制度体系。实现纳税人财政监督权的法定化，让纳税人明晰税款的征收依据、资金流向以及最终投入效果，以提升纳税人参与政治经济生活的公民意识与自觉纳税的税收遵从度。当然，从法理意义上来看，自然监督权能还只是一个抽象的实体权利，尚不能直接运用至政府用税行为的监督之中。纳税人自然监督权还必须转化为具体的可实现的法定权能，才能最终得以实现。为此，下一节将主要探讨纳税人财政监督权的具体权利内容。

---

[1]　参见邱振雄、桂颖："从纳税人权利保障看我国财政法律体系的缺失"，载《湖南行政学院学报》2015年第3期。

[2]　凌曼："论公共财政对我国税法理念的影响"，载《浙江工商大学学报》2005第1期。

二、适格纳税人财政监督权的权利构成

从具体权利的构成形态来看，纳税人财政监督权并非一项单独权利，而应包括财政知情权、财政决策参与权等在内的多项内容。基于纳税人受益权实现之目的，财政监督权的逻辑架构应当促使纳税人从不愿监督、不敢监督、不能监督、监督不力甚至无效，转到有效应对财政监督困境的实现机制上来。为保障适格纳税人愿意监督、敢于监督、能够监督以及有效监督，财政监督权的具体内涵应当从纳税人的需求出发。为此，财政监督权应当包括但不限于以下内容。

（一）财政监督之前提：财政知情权

财政知情权是实现财政民主与实质公平的基础，也是纳税人行使财政监督权的前提。纳税人作为国家财政委托人理应及时、完整地获知有关信息以作出相应反馈。现行《税收征管法》第 8 条明确规定纳税人依法享有"向税务机关了解国家税收法律、行政法规的规定以及与纳税程序有关的情况"的知情权等权利。2009 年国家税务总局《关于纳税人权利与义务的公告》详细阐述知情权等权利，该部分已在上文纳税履行权的派生性权利中阐述，在此不做赘述。除上述规范性文件所确立的纳税人在纳税环节的知情权外，对于国家机关特别是财政机关用税行为中的相关财政信息，纳税人亦应享有知情权。只能这样才能减少财政主体之间的信息不对称现状，对纳税人有效地实施财政监督提供前提保障。

关于知情权，后续必然引申对询问权的探讨。询问权是指纳税人对于财政运行情况，尤其是疑惑之处，具有向有权机关申请信息公开、要求其在一定期限内予以答复的权利。与被动性满足的知情权不同，询问权有赖于纳税人主动实施。再者，这一权利主要针对那些因事项敏感而行政部门不会依职权而主动公开，或者因公开内容过于简略致纳税人无法充分了解确切数据的财政信息。实践中纳税人行使询问权现象十分常见，但现行法律规范尚未对纳税人的询问权作出规定，因此在后期立法中应当进一步明确询问权的行使条件、对象、过程、处理以及救济等事项。

（二）财政监督之关键：财政决策参与权

财政决策参与权是纳税人行使财政监督权的最直接的方式，也是财政监督的关键一环。参与权是指纳税人在对财政运行过程的关键环节与重要事项

知情的基础上，有权积极参与其中，以表达自身真实意思表示，维护合法权利。就纳税人参与权而言，2015 年公布的《中华人民共和国税收征收管理法修订草案（征求意见稿）》第 8 条补充规定有"纳税人依法享有税收法律、行政法规和规章制定、修改的参与权"，但该权利最终并未被吸纳到立法中。现实中纳税人通过多种途径参与决策的现象并不少见，如社会公众可通过财政部等网站以及信函方式对我国《中华人民共和国增值税法（征求意见稿）》提出意见。值得注意的是，除参与税收规范性文件的制定、修改之外，纳税人还应享有其他财政决策的参与权，如就公共基础设施建设项目建言献策、参与听证会等。

（三）财政监督之保障：财政监督请求权

财政监督请求权是纳税人财政监督的启动环节与前提保障。现行《税收征管法》第 8 条规定"纳税人、扣缴义务人有权控告和检举税务机关、税务人员的违法违纪行为"；国家税务总局《关于纳税人权利与义务的公告》对税收监督权作出具体规定，"对我们违反税收法律、行政法规的行为，如税务人员索贿受贿、徇私舞弊、玩忽职守，不征或者少征应征税款，滥用职权多征税款或者故意刁难等，可以进行检举和控告"。根据上述规定，在我国纳税人财政监督请求权可以细化为检举权与控告权。此后，如果纳税人对财政运行的情况、财政部门的答复处理等不满意的，可以就财政收支管理中的重大问题向审计、监察等有关部门反映情况，提出加强财政管理的意见，也可以就违反财税立法和财经纪律的案件向法院提出诉讼，追究相关财政主体的法律责任。

三、适格纳税人财政监督权的实现困境

现有的财政监督机制并未充分发挥作用，适格纳税人行使行政财政监督权面临的困境主要体现在以下方面：

第一，立法层面，我国财政法律体系在保障纳税人权利方面存在很多不完全之处。税收法定主义认为只有对财政法律体系中诸如纳税人财政监督权等内容予以详细规范，才能保障并规制政府的征税权进而保证纳税人权利与义务的平衡与对等。一方面，目前我国尚未制定单独的财政监督立法，主要内容散见于级别不同的法律法规之中，如《预算法》第九章专门规定对预算、决算进行监督的规定；另一方面，我国现行法律对纳税人权利的保障主要散

见于宪法、税收法律、税收行政法规等税收法律规范性文件。[1]如 2009 年国家税务总局《关于纳税人权利与义务的公告》归纳有知情权、保密权、税收监督权、税收法律救济、陈述与申辩权、依法要求听证等纳税人权利。但纵观相关纳税人权利条款不难发现，财和税间相互分离，这些规范主要是以如何确保国家财政收入（"取之于民、造福于民"）为出发点，明确的仅为税收征纳关系中征税人权利，但在如何规范行政机关用税行为（"用之于民"）方面仍存在立法缺失问题。

第二，权利行使层面上，财政监督的主体失衡与体系封闭造成纳税人财政监督的缺位。当前，我国财政监督囿于行政主体的支配性，虽形式多样，但监督主体集中在人大、财政、审计等公权力机构之中，而作为财政委托人的纳税人被长期排除在外，因此呈现较强的封闭性与权利性特征。不难看出，当下财政监督过于强调工具性价值，如《预算法》更多"强调预算工具性职能将应受监督者反置于监督者地位，以致将国家预算权过分集中于某一部门（财政部）之手"[2]。具体而言，上级政府代表委托人"领导财政监督机构对各个政府部门和下级政府进行财政监督"，在命令服从式的监督过程中，不断强化行政主体的意志。[3]此种财政内外监督的主体失衡很大程度上弱化了民主监督力度，极易滋生权力的滥用与腐败。当下政府自身对自身进行监督、纳税人在监督体系中长期缺位的监督现状，牵制财政监督质效的有效提升，制约公共财政功能的最终实现。

第三，权利救济层面上，基于自身因素限制以及权利救济效能，适格纳税人主动参与财政监督的积极性受抑。首先，鉴于我国中央集权之历史传统以及税收征纳关系中双方能力对比，长期以来我国不少纳税人权利意识淡薄，观念止步于"税收法律关系作为一种'权利关系'而存在"的消极守法阶段，将更多的关注点置于如何履行纳税义务之上，而对于如何积极行使纳税

---

〔1〕 参见邱振雄、桂颖："从纳税人权利保障看我国财政法律体系的缺失"，载《湖南行政学院学报》2015 年第 3 期。

〔2〕 朱大旗："从国家预算的特质论我国《预算法》的修订目的和原则"，载《中国法学》2005 年第 1 期。

〔3〕 参见马向荣："我国财政监督模式架构的过渡：行政型与立法型"，载《改革》2008 年第 4 期。

人权利以监督税收征纳行为与用税行为，或听之任之，或无能为力。[1]其次，由于现行财政监督更多依靠政府部门内部推动，造成纳税人与政府之间长期处于信息不对称状态，于纳税人监督权而言，最直接的后果便是限制纳税人权利救济中其举证机会与能力。按照一般"谁主张，谁举证"之举证责任原则，纳税人因其很难完全获得财政预算、资金用项等实质性信息，同时又由于不是案件的直接利害关系人，司法实践中纳税人诉讼往往被裁定不予受理。因此，普通个体纳税人在财政监督中的能力行使与作用发挥十分有限。

四、适格纳税人财政监督权的运作机制建设

（一）代议机构监督权保障

通过上文对纳税人权利逻辑及其实现困境的探讨可知，纳税人必须通过一定途径参与到财政活动的监督与管理之中，才能限制政府权力、保障自身利益。依据宪法及宪法性文件规定，各级人民代表大会及其常委会作为现代民主政治国家的代议机构，是纳税人行使财政监督权、管理政府国家财政的主要机构。"纳税人通过自己选出的代表来保障自身财产不被政府肆意占有以及自己缴纳的税金能被政府正确地使用，并且这种监督也理所当然地被法律保障"[2]。

但是目前我国法律规范性文件对人大财政监督权仅有原则性规定而缺乏具体规范，权力保障力度与有效性十分有限，很大程度上制约了人大财政监督权的行使。为树立并保障人大权力监督的主体地位，应当主要从立法层面予以明确：首先，应当确定人民代表大会对财政立法享有的专有权，以统一财政法律法规制定颁布秩序；其次，需严格规范税收委托立法权，做到任何税收法律法规的制定于法有据；最后，明确人大监督权力的程序性规定与责任机制，改变长期以来重实体而轻程序的立法现状。

（二）纳税人参与财政监督机制建设

本书在对纳税人财政监督权探析过程中，着重强调纳税人的主体性特征，但这并不意味着其他监督方式可有可无，也不意味着现行监督体系即可被取

---

〔1〕　参见刘怡、杨长湧："中国传统文化与纳税人意识"，载《北京大学学报（哲学社会科学版）》2006年第3期。

〔2〕　邱振雄、桂颖："从纳税人权利保障看我国财政法律体系的缺失"，载《湖南行政学院学报》2015年第3期。

代。事实上，面对当下财政运行环境复杂、利益主体多元等风险背景，在重视纳税人对财政监督所起积极作用同时，还应当加快构建多种监督渠道，使之与纳税人财政监督相辅相成、相得益彰。具体来讲，还可通过以下几种渠道参与财政监督机制建设。

1. 其他组织的民主监督

除代议机构的财政立法监督外，还应将纳税人的财政监督权内嵌入财政运行的全过程之中，与其他监督主体、监督方式共同构建"嵌入式"监督。以往财政监督主要是政府部门基于自身职责对财政情况进行各项专门性的监督，采取"人盯人"的方式实行"铁路警察，各管一段"，在实践中难免会出现监督重叠、真空或者矛盾的情况。确认纳税人的财政监督权并将其嵌入各个监督主体、各类形式的财政运行领域，有利于促使各个部门在财政监督上突破身份的阻隔与限制，在分工的基础上加强合作，从而提高财政监督的针对性和有效性。

在其他组织的民主监督类型中，党政监督以其高度政治性与严明纪律性处于财政监督的领导核心，审计监督以其专业优势与系统性占据一席之地，监察监督以其监督对象专门性与高效性已然成为财政监督后起之秀。对于纳税人而言，可以就财政收支管理中的重大问题向党政、审计、监察等有关部门反映情况，经调查情况属实的，相应地启动审计监督、监察监督等国家机构民主监督行使，以变革政府自己监督自己、单纯追求预算平衡的传统监督形态。

2. 纳税人诉讼救济

纳税人财政监督权属于纳税人重要的实体权利之一，需要纳税人诉讼这一程序上的权利予以保障实现。换言之，赋予纳税人对政府不合理用税行为提起诉讼的权利是从程序上保证纳税人实体权利得以实现的有效手段。[1]我国有学者提出纳税人诉讼制度，即"纳税人可以纳税人身份就税务机关的征税权行使行为向人民法院提起诉讼"，以加强用税监督权。[2]另有学者认为，纳税人诉讼之实质就是纳税人依法履行用税监督权的行为，即"纳税人以纳税人的身份对税款的使用目的、使用规模、使用理由、使用方式、使用效益

---

〔1〕 参见王霞、吴勇："我国开放纳税人诉讼的必要性及对策"，载《湘潭大学学报（哲学社会科学版）》2004 年第 3 期。

〔2〕 参见梁慧星："开放纳税人诉讼，以私权制衡公权"，载《人民法院报》2001 年 4 月 13 日，第 3 版。

等进行监督，对税款的违法支出行为进行质询和纠正，以及对税款如何使用提出建议和意见的权利"[1]。简而言之，纳税人诉讼就是纳税人依法行使用税监督权的行为。

鉴于《中华人民共和国民事诉讼法》（以下简称《民事诉讼法》）与《行政诉讼法》均要求原告与案件有直接利害关系，因此我国个别纳税人尚未被赋予诉讼主体资格，不能作为原告提起诉讼。借鉴域外经验，或许在条件成熟的情况下，可赋予纳税人诉讼主体资格，必要时还应进一步完善代表人诉讼。但在现行程序法中，与纳税人诉讼救济在目的上较为接近的是公益诉讼，此即检察机关、有关社会团体可依法履行公益诉讼职能。为此，在现行法律框架下，纳税人可就财政运行问题向上述主体提供案件线索，进而推动公益诉讼进程，以提高纳税人监督的专业性与有效性。

3. 协同借助社会化监督

在国家治理体系和治理能力现代化的背景及要求下，理想的财政监督应突破原有行政主导、封闭运行的财政监督模式，在"政府-市场-社会"共同治理的逻辑下，引入多样化的社会力量参与到财政监督环节中来，借此整体联动、协同合作，以开展系统治理、源头治理。

相较拨打市民热线、访问官方网站等传统媒体监督形式，媒体监督是当下财政监督最为热门、便捷的自下而上的监督方式。随着现代通信技术的发展与纳税人权利委托意识的觉醒，以自媒体为代表的网络监督模式日益成为覆盖面广且影响力大的财政监督重要方式之一，纳税人尤其是自然人在网络上通过披露一定信息，引起甚至倒逼执法机关调查、通报与执行以实现监督的目的，屡试不爽。典型如 2018 年微博用户实名举报明星逃税事件，此后国家税务总局等高度重视与主动介入，并掀起文娱行业税收自查自纠、严惩违法的监管趋势。再如 2020 年火爆全网的贵州独山县"天价烂尾楼"，引发各界关于如何监督地方财政、杜绝政绩工程的热议。媒体监督具备公开性、公众性、广泛性等特征，既减少了国家税源的流失，又提高了纳税人的权利意识，推动财政领域违法违纪行为的有效处理。

此外，通过行业协会、公益组织等非政府部门进行财政监督，借助组织

---

[1] 赵勇："纳税人用税监督权研究"，载刘剑文主编《财税法论丛》（第 14 卷），法律出版社 2014 年版，第 151 页。

团体强化社会监督财政的力量。鉴于单个纳税人在财政监督中明显存在着能力不足、高度分散等弱势，需要通过纳税人的集合（结社权）予以补足。在参与立法、普法宣传等方面，社会团体通常可以提供有力的集体支持，乃至提起公益诉讼。在处理政府和纳税人的征纳关系上，此类团体作为中间力量起着加强沟通、缓和矛盾的桥梁作用，切实保障纳税人财政监督权的实现。

第五章

教育与启蒙：税收法治教育的提倡与构建[1]

长期以来，我国的税收征管工作严重依赖行政力量，我们通过征管信息化、税收优先权等制度加强税务机关的征管能力建设，进一步提高了税务机关的地位。在政府主导和宏大叙事的背景下，家国同构、集体主义遮蔽了纳税人的权利观念，也导致我们长期忽视纳税人的自身能力建设问题。虽然现行的《税收征管法》详细规定了纳税人享有的权利，但是从"法律赋能"到"权利的实现"还有很长的距离，实践中纳税人与征税机关二者往往处于严重失衡的境地。同时，按照全面实施依法治国基本方略的要求，近年来明确提出"要坚持法治教育从娃娃抓起，把法治教育纳入国民教育体系和精神文明创建内容"[2]。因此在这样的背景下，开展纳税人教育成为当下我国税收征管改革以及财税法治建设的重要议题。

第一节 从法制教育到法治教育：税收法治教育的目标定位

自从人类迈入文明社会以来，历史上国家与税收相伴相生，但同时如何在保护公民财产权的前提下及时足额地筹集税收也一直是各国政府普遍面临的难题。对此，有学者曾形象地将征税比喻为"拔鹅毛的艺术"，"就像从鹅身上拔毛，既要多拔鹅毛，又要少让鹅叫"[3]。易言之，如何合法合理地征收税收同时也考验着征税机关的智慧。尤其是《中共中央关于全面深化改革若干部重大问题的决定》明确指出，"财政是国家治理的基础和重要支柱，科

---

〔1〕 除了明确指明出处之外，本章的内容主要由作者发表的"纳税人教育：税收征管法治建设的新议题"（原文刊载于《江汉论坛》2016年第7期）和"论青少年税收法治教育的误区及其匡正"（原文刊载于《中国青年社会科学》2016年第2期）两篇论文整合而成，发表时有删减，特此说明。

〔2〕 习近平："加快建设社会主义法治国家"，载《求是》2015年第1期。

〔3〕 [美]哈维·S·罗森：《财政学》，郭庆旺、赵志耘译，中国人民大学出版社2006年版，第346页。

学的财税体制是优化资源配置、维护市场统一、促进社会公平、实现国家长治久安的制度保障。"财税体制改革由此成为"推进国家治理体系和治理能力现代化"的突破口，其重要性达到了前所未有的高度。

法律的权威源自公民的内心信仰与真诚拥护，处于成长期的青少年思想尚未成熟、具有可塑性，对其进行有效的税收法治教育是推进财税法治建设、实现依法治国的重要突破口。由于观念上的认识错误、实践中的经验缺失等原因，我国现有的青少年税收法治教育存在目标定位不明、核心重点偏失、内容撷取不当、路径选择错误等误区，今后应完成从法制教育到法治教育、从义务本位到权利本位、从知识灌输到理念培育以及从课堂为主到多元协同的转变，提高青少年的税收法律素质，培养社会主义财税法治建设的接班人。

《中共中央关于全面推进依法治国若干重大问题的决定》提出："把法治教育纳入国民教育体系，从青少年抓起，在中小学设立法治知识课程"。为贯彻这一要求，教育部及有关部门制定了《青少年法治教育大纲》（以下简称《大纲》）。在全面推进依法治国、实行财税法治建设的历史进程中，作为置身其中、参与《大纲》讨论的财税法学者，笔者认为现有的青少年税收法治教育在目标定位、核心重点、内容撷取、路径选择上有待改进，亟须在《大纲》的制定和落实中予以完善，以期进一步促进税收法治教育的规范与发展。

一、从法制教育到法治教育：税收法治教育的目标定位

从历史上看，我国的社会主义法治建设经历了从法制到法治的转变过程，从意识到法律的工具性价值到充分尊重其主体性价值，在税收领域对青少年进行的法制（治）教育也相应地经历了这一变化。从法制教育到法治教育的转变绝不仅仅是字面意义的略微调整，而是教育目的、教学理念、内容安排等方面的彻底改革，为此有必要对这一演变过程进行系统梳理。

（一）法制视野下的青少年税收法治教育

法制教育也称"法制宣传教育""普法教育"，是指政府向全体公民普及法律常识，增强法制观念，使其在知法、守法的基础上养成依法办事的习惯。20世纪70年代末，党和国家的工作逐渐转向以经济建设为中心，实行改革开放、建设社会主义现代化事业亟须良好的法制环境。当时，"文化大革命"刚结束不久，为了恢复遭受重创的法制进程，十一届三中全会决定加强社会主义法制建设。这一时期的法制教育主要是传播法律知识，通过"送法下乡"等形式培养更多的守法公民，为社会主义法制建设奠定群众基础。

理论上，法制教育的对象是具备接受能力的全体公民，但是为了提高针对性，实践中有计划地选择了若干类人员作为重点对象。按照邓小平同志"法制教育要从娃娃抓起"的指示，青少年一直是法制教育的工作重点。结合不同年龄段学生的特点，教育部门在中小学课程中安排了许多法律知识的内容，对他们循序渐进地进行法制教育。同时，为了落实"谁主管谁普法，谁执法谁普法"的要求，税务机关随后开展了专门的税收法治教育。以"法制宣传进机关、进乡村、进社区、进学校、进企业、进单位"的"六进"活动为中心，税务机关重点加强了对包括青少年在内人员的税收法治教育。针对广大的中小学生，税务机关"采取各种生动活泼的形式宣传税收的重要性和税收的基本常识，从小培养他们正确的税收观念和守法意识"。

自 1984 年首次普法宣传以来，三十年来的法制教育取得了积极的效果，"全体公民对依法治国的认识不断深化，法律知识得到广泛、深入的普及，广大公民的法制观念和法律意识不断增强"。但是，"青少年法制教育起步于社会转型和国家治理转型背景下的民主与法制的恢复和重建，是全民普法的政治要求，也是改革开放之初社会治安形势严峻和青少年违法犯罪居高不下的应对之举，具有很强的时代色彩。"[1]实证地看，法制教育的实际效果较差，对青少年进行的税收法治教育同样也存在制度落空的现象。

法制教育突出法律意识对于法律实施的积极促进功能，遵循"宣传法律规范—开展法制教育—提高法律意识—促进法律实施"的思路。但是这一推理忽视了法律意识对于公民守法的机制主要是基于公平感、信任和合法性等方面[2]。反观历史与实践，我国的税收法治建设在税收立法、税制结构、税收执法上都存在诸多问题，实际上这样的法制教育效果与这些因素密切相关。从具体方式来看，法制教育的内容主要集中在详细说明具体税种、征税对象、纳税期限等，偏向于现行立法的介绍。这时的法制教育实质上仅仅是"法律

---

〔1〕　张华："青少年法制教育：困境与转型"，载《中国青年社会科学》2015 年第 3 期。

〔2〕　参见〔美〕劳伦斯·M·弗里德曼：《法律制度——从社会科学角度观察》，李琼英、林欣译，中国政法大学出版社 2004 年版，第 129~130 页。

制定者"意志的灌输，存在"重制度传授、轻理念传播，重知识传授、轻素质培养"的问题。

（二）纳税人中心主义、良法善治与青少年税收法治教育

对青少年进行税收法治教育意识到了法制教育对于提高纳税人守法意识、促进纳税人遵从的重要性。但是这时的纳税人缺乏出于自我觉悟的主动性遵从，同时也忽视了促进税收遵从和纳税服务的有机统一。按照公共管理理论中"管理即服务"的观点，纳税人中心主义要求税务机关建立纳税人导向的征管模式，改变以往管理色彩浓厚、"命令—服从"的做法，通过为纳税人提供优质服务而提高纳税遵从度。税务机关应尽量从纳税人的角度思考税收工作，更多地采用柔性管理而不是强制执法的方式来实现税收的及时筹集、有效管理和高效支出。

"法治是现代国家治理的基本方式，实行法治是国家治理现代化的内在要求。"[1]法治强调"制度之治"，要求理顺国家与社会、政府与市场、政治权力与公民权利的关系，核心要义是实现"良法善治"。法治不仅要求有法可依，还必须确保法律的科学性、公正性和民主性，突出立法的良好质量和可执行性。同时，无论是以往的"有法可依、有法必依、执法必严、违法必究"方针，还是十八大提出的"科学立法、严格执法、公正司法、全民守法"要求，法治都强调法律在社会中的重要作用。法治的丰富内涵需要我们改变现有的法制教育，从多个角度进行税收法治教育。

一是"良法"要求法治教育从单纯的守法教育向培育法治意识过渡。"良法"必须具有良好的立法本意，反映广大公众的民意，维护和保障公共利益。如果税收立法忽视广大公民的知情权与参与性，总是希望立法之后再进行普法宣传，而不是将法治教育延伸到税法制定的过程中，这不仅影响法律本身的科学性、公平性，还会制约法治教育的实际效果与税法遵从。因此，必须在税收立法时加强公众参与，建立通畅的民意表达机制，体现立法的程序正义性和内容公平性。同时，"良法"必须反映社会现实和公民需求，具有可操作性、易于落实。目前我国的税法还存在立法体系不完备、法律层次低、执法不明确性等问题，今后需要提高税收立法的预见性和开放性，提高税收法律体系的有效性和协调性。

---

〔1〕 张文显："法治与国家治理现代化"，载《中国法学》2014年第4期。

二是"善治"要求法治教育在内容上必须从"征税之法""依法纳税"到实现"税收法治"。法治教育强调税收的征收、缴纳与支出相衔接，突出国家和税务机关依法征税、纳税人纳税以及财政管理部门用税的有机统一。我们必须正视税收领域各种有法不依的现象，单方面地强调纳税人依法纳税并不能真正实现税收法治，而必须从"征税-纳税-用税"维度进行全面规制。人们习惯于将法治教育的工作重点局限于纳税人与税务机关两个主体上，对税款使用的决定者缺乏应有的关注。2008 年金融危机爆发后，为了刺激经济发展，我国实施了 4 万亿投资计划，这些财政资金没有经过权力机关的批准、流离在预算法的调整之外，[1]而广大的纳税人保持沉默，也没有采取任何实际行动，这不能不说是我国税收法治教育的失败之处。总之，实现税收法治不能拘泥于税收征纳行为，而应该全面培养纳税人的法治意识，通过税法、财政法等约束政府课税行为、规范征税行为和监督用税行为，将法治的思想和要求贯穿税收运行的全过程。

（三）青少年税收法治教育的应然定位

强调从法制教育向法治教育转变，要求我们将以往的单纯守法教育变为培养全面的公民意识，重心在于引导公民对国家治理过程中法律制度正当性、权威性的认同，树立积极的、自觉的守法意识，培养公民的法律信仰。因此，青少年税收法治教育的目标不仅在于"培养合格的守法公民"，而且是培养"适格的纳税人"。虽然这一概念很难清晰界定，但是其外延涵盖立法、执法、司法、守法和法律监督各个方面。

从内容上看，完整的法治教育应当既包括对法的实然性教育，同时也应包括对法的必然性、应然性教育。青少年税收法治教育不能仅仅停留在知法、懂法、守法层面，还应当充分重视青少年的主体性，引导他们积极参与财税法治建设的历史进程。法治教育的核心在于，通过教育使得青少年深刻体会到，法治作为一种社会治理方式至关重要，养成"自觉守法、遇事找法、解决问题靠法的思维习惯和行为模式"。具体而言，青少年税收法治教育的目标定位在于：一是培育青少年的法治理念、养成守法意识，充分认识到税收的重要作用，自觉地依法纳税、监督用税；二是培养法治思维，塑造法治人格，维护自身合法权益；三是形成法治观念，树立法治信仰，在税收立法、执法、

---

〔1〕 参见陈少英："从 4 万亿投资看《预算法》的缺陷"，载《法学》2011 年第 11 期。

司法、守法和法律监督的过程中运用法治思维，实现法律实施和法律治理。总之，通过对广大中小学生进行税收法治教育，切实提高青少年的税收法律素质，为社会主义财税法治建设培养新的接班人。

（四）制度需求与立法回应：税收征管法的修改与完善

"财税体制改革作为一种可操作、较为温和的改革进路，更易于得到各方的认可、接受和顺畅推行；又因其向上紧密承接国家治理、向下深刻影响百姓民生，故应成为盘活改革全局的活跃因素及带动社会发展变革的有效突破口和新的起点。"〔1〕其中，税收征管法作为税收征管程序的基本法，也必须对此作出回应。虽然现行的《税收征管法》第7条、第8条对税收宣传、纳税咨询和纳税人的知情权等内容作了相应规定，但是从上述分析来看，这些规范还不够完善，适格纳税人的培育对于如何将从纸面的权利变成现实的权利至关重要。目前《税收征管法》正在紧锣密鼓地修订之中，笔者认为应当以此为契机进一步完善纳税人教育的立法规定。

首先，税收征管法应突出以纳税人为本的理念。"一切法律所具有或通常应具有的一般目的，是增长社会幸福的总和。"〔2〕在引入税收债务论后，纳税人的法律地位将更加受到重视。历史上不乏横征暴敛、搜刮民脂的例子，但是从财税法整体秩序所彰显的价值体系必须与宪法的价值体系相一致来看，税法上不得有侵犯人性尊严、危害纳税人生存权的情形；另一方面，强调纳税人具有社会保障权。对此，国家的税收权应当让位于纳税人的生存权，而税收征管法实施细则应做出更为细致的规定。其次，切实做好纳税服务，将纳税服务融于税收管理之中。〔3〕按照传统的制衡（checks and balance）理论，限制权力与保护权利相对应，现行的《税收征管法》第1条规定了立法宗旨。其中从工具性价值来看，"规范税收征收行为"与"规范税收缴纳行为"、"保障国家税收收入"与"保护纳税人的合法权益"彼此呼应，唯独"加强税收征收管理"没有对应内容。对此笔者认为，纳税服务与税收征管同等重

---

〔1〕 刘剑文："我国财税法治建设的破局之路——困境与路径之审思"，载《现代法学》2013年第3期。

〔2〕 [英]边沁：《道德与立法原理导论》，时殷弘译，商务印书馆2000年版，第216页。

〔3〕 值得注意的是，美国联邦政府的国内收入局的英文全称为Internal Revenue Service，其中Service本身就有"服务、服务机构"的意思。值得欣喜的是，为了加快政府职能转变、创新政府监管方式，国家税务总局此前公布了《关于创新税收服务和管理的意见》（税总发〔2014〕85号），将税收服务与管理结合了起来。

要，纳税服务也应当成为税收征管法的立法目的，因此应当在这一条上增加"切实做好纳税服务"的规定，从而形成——对应、相互制衡的情形（见表5-3）。在此意义上，因此有学者建议将《税收征管法》改为"税收征收服务法"，体现征收与服务并重，适应现代税收征管理念。[1] 从目前的实践来看，税务机关存在着将优化服务简单地等同于微笑服务、强调优化服务而淡化对纳税人的管理、注重优化服务而弱化执法的刚性等错误倾向，需要在立法中进一步理顺税收征管与纳税服务的关系。

表5-1　税收征管法的立法宗旨

征纳主体	征税机关	纳税人
工具性价值	加强税收征收管理	切实做好纳税服务
	规范税收征收行为	规范税收缴纳行为
	保障国家税收收入	保护纳税人的合法权益
目的性价值	促进经济和社会发展，满足纳税人的公共需要最大化	

再次，完善纳税人教育的制度建设，对于从税收宣传到纳税人教育的转变做出详细规定。如前所述，现有的税收宣传过于僵化、狭小，日益不敷实践发展的客观需要，我们必须对于税务宣传和咨询作出详细性规定（见表5-2）。具体而言，从实现机制、绩效考核等方面增加操作性；规定和落实纳税人的结社权，通过组建纳税人协会等社会团体，实现自律自治、自我教育、维护权利、谈判磋商等功能；在政治选举和宣传上，充分发挥人民代表大会制度的优势；在财政监督上，鼓励纳税人通过预算监督、公益诉讼等方式进行纳税人教育。

表5-2　不同需求层次下纳税人教育的内容

需求层次	纳税人教育内容
个人需求（第一阶段）	纳税的依据、必要性和合法性
简洁高效（第二阶段）	纳税的实现，如何方便、快捷地了解和实现纳税义务

---

〔1〕 参见熊伟："税收征管法修订的希望与失望"，载 http://opinion.caixin.com/2013-06-14/100540 985.html，最后访问日期：2022 年 4 月 30 日。

续表

需求层次	纳税人教育内容
公共需求（第三阶段）	纳税后的公共参与及其程序、要求

最后，落实税法上的诚实纳税推定权，对于纳税人不知道的事项依照法律做出有利于纳税人的处理。一方面，增加税收规范的确定性，事先进行详细性规定；另一方面建立健全事先裁定、事后权利救济等相应制度，最大限度地降低纳税人因政策理解偏差而出现的涉税风险，避免纳税人因政策理解偏差而导致的处罚。此外，探讨建立税收执法和解制度，通过一系列制度的构建，促进纳税人权利更好地得到保障和实现。

第二节　从义务本位到权利本位：税收法治教育的核心重点

一、新时期税收征管法治建设的挑战与基石

改革开放以来，我国的税收征管法治建设突飞猛进，无论是立法、执法，还是司法等方面都取得了显著成绩。但是随着经济社会的发展、现代科技的进步以及纳税人意识的提高，税收征管环境和税收管理理念发生了深刻变化，这些对税收征管法治建设提出了迫切要求。尤其是作为征纳关系一方的纳税人，由于其自身的能力建设严重不足，在今后的征管改革中面临着严重的挑战。

一是税收法律关系引入债权债务论后提出的要求。传统的学说主要采取权力分配论，国家基于管理的需要依靠权力进行强制性分配，这一理论强调征税机关高高在上，纳税人必须无条件地服从，从而造成国家的权力与纳税人的权利相区隔的状态。对此有学者提出了税收债务关系理论，认为国家和纳税人是债权人和债务人的关系，其法律地位和法律人格是平等的，国家所享有的仅仅是请求纳税人为一定行为（即纳税）的权利，而不能直接支配纳税人的财产和对纳税人的人身予以强制。[1]这一理论改变了传统理论上纳税人仅仅是义务主体、而不是权利主体的观点，将纳税人视为权利主体、而且是与国家具有同等法律地位的主体。这一革命性的观点要求我们重构现有的税收征管程序，由传统的"命令—服从"模式向"请求—同意"形式转变，

---

[1]　参见刘剑文、李刚："税收法律关系新论"，载《法学研究》1999 年第 4 期。

从而平等地保护国家的征税权和纳税人的财产权。

二是日益复杂、严重失衡的税制结构给税收征管工作带来的困难。目前我国的税制结构复杂、可预测性和稳定性低，这些对税收征管工作提出了更高的要求。征税机关需要拥有较强的信息收集、处理和分析能力，从而全面掌握纳税人的信息，这极大地加大了征税成本。另一方面，现阶段我国实行以间接税为主的税制结构，[1]间接税的好处在于税负易于转嫁，纳税人感觉不到税痛感，因而征收简便、容易实现。但是从今后的发展趋势来看，未来我们将逐步提高直接税的比重，[2]这些将激发纳税人的抵触甚至反抗情绪，逃税、漏税现象也会更为严重，从而给征管工作带来极大的挑战。

三是征收技术和税收管理理念的转变引起的变革。首先，随着信息技术的迅猛发展，我们逐步确立了以"申报纳税和优化服务为基础，以计算机网络为依托，集中征收，重点稽查"的税收征管模式，[3]改变了原有的集"征、管、查"于一体的税收征管模式，实现了税收征管由手工操作到计算机运作的技术改造，大大地提高了税收征管能力和实际征收率。但是，征收技术的信息化在极大地便利了税收征管工作的同时，也隔离了税务机关与纳税人的亲密接触，纳税人的疑问和困惑不能及时得到回复，也无法享受到人性化的互动和服务，给纳税人提出了更高的需求，同时带来了沟通的不便。其次，现有的税收征管工作引入了风险管理的理念，逐渐向以自行申报为主的方式转变。通过纳税风险评估制度，我们建立了税收分析、纳税评估、税源监控和税务检查的互动机制，事先没有确定纳税款项，而是让纳税人进行自

---

〔1〕 在我国现行的税收制度中，以增值税、营业税（2017年10月30日，国务院通过《国务院关于废止〈中华人民共和国营业税暂行条例〉和修改〈中华人民共和国增值税暂行条例〉的决定（草案）》，标志着营业税正式退出历史舞台。这是修订时增加的说明）、消费税为主体的间接税占比达68%左右，以企业所得税、个人所得税为主体的直接税占比达25%左右，此外还有一些小税种。从不同税种的比例来看，我国是比较明显的间接税制度。

〔2〕 关于直接税和间接税的关系，十九世纪英国人曾经展开过谈论。其中，支持直接税的人认为，在直接税制下，纳税人很容易知道自己实际上纳了多少税。而且如果所有税都是直接税的话，人们对税收的感觉要强烈得多，在使用公共支出时也会更加节约。参见［英］约翰·穆勒：《政治经济学原理及其在社会哲学上的若干应用》（下），胡企林、朱泱译，商务印书馆1991年版，第446~449页。

〔3〕 《关于转发国家税务总局深化税收征管改革方案的通知》（国办发〔1997〕1号）。

行申报（self-assessment）〔1〕，这对纳税人的素质提出了更高的要求。同时由于经济活动的复杂性，税法规定不可能详尽到与经济行为——对应，也不可能穷尽所有经济活动的税务处理。在税收征管的实践中，税务机关和税务人员在回答税法的适用问题时不够规范，无法满足税收的确定性和预期性，也增大了纳税人的守法成本和税收风险。

由于税收的侵益性，历史上统治者"不能简单地推行一切合乎自己心意的政策"，而"必须与选民、代理人和其他政治组织的代表进行互动"。按照该学者的掠夺性统治理论，统治者总会"设计出并正式确立一些结构，从而增强他们的议价能力，减少交易费用，降低贴现率，以期更好地从政治交换中获益。"〔2〕传统上，我们往往关注税务机关的征管能力建设，除了通过网络化、信息工具武装自己外，学理上还设计了税收优先权、留置权等制度，事实上两个"前置"（行政复议前置、纳税前置）也进一步增强了税务机关的地位。如前所述，由于纳税人与税务机关间的行为能力严重失衡，税收征管法中关于纳税人权利的规定实际上往往沦为"程序上的权利"。因此在这样的背景下，如何培育适格的纳税人显得尤为重要。

适格的纳税人（qualified taxpayers，due taxpayers）是指根据基本权保障原则和量能赋税原则，具有与其经济实力、社会地位相匹配的知识储备、认知能力和纳税经验，能够积极参与税收征管工作和财税法治建设的主体。适格的纳税人是一个内涵丰富的范畴，具有不同的层级和相应的要求。总体上，适格的纳税人包括自觉的纳税人、自立的纳税人和自强的纳税人三个层次。具体而言，自觉的纳税人强调纳税人在税收征管过程中的主体性，突出其对于纳税具有足够的认知性和认同感。在不同的税收遵从类型上（见表5-3），自觉的纳税人主动完成从"要我纳税"到"我要纳税"的转变，并养成"我纳税，我光荣"的心态。自立的纳税人意味着其具有经济上的实力，掌握纳税申报的知识、经验，能够与税务机关进行充分的博弈，同时运用纳税筹划、合理避税等手段维护自己的权利，以及培育维权意识、维护合法权益。当然，

---

〔1〕 有学者认为，这一词语其实应当译为自我评估，参见李锐、李堃：《美国国内收入法典——程序和管理》，中国法制出版社2010年版，第1页。

〔2〕 See Margaret Levi, "The Predatory Theory of Rule", *Politics and Society*, Vol. 10, No. 4., 1981, pp. 431-465. 转引自 [美] 冯格利特·利瓦伊：《统治与岁入》，周军华译，格致出版社、上海人民出版社2010年版，第17页。

强调纳税人的独立并不意味着纳税人必须依靠自身的力量，相反我们鼓励纳税人通过税务中介选择社会化的纳税服务，[1]事实上社会化的纳税服务在美国、英国等国家非常普遍。自强的纳税人具有浓厚的主体意识，能够通过公益诉讼、预算监督等途径主动参与税收立法、司法、执法等社会公共生活，理性地表达自己的意愿、看法，通过预算的制定、执行和监督等环节监督税收的筹集和使用。在经历了自觉的纳税人"我要纳税"、自立的纳税人"我会纳税"的心态后，自强的纳税人则强调其纳完税后在社会公共生活的地位和作用。

表 5-3　遵从与不遵从类型[2]

遵从的变量	遵从的类型	不遵从的类型
强迫	防卫性遵从、制度性遵从	
自身利益	利己性遵从	利己性不遵从
习惯	习惯性遵从	习惯性不遵从
合法与公平	忠诚性遵从	象征性不遵从
社会压力	社会性遵从	社会性不遵从
税务代理	代理性遵从	代理性不遵从
准则	懒惰性遵从	程序性不遵从
确知		无知性不遵从
遵从负担		懒惰性不遵从

从上述分析可见，适格纳税人的核心在于公民如何处理其与政府、国家之间的关系。长期以来，在封建思想的桎梏下，我国的广大纳税人只有纳税的义务，对于社会公共生活不闻不问，处于政治阉割的状态。适格纳税人的概念意在表明纳税人日益摆脱了以往"纳皇粮"的"顺民"角色，逐渐建立

---

[1]　之所以选择使用这样宽泛的字眼而不是税务代理，主要是因为在国外除了注册税务师外，注册会计师、律师等专业人士也提供社会化的纳税服务。

[2]　See Robert Kidder, Craig McEwen, "Taxpaying Behavior in Social Context：A Tentative Typology of Tax Compliance and Noncompliance", in Jeffrey A. Roth and John T. Scholz eds., *Taxpayer Compliance*, Vol. 2, Philadelphia：University of Pennsylvania Press, 1989, pp. 47-75, 转引自国家税务总局纳税服务司：《国外纳税服务概览》，人民出版社 2010 年版，第 12 页。

起对政府的信任，在"民治、民享、民有"的政府背景下尊重税收法治，积极参与财税法治建设。

二、权利本位下的青少年税收法治教育

"权利-义务"是法律的核心概念和基石范畴，二者紧密联系、相辅相成，共同成为法学对社会现象进行规范分析的研究范式。但是长期以来，我国的税法领域存在着严重的"以义务为重心"倾向。在国库中心主义的指引下，现有的青少年税收法治教育在内容上单纯强调依法纳税光荣，告诫逃税、骗税等行为违法可耻。如何坚持权利义务相一致原则，充分保护纳税人权利，是今后青少年税收法治教育的重要议题。

（一）国库中心主义下的青少年税收法治教育

现有的青少年税收法治教育是培育下一代积极守法的纳税人。从背景上看，这样的税收法治教育不可避免地存在部门利益的倾向，呈现出"义务本位"的特征，以义务为重心强调公民依法纳税。

具体而言，一是从纳税义务人的称谓来看，我国税收法治领域义务本位的思想根深蒂固。无论是税收立法还是征管实践都强调政府征税权的优越性，纳税人只承担义务、不享受权利，纳税人权利备受冷落和戒备。即使现行《税收征管法》设立专章承认了纳税人权利，这些也仅限于税收征纳关系中的程序性权利，与通常所说的纳税人权利相比既不全面、也不完整。税收体现的是纳税人与政府、国家的关系，只有承认纳税人是权利与义务的结合体、遵循权利与义务的统一性才能更好地体现"聚众人之财，办众人之事"的本质。二是税收征管的具体程序和流程设计贯彻着"税法即征税之法"的思想。为了保障国家税收收入，现行税收立法特别强调税务机关至高无上的地位，将税收工作视为单向度的征收管理；片面地强调纳税人的单方面给付性，将税收放在特别优越的地位，赋予优先权进行特殊保护；在税收与普通债权存在冲突时，通常主张个体利益无条件服从国家利益。三是税收立法往往设置了严重的法律责任和严厉的惩罚制度，通过增加税法的威慑性督促纳税人履行纳税义务。纳税人超出纳税期限缴纳税款时，税务机关有权按照《税收征管法》第32条加收高额的滞纳金。"立法者在设计税收滞纳金加收率时，既

考虑了经济补偿性，又考虑了惩戒性"[1]。而第 51 条规定纳税人多缴税款时，税务机关可以直接予以退还而不给予任何补偿，即使纳税人要求利息，也只按照银行同期存款利率计算。同样是法律责任，滞纳金极强的惩罚性使得义务本位的思想跃然纸上。四是在权利救济上，"纳税前置制度"导致税务纠纷缺乏通畅的解决机制。《税收征管法》第 88 条规定，纳税人在行使救济权利之前，必须先行缴清税款、滞纳金或者提供纳税担保。"先缴税后复议"限制了当事人的救济权，使得争议在税务机关的救济程序解决前必须事先履行义务，长期以来为理论界所诟病。与纳税人的救济权相比，这一制度更为偏重保护国家的征税权，这正是税收立法以义务为本位、征纳双方地位严重不平等的体现。

由于上述原因，现有的青少年税收法治教育忽视了对纳税人权利的教育，不利于青少年真正地接受税法，自觉形成纳税意识，长此以往将引起受教育者的反感。事实上法制教育的内容应当是广泛的、全面的，今后的重点在于如何通过激励相容的制度设计使青少年接受法制教育后提高其依法纳税的自觉性。

（二）税收的本质、税法的立场及其理念

关于税收的本质，学界意见不一，但可以肯定的是，税收的存在是为了保障国家和政府更好地履行公共职能。资金来源的公共性以及资金使用分配的公益性要求国家应当以纳税人的公共服务最大化为宗旨，使税收"取之于民，用之于民，造福于民"。在理论定位上，税法并非征税之法，而是"保障纳税人基本权的权利之法"。纳税人既"不应该被仅仅当作征收租税的客体"，也不能"被当作承担租税义务的被动的租税负担者来操纵""所有的纳税者都享有不可侵犯的固有权利"[2]。要摒弃传统的纳税人义务本位观，向主张和维护纳税人利益的权利本位观转变。税务机关需要改变以往的工作思路，树立纳税人本位的税收服务观，将税收征管工作由"监督打击型"向"执法服务型"、由满足征管需求为主向以服务纳税人为主转变。

因此，应当坚持纳税人本位的税法理念，确保国家和政府在课税、征税和用税各个环节实现良法善治，确保纳税人纳明白税、诚信税、公平税、便

---

[1]　张慧英："税收滞纳金探析"，载《税务研究》2003 年第 1 期。

[2]　[日] 北野弘久：《税法学原论》，陈刚等译，中国检察出版社 2000 年版，第 353 页。

利税、满意税。具体而言，税法的立法应当简单明了，税收政策应口径统一、指向明确；税收立法和执法应充分尊重纳税人，做到信任合作、诚实推定，保护纳税人的信赖利益；课税与征税应使纳税人的税负与其能力相适应，避免税收歧视、税负不公；税制设计、税收稽征应坚持便利原则，提高税务行政效率，最大限度地减轻纳税人负担；税收的筹集和使用应以纳税人需求为着眼点，从纳税人的角度出发开展工作，尤其用税环节应"急纳税人之所急，想纳税人之所想"，提高纳税服务绩效和纳税人满意度。

（三）纳税人权利保护与青少年税收法治教育

我们处在一个权利的时代，依法纳税、诚信纳税这些义务性规范仅仅是税收法治教育的一方面，同时还应将纳税人依法享有的各项权利性内容传授给青少年，改变其对"税收＝纳税＝义务"的狭隘看法。税收法治教育应当更多地宣传纳税人权利，坚持以纳税人为本进行财税法治建设。青少年税收法治教育的主要任务在于培养纳税人的权利意识，实现税法从保护国家征税权的"征税之法"向保护纳税人权利的"权利之法"转变。

具体而言，需要从广义的角度理解纳税人，科学地认识纳税人、负税人与交税人的辩证关系。由于我国以间接税为主，有人将纳税人狭隘地等同于"税款的缴纳者"。这种观点忽视了现实生活中人人无时无刻不是隐形的负税人，这样狭隘地理解税收与国家的关系不符合人民主权理论的要求，也不利于民主意识的养成，必须坚决予以摒弃。再者，税收意味着政府对公民财产的"合法剥夺"，纳税人仅限于法律明确规定的范围内负担纳税义务，否则有权予以拒绝。

从宪法基本权的层面来看，纳税人依法享有生存权、财产权、平等权、结社权等。在具体的征纳程序中，征税机关应当依照法定程序征税，纳税人享有获得法律救济的权利。对此，有学者将纳税人在具体程序中享有的一系列权利称之为"权利束"，具体包括知情权、保密权、委托代理权、陈述与申辩权、法律救济权等。纳税人履行了纳税义务后有权享受公共服务，依法享有监督权。对于税务人员的索贿受贿、徇私舞弊、玩忽职守等违法行为有权进行检举、控告，对政府财政资金支出越位、缺位的现象进行监督，确保税收使用效率的最大化。

第三节　从知识灌输到理念培育：税收法治教育的内容撷取

一、公民意识、政治参与与公共理性

适格纳税人这一概念的提出，其主要目的是改变征纳双方严重失衡的状态。但是适格纳税人并非自然养成的，而是与后天培育、制度建设、环境影响等因素密切相关，因此对纳税人进行教育是必不可少的。通常而言，纳税人教育主要是指针对纳税人所进行的有目的、有计划、有组织的，以倡导纳税观念、传播纳税知识、传授纳税经验、培养纳税技能、提高纳税人素质为主要内容，旨在提高纳税人的综合能力的一系列社会教育活动。此处的教育并非仅仅狭义上的教育（education）[1]，而是宽泛意义上的启蒙（literacy）[2]。适格纳税人丰富的内涵决定了我们的纳税人教育应该主要强调以下内容。

（一）培养公民意识

从本质上来看，税收意味着纳税人的私人财产权被政治权力合法地剥夺，但这并不是基于国家或政府"天然"地拥有正当性，而必须经过纳税人"授权"的过程。在现代民主法治国家，公民向政府缴纳税金，作为相应的报酬和对价，政府向公民提供公共产品和公共服务。因此，国家与纳税人之间的关系体现的是一种利益交换、平等互惠的关系，税收的本质在于购买公共服务，正如美国大法官霍尔姆斯所言："税收是我们为文明社会付出的代价"。

在认识了税收的本质和税收关系后，笔者认为，纳税人教育的首要内容在于培育公民的纳税人意识。"在市民社会与政治国家的分立与互动机制中，公民意识作为现代国家的主权者所应当具有的政治观念，最能集中体现'主权在民'的就是'纳税人意识'"。[3]通常而言，纳税人意识是公民的政治权利意识开始觉醒的重要表现，同时也是衡量公民是否具有政治观念的标志之

---

〔1〕　因此，本文并不尝试探讨一般意义上狭义的学校教育，今后将另行撰写专文予以论述。

〔2〕　或者更进一步直接译成 enlightenment，这一提法主要来源于西方的启蒙运动。18 世纪初至 1789 年法国大革命期间，这一时期新的思想不断涌现，以理性主义等为主的文化运动宣扬自由、平等和民主，启蒙了一代又一代的人们，为资本主义文明的兴起奠定了重要基础。

〔3〕　杨力："纳税人意识：公民意识的法律分析"，载《法律科学》2007 年第 2 期。

一。换言之，只有当公民树立了浓郁的纳税人意识后，他们才能真正地确立人民主权、政府的本质在于提供公共服务、政府权力应当受到制约和监督等观念。

同时，纳税人教育的重点在于培养最大限度地维护自身的权利所必须具备的认识和能力。针对我国的现状，大多数纳税人对于纳税的相关事项缺乏清楚的认识，对于要交什么税、交多少、怎么交、扣得对不对、是否享受税收优惠等具体内容往往含混不清。[1]因此，纳税人教育应当突出科学纳税的策略和技术，补充关于纳税的程序知识，增加广大纳税人对办理流程、纳税标准、纳税凭证等情况的了解，提高纳税人的办税能力。

（二）鼓励政治参与

从表面上看，税收征管活动是政府特定时间段内财政收入的筹集过程，是一个详细具体的技术问题或者是令人乏味的实务问题。但是仅仅这样理解税收问题难免失之肤浅。实际上，税收的本质反映了维持政府存续的来源，深层次折射的是政治问题。因此在此意义上，"纳税人积极纳税也是一种政治参与"[2]。为了解决现代政府与广大公民关系的疏远问题，需要对民主结构进行一定的改革，发扬公民权并鼓励公民在各个管理领域的参与。[3]具体而言，在税收征管的过程中应当从以下方面鼓励纳税人的政治参与。

一是在税收征管过程中引入合作式执法的理念，在执法中提高纳税人的主体地位和参与意识。纳税人在税收征管过程中不再是一味地被动接受，税收征纳双方不是"猫和老鼠"的关系，而是"脑和四肢"的协同互动状态。我们需要改变以往对抗式执法的方式，在税收合作信赖主义的基础上，平等对待纳税人，积极与纳税人进行沟通、协商和合作。例如，近年来我国的税务机关积极推行说理式税收执法，在稽查执法文书的标题和行文上进行语言

---

〔1〕 需要指出的是，长期以来存在着纳税人与负税人的争论。有观点认为，根据我国法律的规定，由于间接税为主的税种结构，事实上绝大多数的负税人并不是法律上的纳税人，也不享受纳税人的身份和资格。但是笔者认为，这一认识难免过于肤浅。不过结合我国纳税人权利意识不强和身份意识不足的现实，这种对纳税人定义较真的观点，同样是一种启蒙，是对纳税人身份意识和权利意识的激发，值得我们关注。甚至可以说，这样的争议越多，越能让公民增强纳税人意识，进而主张自己的权利。

〔2〕 参见陈琳："纳税是一种政治参与"，载《思想政治课教学》1999年第4期。

〔3〕 参见 [美] 乔纳森·卡恩：《预算民主：美国的国家建设和公民权（1890-1928）》，叶娟丽等译，格致出版社、上海人民出版社2008年版，第21页。

的中性化创新：在原文书的标题中删除"追缴税款"和"偷税"等定性的字眼，将查处对象统一改为当事人，将原文书中对事实的表述由"违法事实"统称"差错事实"。这些做法体现了合作式执法的理念，避免了征纳双方的矛盾对立情绪和执法理念上的错误认识，从而也实现了税收征管的法律效果与社会效果的统一。

二是赋予纳税人积极主动地监督税收征管执法、税收的使用等权利。在税收征管执法的过程中，个别执法人员实施"吃、拿、卡、要"行为，收"关系税""人情税"的腐败现象也一定程度存在。这些现象今后需要依靠主动索要完税凭证、鼓励有奖举报等制度进一步发挥纳税人的监督职能。同时，"在现代财税法治视野下，税收的征收和使用不再是孤立的两个过程，而是相互连通的整体。从保护纳税人权利角度出发，如果仅规范征税的过程，而不将税收的具体用途及开支程序加以规范，那么纳税人的权利保护必然不充分。因此，税收法定原则中的'税'应当涵盖'征税'和'用税'两方面"[1]。我们应当推进科学理财和税收支出绩效管理，健全财税运行机制和监督制度，确保税收真正用于改善民生，促进经济社会持续健康发展。

三是提高税收立法的民主性，经过立法评估阶段和意见征集阶段[2]，倾听纳税人的意见和建议，在广泛征集的基础上增加民主决策。在《中华人民共和国个人所得税法》的修改中，短短时间内收到23万条意见，有力地说明了纳税人关注税收和参与税收立法的民主意识强力进步。与此相对应，《税收征管法》的修改也应当显示出立法机关民主立法的诚意和进步。我们应当坚决摒弃那种所谓的"观赏性立法"，在征求意见结束后将网上意见和通过其他方式提出的意见进行认真地梳理和分析，以供立法机关审议时参考。

（三）塑造公共理性

在罗尔斯看来，公共理性是一个民主国家的基本特征，其运行的目标是公共之善或社会的公平正义。在此基础上，公民、社会团体和政府组织等各

---

〔1〕　王平："税收法定原则：法治财税与国家治理现代化的基础——访中国财税法研究会会长、北京大学财经法研究中心主任刘剑文教授"，载《国际税收》2014年第5期。

〔2〕　一般而言，立法评估阶段既包括立法前评估阶段，同时也包括立法后评估阶段。前者主要评估立法的必要性、合法性、协调性和可操作性，评估立法要设计的重要制度和规则的约束条件，评估立法预期对经济、社会和环境的影响，达到立法配置资源的公平与效率。后者重在评估立法实践，评估法律法规对经济、社会和环境的实际影响，评估社会执法、司法和守法的具体问题。参见席涛："立法评估：评估什么和如何评估——以中国立法评估为例（上）"，载《政法论坛》2012年第5期。

种政治主体以公正的理念、自由而平等的身份，在政治社会这样一个持久存在的合作体系之中，对公共事务进行充分合作，以产生公共的、可以预期的共治效果的能力。[1]目前我国一些纳税人仍然停留在"事不关己，高高挂起"的个人理性与自私自利的基础上，过于追求自身利益的最大化。从上述分析来看，前面两个方面倾向于从个人理性的角度出发，但是在市民社会里，仅仅停留在这些层面还远远不够，必须走向公共理性。

首先，规范地表达意愿是公共理性的前提和基础。为了满足知情权和参与权、保护自己的合法权益，纳税人往往通过各种渠道表达意见。但是必须承认，纳税人应当在每个人都视之为政治正义的框架内展开他们的基本讨论。这样的规范表达建立在理性思考的基础上，强调以事实为根据、用数据作统计，进行周密的逻辑推理和充分理论分析。同时，公共理性应该避免采取纳税人采取情绪宣泄和舆论煽动等极端方式。就前者而言，部分纳税人采用情绪化的宣泄方式进行意愿表达，这种形式往往因为其浓郁的情绪特征容易引起他人的共鸣，但也容易囿于强烈的非理性而走向偏激。后者的直接目的并不在于自己意愿和诉求的表达，而是旨在造成舆论空间的波澜，导致某种舆论倾向的迅速扩散。这些极端的方式容易导致民主的效率低下，加大了政治协商的成本，也不利于税收征管改革的法制化，因此必须予以摒弃。

其次，接受不同的意见、学会妥协进而凝聚共识是理性地政治参与的重要表现。基于自身的利益需求，人们对于同一公共事务往往意见纷呈，因此在一个多元的社会中必须形成"重叠共识"，才能为公共事务的讨论提供基础。经过多年的改革实践和理论探索，我们凝聚并达成了诸多公共财政的基本共识，例如税收的本质在于"取之于民，用之于民，造福于民"，税收征管应当遵循便利高效、公平公开的原则，最终实现财政民主和财政公平，等等。这些共识已经为大家所熟知和认同，我们必须在这些框架内进行讨论。

最后，普遍地遵守法律、落实税收法定原则是实现公共理性的保障机制。我们不能因为税收征管改革得不彻底，进而选择不遵守法律规定，事实上我

---

[1] See John Rawls, "The Idea of Public Reason Revisited", *The University of Chicago Law Review*, Vol. 64, No. 3, 1997, pp. 765-807.

们必须看到每一次改革的局限性，承认改革的阶段性。这一点对于税务机关和纳税人都极为重要。例如，为了普遍实现税收的公平公正，理论上自然人申报纳税应该实行统一的纳税人识别号。但是我们必须结合过去我国的税收征管环境和税收征管能力的制约来理解目前的征管机制，否则将因为过于激进而破坏改革的稳定性。除了纳税人严格遵守税法规定外，对于征管机关而言，税收征管必须超越政治理性与技艺理性，真正做到坚持税收法定原则。一般而言，政治理性以完成政治任务为导向，具体到财税法领域，政治理性意味着税务机关将税收视为完成政治任务，一切以税务机关和个人的政治利益最大化为原则。技艺理性体现为税务机关机械执法，缺乏人文关怀，对具体纳税人的个别情况、新变化反映不够到位。社会主义公共财政的本质属性要求我们必须超越这两种错误的倾向，将依法征税与保障纳税人权益有机地结合起来，才能最大限度地促进税收遵从，建立稳定和谐的税收征纳关系。

二、结合青少年特征推进税收法治教育

青少年阶段是个人成长的重要时期，学习、了解和掌握税法知识有利于树立税收法治观念。但是现有的法制教育坚持以专业法律为内容，集中宣传我国的宪法和中国特色社会主义法律体系，重心在于传授具体的、零碎的税收法治知识，整个税收法治教育缺乏整体规划，内容也不全面系统。这种"技术主义"取向使得青少年与教师之间成为一种知识性、对象性、工具性的教育关系，取消了师生对话的可能性，制约了青少年人格发展与法治教育的民主追求。今后税收法治教育的内容应当结合青少年本身的特点进行适度调整。

（一）青少年的特性、处境及其对税收法治教育的要求

通常而言，青少年具有其自身特点。首先，青少年还没有成熟的法治意识，今后是依法办事还是违法犯罪容易受周围环境、教育因素的影响，具有很大的可塑性。其次，目前我国的税收结构主要以间接税为主，大多数青少年对生活中的税收感到陌生，这大幅地增加了税收法治教育的难度。最后，现有的学校课程本身较多，如何在有限的时间内，既不增加青少年的学业负担，又达到税收法治教育的目的，这是《大纲》在制定时面临的主要问题。

青少年的这些特点对税收法治教育提出了较高的要求。一是要充分尊重青少年的主体性，不能只是一味地向他们灌输所谓的税法知识，而应当以启发式教学为主。二是注重层次性，需要恪守循序渐进的原则，结合不同年龄段学生的特点合理地安排教学内容。三是强调形象性。税法的知识体系庞杂、复杂多样，内容不能过于抽象，必须贴近生活，用通俗易懂的方式展现。

总之，青少年税收法治教育应当结合中小学生的身心特点和成长规律，避免单纯的道德说教，做到"动之以情，晓之以理"。

（二）青少年税收法治教育的现有内容与问题

从以往的税收普法宣传系列丛书和中小学教材来看，青少年税收法治教育的内容主要集中在税收的职能、税种的介绍和税收的征收管理等方面。这些内容有利于学生系统地了解、掌握税收法律知识，但是在实际操作中存在缺陷。首先这些内容过多过细，上课任务重，很难完整地讲授完，内容多、课时少容易导致税收法治教育流于形式。其次，税收法律变化过于频繁，教育内容无法满足青少年走上社会后不断发展变化的形势需求，导致法律的有效实施大打折扣。最后也最重要的是，现有的教学无法有效地将税法学与税收学区分开来，这种教育遮蔽了制度背后的法律理念，没有从法学的角度阐述国家为什么征税、国家的征税权源于何处、纳税人为什么要选择纳税以及纳税人如何监督税收、确保税收的使用效率最大化[1]。这样的内容安排在逻辑上缺乏激励约束机制，应当在《大纲》制定中做出调整。

（三）青少年税收法治教育的具体内容

综上，青少年税收法治教育在内容上应当坚持理论原则与具体制度并重、实体法与程序法相结合。就目前我国的学制划分、课程设置而言，青少年税收法治教育的具体内容应包括以下方面。一是税收的本质与税收法律关系。通过教育使青少年养成对税收的积极认识，有利于其在依法纳税义务上的自觉性遵从。必须摒弃传统的行政分配论，宣扬税收债权债务关系说，强调国家、征税机关与纳税人之间的平等地位，在税收法治领域尽可能地运用对话、协商等方式，构建和谐的税收征纳关系。二是税法的基础理论与基本原则。向青少年介绍税法的基础理论有利于培养其税法思维和立场，摆脱对既有税

---

〔1〕 参见高培勇："纳税人·征税人·用税人——关于'依法治税'问题的思考"，载《涉外税务》2000年第4期。

收立法一味的"机械性接受"，同时，税收法定主义、税收公平主义、量能课税原则、诚实纳税原则等对于青少年深刻理解法律制度、理性评析法律现象具有理论指引作用。三是纳税人的权利与义务。诚如有学者所言，"税法学更多地着眼于主体之间的权利义务关系，从权利来源的角度考虑纳税人基本权的实现过程，以体现对征税权的制衡和对纳税人权利的保护。"[1]除了传授依法纳税、诚信纳税外，青少年税收法治教育应当浸透民主、人权、法治的理念，系统地向中小学生讲解纳税人权利体系。四是税收"课征—征收—使用"的法定程序。正当程序作为税收法治的核心要素，同时也是规范税收征管与缴纳行为、保护纳税人合法权益的重要保证。"以正当程序理念为导向，综合分析税收征管程序所存在的问题，建构一套形式理性与价值理性相统一的税收征管程序机制"[2]。因此，有必要对青少年进行税收程序方面的法治教育，尤其在传统上"重实体、轻程序"的我国更为重要。

第四节 从课堂为主到多元协同：税收法治教育的路径选择

一、从税收宣传到纳税人教育：适格纳税人的培育方式及其路径

谈到纳税人教育时，我们首先想到的方式是税收宣传。事实上，自从20世纪90年代初以来，通过广泛的、全面的、有针对性的、持久性的税收宣传，广大纳税人进一步熟悉、了解了税法所赋予的权利和义务，自觉提高了税法遵从意识，进一步促进了税收工作的顺利开展，为保障国家税收利益、维护纳税人的合法权益、强化税收管理等方面发挥了突出作用，得到了税收部门和社会各界的充分肯定，已成为我国税收管理工作中的不可或缺的重要内容。但是尽管如此，现有的税收宣传仍然存在着严重的缺陷和不足。从内容上看，目前我们过于宣传税收，宣传的标语往往是"纳税是每个公民应尽的义务""纳税光荣""纳税是每个公民的神圣职责"等，片面强调纳税的义务性和税收的"无偿性"，非但不能引起纳税人的共鸣和好感，反而容易让人反感。从形式上来看，税收宣传的方式比较单一、僵化，往往集中在一年一

---

〔1〕 刘剑文、熊伟：《税法基础理论》，北京大学出版社2004年版，第4页。

〔2〕 朱大旗、胡明："正当程序理念下我国《税收征收管理法》的修改"，载《中国人民大学学报》2014年第5期。

度的"全国税收宣传月"活动中，局限于发资料、挂横幅等形式，没有建立长效的、日常的机制。由上述分析可见，适格纳税人的培育内容丰富，绝非税收宣传能全部涵盖和圆满实现，因此必须从简单枯燥的税收宣传转变到多种形式的纳税人教育。

（一）税务宣传和咨询

从税收宣传的局限来看，目前的税收宣传注重于申报前的税法宣传，无法将申报前的纳税咨询、申报过程中的纳税辅导、申报过程后的纳税确认反馈等环节统一地囊括其中。因此有必要从内容上进一步延伸，改变拘泥于税收的收入内容，将税收的征收、管理和支出环节统一起来，所以建议将税收宣传改为税务宣传。

此外，为了克服税务宣传本身具有的被动性外，税务机关还应提供以纳税人需求为导向的税务咨询，满足纳税人的知情权和参与。除了主体办税区外，还应该合理设置咨询服务区、自助服务区、辅助功能区等，适时增加预约和自助服务功能，从由纳税人随机到访逐步转变为纳税人经事先约见后，再到服务场所接受服务等方式。近年来，上海、深圳等地先后出现了实体与网上相结合的纳税人学校，这些设置在税务部门内部的机构免费为纳税人辅导税收政策、普及税收知识，提高其办税能力的税收宣传辅导平台，具有税务宣传和咨询的双重性质。通过这样的形式，进一步发挥了税务机关的信息咨询、监督检查、查询建议、受理投诉、评价鉴定、支持投诉、揭露批评等功能。

（二）纳税人协会等社会团体

按照政府失灵理论的观点，政府在提供公共产品时大多数情况下只反映"中位选民"的需求，往往并不能满足消费者的差别化需求，这时第三部门往往成为满足个人公共需求的替代性工具。[1]因此，以社会团体为主的第三部门日渐成为社会中重要的组成部分。[2]

从国外来看，由于纳税人意识逐渐觉醒，自从20世纪初最早的纳税人协

---

〔1〕 针对第一部门（政府）和第二部门（企业）而言，第三部门主要是指上述部门之外的其他所有组织的集合，即我们通常所说的 非政府组织（NGO）或非营利组织（NPO），主要包括社会团体、基金会等形式。

〔2〕 See Weisbrod Burton, *Toward a Theory of the Voluntary Nonprofit Sector in Three-Sector Economy*, Altruism and Economic Theory Press, 1975, pp. 171-195.

会出现以来，西方国家先后爆发了声势浩大的纳税人宪章运动，相继出现了纳税人协会、纳税人联盟等之类的社会团体。[1]从目前的经验来看，纳税人协会主要具有以下功能：一是社团自治，联合广大纳税人，争取和实现自身的权利；二是政治谈判，通过内部协商、博弈后综合形成的意见向政府部门游说、汇报；三是制定纳税人权益的规则与标准，规范社会团体的运行与发展；四是宣传与培训，通过收集信息保持沟通渠道的畅通。当前的纳税人协会已经超越了最初在税收宣言中维护自身权益的目的，正向着防止纳税人遭遇不公正的待遇、提高社会公共资源的分配效率、督促政府提供征税和财政支出明细信息的方向前进。目前我国尚未出现类似的纳税人社会团体。随着管理体制改革和社会管理创新的不断推进，社会团体将与政府共生发展，纳税人协会也将成为民主制衡的一种力量，在民主化参与管理与自治过程中发挥着积极的作用。

（三）财政监督

纳税人教育的另一个重要内容还包括财政监督。从内容上看，财政监督是一个非常宽泛的概念，除了狭义的财政部门审计监督外，还包括预算编制执行、税收支出使用、政府采购、会计信息质量等环节的全方位监督。就纳税人而言，财政监督意味着经由纳税人教育，广大公民依法行使宪法赋予的监督权利，主动在日常的生活中评价政府的财政资金收入、管理和支出行为，参与、影响甚至决定公共经济资源的配置过程。

从实施路径来看，广义的财政监督强调逐步拓宽监督思路，实现社会化的多元监督机制，从而提升财政监督的法律效力。具体而言，一是完善发票的管理监督机制，教育纳税人主动索要发票，依法使用发票、自觉抵制虚假发票，增强纳税人的守法意识、诚信意识。二是鼓励纳税人采用公益诉讼的方式，就政府的招待、官员的出差、公款吃喝、浪费财政资金等内容提起诉讼，承担"财政管家"的职责，促进政府科学合理、高效公正地配置资源，提高财政资金使用效率。财政监督内容丰富、形式多样，针对目前我国现行财政监督机制存在的问题，纳税人教育有利于提高纳税人的监督意识和监督能力，将成为我国民权保障、法治建设的突破口和切入点。

---

〔1〕　关于这方面的介绍，详情参见世界纳税人协会网站：http://www.worldtaxpayers.org，以及国家税务总局纳税服务司：《国外纳税服务概览》，人民出版社 2010 年版，第 129~134 页。

二、税收法治教育的具体实施方式与注意事项

"一切法律中最重要的法律，既不是刻在大理石上，也不是刻在铜表上，而是铭刻在公民的内心里。"[1]青少年税收法治教育是项系统的社会工程，必须经历润物无声、细水长流的过程。只有这样才能让广大的青少年在潜移默化的实践中信仰法治、坚守法治。从目前《大纲》制定的情况看，距离"设立法治教育课程"的要求相去甚远。更为重要的是，青少年税收法治教育不能仅局限于传统的课堂教学，而应系统整合各项资源，形成多元参与、协同并进的教育网络。

（一）学校教育

学校是中小学生接受教育的主要场所，对于青少年税收法治教育十分重要。在学校教育中，应当摒弃传统的应试教育理念，不能单纯以提高学习成绩作为教育的目标。这就要求考核方式多样化，尽量以写报告、做演讲、参观税务机关、模拟申报纳税等形式结课。同时教学方式也要丰富多样，多运用体验式、渗透式教学，坚持"走出去"与"请进来"相结合。一方面，学校可以组织学生参观报税大厅、博物馆等，了解税收的筹集过程以及税收对于提供公共服务、改善国计民生的重要性。另一方面，学校定期邀请税务人员开设课程，通过观看漫画、书法比赛等形式向同学们普及简单易懂的税法知识。

（二）家庭教育

家庭对于青少年的成长至关重要，在税收法治教育方面意义重大。当下的青少年可以督促父母、家人自觉履行纳税义务，通过父母教诲和家庭熏陶养成自主申报、及时纳税的习惯。同时，还需要兼顾税法的法理与人情，平衡个人、家庭与社会的利益，从而更好地促进法治教育。

以个人所得税为例，目前我国这种分类所得的课征模式并没有考虑纳税人的家庭负担，也未较好地反映纳税人的综合经济能力，在量能课税、公平税负上存在严重缺陷。今后的改革应当考虑纳税人的家庭负担实行差异性减免，增加住房、医疗、教育等扣除。只有结合家庭的因素综合考虑才能真正实现量能课税，积极促进家庭成员之间的纳税遵从。

---

[1] ［法］卢梭：《社会契约论》，何兆武译，商务印书馆 1963 年版，第 70 页。

（三）政府教育

税收关系直接反映公民与政府的关系，青少年税收法治教育也应当重视政府教育。一是在税务机关设立纳税人学校，通过不断提高税务机关和税务人员的法律素质、执法水平，将税收法治教育融入日常的纳税服务之中。二是结合税收宣传月对税法知识进行宣传，同时尽可能提供以纳税人需求为导向的税务咨询，满足纳税人的知情权。三是鼓励社会力量建立纳税人组织、纳税人联盟等社会团体，重视这些组织在青少年法治教育中的积极作用。四是完善预算信息公开，加强参与式预算，尤其是在民生性支出上积极回应社会关切，对于公众普遍关注的问题进行及时反馈，形成良性互动的关系。

（四）社会教育

青少年在成长时期开始逐渐接触社会、融入社会，在社会中进行税收法治教育也十分重要。一是应当教育广大青少年了解纳税信用及其评价机制的重要性，认识到"诚信纳税一路畅通，纳税失信寸步难行"，从小爱惜自己的纳税信用。二是建立纳税人识别号制度，通过这一制度对自然人的应税行为进行实时监督，利用信用管理、税务稽查机制进行奖惩结合，激励青少年今后依法纳税、诚信纳税。三是强化新闻舆论监督，为青少年法治教育营造良好的社会氛围，对于逃税、漏税等违法行为"零容忍"，强调税收依法征收、应收尽收，杜绝关系税、人情税，构筑有效的立体防线，使税务人员不能腐、不敢腐、不想腐。

除此之外，推进青少年法治教育需正确处理四对关系。[1]党的十八届四中全会提出，将法治教育纳入国民教育体系，从青少年抓起，在中小学设立法治知识课程。为了贯彻这一要求，教育部、司法部、全国普法办等部门联合印发《大纲》，提出将法治教育融入学校教育的各个阶段，对青少年法治教育的指导思想、工作要求、目标内容、实施途径等一系列问题作了重要部署。这对于完善法治教育体系、提高青少年法治意识、全面构建法治社会具有重要的意义。尤其是《大纲》提出了师资队伍建设、健全评价机制、整合教学资源等制度保障，这些对于推进法治教育在国民教育体系中的系统规划和科学安排将起到积极的作用。从学校教育的角度而言，我认为推进青少年法治

---

〔1〕　参见李慈强："推进青少年法治教育需正确处理四对关系"，载《法制日报》2019 年 4 月 2日，第 9 版，发表时有删减。

教育需要正确处理好以下关系，做到系统规划和科学安排。

一是增加内容与学生减负的关系。推行青少年法治教育无疑将增加广大中小学生的学习负担，但是从正当性的角度而言，处于成长期的青少年思想尚未成熟、具有可塑性，对其进行有效的法治教育是推进法治建设、实现依法治国的重要突破口。为了最大限度地减轻广大中小学生的学习负担，我们需要在法治教育的目标定位、核心重点、内容撷取和路径选择上精雕细琢，做到既简明扼要又科学全面。

二是课堂教学与校外实践的关系。法治教育必须摒弃传统的课堂教学，不应拘泥于简单的识记、背诵过程，而是要广大教师充分尊重青少年的主体性，积极探索实践体验式、情景式、实践式的教学方式，增强教学过程的互动性、参与性。

三是传授义务与培育权利的关系。以往的法制教育或普法宣传都倾向于灌输公民知法、守法的思想，内容上往往是现行法律制度尤其是公民义务的介绍。就税法领域而言，税收宣传的口号往往为"纳税是每个公民应尽的义务""纳税光荣""纳税是每个公民的神圣职责"。事实上，法治教育的核心在于，通过教育使得青少年深刻体会到，法治作为一种社会治理方式至关重要，养成"自觉守法、遇事找法、解决问题靠法的思维习惯和行为模式"。

四是教学考核与自我教育的关系。青少年法治教育主要面向中小学生，旨在提高现代社会公民健康成长、参与社会、幸福生活的法律素质，因此不是基于职业需要的专业教育，而是通识教育或者启蒙教育。在具体的操作中，我们要避免唯考试论、唯分数论的倾向，在教学考核上保持灵活性和多样化。

总之，在青少年法治教育的过程中，我们需要自觉遵循青少年学生成长规律和法治教育规律，突出青少年法治教育的基础性、全局性和战略性，切实提高广大青少年的法治思维和法律素质，实现法律实施和法律治理。只有这样，才能落实依法治国基本方略、建设社会主义法治国家，为社会主义法治建设培养新的接班人。

"从人类的历史发展和社会变迁的经验来看，财税是社会文明的晴雨表，是隐藏在大部分重大历史事件——国家的繁荣与贫穷，起义与革命，自由与奴役，以及大部分战争——背后的自明之理。"[1]因此适格纳税人的培育意义重大。但是纳税人教育是项费时耗力、历经长久的系统工程，必须经历"润物细无声"般潜移默化的长期过程和渐进过程才会显露效果。

笔者希冀以纳税人教育开启税收征管改革和财税法治建设的新征程，经由纳税人教育达到"始于纳税人需求，基于纳税人满意，终于纳税人遵从"的目标，"实现国家财政权与私人财产权的平衡与和谐，做到财政收入合理、合法、合宪，财政支出公开、公平、公正，财政管理有规、有序、有责"，[2]最终实现财税领域的良法善治。

---

〔1〕 ［美］查尔斯·亚当斯：《善与恶——税收在文明进程中的影响》，翟继光译，中国政法大学出版社 2013 年版，第 9 页。

〔2〕 参见刘剑文："治国全景中财经法治的展开——近五年我国财经立法的成就、经验与展望"，载《江汉论坛》2014 年第 3 期。

第六章

结社与协同：纳税人的个体主义与集体提升

纳税人维权运动的历史经验证明，个体的力量终究是有限的，以个人为主体的纳税人诉求很难得到公权力机关的认可与回应。纳税人个体利益诉求具备多样性与特异性，且部分纳税人具有非理性化诉求表达的倾向，从税收征管机关角度来看，满足全部纳税人的所有诉求既不现实、也不可能。因此，纳税人需要集结个体力量，扩张纳税人利益群体的政治话语权，在公权与私权的博弈过程中发挥权利的制约性，[1]通过权利行使、义务履行与维权斗争实现向适格纳税人的蜕变。

第一节 个人视角下的纳税人及其维权运动

一、个体主义视角下纳税人身份的重构

传统的税收征管理念过于强调纳税人的服从性和义务性，往往忽略其作为个体的权利，但是在"以纳税人为本"理念的影响下，纳税人个体关注度不断得到提高，因此，有必要从个体主义视角对纳税人身份进行重新审视。

（一）个体主义与整体主义的法理评析

论及个体与公共自然绕不开个体利益与公共利益的冲突，这也导致了个体主义和整体主义的分野。"真个人主义"理论认为，个体主义并非认为个体绝对高于社会、先于社会，社会整体能够完全地拆分成为个体。[2]个体主义或者说个人主义呼吁对人的合理自由的保护，个体并不高于整体，整体也并不必然在个体之上。整体主义又称集体主义、总体主义，其认为只有公共利益的实现才能使个人利益得到最充分的实现。整体主义对于公共性的过分强

调，可能会使集体凌驾于个人之上，最终造成个体意识的湮灭。[1]就纳税人个体与国家整体的应然关系而言，国家是为广大纳税人的权利服务的，是具体的、历史的，整体离不开个体，但又不为某一具体的个体而存在。个体与整体虽然在宏观上有着同样的价值取向，但回归个人必然存在着利益的冲突，而其中最重要的无疑是要解决个体与公共利益的协调与整合问题。

一方面，纳税人首先是作为个体存在的，纳税人权利概念的产生，实际上就是社会整体利益与个体利益博弈的结果。[2]为了使国家机器正常运转，国家需要参与到单个个体的收入分配当中去，此时如果只强调纳税人的个体性，那么很难达到确保国库稳定收入以及分配和再分配的目的，因为每个纳税个体并不都具备牺牲自我利益而为群体做贡献的觉悟。现实中偷逃税款、骗税甚至抗税的行为仍然存在，这是人类的逐利性导致的，在这种情况下国库收入难以得到保障，就更不用说为纳税人提供公共产品和服务了。另一方面，如果只强调整体利益，通过"服从"与"义务"等口号湮灭纳税人的个人价值，久而久之，整体会将个体存在进行吞并，个人诉求与利益便难以再得到声张，打着"整体利益"旗号的公权将不受限制，最终导致国家走向灭亡。

因此，在我国，面对税收征管领域的个体主义和整体主义问题时，我们应提高对个体权利的关注度，切不可简单地以整体之名，大行破坏个体基本权利之事。

（二）纳税人概念的重塑：以个体主义为视角

在我国，纳税人一词来源于纳税义务人，具体是指税法规定的负有纳税义务的单位和个人。如果仅从税款征收的角度来看，强调纳税人依法履行税收义务，能够保证课征行为的高效、顺利进行，有助于财政国库的充盈。但是这一理解具有明显的缺陷，即忽视了纳税人的权利，只突出了纳税人对于税款征收的工具性作用。因此，现行的纳税人概念应当被新的、从个体主义视角出发的、关注纳税人权益的纳税人概念所取代。具体而言应当着重以下方面：

---

[1]　参见卢风："价值论个体主义与整体主义"，载《华中科技大学学报（社会科学版）》2007年第2期。

[2]　参见廖楚晖、崔亚飞："国家、征税部门及纳税人的博弈分析"，载《财经科学》2005年第2期。

1. 强调纳税人主体性

税收债权债务理论认为，纳税人与征税机关是公法之债下的平等主体，虽然征税机关被赋予了强大的征税权，形式上征纳双方关系难以得到平衡，但这并不意味着纳税人的主体性应当被忽略或者时刻处于征税机关的阴影之下。[1]"纳税义务"这一概念已经流传使用多年，不仅导致征税机关忽视了纳税人应有的权利，也使得纳税人单方的义务性根植于纳税人心中。如果继续沿用这种片面的概念，纳税人权益不仅得不到保障，而且不利于和谐征纳关系的形成。因此，有必要强调纳税人的权利，从规范层面上固定和确认纳税人与征税机关平等的主体地位。

2. 平衡征纳双方地位

税收权力理论视角下的征纳双方地位是失衡的，纳税人只能单方面服从与承担义务，这种失衡的局面也导致了征税领域公权力的泛滥。要想对其进行改善，纳税人的概念必须重构，而要平衡双方地位，则应当通过法定的方式限制公权力的肆意扩张，将权力控制在笼子中同时保护纳税人的权利。[2]权利与义务相伴而生，纳税人既然背负纳税义务，自当匹配相应的纳税权利，征税机关在实体和程序上尊重和保护纳税人权利的同时，还应当确保纳税人拥有权利救济的顺畅渠道。

（三）纳税人权利的正当性阐释——以个人为分析出发点

从词源来看，权利概念的出现与"正当"和"正义"紧密相连，具有浓厚的价值判断色彩，纳税人权利亦是如此。[3]从自然法角度理解，纳税人权利意味着社会的普遍认知认为纳税人支配某物或者从事某种行为是正确的、正当的。简而言之，权利并非由立法机关赐予的，而是依据一定的价值判断而应当由权利主体拥有的东西，如果侵害了这些权利，行为就被认为是不正当的、不道德的。那么，纳税人权利正当性来源于何处？

首先，纳税人权利与义务相匹配是对征税权的制约。正所谓"没有无权利的义务，也没有无义务的权利"，纳税人承担纳税义务则理应享有相应的权

〔1〕 参见翟继光："'税收债务关系说'产生的社会基础与现实意义"，载李明发主编：《安徽大学法律评论》（第1辑），安徽大学出版社2007年版，第126~140页。

〔2〕 参见陈少英："试论税收法律关系中纳税人与税务机关法律地位的平等性"，载《法学家》1996年第4期。

〔3〕 参见征汉年："权利正当性的社会伦理思考"，载《江苏社会科学》2009年第2期。

利。[1]这是税收债务关系下征纳双方平等的前提，同时也起到限制征税权的作用。权力天然具有扩张性，政府从公民手中拿走财产要征得纳税人的同意，否则就是不正当的，纳税人权利所存在的目的在其中是非常明确的——厘清征税权行使的边界，纳税人的权利便是对纳税人私有财产权的保护。纳税人权利的设置是约束征税权力的天然屏障，同时这也是判断权利是否正当的标准之一。

其次，纳税人权利的设置是出于整体利益与个体利益的平衡。如前所述，纳税人权利的设置可以约束征税权力的扩张，但也要看到国家征税权力的正面效应，即通过强制、无偿、固定地征收税款，以保障财政所需能够充足地提供公共产品和服务。一味地强调个体主义可能造成另一个极端，即以整体利益的牺牲为前提换来了个体需求的满足，进而影响到纳税人享受公共产品和服务的质量。因此在税收征管的过程中，必须以纳税人权利为砝码，在公民个体权利和公共利益的博弈中保持天平的动态平衡，在最大程度尊重个体权利的同时，实现对整体公共利益的保障。

二、纳税人维权运动的历史回溯

历史上，各国的纳税人因长期的压抑和权利的被忽略而聚集起来奋起反抗，最终导致统治体解体的实例不在少数。历史经验表明，正是一次又一次的权利斗争，才使得纳税人的自然权利能够在国家法律层面得到升华，因此，对纳税人维权历史进行回溯是十分必要的。

（一）域外纳税人维权运动回顾

革命爆发和战争发起的原因当然是多方面的，但是税收矛盾往往是其中最为重要的经济动因。人民向政府纳税，不仅得不到纳税带来的经济利益，而且还被剥夺了参与税收决策与监督的权利，长此以往必然会带来政治矛盾，引发纳税人的维权运动。

1. 英国

在英国，国家与纳税人的冲突可分两个阶段。第一阶段以《大宪章》的签署为开始标志。当时的国王为了筹措军费与法国开战，巧立名目、不断增加税种和税率，导致贵族暴力反抗，以致国王不得不与贵族们谈判，接受后

---

[1]　参见李青："论纳税人权利义务的统一性"，载《广西政法管理干部学院学报》2006年第4期。

者提出的限制国王权力的要求。《大宪章》中非经"大委员会"的同意不得征税、征税须得到本王国一致同意的条款均体现了最早的税收法定原则。《大宪章》首次将税收领域中的普遍规范确立为法律而非王权，纳税人的权利得到了前所未有的重视。

第二阶段处于 17 世纪初期，当时的国王曾两次要求征税，但均被议会拒绝。此后，国王试图通过解散议会来实现课税之目的，再次失败后便在之后的 11 年内"孤立议会"，自此议会一次都未曾得到召开。直到 1640 年，国王未经议会同意强征吨税和磅税，议会奋起反抗，掀起了资产阶级革命，推动了英国法治的进程。英国法谚有云"税收是代议制之母"，便是对这次革命成果的最佳总结。自此，在革命后通过的《权利法案》制约下，国王征税必须而且只能征求议会的同意。

可以说，英国纳税人对于苛捐杂税的反抗极大程度地推动了社会的进步与发展，同时也展现出长期遭受压迫的人们对于追求自己应有权利的决心和力量。[1] 正是这种在抗争中展现出的纳税人决心和力量，促使英国走上税收法治建设的道路，保障了纳税人的权利，税收逐步向法定化发展，英国的法治建设也得以获得进步。

2. 法国

从 1661 年到 1715 年的"路易十四时代"堪称法国君主专制的鼎盛时期，在这一时期，中央政府几乎实现了对全国统一而有效的管理，其财政体系中并不缺少有效的税收机构和征税手段，但是缺乏征收的民主基础和监督机制，导致社会矛盾不断激化，一场轰轰烈烈的大革命于矛盾中逐渐成型。

至路易十六登台时，法国已经陷入了严重的财政危机之中。在多方压力下，1789 年国王不得不为通过新的课税计划召开三级会议。三级会议中的第三等级主要由商人、律师、医生等群体组成，这些也是纳税的主要力量，有着一定的社会财富和影响力。在面对第三等级时，国王关于增加税负的计划和强硬的态度激化了矛盾。一系列连锁反应最终导致了法国大革命的爆发，之后法国废除了封建制度，具有标志性意义的宪法性文件《人权宣言》由此诞生，其中规定"所有公民都有权亲自或由其代表来确定赋税的必要性，自

---

[1] 参见杨书波、胡娟："纳税人权益保护的国际借鉴与思考"，载《贵州商学院学报》2019 年第 3 期。

由地批准，了解其用途，并决定税额、税率、客体、征收方式和期限。"[1]这些标志着纳税人斗争的胜利，同时也告诉我们，虽然人民为了整体利益同意让渡出一部分权利，但是当其权利受到不公正的待遇时，同样会推翻压迫自己的政权。只有在法治的框架内运行的税收制度，才能得到人民的拥护。

3. 美国

自哥伦布发现美洲"新大陆"以后，英国通过不断地殖民，在北美建立起十三个殖民地。英国政府对殖民地一直拥有很大的权力，特别是随着英国本土政治改革的发展，英国政府将本土税负转嫁至殖民地。1765年英国议会通过了《印花税法》，规定对殖民地征收印花税，这引起了殖民地人民的强烈反抗。同年10月，北美各殖民地代表聚集在纽约，要求英王撤销《印花税法》。英国政府被迫撤销印花税，但是随即在1767年通过了《汤森法》（Townshend Acts），对在北美出售的英国产品如玻璃、茶叶、纸张等货物征收进口税，再次引起了人民的抵制情绪，殖民地人民开始自发抵制英国商品，双方矛盾不断激化最终酿成1770年的"波士顿惨案"。同年，《汤森法》被迫废止，但是茶税仍然保留，双方的矛盾有所缓和，但是根本问题并未解决。1773年"波士顿倾茶"事件拉开美国独立战争的序幕，其后从列克星敦枪声到《独立宣言》的发表，美国走上了独立民主国家的道路，也留下了"无代表不纳税"的税法领域经典口号。[2]事实上，美国的独立战争在某种意义上可以说是英国法治进程的一个延续，美国的《独立宣言》和"无代表不纳税"的口号承袭了英国光荣革命后征税权归于议会的精神，追求的是对英国政府征税权的限制和对殖民地纳税人权利的保护。

（二）我国纳税人维权的经历与发展

回顾我国的纳税人维权历史，并不存在集体性、规模性的纳税人维权运动，但这并不意味着我国纳税人权利意识与斗争意识的湮灭，事实上每一位纳税人都在与侵犯自身权利的行为作强烈斗争，以期唤醒纳税人群体权利意识的觉醒。

20世纪90年代末，针对当时严重的偷漏税问题和欠税问题，税务机关提

---

〔1〕　李扬章、荀凌波："现代税收的宪法基础"，载《广东青年干部学院学报》2004年第4期。
〔2〕　参见周仁燕："纳税人权益保护的国际借鉴研究"，载《广西质量监督导报》2019年第4期。

出"四铁精神",即铁的心肠、铁的手腕、铁的措施、铁的纪律,[1]体现了当时纳税遵从较差和税务机关与纳税人间的紧张关系的状态。

直至 2006 年,纳税人维权第一案引起了理论界与实务界的重点关注。2006 年,担任当地村民委员会主任的蒋石林注意到本市财政局违反公车购买标准和定额,不顾年度财政预算购买两辆公车,于是向财政局反映并要求其予以答复。由于对收到的答复不满意,蒋石林于同年 4 月向人民法院提起诉讼,最终该案因不符合受案范围被法院裁定不予受理。面对起诉,该市财政局局长表达了不满,[2]他认为蒋石林的随意起诉给单位带来了麻烦,同时他还对蒋石林作为农民在取消农业税的背景下是否还具有纳税人资格以及其所缴纳的税款是否足以购买一辆车提出质疑。蒋石林诉财政局一案虽然没有获得胜利,却仍然是我国纳税人权利发展的一个标志性事件,不仅最直观地反映了纳税人权利意识的觉醒、政府官员对纳税人权利的无知,同时也开启了公民依法监督政府开支的一个先河。随着纳税人自我意识的增强,纳税人维权事件也不断涌现。2006 年,吴君亮注册了"中国预算网",希望在该网站登载我国各级政府预算供全国人民了解、讨论,但是却发现无论通过何种渠道都难以获得预算信息。[3]2006 年起,吴君亮数次向各部委、各省市政府财政局发送信息公开的申请,但大多被以"保密""与申请人无关"等理由拒绝。转机出现在 2007 年 5 月国务院公布的《中华人民共和国政府信息公开条例》,其中第 10 条第 4 项规定:"县级以上各级人民政府及其部门应当按照本条例第九条的规定,在各自职责范围内确定主动公开的政府信息的具体内容并重点公开下列政府信息:……(四)财政预算、决算报告。"该条例实施后,吴君亮与他的团队向深圳市政府提出了信息公开申请,深圳市政府于 2008 年 5 月 27 日依吴君亮的申请向他提供了《深圳市 2008 年市级预算》,[4]这也成为国内历史上第一个向普通公民公开财政预算的政府,此后原国家卫生部、民政部、原国家环保总局也先后向吴君亮提供了部门预算信息。

---

〔1〕 参见梁博强:"弘扬铁军精神 打造'四铁'干部",载《江南论坛》2017 年第 10 期。

〔2〕 参见沈小平、禾予:"真诚面对状告政府的'普通纳税人'——领导干部要增强接受群众监督的自觉意识",载《紫光阁》2007 年第 4 期。

〔3〕 参见李斌:"'公共预算观察志愿者'的博弈路",载《新财经》2010 年第 4 期。

〔4〕 参见游春亮、王桥:"吴君亮:我要看一看政府的'账房'",载《法制日报》2011 年 5 月 4 日,第 6 版。

2013 年国家税务总局在《关于加强纳税人权益保护工作的若干意见》中明确提出"建立纳税人权益保护组织，构建纳税人维权平台"。[1]对于征税机关的监督和纳税人权益的保护而言，主流的方式是依靠税务机关的自查自纠和纳税人个人通过税收行政复议和行政诉讼寻求保护。但是为了更好地帮助纳税人维权，拓宽纳税人维权路径是趋势所需，其中纳税人维权组织便是路径之一。我国的纳税人组织在近年来发展迅速，分布较广，但是总体上以法规宣传和税务培训为主，实际帮助纳税人维权案例较少，仍有较大发展空间。

（三）纳税人维权行为特征的比较与总结

如前所述，在英国、法国与美国的历史上，税收都留下了不可磨灭的印记，而从这些历史中也可窥见纳税人维权运动的变迁与各时期的特点。

在《大宪章》签订之前，英国是税收意义上的前契约社会阶段。在此阶段初期，税收概念的政治基础还不牢固，并无国家这一政体形式，直至封建社会，国家逐步形成并走向成熟。由于封建国家信奉"君权神授"的思想，统治者认为自己"受命于天"，征税的依据是君主为纳税人提供庇护，由此纳税人需要上缴税款。在这种情况下，君主通常容易滥用自己的征税权，也无从谈及纳税人的权利。国王肆意增加税种提高税负的情况并不在少数，横征暴敛最终也引发纳税人的反抗，英国《大宪章》的出现也正是建立在这样的社会基础之上。此阶段是纳税人维权意识的启蒙和初探，通过纳税人坚持不懈地抗争最终形成了燎原之势。

在《大宪章》签订以后开启了税收意义上的契约社会阶段。虽然《大宪章》是封建性质的文件，并未规定纳税人的权利，但作为一部成文法典第一次将国王置于法律的约束之下，限制了国王的征税权。这一时期"交换说"理论开始盛行，其认为人民以纳税作为交换，交换国家维护国家整体利益所带来的和平与安宁状态。在对征税权形成一定约束的情况下，此阶段的纳税人维权主要是对于国王违反约束的抵抗，而这种反抗既可能以较为温和的方式进行，如英国的资产阶级革命，也可能以暴力的方式达成，如法国资产阶级革命。

此后便是税收意义上的民主法治国家，此语境下的税收概念应当围绕纳税人的权利而展开，而纳税人的维权活动也更加依赖法律的保障。在此阶段，诸如纳税人协会的组织逐步发展，集群体之力帮助和维护纳税人权利，也不

---

[1]《关于加强纳税人权益保护工作的若干意见》（税总发〔2013〕15 号）。

断有纳税人个人积极努力地通过诉讼的方式参与到公共财政监督和个人财产维护中去。

上述的历史变迁表明，纳税人的维权行为愈发依靠法律等规范性文件，纳税人的权利保护体系也日臻完善，保障纳税人权利始终是税收法治建设的主题。

三、纳税人个体维权的现实困境

随着纳税人权利理论的发展、政府职能的转变以及依法治国建设的推进，我国对于纳税人权益保护重视程度不断提高，但不可否认的是，我国纳税人个体维权实践仍然面临一定的困境，具体而言主要表现为如下方面：

（一）制度设计不完备

我国的税收立法制度和维权法律体系存在多种不足，如纳税人关于税法立法的参与度和影响力不足，税法中的纳税人救济条款过于宽泛等。其中最突出表现为如下方面：第一，《宪法》中仅在"公民的基本权利和义务"一章中规定"公民有依照法律纳税的义务"而缺失了对于纳税人权利的规范性、纲领性表述，致使纳税人权利的基础不牢。《宪法》是我国的根本大法，如果《宪法》缺乏对纳税人权利的界定和保护，那么很难对政府涉税行政行为产生权威而彻底的规范，也很难给纳税人带来真正的安全感；第二，税法领域的权利规范并不明确，纳税人的具体权利以及落实没有法律层级的规范依据；第三，缺乏完整的、规范的纳税人维权立法，部分维权活动无法可依或者有法难依。从全过程角度来看，我国目前涉及纳税人权利保障的法律法规多集中于税收征管领域，而在此之前的规范制定和之后的税收使用监督阶段则暂付阙如，缺乏有效的纳税人利益表达机制，纳税人的话语权被忽视，税收使用阶段对财政预算的监督机制不足，形式大过实质。

（二）纳税服务水平有待提高

税务机关向纳税人提供纳税服务，是其在税收征管过程中的必要内容，同时也是纳税人便捷而且低成本的一条维权渠道。但是长期的税收权力理念使得税务机关对于纳税服务持忽视态度，"重执法而轻服务"、纳税服务资源投入不足、在考核中纳税服务所占的权重偏低，致使我国纳税服务建设与实现"服务型税务机关"的目标相去甚远。税务机关的执法水平不够高，纳税服务不完善，加之以社会组织为主体的纳税服务发展存在不足，从而为纳税人的个体维权设置了层层阻碍。

（三）个体能力不足

长期以来的"国库主义"和"权力中心"使得权力机关长期处在"权力优位"的思想当中，纳税人则长期处于弱势地位。受到古代息讼"民不告官"思想的影响，从整体来看，我国纳税人自我维权的意识并不强烈。在现实情况中，对于纳税人个体而言，维权还会受到自身能力的掣肘。一方面，由于绝大多数纳税人并不具备充分的税收相关法律知识，不了解自己所拥有的权利也就难以独自应用具备专业性和技术性的税法，无法仅凭自身力量运用法律武器进行维权；另一方面，纳税人维权过程中与税务机关的沟通交流必然需要耗费大量的时间和精力，对于单个纳税人来说，无论是时间成本抑或是经济成本都不是一般人可以承受的。因此，寄希望于纳税人个体与税务机关进行抗衡来维护自身权益，是难以形成良性互动、健康和谐的税收征管环境的。

（四）司法救济迷失

在司法救济方面，双重前置税务行政诉讼制度在一定程度上造成了纳税人的维权困境。复议前置制度并不属于行政法规定的复议、诉讼两种救济途径并行的方式，要求当纳税人与税务机关因纳税问题发生纠纷时，纳税人如果对相关决定不服，必须先申请行政复议，如果对行政复议依然不服，这时才可以向法院提起行政诉讼。而纳税前置则要求纳税人在申请行政复议时，必须按照税务机关的决定履行纳税义务或者提供相应的担保。

此外，由于抽象行政行为具有不可诉性以及我国司法审查机制的欠缺，面对内容粗糙、可能侵犯纳税人个人利益的涉税抽象行政行为，纳税人同样难以寻求救济。法院往往缺乏了解税务专业知识的法官、没有建立专业的税务法院或法庭解决涉税行政诉讼，同样使得司法救济在纳税人个人维权道路上难以发挥预期作用。

四、纳税人权利保障的实现机制建设

在推进财税法治国家和财税法治现代化建设的时代背景下，纳税人权利保护体系的构建和完善也迎来了前所未有的机遇。完善纳税人权利保护制度体系，提高税务机关的纳税服务水平，重视纳税人权利保护相关知识的宣传，锚定司法救济的方向和目标，最终真正营造环环相扣的纳税人权利保障环境，以实现财税法治的价值内涵，切实有效地维护纳税人合法权益。

（一）完善制度体系

一方面，完善纳税人权利的宪法表述。宪法是国家根本大法，其根本宗旨是限制国家权力和保障公民权利。而纳税人权利作为维护公民私有财产权、监督国家税收权力的重要一环，当前宪法文本只能够体现纳税人的纳税义务，这显然不利于纳税人权利的保护。将纳税人权利纳入其中才能更为全面地揭示权利与义务的统一性，有利于在全社会范围内树立纳税人权利观念。此外，在宪法中补充有关税收法定原则的表述对于纳税人权利的保护同样具有重要意义。

另一方面，制定纳税人权利保护的专项规范。重视税收法治建设的国家通常采取宪章、法案等形式专门规定纳税人权利，如英国的《纳税人权利宪章》、加拿大的《纳税人权利法案》、美国的《纳税人权利法案》等。目前我国相关规定仅有 2009 年国家税务总局公布的《关于纳税人权利与义务的公告》和 2010 年《〈纳税人权利与义务公告〉解读》，二者仅属于规范性文件，且偏向于纳税人权利的呼吁和声张，规范层级不足，法律实效不够，难以真正起到培养纳税人权利意识和帮助纳税人维权的作用。

（二）提高纳税服务水平

根据税收征管改革的应然要求，税收机关首先应当将现代化的信息技术运用到税收执法与纳税服务工作之中，以税收大数据为驱动力，加快建设智慧税务，加快"全领域、全环节、全要素"的电子化；其次还要追求公正、文明执法。深入推进精确执法，建设"无风险不打扰、有违法要追究、全过程强智控"的税务执法新体系，确保在各个环节没有疏漏，既不缺位，也不越位；再次，还应树立"纳税人中心"的思想，税务部门应当始终把服务纳税人、缴费人作为税收工作的根本出发点和落脚点。[1]纳税服务与税收执法同等重要，应当在考核中加以体现，以提高税务机关的服务意识；最后，继续推动和完善行政执法和服务的信息公开制度，帮助纳税人了解涉税相关信息。

（三）适格纳税人的教育和培养

除了一般的税法宣传外，纳税咨询、纳税辅导、纳税确认反馈等环节同

---

〔1〕 参见王军："深化税收征管改革 服务国家治理现代化"，载《人民日报》2021 年 11 月 4 日，第 12 版。

样需要受到重视，从各个环节让纳税人充分了解和理解税法及相关规定，并懂得使用法律规范来保护自己是极为重要的。当然，我们无法苛求所有纳税人都能充分知悉所有涉税知识并熟练掌握它们，此时纳税人协会等社会团体便显得尤为重要。借鉴国外经验，此类社会团体可以联合广大纳税人，共同争取和保卫自身权利。并且，它们也可以在内部协商后综合形成意见向税务部门游说、汇报。另外，纳税人协会作为第三方，更容易获得纳税人的信任，帮助纳税人了解相关知识并帮助其维护自身权益。纳税人协会并不止于维护自身权益的目的，未来在防止纳税人遭遇不公正对待、提高社会公共产品和服务的分配效率、督促政府财税行为等各方面大有可为。

除了相关知识的输入和维权意识的帮助，培养纳税人的监督意识也同样重要。具体而言，税务机关以及其他政府部门有必要协同社会各方力量，从教育纳税人主动索要发票、抵制虚假发票，增强纳税人的守法意识和诚信意识，鼓励纳税人积极行使监督权等方面切入，向传授纳税人纳税经验，培养纳税意识，共同构建积极守法、广泛监督的税收法治环境。

（四）强化司法救济

司法救济是保障公民权利的最后一道屏障，是防止行政权力滥用和扩张的有效手段。公正而中立的税务行政诉讼可以督促税务机关改变"权力优先"的税收征管理念，推动税务机关由管理型向服务型转变，构建纳税人与税务机关之间新型平等和谐的税收征纳关系。因此，纳税人的司法诉讼权利必须得到尊重和保障，完善税务行政诉讼制度，扩大涉税行政诉讼受理案件范围、确保司法机关审判的独立性，培养一批懂税务、懂法律的法官，更高效、更准确地处理税务行政诉讼案件。有学者认为，可以效仿国外经验，将纳税前置推后，即在复议阶段无需预先缴纳税款或提供担保，而是推后至诉讼阶段，这样有利于减少纳税人维权的阻碍。[1]此外，也有学者认为可以设立专门的税务法院或法庭，以便更加高效、有针对性地解决涉税案件。[2]这些都是今后税收征管改革和财税法治建设可以努力的方向。

---

〔1〕　参见刘剑文："《税收征收管理法》修改的几个基本问题——以纳税人权利保护为中心"，载《法学》2015 年第 6 期。

〔2〕　参见施正文："论征纳权利——兼论税权问题"，载《中国法学》2002 年第 6 期。

第二节　公共理性与纳税人权利的反思

一、公共理性观的历史沿革与理论精炼

公共理性是一个在各学科领域都具有重要理论价值的话题，20世纪以来便受到广泛关注和热议。对于公共理性观的全面分析有助于我们更深刻完整地理解纳税人权利的本质。而要全面理解何为公共理性观，首先要梳理公共理性观的历史沿革，从它的发展脉络中，提炼出这一理论的精华，从而更好地启发针对纳税人权利的相关研究。

（一）公共理性思想的发展脉络梳理

1. 从维护阶级利益到巩固独裁统治

公共理性的概念雏形最早出现在12世纪，为了维护本阶级的利益，在新近崛起的贵族、教士阶级以及君主、领主的支持下，法学家们提出了对公共理性的思考。他们将贵族阶级的利益与公共利益绑定，认为贵族阶级的私有权利同样与公共利益息息相关，因此应当保护贵族阶级的私人利益以维护封建国家的公共利益。此后这一观点不断完善和稳固，演化成为了维护王权、巩固独裁统治的思想路径。既然君王的利益即是国民、国家的公共利益，那么自然而然保护君王的利益尤其是其私有财产便是保护国家整体的财产，由此推之，维护君王的君权和稳定的统治地位同样也是整体利益之所向。

2. 从政治对抗走向法律遵守

到了启蒙运动时期，为了对抗专制和教会的思想禁锢，有学者提出上帝的代理人不应当是教会，而是依照社会契约产生的"主权者"。[1]"主权者"可能是个人也可能是集体，它拥有最高的权力，教会也应当听从"主权者"的命令。而"主权者"理性便是公共理性，其判断应当被服从。在社会决策中，没有人会永远不犯错，而依靠全体成员的思想进行决策并不会增强决策的正确性甚至可能适得其反。因此，社会成员通过社会契约将判断的权利让渡给"主权者"来实现尽可能稳定的决策状态，并愿意承担后果。

而后又有学者对社会契约论进行了阐述，将法律与公共理性画上等号。[2]该

---

〔1〕　参见［英］霍布斯：《利维坦》，黎思复、黎廷弼译，商务印书馆1985年版，第45页。

〔2〕　参见［法］卢梭：《社会契约论》，何兆武译，商务印书馆1963年版，第181页。

学者认为，法律便是公共理性的表达，借助法律才能实现社会的有序下的自由和平等。在人人遵循法律的社会中，没有至高无上的"主权者"，人们可以在法律的框架下追逐自己的利益同时也不损害他人的利益，而当追逐利益的过程中发生利益冲突时，则需要采取强制性的措施，而这种权力是在建立社会契约时所有成员主动赋予的。

3. 从被动服从转向公共参与

随着公共理性思想的发展，同时又有学者提出了新的"理性"观。[1]该观点认为，人们最初是惰于思考，也无个人理性可言，在社会中大多数社会成员习惯于被动地服从决策者作出的代表"公共理性"的思考和决策，日复一日地接受着各种固定思想的灌输。而"启蒙"便是打破这种怯弱、鼓励社会的每一位成员理性、独立地思考，主动地参与到社会的决策和运作中，此时的公共理性便有了更高的追求，不再局限于被动地接受所谓获得认可的"公共理性"决策，而是主动地成为公共决策的参与者，更加懂得理性地思考。

（二）公共理性的内涵与特征提取

1. 公共理性的内涵

在理解理性时，可以从其对称非理性着手。实际上，理性和非理性在个体中并非如此泾渭分明。"理性是人类特有的，据于利害关系而对自然现象、社会现象和人自身现象作出有条理的逻辑推理和判断的能力。在人的精神结构中，理性因素与非理性因素具有相反的性质，但又相辅相成、互为补充，在一定条件下会互相转化。"[2]公共理性是公民的理性，其本质和目标都是公共的，主要应用于各种公共政治的发声和立法司法的决定等。而非公共理性则是相对的、多样的，一切非所有公民的理性都属于非公共理性，它既可能是社会团体内部的理性，也可能是个体的理性。而社会的运作也离不开非公共理性所支撑起的作为社会组成部分的公共团体和文化。总而言之，公共理性代表着公共价值、公共伦理、公共思维、公共逻辑并进行公共调试，主要以协商民主和公共治理的方式在民主政治国家中实践。

---

〔1〕　参见［德］康德：《纯粹理性批判》，邓晓芒译，人民出版社 2017 年版，第 95 页。

〔2〕　黄建洪：《公共理性视野中的当代中国政府能力研究》，中国社会科学出版社 2009 年版，第 21~22 页。

2. 公共理性的特征

（1）价值与伦理性

公共理性体现出公共的价值和伦理。公共理性中蕴含着社会成员在社会公共领域形成的，统摄个人价值观的社会公共价值观。这种社会公共价值观是现代社会公共生活的行为指南和价值规范。公共理性中同样包含着社会伦理，由此形成的社会公共伦理由于国家、民族、历史的不同，于不同的社会中展现出不同的倾向。公共理性所体现出的社会公共伦理并非最高标准的道德伦理，而是公共的、普遍认可的低限度的德性。

（2）思维与逻辑性

公共理性是公共思维的凝结。人类的思维复杂多变，不同的文化背景、社会环境等均会对个体的思维模式产生影响，而公共思维则呈现出整体化、模糊化特点，需要通过公共理性对于公共思维进行完善和纠正，因此公共理性的逻辑性特征由此而显现。公共理性的逻辑性强调在运用公共思维探讨公共问题时重视思考的逻辑路径，注重分析过程的客观性和前后的自洽性。

（3）调和与衡平性

公共理性是处理社会公共生活问题的重要工具。在公共生活中虽然存在着公共的认知，但是于单个社会成员而言，相互之间难免产生多元价值的碰撞，此时便需要运用公共理性进行调和斡旋，这便体现出公共理性的衡平性。正是因为公共理性体现了公共的价值取向，因此在衡平的过程中矛盾双方较易接受衡平的结果，有助于维护社会的稳定。

（三）公共理性理论模式的规范性构建

1. 消除税务机关与纳税人之间的对立

当前税务机关与纳税人之间往往展现出对立的局势，税务机关将纳税人视为征管对象而无服务意识，纳税人则将税务机关视为强势而又无情的执法者。这源于长期以来税收"权力中心主义"思想的灌输，纳税人与税务机关的不平等以及税务机关对于纳税服务职能的忽视，使得征纳双方形成对立关系。而在公共理性的模式下，纳税人和纳税机关应当是平等的，而纠正长期的征纳失衡关系需要重视和完善平等理念的培养以及纳税人权利体系的构建。

2. 纳税人与税务机关协商共同处理公共事务

协商民主是公共理性的典型社会实践模式，同时公共理性又是协商民主的前提条件。公共理性是关于公共的善和根本性的政治正义问题，其讨论的主题为公共事务以及社会公众对于公共事件的集体性态度。[1]税务机关与纳税人进行协商能够更好地培养纳税人的主动性，同时，良好的民主协商能够平衡社会成员间以及成员与权力机关间的利益。

3. 财政支出突出公共欲望和民生问题

财政的收入主要来源于人民，财政的支出应该用于满足公共欲望，保障和提高民生。"财政支出要体现公益性、公共性和公平性，即在增加基础设施建设等公共项目支出的同时，增加对文教科卫、社会保障、保障性住房、环境保护及增加人们收入方面的开支，压缩不合理的行政管理费开支。"[2]在公共理性模式建构下的公共财政，更要体现出对于公共福利和生活优化的不断追求。

4. 财政管理更要以公共利益最大化

"公共财政的产生和发展均是与以经济自由为基调的市场经济进程相伴随的利益斗争的结果，其自始至终都是首先为了维护纳税人的权益和最大限度地满足公共利益诉求，而不是首先基于提供什么物品和满足什么需要，因为满足社会公共需要已经是财政天生的一般特性。"[3]因此，公共理性下的公共财政管理的宗旨应当是追求公共利益的最大化。

二、纳税人权利性质的理论阐释

当前，随着纳税人权利观的不断兴起与发展，纳税人权利越来越受到学术界和实务界的重视。而反思和构建纳税人权利势必要追根溯源，从多个角度探讨纳税人权利的性质理论，对纳税人权利进行充分的理论阐释，以便顺利开展后续的纳税人权利保护体系构建和完善工作。

（一）自然法意义上的纳税人权利性质

1. 自然法的理论

古典自然法学派认为在作为人的尺度上拥有一些基本的、自然的权利，这些权利不是依靠任何集体或者法律所赋予的，而是与生俱来的、天赋的，这种自然的权利不可被剥夺也不可转让。"起初，自然法被作为主张自然义务

---

[1] 参见张宇："公共理性：公民政策参与的条件"，载《社会科学研究》2011年第2期。

[2] 曾康华："优化财政支出结构与推进民生财政"，载《人民论坛》2011年第8期。

[3] 张晋武："公共财政宗旨性特征的质疑与重新解释"，载《经济学家》2012年第3期。

的根据，后来，则更多地被作为主张自然权利的根据。"〔1〕自然法学说的出现推动社会由义务本位转向权利本位。自然法的理念，对于我国税收征管由"国库中心主义"转向"纳税人中心主义"，认识到纳税人的权利有不可忽视的启发作用。

2. 纳税人权利的双重属性

纳税人权利的双重属性是权利性和义务性的耦合。一方面，纳税人享有税法所赋予纳税人的各类权利，这些权利需要纳税人积极行使才能产生法律效果，但是是否行使取决于纳税人的自我判断，这便是纳税人权利的权利属性。另一方面，从纳税人集体利益的角度出发，虽然纳税人个体行使权利是出于不同的自身利益，但是在税收征收的情况下纳税人个体的利益与集体利益往往一致。易言之，个体纳税人的积极行权能够促使税务机关完善纳税服务，同时也起到监督税务机关的作用。从纳税人集体利益的角度来看，个体纳税人的行权行为避免了其他纳税人权益受到同样的减损，从而有利于集体利益的提升。此外，纳税人在行使自身权利的同时也要注意权利的边界，不得滥用自身权利损害他人的利益，此即纳税人权利的义务属性。

（二）国家法层面的纳税人权利性质

1. 纳税人权利是宪法性权利

日本学者北野弘久最早将纳税人的基本权利视为在租税国家从其宪法中直接引导出来的"新人权"，税收的征收、支出等各个流程都必须符合宪法所规定的保障纳税人基本权利的要求。公民承担依照法律纳税的义务的同时也享有与之相对应的权利，这便是从宪法中直接引导出来的"新人权"即纳税人基本权利。〔2〕纳税人的基本权利理应是天赋的、不可剥夺的。在我国，有部分观点认为我国《宪法》第56条规定的纳税人义务中可以推出纳税人的权利，这便意味着纳税人权利应当是宪法性的。但更多的学者认为，纳税人的基本权利应当以文字方式更为清晰明确地写入宪法中。

2. 国家的保障义务

一方面，从纳税人的角度来看，宪法意义上的纳税人基本权利衍生出纳税人的具体实践权利后，需要通过纳税人的积极行使获取实现权利的法律效

---

〔1〕 夏勇："权利哲学的基本问题"，载《法学研究》2004年第3期。

〔2〕 参见［日］北野弘久：《税法学原论》，陈刚等译，中国检察出版社2000年版，第57页。

果。而另一方面，纳税人行使其权利的法律效果并不是凭空产生的。"基本权利的实现当然首先要求国家不要干预，但是基本权利要想真正落实，却往往需要国家提供各种物质和制度条件。国家对于基本权利不仅负有不侵犯的消极义务，同时还负有帮助和促进的积极义务，这种义务在德国法上被称为国家的'保护义务'。"[1]当纳税人行使其权利时，国家不得随意干预和阻碍，同时还要积极为纳税人权利的行使提供支持和各类保障措施。

（三）纳税人权利性质的理论提炼

1. 突出权利本位理论

过去的税收宣传往往着重于"纳税光荣""纳税是公民应尽的义务"等以义务为中心的论调而忽视了纳税人的权利。而强调纳税人权利则是在税收债权债务关系理论下，重塑纳税人与税务机关的平等关系，对于纳税人权利性质的讨论是对于权利本位思想的回归。"税收机关认识到自己只是受国家委托，而采取征收税款的行为。行为本身也是由纳税人在支付。只有依法行使自己的职权，才是依据纳税人的公意。"[2]因此，在税收征纳关系中纳税人权利本位才是其核心以及理论的原点。

2. 突出公共财政的性质

公共财政最为基本的含义是：政府财政的收入筹集的规模与支出的范围应当与政府提供公共产品的质量和数目相一致，如果是为公共产品提供之外的某些用途筹集收入或者支出，那么国民就应有拒绝的权利。[3]税收"取之于民，用之于民，造福于民"，在本质上是纳税人将自身部分财产让渡给国家，必然带来纳税人财产的减少，如果征收种类过多、比率过高，可能会严重影响纳税人的生存权和发展权。而税收使用事关公共财产的分配，不合理的分配有可能会对纳税人权利带来负面影响。税收是政府机器的基础，财政是以国家征税与用税的过程为主的国家物质性的收入与支出。之所以要强调纳税人权利，是因为纳税人承担了税负以支撑公共财政，而公共财政之目的在于维护纳税人的生存与发展，因此纳税人权利必然具有突出的公共财政性质。

---

〔1〕 张翔："基本权利的双重性质"，载《法学研究》2005 年第 3 期第 2 期。
〔2〕 馨元："论纳税人宪法权利之享有"，载《华东政法学院学报》
〔3〕 参见黎江虹："纳税人权利论"，中南大学 2006 年博士学位

三、公共理性视域下的纳税人权利解读

公共理性的发展脉络、内涵特征以及规范性构建对于研究纳税人权利具有重要的启发意义。公共理性是公共领域内行为主体的理性，在公共理性的视域下审视纳税人权利可从多种角度、多方面进行，全方位地解读不同层面的纳税人权利的性质与内涵。

（一）个体角度的纳税人权利

个体并不仅指作为公民的自然人，还包括了同样作为纳税人的法人和其他非法人组织。在税收征收领域，由于税收在形式上直接表现为国家强制、固定地向纳税人征收税款，而国家提供的公共产品往往没有明确的经济性对价或直接为纳税人带来获利，纳税人在缴纳税款时财产权的让与是无偿的，无法凭借自己支付的税款获得对应的报酬或返还。这导致纳税人与国家以及税务机关之间在税款征纳时的经济利益转让过程中具有天然的紧张性。而维护所有纳税人个体的权利则是缓和这种紧张性的重要手段。

现代公共理性观追求的正义超越了单纯个体权利的狭隘视野，重视平等价值、关注公共生活中的个体权利，将保证个体权利与社会合作结合起来，追求更为实质的平等。公共理性重视个人与社会、国家之间关系的协调，呼吁公民不仅要运用公共理性这个政治智慧来推理法治要素和基本结构正义，而且要运用公共理性来规范、引导个体权利和公共利益之间的谈判和磋商。

具体到纳税人权利，公共理性可以引导纳税人积极地在涉税领域行使自身权利，充分参与到我国税收征纳实践的各个环节当中。从个人角度看，纳税人权利的行使有助于纳税人更加全面细致地了解和理解税收征管，巩固纳税人与税务机关的平等地位。维护纳税人权利体现了国家对于纳税人个体利益的尊重和保护，有利于鼓励纳税人的纳税遵从。

（二）社会角度的纳税人权利

从社会角度分析，纳税人权利理论既涵盖了个体利益的追求又囊括了对公共利益的肯定，这正是公共理性所追求的目标。申言之，纳税人权利是公共价值的体现，保护纳税人权利有利于公共认知的形成，有利于公民在税收领域遵循公共理性实施公共行为，从而持续促进公共利益的提升，达成公共理性追求的公共目标。

一方面，正义既是公共理性的核心理念，也是指导纳税人权利理

论的价值基础。纳税人权利的存在确保了税收在进行收入的社会再分配时存在明确的方法对于自己的私有财产进行保护，通过符合法律规定的税收征收实现对于社会利益最大化的追求，对达成公共理性追求的公共善具有关键意义。另一方面，纳税人权利由于能够起到监督税务机关的作用，因而具备了监督国家财政合理高效使用、促进社会整体效益提升的功能。财政运行以满足国家防卫、公共治安、社会福利等公共需要为目的，公共理性追求的自由、平等、正义等公共善，个人与社会、国家之间关系的协调都离不开财政的支持。纳税人权利正是对于财政效益提升的稳定监督工具，对于促进公共理性追求的目的之实现十分关键。

（三）国家角度的纳税人权利

国家角度的纳税人权利主要体现在对国家公权力的限制。公共理性的实践以及公民的权利保障都需要公共权力的存在，而为了维持这种公共权力，就需要公民纳税。孟德斯鸠曾说："国家的收入是每个公民所付出的自己财产的一部分，以确保他所余财产的安全和快乐地享用这些财产。"[1]税收的本质就是政府在产权确定的情形下，在取得公民的同意后，拿走一部分公民的私有财产。可以说，财产的私人所有实际上是国家税收的前提，也是民主法治制度的必然前提。该前提也体现在纳税人当然拥有的自然权利中，通过宪法上的权利表现出来，而纳税人权利正是为这份财产私有提供保障，帮助纳税人保护其私有财产免遭不法侵害。

纳税人权利的重要功能是对国家征税权作出限制。国家征税即国家取得公民财产，按照社会契约论，国家取得财产前应该征求公民的同意。但是，国家可以使用暴力机器将私人的经济利益转变成国家的财政收入，再加上政府财政收入对税收的依赖度逐渐攀升，而个人与国家机器的力量对比过于悬殊，私人财产遭受政府任意侵犯的可能性也不断增加。因此，无论是从社会公正的角度还是从经济繁荣的角度来看，对国家的征税权进行约束都是非常必要的。

四、公共理性模式下纳税人权利体系的搭建

基于前述分析，在现代公共理性观下，纳税人权利体系构建应当做到权

---

〔1〕 ［法］孟德斯鸠：《论法的精神》，许明龙译，商务印书馆 2007 年版，第 201 页。

利与义务相统一，个人利益与公共利益相衡平。因此，我国公共理性模式下的纳税人权利体系有待从规范层面、运行层面、司法层面进行重新搭建。只有这样才能在公共理性模式下，搭建起完善的纳税人权利体系。

（一）规范层面的重构

1. 专门立法、提高立法级次

构建以宪法为核心的纳税人权利规范体系，前文提及我国纳税人基本权利尚未明确体现《宪法》中。纵观世界各国，于宪法或宪法性法律文件中明确纳税人权利的实践不在少数，纳税人权利的宪法确定对于民主法治国家而言有着不可忽视的重要性，为国家税权的行使提供合法性基础。除了确定宪法性的纳税人基本权利以外，在一般法律层级上也应当存在对于具体的纳税人权利的规范。而当前我国税法领域缺乏税收基本法，对于纳税人的实体权利及其行使进行完善的规定，对于一些通行的原则的规定也暂付阙如。因此，完善税收领域的纳税人权利相关法律体系是纳税人权利体系的构建任务之一。

2. 权利体系化

"权利束"这一理论最初起源于制度经济学，是指完备的产权所应该包括的资源利用的所有权利。它既是一个"总量"概念，也是一个"结构"概念，即不同权利束的排列与组合决定产权的性质和结构。[1]该理论其后逐步应用于法学领域，研究集合在某一种特定财产上的诸多权利。随着民主思想与集体主义的兴起，一种财产上的多元主体形式逐渐显现。同一财产上不断附加集体产权、国家产权，使之成为一种财产权利集合。将财产权描述为"权利束"可以有效地扩充财产权的概念，认可集体与政府对财产权的干预。"权利束"的特点是内涵多元，种类多样，其基础属性就是在同一资源上存在多元与多样的利益可能。将一组权利以"权利束"的形式进行研究是因为这组权利存在一个共同的"束点"。所谓"束点"就是这组权利的共同性，这个共性恰是研究者的基础。此外，权利束在法学的应用还隐含着社会主义的思想观念，即注重集合与统一的思想，在保证个人财产权利不受不法侵害的同时，便于集体权利与公共权利的行使，注重社会发展的自由与实现社会平等。

使用"权利束"理论研究纳税人权利的重要特点，可以将个人角度、国家角度和社会角度的纳税人权利合并研究，解决纳税人权利中多个主体，价

---

[1] 参见卢现祥主编：《新制度经济学》，武汉大学出版社2011年版，第132页。

值标准多样的问题。在此基础上，将集合中的纳税人权利进行整体价值分析，规范各主体间权利边界、价值位阶，为权利行使与保护提供理论依据与支撑，从而形成其完善的纳税人权利体系，再以法律的方式予以保障。

（二）运行层面的重构

1. 程序正义

纳税人在征纳过程中权利的实现和保护离不开税收征管程序的程序正义。由于征税是对于纳税人财产的剥夺，纳税人天然对于税收征收具有抵触情绪，也就形成了税务机关与纳税人之间的"猫鼠游戏"。为了确保税收的"应收尽收"而罔顾法定程序是揠苗助长的行为，只会导致征纳双方矛盾的恶化和纳税遵从性减弱。程序正义应当是在过程、结果和效率上均体现出公正和稳定，在程序上保证纳税人权利的行使不受任何不当的阻碍。

2. 公众参与

公共参与强调纳税人作为公民和财税收入的主要提供者能够主动、积极地参与到税收领域的整个过程中。当前我国纳税人的公共参与途径不够畅通，纳税人的参与意愿也不高。因此，鼓励公众参与，一方面当拓宽纳税人参与的途径，另一方面培养纳税人的参与意识、激励纳税人主动行使自己的权利参与到公共理性中，自发地进行理性思考，限制公权力的不断扩张。

（三）司法层面的重构

1. 可诉性

可诉性难题一方面表现在纳税人寻求救济时面临的复议前置和纳税前置问题；另一方面则是对于涉税公益诉讼制度的缺位，检察机关与税务机关权能混同有失涉税公益诉讼之本意。在税收双重前置问题上，主要存在争议的是纳税前置问题，许多学者认为应当删去该制度以保证纳税人权利救济道路的通畅，但也有学者认为宜效仿美国的实践，将纳税的时间节点推迟到行政诉讼之时而非现在的复议阶段之前，以防止纳税人滥诉。而在涉税公益诉讼方面，检察机关承担了启动行政公益诉讼的职责，也因此阻断了纳税人个体或者组织提起涉税公益诉讼的道路。然而，在实践中涉税行政公益诉讼的提起频率相对较低，而且"部分检察机关与税务部门之间的监督关系已然演化为一体化协作甚至是完全包办"[1]，因此涉税公益诉讼制度仍有待完善。

---

[1] 孙其华："涉税行政公益诉讼制度的实践困境与完善路径"，载《税务与经济》2021年第6期。

2. 司法审查

《行政诉讼法》第 53 条规定了司法机关对于规范性法律文件的司法审查权，然而"不管是出于对权力分立理念的坚守，还是基于司法的政治中立性考虑，抑或是因为现代行政的日渐专业化和技术化等心有余而力不足，法院尊重行政机关的首次判断权业已成事实，且广为存在。"[1]然而，作为权力制约和权利保护的监督制度，公共理性模式下的纳税人权利保护需要更为积极、专业的司法审查，这便对于司法机关提出了新的要求和挑战。

第三节　纳税人视角下的社团建设与自我教育

一、纳税人的自我教育：以纳税意识培养为核心

（一）我国纳税人纳税意识的现状分析

纳税意识指遵守法律法规规定的公民负有依法纳税的义务，以及其他税收立法中有关税收征纳规定的心理行为意识，其在学理和实践层面都具有重要意义。但是审慎地看，我国纳税人的纳税意识现在依然处有待提高。

回顾我国的历史不难发现，虽然税收在我国拥有漫长的历史，但在我国长期以来社会上一直存在着"厌税"情绪。在封建王朝时期，个人税负过于沉重而且巧立名目变相征税的情况时有发生。这导致我国历朝历代的人民对税形成了"其是统治阶级对劳动人民横征暴敛的手段"的观念，认为是一种沉重的负担的负面看法。1949 年后，国家政权的性质发生了本质变化，税收的本质也随之发生了变化。受到苏联"非税论"以及所有制结构、收入分配形式单一性的影响，在很长一段时间内我国政府都主张最大限度地减少税收，在 1975 年修改《宪法》时，甚至取消掉了"公民有纳税义务"的规定，"无捐无税"一度被认为是社会主义优越性的体现，也对公民科学地认识现代税收的本质产生了一定影响。在大多数公民都对税收持有负面认知的氛围下，一些纳税人认为偷税骗税也并非有违道德和法律的坏事，有的纳税人甚至将隐瞒收入、偷逃骗税当作一种发财致富的手段。虽然难以接受自身财产减少

---

[1] 叶金育："税收规范性文件的司法审查——立法检思与技术度衡"，载《经济法论坛》2017 年第 1 期。

是人之常情，但是依然不难由此看出，此时公民的纳税意识处于较低水平，对税收征管具有很大的消极影响。由于历史和现实的种种原因，不少纳税人对税收存在着偏见和抵触情绪，纳税意识也不高。许多纳税人现在依然未认识到自己的主体地位，并且不了解自己为何要履行纳税义务。

（二）纳税意识薄弱的原因探究

首先，我国不够重视税收宣传，导致公民不理解征税、纳税的重要性。在过去一段时间内，政府和媒体倾向于对社会进行公共财政、国家财产、税收等概念的宣传，而不重视对纳税人、权利等概念的宣传；倾向于强调人民是国家的主人，却没有宣传纳税是国家的主人在政治和经济意义上的体现；往往简单地强调税收是取之于民、用之于民，但较少宣传为什么要纳税以及纳税的意义；在税款使用方面，对于只有税收筹集形成财政收入才有能力提供这些公共产品、公共服务的宣传较少。总体而言，我国的税收宣传不利于纳税人提高纳税意识。

其次，纳税人在涉税立法上的参与度低，立法与执法过程缺乏对纳税人权利的保护。在税收立法、制定税收政策时，纳税人缺乏发言权，同时也没有明确的参与机制。在税收征管方面，强调纳税人的法定义务较多，对其在宪法和法律上的权利相对忽视。实践中税务机关往往过于强调其征收和管理的权力，对其在执法和管理中应尽义务缺乏应有的重视。这使得权利与义务不对等，不符合依法治税、民主法治的客观要求，同时也不利于公民纳税意识的提高。

再其次，各级政府、各个部门之间涉税信息不畅通，配合度不高。有的地方政府、行政单位只顾地方、部门的利益，纵容纳税人偷税、逃税、骗税、抗税等违法行为，或者提供不合理的税收优惠措施，错误地把发展经济的主要着眼点放在要求税务机关减税免税上。在涉税信息沟通上，税务机关不能顺利地从工商、银行、海关、公安等部门了解有关纳税人生产经营、收入等与税收存在密切关联的情况。

最后，对偷逃税者惩罚不力，在客观上使得纳税人对偷逃税款的严重程度认识不足。不可否认的是，畏惧违反税法后的严厉惩罚，是促使纳税人遵守税法、纳税遵从的重要因素。而偷逃税查处率较低、税务检查面较小、处罚力度偏轻、社会舆论约束力偏弱等因素，将会诱使纳税人存在查不到、查到也没事的侥幸心理，从而影响公民的纳税意识在社会整体层面上的改善。

此外，部分官员贪污腐败和税款形成的财政资金被铺张浪费、公共产品和服务没有实现均等化等负面情绪具有重大影响。

（三）提升纳税意识的方式选择

虽然种种问题的存在使纳税遵从度整体处于中低水平，但是应当看到，近年来我国公民的纳税意识在逐步提高。目前我国发展已经进入新时代，对提高公民纳税意识提出了更高要求，这要求我们必须紧贴国情作出制度政策调整，增强公民的纳税意识，提高纳税遵从度。

提高公民纳税意识首先应当提高税收征用透明度，切实保护纳税人权利。每年联合财政部门公开税收收入和支出，做到征税、用税公开透明，引导公民关注自己作为纳税人为国家和公共利益做出的贡献，提升作为纳税人的存在感和自豪感；帮助公民了解提供公共服务、公共产品的成本，提升公民在公共生活领域的获得感；在税收宣传、办理涉税业务时明确告知纳税人各项需要遵守的规定，同时加大告知、说明纳税人权力的力度，保证纳税人清楚了解自己的权利，使纳税人真正感受到税收公平而自愿选择税收遵从。

其次，提高公民纳税意识应当便利税收征纳程序，完善纳税人监督机制，提高纳税人主人翁意识。基层税务机关是与纳税人接触最为频繁的地方，工作细致繁琐任务量大，但是新时代要求税务机关克服困难，不仅仅要完成基本的征收、稽查工作，还要总结具体工作中存在的问题，完善涉税领域的责任制度、追究制度。同时建立健全完善的税收征用监督机制，让纳税人参与对税收征管工作的监督，对于杜绝税务机关工作人员权力滥用等侵犯纳税人权益的情形，提高纳税人的主人翁意识具有明显的有积极意义。

提高公民纳税意识还可以积极树立依法纳税的先进典型，同时加大对偷逃骗税款行为的打击处罚力度，加强税收宣传教育，在社会中真正形成依法纳税光荣的社会风尚。提高遵纪守法纳税人的社会认同感、自豪感，形成依法纳税者受益、不依法纳税者受损的社会氛围。加强税收是文明的对价的宣传，提倡纳税人对政府的行为进行合法监督，建立全面的纳税人意识。此外，加大打击处罚涉税违法行为的力度，保护守法者的经济利益。对此，我国可以借鉴国外经验，建立一套"严管理、重处罚"的税收罚则，增加纳税人的偷逃税成本，形成不敢、不能、不想偷逃税款的社会氛围。

最后，提高公民纳税意识不能仅仅依靠政府机关的努力，还应当善于借助社会的力量。按照公共理性理论，公民可以通过持续地直接参与社会与国家的管理，从而完善自身的政治人格与精神，强化民主意识，提高自身的民主能力，达到不断增进公共利益的目的。同时，公共理性强调多元一致、协商与互动、公民权至上的公共性价值，要求公共部门转变治理理念，协同社会和公民共同对公共事务进行治理，倡导在一国之内形成一个以政府为主导的多元治理结构，在多元治理结构中，非政府组织、营利组织和社会公众均是非常重要的治理主体。基于此，制定政策时应当充分考虑构建公民有序参与涉税立法、管理、监督相关的体制，使公民社会与国家共同合作达成善治。其中，协助建立纳税人社团对提高公民纳税意识具有明显积极作用。

二、纳税人社团建设的理论基础梳理

（一）法理根据：结社权

1. 宪法中的纳税人结社权

宪法作为国家的"根本大法"，将所有法律统一于宪法的价值之中，控制着整个法律体系，成为衡量其他法律的标准，税法也不例外。宪法的核心作用就是协调国家以及国家的行政机关与公民之间的关系，保护公民的利益不受国家公权力的违法迫害。在税收领域，表现为加强以宪法为核心确立纳税人权利的保护，同时为国家财政权的行使提供合法性依据。结社权是宪法赋予公民的一项基本权利，规定在《宪法》第35条。就个人而言，结社自由表现为自由选择结社并参与结社活动。有学者将纳税人权利区分为纳税人的宪法性权利（纳税人的财产权、平等权、生存权、选举权与被选举权、言论自由、结社权）与纳税人在税法上的权利（包括纳税人在税收征收中的权利、在税收处罚中的权利、在税收救济中的权利）。[1]由此可见，纳税人的结社权是宪法赋予纳税人自我保护的最重要的方式之一。由于纳税人在税务机关面前处于劣势地位，力量单薄且高度分散，依靠纳税人个体的力量，难以达到有效维护自身利益的目的。宪法规定的结社权就是集众多纳税人个体的力量于一身，为纳税人的权利保护提供了组织支撑。

2. 税收征管法中的纳税人结社权

我国《税收征管法》规定了纳税人不仅享有程序方面的权利，同样享有实体方面的权利，主要包括税收优惠权、退税请求权、陈述申辩权、税收知

---

[1]　参见刘剑文主编：《财税法学》，高等教育出版社2004年版，第354~355页。

情权、税收秘密权、控告检举权、要求回避权、延期申报权、延期纳税权、取得凭证权、拒绝检查权、税收救济权等，但是总体上程序性权利较多，实体性权利偏少。类比消费者的权利保护上，《中华人民共和国消费者权益保护法》对消费者结社权做出了专门的规定，极大地保障了社会团体对纳税人权益的保护，这种做法值得借鉴。尽管国家税务总局在《关于加强纳税人权益保护工作的若干意见》中规定"建立纳税人权益保护组织，构建纳税人维权平台"，但是该文件的效力等级过低，尚不能形成广泛而有效的保障。《税收征管法》作为税收征管程序的基本法，建议可以考虑在其中规定专门的纳税人结社权，这样可以与宪法中的结社权条款相呼应，从而在根本法以及基本法层面都能达到保障纳税人权利的作用。

（二）马克思主义的社会组织理论

我国是社会主义国家，我国的社会主义现代化建设始终坚持以马克思主义为指导，社会组织建设也应当以马克思主义为依循。同时需要在国情的基础上进行挖掘和创新。

关于社会组织，马克思曾指出，社会组织会由低级向高级发展，还论述了社会组织的性质界定问题。在马克思主义理论中，血缘家庭是第一个有组织的社会形式，[1]马克思认为，家庭是最初级形式的社会组织，以血缘关系为基础建立。随着社会分工逐渐细化，社会组织也由最初级形式的家庭渐渐分化演变成复杂高级的社会组织形式，由以血缘、地缘为基础发展到业缘组织的形式，除各种经济组织之外，还会产生政治组织、社会组织等。对于社会组织的性质，马克思认为资本主义社会组织与社会主义社会组织具有本质区别。在资本主义的各种社会组织都反映出资本主义的生产关系，这种生产关系具有阶级性质，因此各种资本主义社会的各个社会组织都具有阶级的烙印。而在社会主义社会中，社会组织是建立在真正的个体平等基础上的，按照新方式组织起来的联合体，[2]是每个组织成员社会性存在和全面发展的组织形式。

同时，马克思的共同体思想是社会组织产生与存在价值的主要理论支撑。

---

〔1〕 参见《马克思恩格斯全集》（第45卷），中共中央马克思 恩格斯 列宁 斯大林著作编译局，人民出版社1985年版，第348页。

〔2〕 参见《马克思恩格斯全集》（第4卷），中共中央马克思 恩格斯 列宁 斯大林著作编译局，人民出版社1995年版，第174页。

他论述了社会组织作为一种共同体形式存在的价值和必要性，并为社会组织发挥国家治理作用的途径提供了指导。在批判、继承西方共同体思想的基础上，马克思对共同体的概念作出定义："一种具有特定利益诉求的人群基于共同目标组成的集合体或联合体，它构成人类活动的基本场域。包括政治共同体和超政治共同体。"在马克思的观点里，共同体是人们在动态意义上进行联合的自然手段，是人们进行生产和交往的基本单位，而不仅仅是一个静态意义上的组织，具有实践性、历史性、社会性和普遍性特点。对于共同体的必要性，马克思明确指出，"只有在共同体之中，人类才得以发展"。[1]由此可见，共同体的存在对个人的全方面发展至关重要，这也是社会组织产生和发展的根源。

在我国，有学者基于马克思主义理论指导，开创了中国特色社会组织理论的研究。[2]他们认为，中国社会组织发展不应以西方社会组织理论为指导，而应从马克思主义理论整体中寻找理论依据。马克思共同体思想中人的本质思想、社会-国家思想、自由人联合体思想等，超越了西方社会组织理论，应当以此构成中国社会组织建设的理论基础。此外，有学者指出，我国社会组织的发展必须坚持以马克思主义关于国家与社会的统一观及人民群众创造历史的观点为指导，必须旗帜鲜明地反对把国家与社会组织对立起来、以社会组织制衡国家的二元化思想，反对把政党与社会组织对立起来、以社会组织对抗政党的思想。[3]

西方社会组织理论以公民社会理论为基础，以自由主义为核心价值预设了资本主义的国家观、民主观和社会观，追求以公民社会制衡国家。"在许多西方学者的眼中，政府作为国家的代理人一直被视为公民社会的对立之物，他们寄希望于公民社会的勃兴，并日益强大到能从政府手中接管越来越多的权力，在政府撤出的领地为民主化开辟广阔的社会空间，汲取权力的合法性来源。"[4]相较于西方国家以自由主义为核心价值、以公民社会理论为基础的

---

〔1〕 参见《马克思恩格斯全集》（第1卷），中共中央马克思 恩格斯 列宁 斯大林著作编译局，人民出版社1995年版，第131页。

〔2〕 参见余娴丽、蔡晓良："中国特色社会组织理论初探"，载《辽宁行政学院学报》2014年第4期。

〔3〕 参见白平则："如何认识我国的社会组织"，载《政治学研究》2011年第2期。

〔4〕 文史哲编辑部编：《国家与社会：构建怎样的公域秩序？》，商务印书馆2010年版，第382页。

社会组织理论，马克思反对把政治国家与市民社会对立起来的思想。他认为国家与社会是一个统一整体，市民社会的成员，就是政治国家的基础、前提。[1]作为社会主义国家，我国在支持、引导社会组织发展时，应当摒弃以公民社会和政府对立为基础的理论，应当以马克思主义关于国家与社会、政党与群众关系理论为指导，促进社会组织和政府协同合作，共同追求公共的善。

三、纳税人视角下社团建设的必要性阐释

（一）个人层面：结社权的行使与个体权益的增值

纳税人初始是以个体的形式存在的，其次纳税人的权利才被提起，再到后来，个体利益与群体利益的博弈才产生了纳税人这个概念。国家税收的主导权与个体纳税人利益的不断斗争，同时也是权利的个体性与社会性的斗争。如果只保障纳税人的个体利益，那么人性本来的趋利性特点就不能保障税款及时、稳定、完全地缴纳，没有国家强制力保障，现实中偷税、漏税、抗税的情况将比比皆是，国家不可能指望所有纳税人个体，在没有国家制度的规范下，都能依靠自身的道德力量去自愿缴税。反之，如果只强调群体性，削弱个人的独立性，压制个人的利益和需求，久而久之必将产生一场纳税人的群体反抗，冲击国家的政权控制与社会稳定。

在社会发展中，结社是凝聚个体力量的重要形式，也是个体发挥自身个性的有效途径。纳税人的结社权可以保证纳税人在不违反宪法和法律的前提下，自由地组成各种模式的社团。通过结社的方式，汇集单个的纳税人的力量，并逐渐成为遏制国家权力垄断较为有效的方式，应当通过宪法明确赋予纳税人此项权利。

纳税人社团是市场经济发展和公众对抗国家公权需求的一个产物。如果说分散的个体纳税人是弱势群体，通过纳税人社团组织起来的纳税人，则是制约行政权力滥用、维护纳税人权益的一个重要力量。发达国家鼓励纳税人社团的发展，以便为纳税人提供相应的纳税服务，在纳税人社团的帮助下，纳税人更加关注税收法治状况，既可以监督政府节约使用纳税人的钱财，也

---

[1] 参见《马克思恩格斯全集》（第3卷），中共中央马克思 恩格斯 列宁 斯大林著作编译局，人民出版社2002年版，第187页。

可以有效维护自身的合法权益。[1]同时纳税人社团可以提供的服务多种多样，既可以在解决具体问题上提供法律咨询、法律帮助，也可以通过新闻媒介开展税法的普及、宣传等活动，从而为纳税人提供优良的纳税服务。

纳税人社团成立的早期任务是宣传咨询。纳税人社团成员一般由精通税务政策的税务师或者其他专业人员构成，通过举办一系列的讲座、专题研讨会等在纳税人之间进行税务宣传教育，使纳税人自觉遵守税收法律法规、提高纳税意识，自觉依法纳税，甚至积极监督税务机关的征管活动。纳税人社团通过提供咨询服务，构建起纳税人与税务机关沟通的"桥梁"与"纽带"。

（二）社会层面：社会价值的实现与发展需求的满足

首先，社会价值的实现与发展需求的满足需要和谐稳定的社会环境来保驾护航。而纳税人社团具有防范、整合、调节社会矛盾的作用。利益分配不均通常是导致社会矛盾产生的主要因素，社会诉求表达渠道的缺乏又会刺激矛盾升级，社会组织由于其自身职能可以成为集中表达、促进实现社会利益诉求的场所，可以发挥预防社会矛盾和冲突的功能。基于此，在税收领域，建立、发展纳税人社团等社会组织意味着建立了多渠道的纳税人利益诉求表达机制，为的是让纳税人能够在社团组织中获得自身利益诉求的一定程度上的实现和满足。纳税人社团作为征纳关系中的"第三方"，有能力以更客观、更公正的角度理解征管过程中的争议纠纷，为纠纷的化解提供不一样解决之道。这有利于纳税人表达他们的诉求，改善紧张的征纳关系，提高纳税主体对税收法律的遵从，最终形成和谐稳定的征纳秩序和社会关系。当然，纳税人还可以通过纳税人社团组织这一非营利性的团体获得某种心理预期的实现。纳税人通过参与到纳税人社团组织的各项活动，在纳税人之间架起分享知识的桥梁，增进纳税人之间的理解，形成纳税人诚信、合作、互助、共赢的良好社会氛围。

其次，社会价值的实现与发展需求的满足呼吁多元化的治理体系，而纳税人社团可以成为社会自治和公民自治的助推器。社会自治是人民群众的自我管理，对于国家的长治久安而言不可或缺。社会组织是社会自治的重要主体。高度自治的社会是推动国家治理现代化的必经之路。因此，近年来，特别是党的十七大以来，中央既强调增强社会自治功能、扩大基层民主，又强

---

[1]　参见杨杨：《我国税收征管成本研究》，中国财政经济出版社 2010 年版，第 239 页。

调要加强社会管理、维护社会稳定。社会组织为社会自治提供了丰富的组织载体，在协助政府促进社会自治方面具有补充、丰富的作用。在税收征用领域，可以通过组建纳税人社团促进纳税人的社会自治。纳税人社团可以激发纳税参与涉税领域社会自治的热情和积极性，降低政府社会治理的成本，又能培育纳税人自治精神，帮助纳税人就税收领域的问题自我学习、自我反省、自觉思考，提高纳税人的纳税意愿和对国家税收法律、政策的认同感。

（三）国家层面：财政权能的强化与国家秩序的维持

随着我国政府职能的不断转变，一些原来由公权力机关提供的公共服务和公共物品提供的职能被转移到社会组织身上。近年来，各类社会组织在救助帮困、就业培训、环境保护、消费者维权等领域提供了更具个性化的服务，社会组织在中国国家治理中的作用日益凸显。社会组织代表着一定群体或公共社会的利益，因此，汇聚民意是社会组织最显著的特征之一。这就决定了党和政府有必要通过社会组织这一特殊而又广泛的组织机构，在政府和广大公民之间建立起高效而又安全的桥梁。社会组织既可以帮助政府宣传国家的政策法规，又可以推动社会民主法治建设的进程。纳税人社团正是在涉税领域发挥上述作用的社会组织。具体到纳税人社团的功能上，它可以充分利用身为社会组织自带着的先天的公共性使命以及具有的丰富社会资源，架起纳税人与税务机关之间沟通的桥梁，为纳税人分享信息资源和技术资源。

纳税人社团作为纳税人和税务机关的桥梁，可以代表纳税人参与日常税收管理，提出税收立法建议，在税收征管过程中维护纳税人合法权益，监督国家用税行为。

首先，纳税人可以在征纳双方间建立高效便捷的沟通机制，减少双方因信息不对等产生的鸿沟。在社团内部，纳税人社团可以通过内部机制，将纳税人的诉求和意见进行汇总，及时传达给税务机关，在社团外部，纳税人社团又可以将税务机关的政策目的以及他们对处理某些税收争议的建议传递给纳税人。通过协助、组织纳税人协会开展对税收重难点问题进行讲座、学习、研究，可以使纳税人在对外交流、内部研习中了解行业、区域经济发展中的关键税收信息，预判税制改革的方向和策略，为纳税人自身发展和国家税收政策顺利落地提供保障。

其次，纳税人社团可以同税务机关就征管中的问题进行定期商讨，为税收征管和税务管理工作提供咨询和建议，促使税务机关工作方式转变，提高服务质量。同时，纳税人社团也可以成为税务机关进行社会管理的一大助力。对于一些不方便征管机关直接处理的事务，可由纳税人社团代为处理，充分发挥纳税人社团非政府的、服务性的优势。

再其次，纳税人社团还可以帮助纳税人参与税法制定，建立各种通道，在会员和政策制定机关之间搭建桥梁，以提出议案、参加立法听证会、参加政策讨论等方式帮助纳税人登上利益表达舞台，在税收立法和修改过程中表达自身诉求，切实地参与其中。

最后，纳税人社团可以帮助纳税人对政府财税行为进行监督。比如税制是否科学、税负是否规范以及税收执法是否规范。纳税人社团可以通过提起纳税人诉讼，申请财政审查等方式监督税收的使用，促使政府能节制合法地使用税款，尽可能让纳税人享受优质公共产品和服务，使纳税人的权利和利益得到有力保障。

四、纳税人社团建设的核心要素：参与感

自从我国实行改革开放政策以来，生产力得到了极大解放的同时，还促进了社会的自治进程。随着行政体制改革和政府职能转变，在一些领域我国的社会治理方式由"总体性"社会模式〔1〕开始转向多元化，一批社会组织应运而生。与行政机关相比，这些社会组织拥有高效、灵活等独特优势，能够有效地弥补市场和政府治理之间脱节的环节。具体到税收征用领域，近年来我国税务机关认识到政府与纳税人之间应该是服务与被服务的关系，〔2〕因此征管模式和服务理念发生了重大的转变。而纳税人之家的出现和在一定区域内的普及推广，正是社会力量、民主自治在税务领域发展的标志，是税务领域管理社会化、多元化创新的集中体现。

纳税人之家是地方党委政府牵头，税务机关与行业协会、全国工商业联合会（简称"工商联"）等行政机关和社会组织协同，广泛吸纳相关行业内或行政区域内的纳税人参与的民间非营利性团体组织。2003年我国第一家纳税人之家在无锡市惠山区正式成立，随后推广至江苏省多个地市，备受纳税

---

〔1〕　总体性社会的特征是国家社会合一，国家占据绝对主导地位并高度整合社会。参见孙立平等："改革以来中国社会结构的变迁"，载《中国社会科学》1994年第2期。

〔2〕　参见李炎："论纳税人概念的完善"，载《税务与经济》2011年第1期。

人和税务机关的欢迎。纳税人之家举办的活动主要由税务机关主动发起，联合工商联、行业协会等社会组织，以维护纳税人的知情权、建议权和监督权等权利为切入点，紧密联系本地或某一行业内税收征管和税务服务的实际情况、突出问题或新政策，以改善征纳关系、提高纳税人纳税意识、保障纳税人权利、提升纳税服务层次、创造良好的税收环境为指导目标。

（一）纳税人参事阶段

纳税人参事阶段直接体现纳税人的参与权，是纳税人社团建设中增强纳税人参与感的基础阶段。一般认为，纳税人宪法上的权利可以分为消极防御权和积极参与权，[1]这是依据纳税人在各个具体权利中所处的地位和角色划分的。其中的积极参与权主要表现为纳税人对国家税收征用过程的实质性参与和监督，它是"从现行宪法精神中构造出来的一项旨在维护纳税者对税的课征与支出两个方面进行民主化管理的权利，它也是社会主义民主原则在税财政领域中的具体体现。"[2]

在此阶段，纳税人社团需要依托税务机关、工商联、行业协会的力量和资源广泛邀请不同层面的纳税人、企业财务主管和行业组织代表直接参与本地的具体税收管理事项。为确保纳税人的参与权不仅仅停留于形式，参事活动需要做到经常化、实效化。特别是应当在纳税稽查典型案例公开审理、信用等级评定、纳税评估、个体工商户定额调整等纳税人日常关心较多与纳税人具体权利关联密切的税务机关活动中通过纳税人之家等纳税人社团组织平台，引入纳税人参事机制。通过纳税人之家日常的纳税人参事活动，帮助纳税人代表对纳税人关心的议题进行参议、评议，邀请税务机关对典型、重大涉税案件进行客观陈述，对纳税人会员关心的问题、不理解的政策举证释惑，纳税人代表们对相关案件公正评议，对税务机关的日常管理、征收、稽查工作积极建言，保护纳税人的参与权。在此阶段，纳税人通过参与各种活动可以极大提升纳税对于税收征管工作的参与感，有利于完善税源管理、加强征纳协调，有利于纳税人权利的保护。

（二）民主评税阶段

民主评税阶段是纳税人参与权和参与感的重要保障阶段，是纳税人参事

---

[1] 参见陈少英、王玲："纳税人权利保护探析"，载刘剑文主编：《财税法论丛》（第8卷），法律出版社2006年版，第37页。

[2] ［日］北野弘久：《税法学原论》，陈刚等译，中国检察出版社2000年版，第31页。

阶段的具体化。税务局可以通过纳税人之家平台，将纳税人民主评税机制引入稽查选案和审理环节，由纳税人评议决定稽查对象、形成处理结论，从而维护纳税人的参与权，保障纳税人的参与感。

尤其是在税收管理、征纳法律法规等方面作出重要改变，在征管措施推行中有较大困难和矛盾时，或在作出税收执法决定后发现存在某些突出矛盾和问题时，通过听证、评议、征求意见等形式广泛听取纳税人代表和社会相关阶层的意见和建议，合理采纳建议，积极疏导舆论，争取最大理解，提高政策措施的合理可行性、提升纳税人遵从度，保护纳税人的建议权。纳税人之家可以作为征纳双方之间的平台，在镇村集体资产租赁、私房出租和个人所得税申报等具有典型性的税收处罚和稽查处罚等活动中，组织纳税人参加听证，充分发挥纳税人之家征纳互动、公开透明、民主监督的平台效应。

（三）政策服务阶段

政策服务阶段是提高税务机关服务质量、效率，改善征纳关系的关键阶段，能够协助纳税人落实参与权。因此，除了上述民主评税机制外，在发生涉税重大案件或涉税重要政策调整时，纳税人之家还可以在税务机关牵头下，协同有关职能部门，开展有针对性的宣传辅导活动，维护纳税人的知情权。2008年汶川大地震以后，就有地方税务机关通过当地纳税人之家平台展开相关调研，收集整理涉税优惠政策，及时组织开展专题政策辅导会，为纳税人排忧解难。当前，新冠疫情严重影响全球经济发展，面对当前由疫情导致的经营困难、利润下滑，我国政府出台了多项惠民生、促增长、保就业措施，在这些措施落地的环节中，纳税人之家可以作为连接广大纳税人与税务机关的桥梁，邀请税务机关为成员积极开展保增长、促民生、税企携手共渡难关等的政策扶持活动，增进征纳双方的沟通与协调，切实为纳税人度过危机排忧解难。

（四）监督评议阶段

监督评议是纳税人行使宪法赋予的监督权的有力手段，也是维护纳税人权利的重要救济手段，更是推进民主办税的必然要求。在传统的行政诉讼中，纳税人只能以消极、事后救济的方式维护自身合法权利，无法实现对政府用税行为的知情权和监督权，而通过纳税人之家这一平台，可以使分散的纳税人集中行使自身监督权，这样一来既可以使纳税人对国家立法机关制定税收法律、税务机关执行税收法律、财政支出的情况进行总体评价和监督，[1] 又可以使纳税人在具体税收征纳过程中对税务机关及其工作人员进行单独而具体的监督。

税务机关可以通过纳税人之家平台，在纳税人和相关行业协会中按照纳税人意愿选出纳税人代表、行政监督员、廉政监督员、执法监督员等对税务机关的行政执法与行政管理建设进行满意度测评，定期召开监督座谈会，对税务机关及其工作人员的行为规范、服务质量、政策执行等具体情况进行外部监督，维护纳税人监督权，增强纳税人在民主办税中的参与感。

总而言之，纳税人之家作为一种纳税人社团组织，对强化公民纳税意识，提高税收管理综合效能大有裨益。纳税人之家日常活动中的民主评税阶段、纳税人参事阶段无疑是综合治税的重要组成部分。成立专业市场纳税人之家、各个行业纳税人之家和各行政区划的纳税人之家，有利于税收社会化管理、民主办税的实现。现阶段，纳税人之家还处于税务机关主导日常活动开展的阶段，通过在各个活动阶段增进纳税人的参与感，增加纳税人之家作为社会组织的民间、自主属性，最终使纳税人之家成为纳税人主导，税务机关、工商联、行业协会从旁协助的社会组织是未来的发展方向。

第四节　纳税人协会的发展方向与展望

对于纳税人维权而言，个体力量限制了维权活动范围的扩展，以纳税人团体为单位的维权活动将会是未来的发展进路。随着纳税人权利保护不断得到重视，各国纳税人协会得到长足发展。但我国纳税人协会一直存在职能范围受限、人员构成不合理等问题，较之西方各国仍有较大发展空间，因此有必要对我国纳税人协会的发展现状以及现实困境展开探究，以期使其能够更加全面地保障纳税人权利。

一、纳税人协会的发展现状分析

当前我国纳税人协会的发展仍存在较多不足，协会自身呈行政主导之态，服务水平较低，民主性难以体现。为更好地行使协会职能、切实维护纳税人

---

〔1〕　参见陈少英主编：《税法学》，格致出版社、上海人民出版社 2020 年版，第 60 页。

权利，纳税人协会亟待变革发展理念。

（一）纳税人协会发展状况概述

纳税人协会的发展与社会的发展是密切相关的，市场经济体制的变革催生国家治理理念，对国家与社会的关系产生了直接的冲击。"公共事务逐步实现了由政府'单极统治'向社会'多极治理'的过渡，一大批社会组织登上了管理的'前台'，借助自身的特有优势，高效地弥补了市场和政府治理的双重'失灵'。"[1]在税收征管领域则主要表现为，税务机关的管理模式和服务意识发生重大变化，开始认同政府与纳税人之间存在着服务与被服务的关系。这与前文提及的新中国成立初期时"国家主权论"，"纳税人处于税收关系的附属地位"等观点截然相反，属于一种进步的信号，意味着我国公民的合法权利在税收领域受到保护和重视。各税务机关相继推出了一系列人性化、高效化的税收服务种类、纳税服务水平得到了前所未有的提升。然而在税务征管领域，仅靠税务机关"单打独斗"难以应付复杂多变的税收环境和纳税人多元化的利益诉求。正因如此，为了缓解税务机关的税收征管压力，自2005年以来，一批地方层面的纳税人协会在全国范围内相继成立，这些纳税人协会在政策宣传、组织维权、信息交流、沟通联络等方面起到了不可或缺的作用，日益成为沟通税务机关与纳税人个体之间的"桥梁"与"纽带"。

（二）纳税人协会的性质及其权力渊源

1. 我国纳税人协会的性质与职能辨析

（1）官方性与民间性质兼具

我国纳税人协会从法律性质上分析，属于以公益为目的的社会团体法人，但是实务中一半以上的纳税人协会由当地税务部门牵头成立，还有一部分协会是由当地工商联、政协主导成立，其他地区的纳税人协会则是由行业协会牵头。由此可知纳税人协会的发展过程势必会受到行政权力的干涉，自治能力将难以得到有效的发挥。

我国纳税人协会之所以具有官方性，其主要归咎于历史遗留问题。在改革开放之前，我国公共事务基本由政府统治，改革开放之后随着市场经济体制的确立，行政范式也由政府主导统治逐渐演变为社会治理。在税收管理领

---

[1] 黄建："论我国纳税人协会治理功能的完善——国外经验与中国对策"，载《税务与经济》2013年第3期。

域，主要体现为税务机关逐渐认同政府同纳税人之间应该是服务与被服务的关系，通过推出了一系列税收服务措施，使纳税服务能力得到前所未有的提升，纳税人协会的性质也开始兼具官方性与民间性。另外，从纳税人协会的起源来看，协会产生于税务机关的推动，起初是为了分担税务机关的工作压力，从而形成了对纳税人协会自上而下的管理模式，使得纳税人协会对税务机关的依赖性较强，难以独立于税务机关的支持。

（2）纳税人协会职能的特殊性

纳税人协会的职能主要包括为纳税人提供咨询、培训等服务，向纳税人解释最新出台的法律、法规以及配合税务机关做好税收宣传，提高纳税人的权利意识。从上述职能中不难发现，纳税人协会俨然成了税务机关与纳税人之间的"桥梁"。对比其他国家纳税人协会的治理职能，我国各地纳税人协会在职能履行上存在诸多问题，主要表现为：官方色彩浓厚，服务水平因受到政府部门的限制，从而导致自治能力低下，沦为税务机关的附属机构。虽然随着市场经济的发展和公民权利意识的提高，税务机关已经开始转变管理模式，但是目前来看，仍没有将纳税人协会视作完全独立的民间社会团体，实践中经常将部分繁琐、耗时巨大、棘手的问题派发到协会中去，[1]长此以往，纳税人协会的职能作用将变得非常有限。

（3）纳税人协会的职能评述

纳税人协会作为一个社会公益性的组织，能够代表纳税人和政府部门与其他社会组织展开协商，实现社会公共事务的共建共治，为纳税人充分行使公民权利创造必要的条件；[2]还可以帮助与督促纳税人了解和掌握国家税法及政策规定，规避涉税风险、保护自身权益；并且还能够发挥监督职能，监督纳税人更好地履行纳税义务、监督政府财政预算执行情况，等等。

为使纳税人得以充分行使权利，现代税收法治也要求充分发挥民间社团组织的中介职能，以增强纳税人对政府财税监督的行为能力。按照《中共中央关于全面推进依法治国若干重大问题的决定》提出的"发挥社会组织对其成员的行为导引、规则约束、权益维护作用"的要求，税务机关应当负责牵

---

〔1〕 参见杨力："纳税人意识：公民意识的法律分析"，载《法律科学（西北政法学院学报）》2007 年第 2 期。

〔2〕 参见杨荣学："关于在我国成立纳税人协会的建议"，载《税务研究》1996 年第 11 期。

头，进一步完善外部监督机制，培育、发展纳税人维权组织。同时还应坚持税务机关主导，稳妥推进地方税务部门与社会团体联合建立纳税人维权组织，努力实现"一个平台、两家共建、多方参与"，增进征纳沟通，促进征纳和谐。[1]纳税人协会及其类似组织的宗旨是：创造低税负、小政府的社会，督促政府纠正不合理的税制，减少纳税人的税收负担，保护纳税人的合法权益，提高整体的社会公共福利。[2]建立纳税人协会，对于增强纳税人自身权利意识，遏制政府权力垄断以及防止政府权力滥用具有积极意义，[3]同时也是对《中共中央关于全面推进依法治国若干重大问题的决定》的贯彻与落实。

2. 纳税人协会的权力渊源

社团的成立与发展需要一定的物质基础和合法性依据。一般来说，社会团体权力的渊源来自三个层面：法律的授权、政府的委托以及团体契约。显然纳税人协会的权力首先来自于政府的委托，纳税人协会的产生主要是税务机关出于剥离自身非重要职能的目的。因此，纳税人协会虽然作为一种社会团体，具有天然的独立性，但最终仍发展成具备一定社会管理职能的组织。法律的授权是最为权威的权力来源，然而纳税人协会并没有获得立法上的承认，这使得其职能的行使范围受限，相关的宣传和服务得不到相关部门的支持。纳税人协会权力来源的复合性使得其本身兼具民间性与官方性，为了更好地发挥纳税人协会的职能，政府部门需要逐步下放权力，使纳税人协会能够真正地保持其独立性。

二、当前纳税人协会存在的困境

当前纳税人协会的发展困境是由内外部环境综合影响的结果。从外部环境来看，税收法律体系并没有赋予纳税人协会完备的法律地位，政府的过度干预使得协会受制于税务机关的命令；从协会内部分析，协会本身不科学的人员构成，纳税人对协会的不信任以及协会自身维权意识的淡薄都是使纳税人协会陷入困境的原因。

---

〔1〕　参见饶立新："深刻领会四中全会精神 切实维护纳税人权益"，载《中国税务》2015 年第 5 期。

〔2〕　参见陈珄："社会化纳税服务的国际比较研究"，载《财政研究》2009 年第 9 期。

〔3〕　参见李彦："国外纳税人权利保障机制研究"，载《湖南经济管理干部学院学报》2005 年第 5 期。

（一）我国纳税人协会面临的困境

1. 职能范围受限

纳税人协会的职能由于受到政府部门的限制，其形式过于单一，主要以开展税收宣传、税务培训以及纳税人维权为主，纳税诉讼维权的比例不高，并且大部分纳税人协会的职能并没有涉及公益诉讼领域，更不用说参与到税收法规的制定和监督税收征管过程这类深层次的职能中去了。

2. 纳税人协会人员构成不合理

纳税人协会大部分是由当地税务部门牵头成立，还有一部分是由当地工商联、政协主导成立，并且在人员构成中政府代表占了绝大多数，协会中缺少税务师、律师，税务专家等专业人士的加入，使得纳税人协会的整体专业性不强，在涉及复杂的税务争议时，很难为纳税人提供高质量的维权服务。

3. 我国纳税人维权意识不强

长期以来我国宣扬政府与纳税人之间属于支配管理与被管理的关系，导致纳税人的权利意识不强。在市民社会与政治国家的互动机制中，公民意识作为现代国家的主权者所应当拥有的政治观念，最能集中体现主权在民的理念，在税收领域则体现为纳税人意识。通常而言，只有当公民树立了较强的纳税人意识之后，他们才能真正地理解人民主权。另外，纳税人教育的重点在于使纳税人学会维护自身的权利所必须具备的知识，并借此提高纳税能力。针对我国的现状，大多数纳税人对于纳税的相关事项缺乏清楚的认识，对于要交什么税、交多少、怎么交、扣缴是否正确、是否享受税收优惠的具体内容，其理解往往较为模糊。

（二）困境形成的深层次原因

1. 立法缺失

困境形成的首要原因是公民纳税权利的缺失，《宪法》只规定了公民的纳税义务而并没有明确其可以享受到的纳税权利，尽管在现行的《税收征管法》中对纳税人的保护有相关规定，但是同其他国家相比还有明显的不足。加之我国并没有税收基本法，整个税收规范体系中大部分是行政法规和部门规章，缺少对纳税人权利的系统保护，比如缺少纳税人的监督权设置，程序层面对纳税人的权利保护也缺乏可行性的操作规定，纳税人协会的地位更是没有从立法层面上进行明确规定，使得协会在行使职能时处处受限。

2. 政府限制纳税人协会的功能

一方面，纳税人协会的产生来自税务机关的推动，起初是为了分担税务机关的工作压力，其财务经费、人员支持、场所设施大都来源于政府的提供，使得纳税人协会依赖于税务机关的命令，受制于税务机关的行政安排。另一方面，税务机关难以转变传统的管理思维，始终担心纳税人协会可能会威胁自身的地位，因此将纳税调查、参与立法等权力牢牢把控住，仅将政策宣传、沟通传达的任务交给纳税人协会。尽管全国范围内纳税人协会数量较多，但是能发挥的力量仍然有限，从而导致纳税人对协会的依赖和需求较少，纳税人协会得不到应有的重视，缺少参与机制，发展举步维艰。

（三）纳税人协会的域外治理经验借鉴

域外纳税人协会具有较长的发展历史，通过总结借鉴他国纳税人协会的发展经验，对于我国纳税人协会的发展有重要的实践意义。在众多域外国家中，澳大利亚和德国的纳税人协会因其在保护纳税人权利方面具有独立性和专业性，因此具备较高参考价值。

1. 域外治理经验总结

（1）澳大利亚纳税人协会

成立于1919年的澳大利亚纳税人协会是世界上历史最悠久的纳税人组织，承担着培训、咨询、调研、协调和监督等多项社会职能。澳大利亚纳税人协会总部设立在墨尔本，职能主要包括以下几个方面：[1]①向会员提供服务项目。如出版税收相关杂志，每年出版一本税收制度相关的书籍提供给会员，内容一般为最新的税收立法及税法解释，为会员提供相应的税收咨询服务，举办税收相关知识讲座等。②参与税收政策的制定、修改和讨论。纳税人协会是政府与纳税人之间的桥梁，在提高纳税人纳税遵从上发挥着独特的作用，因此政府在制定相关税收政策时，会邀请纳税人协会作为"智囊团"参与，政府通过纳税人协会了解纳税人的意见，改进工作。③维护协会和所有纳税人的利益。当纳税人与税务机关发生冲突时，代表纳税人协调与税务机关的关系。④站在纳税人的立场上，监督政府的财政收支行为，及时提出税法

---

〔1〕　参见王建平："澳大利亚纳税人协会——纳税人的喉舌"，载《中国税务》2007年第6期；黄建："论我国纳税人协会治理功能的完善——国外经验与中国对策"，载《税务与经济》2013年第3期。

在执行过程中的问题，参与国际税收的交流研讨活动。

从澳大利亚纳税人协会的职能可以看出，纳税人协会是连接税务机关的纽带，纳税人协会可以有效地调节征纳关系，充分保障纳税人的基本权利，面对税务机关的强势地位，纳税人协会也是纳税人进行权利救济的一种手段。澳大利亚纳税人协会经过了上百年的发展，已经拥有了一套成熟完善的体系，在社会上赢得了广大纳税人的认可与信任，对于我国目前纳税人协会的发展具有较大的借鉴意义。

（2）德国纳税人协会

德国也成立了专门的纳税人协会，并依法确立其中立的社会中介地位，具有明确的管理职能和完善的管理体制。德国纳税人协会的宗旨明确其完全代表纳税人利益，无私地帮助纳税人充分了解税收和税法相关规定，履行纳税义务，监督国家机关在财税方面的政策、法规、行为。德国纳税人协会的职能主要包括以下几个方面：[1]①纳税人协会设立各种专业委员会，对税法、财政预算认真研究，发表意见和建议，将有关研究报告无偿提供给政府、图书馆和有关机构。②为协会会员提供服务，创办《纳税人》月刊，刊载有关税收政策法规等，协助政府开展相关税收宣传活动，如会员在纳税事宜上遇到麻烦也可寻求纳税人协会的帮助。③建立专业的数据库，24小时不间断地为会员提供税务信息服务。同时也履行一定的监督职能。

与澳大利亚相似，德国纳税人协会在国内也取得了很大的成功，德国纳税人协会是世界上最大的纳税人权利保障组织，拥有40多万的会员。德国纳税人协会的经费主要来源于会员缴纳的会费，纳税人协会作为社会中介组织，同样扩大了纳税人权利救济的渠道，广受纳税人的信任，成为税收管理中的一个不可或缺的角色。

2. 经验与启示的提取

从澳大利亚和德国纳税人协会的创办和运作机制来看，可提取如下可借鉴的经验：第一，通过法律赋予纳税人协会相应的管理职能。纳税人协会在协调税务机关和纳税人之间的关系中所发挥的作用有目共睹，但纳税人协会

---

[1] 参见孙培山：“德国现行税制、税务机构、税务咨询和纳税人协会”，载《中国税务》1996年第8期；黄建：“论我国纳税人协会治理功能的完善——国外经验与中国对策”，载《税务与经济》2013年第3期。

作为自治和维权组织需要法律来确认其资格，增强纳税人对其的信任，而后方能发挥其应有的作用，构建"税务机关—纳税人协会—纳税人"三方良性互动的格局。纳税人协会作为中介组织，需要发挥其弥补市场和政府双重失灵缺陷的功能，为纳税人收集相关信息，监督政府税收行为的合法性，在纳税人与税务机关出现摩擦和矛盾时，发挥其中间调节作用，依法维护纳税人的利益，促进税收体制的发展完善。

第二，科学确定纳税人协会的管理权限，突出其自治和服务的属性。纳税人协会的存在应当是客观、公正、无私的，代表纳税人的权益，作为广大纳税人的代言人，其不应该受到来自其他任何组织、个人的干扰，这样才能更好的保障纳税人的合法权益。澳大利亚和德国的纳税人协会都具有参与税收立法的职能，通过参与税收相关法律法规的制定、修改，代表纳税人监督政府政策的执行，为纳税人的各项权利保护创造条件并提供组织化保障。

第三，构建健全的组织管理体制。要想充分发挥纳税人协会维护纳税人权益的作用，必须在全国建立一套统一、稳定的纳税人协会组织网络，[1]如澳大利亚纳税人协会在墨尔本设立了总部，在全国6个州和2个区设立了分会，我国纳税人协会也可选择总会和分会相结合的制度，同时借鉴德国的经验，在纳税人协会下面设立多个专业委员会，在这种构造下，可以充分发挥总会总揽全局的功能，各地分会又能根据自己当地的实际情况开展工作。同时，各个专业委员会分管不同工作，职权分明，使得纳税人协会的各项工作能够科学展开，充分发挥其职能作用。

四、加强纳税人协会建设

（一）建立完善的内外部保障

加强纳税人协会建设要求构建健全的组织体制，确保协会职能的实现。国外纳税人协会的运作经验表明，统一、高效的组织体制是协会职能顺畅运行的重要条件。前述各国普遍在全国范围内成立了三级组织体制，[2]首先是成立纳税人协会总会，作为各地纳税人协会的最高领导机构，总会拥有最高

---

〔1〕　参见杨荣学："关于在我国成立纳税人协会的建议"，载《税务研究》1996年第11期。

〔2〕　参见黄建："论我国纳税人协会治理功能的完善——国外经验与中国对策"，载《税务与经济》2013年第3期。

的章程制定权、监督权、指导权、决定权等，为各地协会工作的开展提供了基本准则和行为规范；其次需要在总会的指导下成立各地方分会，具体履行章程规定的职责和任务，并及时与总会进行交流、沟通；最后，在各地方分会之下往往依据当地实际需求成立相应的专门委员会和内设机构，分门别类地承担相应的维权、沟通、咨询、监督等职能。总会—分会—内设机构的组织体制具有分工明确、各司其职的特点，使得纳税人协会的各项功能够被科学分解和有效落实。

1. 提供法律和社会保障

加强纳税人协会建设离不开法律和社会保障的支持。首先必须提高政府公民和社会各界对成立纳税人协会必要性、紧迫性的认识，认识到这是市场经济发展的必然要求，是大势所趋；其次，应在法律上确认纳税人协会的合法性，保障其正常行使职能；再次，还要保证纳税人协会的相对独立性，实际不受来自任何方面的非正常干扰；最后，纳税人协会应保持必要的统一性，要有统一的章程和实施细则，明确协会的职责和当事人的权利与义务。

2. 构建管理体制

加强纳税人协会建设需要构建完善的管理体制。首先，在会员资格方面，应当明确纳税人协会会员资格的准入标准，不论是自然人还是法人，只要自觉遵守协会章程，履行协会规定的义务，按时缴纳会费，就可以提出申请加入纳税人协会；[1]其次，依据域外经验，可以在全国层面成立纳税人协会总会统领工作，于各省自治区直辖市成立纳税人协会分会，在总会的指导下具体承担章程规定的职责，年末向总会写出年度工作报告；最后，在总会和分会的框架下，还可以分别设立若干专门委员会，一般包括税制改革咨询委员会、税收政策咨询委员会、政府预算执行情况审查委员会、经济纠纷协调委员会等，增强纳税人协会的专业性。

(二) 构建纳税人协会沟通机制

"纳税人协会是征纳关系调节过程中的'沟通器'和'缓冲阀'。"[2]纳税人协会最主要的作用就是在政府和纳税人之间建立起沟通的渠道，政府可

---

〔1〕 参见杨荣学："关于在我国成立纳税人协会的建议"，载《税务研究》1996 年第 11 期。

〔2〕 参见闫晴："纳税人税收筹划与税务机关反避税的冲突与平衡——基于 231 份判决书的实证研究"，载《科学决策》2018 年第 11 期。

以通过纳税人协会了解纳税人的意见，纳税人则可以通过协会向税务局反映问题，提出疑问。税务机关在处理与同级机关或社会组织关系的过程中，对于一些不能或不便直接办理的事务，往往可以委托纳税人协会予以妥善处置，特别是借助纳税人协会的民间性服务性的独特优势，广泛实施各类管理沟通行为，从而有效提升自身的社会管理的能力和技巧。通过加强三方沟通机制建设，畅通税务机关、涉税专业服务社会组织及其行业协会和纳税人之间沟通交流、信息反馈及解决问题的渠道。坚持鼓励、引导与规范相结合，持续改进管理内容和方式，营造公平、公正的执业环境，推动涉税专业服务社会组织健康发展。充分发挥涉税专业服务社会组织在优化纳税服务、提高征管效能方面的专业优势和人才优势，统筹各方力量，构建税收共治格局。[1]同时，纳税人协会使得分散弱小的单个纳税人能够以组织的力量，为纳税人权益的争取拓展和维护提供有力的组织支撑，是降低税负，协调税务机关与纳税人的关系，保护纳税人合法权益促，促进税制公平和社会和谐的重要方式。

（三）完善纳税人协会的各项功能

1. 纳税人协会的政治功能

纳税人协会的政治功能主要是指纳税人协会作为税收征纳关系构建的关键主体和纳税人的利益代言人，在促进纳税人民主参与、利益表达、权力监督等方面应当具有的功能。其中包括：第一，"双向传输"的政治功能。即纳税人协会应当充分发挥"上情下达"和"下情上传"的功能，在税务机关和纳税人之间建立高效、畅通的信息交流机制，最大限度消除二者因信息不对称而造成的沟通失灵；第二，参与税收政策制定的功能。应当依法赋予纳税人协会"智囊"的角色，定期与税务机关就征管中的问题进行讨论，税务机关应当经常性地吸收协会关于税法执行和税务管理中的信息和建议，持续改进工作；第三，监督税收管理的功能。权利监督权力的行使是政治民主化的基本标志，我国纳税人协会理应被授予民主监督的职能。纳税人协会总会有权对税务机关就税制的科学性、税负的公平性、税法执行的规范性以及税款使用的合规性进行监督。而各地分会则可就税收征、管、查等行政执法行为和税收管理诸环节进行监控，对违法、违规行为进行纠举、控制，从而促使

---

〔1〕　参见《国家税务总局关于建立税务机关、涉税专业服务社会组织及其行业协会和纳税人三方沟通机制的通知》（税总发〔2016〕101号）。

税收执法运转在法律的轨道上。

2. 纳税人协会的法治功能

所谓法治功能主要是指纳税人协会在税法宣传、依法维权和法治建设方面所呈现的职能。其中，税法宣传是通过宣讲和解读等方式，帮助纳税人知晓和理解国家税法的立法精神、相关规定和纳税人的权利、义务等。纳税人必须要加深对自身利益的了解、清楚自己在纳税过程中应尽的义务和权利，才能更好地利用法律制度去保护自己的利益不被侵犯。拓展纳税人保护自身利益的途径，应该更多地通过纳税人协会等公共组织来维护其利益，保障纳税服务体系，能够真正做到为人民办事。纳税人协会或其他纳税服务机构，应采取教育和宣传交流等各种方式努力地去向纳税人传播纳税的常识，从而提高纳税人的自我保护能力，积累更多的纳税过程中的纳税常识，帮助纳税人适应不断变更和完善的纳税法律制度，保障纳税人的知情权和减免退税的知情权。

3. 纳税人协会的社会功能

纳税人协会的社会功能主要是指其作为民间组织在推动公共管理的社会化、化解社会矛盾、激发社会活力以及规范社会行为等方面所发挥的作用。具体包括：第一，社会结构的重塑和价值重构的功能；第二，纳税人协会的教育功能；第三，为纳税人和税务机关提供多元的社会服务。[1] 纳税人协会应当引导会员承担爱国报国，守法纳税，道德自律的社会责任，教育纳税人更多地站在国家和社会大局角度上思考问题，动员会员积极关注税法的制定和税制的改革，在税收管理中有所担当，自觉树立全局，呈现参与的意识，增强自身的纳税遵从度。纳税人协会不仅担负公共教育性的职能，同时也是社会团体以及税务活动者探讨涉税问题的专业交流平台，能够将深入研究分析的纳税信息报告或者实地调研成果反馈给政府，为税务部门进行进一步决策提供借鉴和参考。

4. 纳税人协会代表纳税人诉讼

建立纳税人协会公益代表诉讼制度。目前我国的公益诉讼制度尚处于萌芽阶段，主要包括环保公益诉讼和消费者公益诉讼两种，在财税法领域并未

---

[1] 参见黄建：“论我国纳税人协会治理功能的完善——国外经验与中国对策”，载《税务与经济》2013 年第 3 期。

规定纳税人公益诉讼制度，实践中的案例也较少，这很大程度上制约了我国纳税人协会维权作用的发挥。加之司法僵化使得纳税人协会缺少相应的诉讼资格和诉讼权利，诉讼成本过高也影响着纳税人协会的维权运动。但是，纳税人协会基于诉讼信托理论理应获得诉讼信托主体的资格，赋予纳税人协会提起公益诉讼的原告资格，也具有合理性和可行性，因为该协会不仅具有诉讼的能力，而且司法维权也是其主要职责。因此完全可以通过纳税人协会来提起纳税人诉讼，纳税人协会不仅专业性强，代表范围广，且影响力较大，比单个纳税人的力量强大得多，更有利于实现纳税人诉讼的目的。在我国民事诉讼法及有关司法解释中，也赋予了协会等社会团体组织代以提起代表人诉讼的权利。因此，有必要将纳税人协会公益代表诉讼制度引入我国。

第七章

流程与操作：法治视野下的税收征管程序的优化

在现行的税收征管环节中，我们强调税务机关依法对纳税人税收活动的合法性、合理性和有效性进行评价、监督和管理，行政导向较为严重，存在效率低下、激励缺失等缺陷。[1]针对实践中存在的税务执法"一刀切"、数字智能化水平不足、税费服务繁琐复杂、税务监管时有失效等问题，有必要贯彻落实新时期全面深化税收征管改革的政策要求，以制度落实为逻辑起点，以纳税人的利益诉求为导向，在简政放权、放管结合的基础上进一步强化管理与优化服务，着力建设以服务纳税人为中心的税收征管程序，切实提高纳税人的税收遵守度。

第一节　落实税收法定与诚实信用推定

税收法定原则是税收征管整个环节的统领灵魂和逻辑起点，作为近现代市场经济国家税法体制的三大基本原则之一，该原则是税法实践中应用最为广泛的基本原则，诚实信用推定是现代法治国家中最高层面的要求，它体现了对人权的尊重。落实税收法定原则与诚实信用推定的确立密不可分，此节将围绕税收法定的落实以及诚实信用推定制度的现实困境和建设理路进行分析。

一、税收征管中税收法定原则落实的现实困境

税收法定原则一直被视为税法的最高原则，贯穿于税收立法、执法、司法的全过程，包括课税要件法定、课税要素明确和课税程序法定等方面，其

---

〔1〕 参见李慈强：《税收征管改革的地方经验与立法完善》，北京大学出版社 2017 年版，第 120 页。

重要意义在于保障人权、维护国家利益和社会公益。[1]2013 年，党的十八届三中全会提出"落实税收法定原则"的目标。2015 年，第十二届全国人大审议通过《立法法》修正案，明确税种、计税依据、税率和税收征管等税收基本制度只能由法律规定。在立法上，税收法定原则已随着相关税收条例的出台和完善逐步上升为法律保障，但在税收征管实务中的落实仍存在现实困境。法律的生命在于实施，在税法实施过程中只有切实保证税收法定原则的贯彻，才能使税收法定原则在现实中迸发生机。

（一）税收征管的"重人治、轻法治"现象仍旧存续

当前，税收征管实践中"重人治、轻法治"的情况依旧存在，阻碍税收法定原则的落实。该类问题的主要表现为越权减免税、"过头税"现象的盛行。越权减免税的现象曾屡见不鲜，但随着 1994 年税制改革方案出台以及后续系列纠正措施的实施，已经渐淡出历史的舞台，现今亟待解决的是屡禁不止的"过头税"问题。所谓"过头税"，或时间过头，寅吃卯粮地征税即提前征收未来的税金；或税费过头，通过增加税目、提高税率等方式来获得更多税收收入。[2]"过头税"的征收在我国由来已久，根源于地方税务部门迫于完成年度任务的压力，而在现实税收征管中采取"过头"征收的明显过度"人治"之方式，以实现年度税收目标。"过头税"的纳税主体主要是相较于个人而言更具有"经济实力"的企业。

早在 1998 年，迫于当年税收任务的压力，各地税务部门就开始征收"过头税"的尝试；2012 年，河北省多地征收"过头税"的报道更是将此种企业与地方税务部门间秘而不宣的默契搬到大众视野中；据 2013 年的报道，"广东、山东等地审计部门发布的审计结果显示，征收'过头税'又有抬头之势。部分县市为完成税收征缴任务，多征或提前征收税款。广东有 2 个市的地税部门违反土地增值税清算管理程序，未清算先征收 2 户企业 5 个项目的土地增值税款 1.74 亿元；截至 2012 年末，山东有 11 个县地税部门对 40 个纳税单位多征土地使用税、土地增值税等高达 5.73 亿元。"[3]同年的《焦点访谈》

---

〔1〕　参见张守文："论税收法定主义"，载《法学研究》1996 年第 6 期。

〔2〕　参见李炜光、张林、臧建文："民营企业生存、发展与税负调查报告"，载《学术界》2017 年第 2 期。

〔3〕　席敏："征'过头税'是不折不扣的'歪招'"，载 http://cpc.people.com.cn/pinglun/n/2013/0815/c78779-22571945.html，最后访问日期：2021 年 10 月 31 日。

也报道了河北省河间市的一批个体工商户收到乡政府要求补缴"过头税"的通知,在数额上还十分"人性化"地允许讨价还价;2020年国务院办公厅督查室通报了河北省景县违规征收"过头税"的现象。

"过头税"屡禁不止的直接原因是在经济形势不容乐观的情况下不合理的征收任务和要求,然而深层次的原因是税收法治尚不完善,地方税务部门在税收征管时仍在存在"轻法治、重人治"的思维,仍认为可以通过忽视税收法定原则的要求、寅吃卯粮以达成税收任务。这样只重视短期效益的做法的确会在财政数字上给人以繁荣之感,但是久而久之会严重损害法治建设。

(二)税收征管的"重实体、轻程序"理念依然存在

程序与实体如"车之两轮,鸟之双翼",但在中国的税收征管实践中却长期存在"重实体而轻程序"的现象。正当的程序理应成为保护税收征管正义的第一道防线,然而根据我国年度税务行政诉讼数据的分析结果:2019年"税务机关败诉最多的原因为事实认定不清、证据不足,占比41%,接近四成。违反法定程序也是主要的败诉原因,占比32%,超过三成。"[1]税收征管环节中的程序正义亟待回归。

只有严格的程序才能保障纳税人在每一次税收执法过程中感受到公平正义,可是在实际的税收执法中,基层税务机关却表现出对待程序的随意性。常见"轻程序"的具体表现有:忽略送达、说明告知程序;不重视甚至无视纳税人的陈述、申辩;应当回避而未回避;程序信息公开工作不足;税务机关不及时履行职责等。导致如此结果的部分原因是我国当前税收征管程序规范体系不完善,仅有《税收征管法》以及相关实施细则尚不足以构建完善的税收征管程序规范体系。程序规定留白过多、操作空间较大,留给各地方税务机关的填补机会较多,因此容易出现大量"地方化"的税收征管程序,进而造成税收执法风险,使得执法行为面临被撤销或确认违法的后果。大量行政执法败诉案件的出现会损害税务机关的公信力并有负于其获得的法律授权,同时侵害了纳税人的合法权益,成为践行程序正义道路上的绊脚石。

(三)税收征管中"重国家,轻人民"的现象仍未扭转

在现代宪法国家,税收法治原则是以民主精神和法治理念为基础的,其

---

〔1〕 易明:"2019年中国税务行政诉讼大数据报告",载 http://www.dhl.com.cn/CN/tansuocontent/0008/018283/7.aspx?MID=0902,最后访问日期:2021年11月1日。

基本内涵就是国家作为征纳主体，如果没有法律依据，则国家无权进行征税，而且公民不负纳税的义务。换言之，税收法定原则是协调国家权力和公民利益的体现，是宪法的基本要求之一。另外，基于学界"税收债权债务关系说"，税收征纳应打破传统公法与私法的界限，征纳机关与纳税人之间更应该是平等主体，体现一种合作模式。[1]因此，公民在整个税收征纳过程中，应当受到充分的保护和尊重，应当处于主体地位。但是，我国传统财政制度是重国家本位而轻人民本位，纳税人在征纳活动中被动参与，政府居于高位，行政占据主导地位，纳税人长时间囿于消极守法状态，主体权利意识淡薄。纳税人更多是出于因不及时、不足额缴纳税款而受到法律制裁的担心而参与税务征纳活动，大多数人未能积极行使纳税人权利和履行纳税义务。[2]公民在税收征管环节中无法发挥主体能动性，税收法定原则也难以实施发展为实然状态。

（四）税收征管的内外部监督保障存在不足

孟德斯鸠曾说："一切有权力的人都容易滥用权力，这是万古不易的一条经验。有权力的人们使用权力一直到遇到界限的地方才休止。"[3]权力天然具有扩张的属性，因此在法律授予税务机关权力的同时也应当对权力加以监督，将权力关进制度的笼子。当前税务机关及其工作人员拥有的税收自由裁量权较大，在税收征管中衍生的权力寻租行为较为严重，其他程序、实体违法行为兼而有之，对权力的监督理应得到完善。这种监督应当是内外兼行的，但在当下这个"笼子"尚不具备雏形。在内部监督上，尚存在组织体系单一、人员设置不足、信息相对滞后等问题，难以全过程、全方位地进行监督。外部监督往往通过司法审查展开，通过行政诉讼进行，"税务行政诉讼是集税收、财会与法律于一体的诉讼，通常对法官的素质要求较高，而我国目前并未设立专门的税务法庭，对税务行政诉讼采用的也只是单一的人民法院审理制，法官缺乏税收专业知识，因此法院在对税务执法程序争议性的监督过程中难以发挥司法权威"。[4]设立专门的税务法庭或许并非最适合我国国情的模

---

〔1〕　参见刘剑文："《税收征收管理法》修改的几个基本问题——以纳税人权利保护为中心"，载《法学》2015年第6期。

〔2〕　参见李慈强："公共财政视角下纳税人财政监督权的确立与实现路径"，载《北京行政学院学报》2021年第5期。

〔3〕　［法］孟德斯鸠：《论法的精神》（上册），张雁深译，商务印书馆1963年版，第154页。

〔4〕　杭州市国家税务局课题组："构建税收法治中的程序正义"，载《税务研究》2006年第4期。

式，但不可否认的是提高法官的税务专业素养，对加强外部监督进而落实税收法定至关重要。

此外，增强税收执法人员的素质，采取一定的激励机制、完善税收执法人员的选任机制；保护纳税人的权利，使得纳税人能够在面临违法的税收征管行为时能够通过一定的途径保护自己的权益也同样重要。特别是以人为本理念的贯彻，其能对税务机关税收征管起到一定的制约作用，充分发动社会成员对税收征管行为的外部监督。

二、落实税收法定原则的可操作性进路选择

落实税收法定原则应当选择合适的可操作进路，多角度、多方向、多主体、多阶段地进行，既注重横向与纵向的并进，也注重内部与外部的协调。因此应当从相关理念的培养教育、主体间的平衡、信息的公开、监督激励机制的铺开等方面进行，而且这些将体现在包括税收管理、税收确定、税收强制、税收检查、税收法律责任等在内的税收征管各个方面。

（一）税收法定法治理念的强调与深化

落实税收法定原则，首先应当培养税收法定的法治理念，这种理念的培养应当是针对全社会的成员，不论是执法人员抑或是纳税人，都应当深刻理解税收法定原则。就纳税人而言，长期以来一直接受"纳税光荣""纳税是公民神圣的义务"的教育，使纳税人鲜少了解和认识到税收法定原则并不是义务导向的，权利与义务并重才是其正确含义。引导纳税人从原本的义务本位思想中走出来，使其认识到在税收法律关系中应当享有的陈述、申辩等权利，运用法律维护自身合法权利，以纳税人权利规范征税权的运行。法治理念培养的另一类对象是税收执法人员，由于长久以来"重人治、轻法治"以及"重实体、轻程序"的税收征管实践，在实际税收执法中自由裁量空间大等因素助长了税收征管乱象。税收执法人员是在日常税收执法过程中直接与纳税人接触过的重要一环，因此提高其法治素养，明确"法无授权不可为""税收法定原则"的根本指南对于全社会税收法治理念的培养而言是不可或缺的。

摒弃税收权力关系的思维，认识到纳税人与税收权力机关间的法律地位之平衡，理解现代法治精神下的税收法律制度保障纳税人的权利，而不仅只是要求纳税人履行其义务，同时也要求税收权力机关注重其服务职能而非仅关于其权力的行使。税务机关权责一致、权责界限清晰，是我国"服务型"

政府建设目标的重要组成部分。

（二）税收征纳主体间制衡机制的完善

税收征纳主体的制衡既涉及征纳双方即征管主体与纳税主体的平衡，又包括征管主体内部之间的平衡，如中央与地方、地方与地方间的监督与制衡。在多元主体之间进行平衡，使得多方角力达成互相制约的状态，可以促进税收法定的落实，也能助力将征税权力关进制度的"笼子"中去。

维持税收征纳主体之间的平衡要点，便是注重从实体、程序上保护纳税人的权利以达到对权力的制约。而税收征管主体间的制衡主要是指中央与地方在税收上的制衡。分税制改革，加上营业税改增值税，以及取消地方税主体税种，以上三个措施会导致地方税收收入有所减少。"近年来，地方税占全部税收收入不足三成。虽然国家规定过渡期后，继续保持增值税收入划分'五五分享'比例不变，但地方税主体税种长期虚悬，上重下轻的税制结构问题并没有得到解决。"[1]地方缺乏份额较大的主体税种，在经济下行时期尤其容易受到冲击，难以保证稳定的税收收入，因此只能依靠中央的财政转移支付或通过地方性法规以及规章进行填补。如果地方既无税收立法权，也没有稳定充足的税收收入，那么难以保证良好的税收法治大环境，而作为税收法治重要原则的税收法定自然也就难以生根，但另一方面如果地方权力过大或削减中央税收同样可能造成对纳税人的不公，因此如何完善制衡机制是亟待解决的问题。

（三）税收政务信息公开制度的普及与健全

"公开透明是法治政府的基本特征"。[2]2019年5月，修订后的《中华人民共和国政府信息公开条例》正式施行，将"公开为常态、不公开为例外"作为原则确立下来。在税收政务方面，政府部门也应当重视对外的信息公开，完善的信息公开意味着纳税人的知情权得到落实，同时也督促税收征管部门依法依规进行征管活动。

完善的税务信息公开制度应当包括主动公开和依申请公开两个部分。国家税务总局《2019年税务系统政务公开工作要点》（以下简称《工作要点》）

---

〔1〕　吕炜、周佳音："中国税制改革的逻辑——兼论新一轮税制改革方向设计"，载《经济社会体制比较》2021年第5期。

〔2〕　中共中央办公厅、国务院办公厅于2016年2月17日印发的《关于全面推进政务公开工作的意见》（中办发〔2016〕8号）。

显示，主动公开的范围主要有公文公开、重要决策执行公开、税务行政执法信息公开、建议提案办理复文公开等。其后两年的工作要点中则更加清晰地根据年度工作要点进行了相关布置，如2020年要求围绕支持疫情防控和经济社会发展税费优惠等各项优惠政策进行指引，2021年围绕《关于进一步深化税收征管改革的意见》来完善公开方式等。从近年来的《工作要点》可以看出我国税务信息的主动公开正在逐步完善。不过，在依申请公开方面仍存在诸多问题，例如各省份对于申请的回复率差距较大、对被申请公开信息的审查不到位、未严格遵守《中华人民共和国政府信息公开条例》规定的答复时间等。

（四）税收执法责任制的推广与完善

权力同时意味着义务与责任，既然税收执法机关被授予执法的权力，其也应对使用权力所产生的后果承担相应的责任，否则权力将会肆意延伸。早在2001年国家税务总局便印发了《税收执法过错责任追究办法（试行）》，对执法人员过错责任作出了相应规定，以规范执法行为，提高执法水平。此外，国家税务总局还发布系列文件完善税收执法责任制，比如2003年《国家税务总局关于进一步加强税收征管基础工作若干问题的意见》中提出了"严格执行执法责任制"；2005年实施《税收执法过错责任追究办法》提出以"规范税收程序，稳定税收秩序"；2017年《税收执法责任管理与过错追究办法（征求意见稿）》公开征求意见，以深入推进和落实行政执法责任制。

随着现代社会的不断发展，公众对于税收执法的要求已经不仅仅是正确、规范、合法、合理，还包括了高效率、高效益、低成本、低风险的更高要求。[1]因此税收执法责任制将不断完善，理性的制度将并不仅仅关注过错责任的承担，还有对更加高质量的执法的追求。同时税收执法责任制也应当与能级管理、绩效考核等结合起来，而信息化时代的到来也意味着电子化将更高效地帮助惩罚与激励的结合，使得税收执法责任制更加高效、透明、公正。

三、建立诚实纳税制度的正当性立论

诚实信用原则是民法中的"帝王原则"，在私法中具有重要地位，但是否适用于公法范畴的税法领域存在争议。更多的学者认为税法所规范的税收征

---

[1] 参见唐铁建："深入推进税收执法责任制的探讨"，载《税务研究》2007年第10期。

纳关系本质上是国家与纳税人之间的债权债务关系，这一观点承认了纳税人与税务机关的平等性，承认了纳税人的主体地位，因而在税收征纳关系中应用诚实信用原则有较深厚的理论基础。之所以呼吁建立诚实纳税制度，是因为"该项权利和刑法上的无罪推定有着共通的理念渊源，是人格尊严权的一部分，对于纳税人有着特别的意义；之于一国整体而言，税法上的诚实推定与刑法上的无罪推定一起表彰着该国对待自己国民的态度，凸显的是该国法治水平的高低。"[1]诚实纳税制度是诚实信用原则在我国税法领域的贯彻。

（一）纳税人角度：诚实纳税推定与权利保护息息相关

税务机关在依法征税时应当充分尊重纳税人的独立人格与法律尊严，避免给纳税人带来繁重的负担，因而产生了实行诚实推定权的呼吁。诚实推定权也即诚实纳税推定权，是纳税人应当享有的基本权利之一，其内涵是纳税人的相关纳税行为在没有相反证据证明并经过依法裁定的情况下，都应当视为是合法、诚信的。诚实纳税推定之所以与权利保护息息相关，首先因为这是"尊重和保障人权"的应有之义，人权是人类最基本的权利，对每一位纳税人人权的尊重应当是平等的，而且不得作出对其不利的预设。其次，进行诚实推定保护了纳税人的财产权。如果税务机关可以在无证据的情况下质疑纳税人存在不合法的纳税行为，将会使得纳税人财产处于极大的不安定状态。最后，"税"是诚实纳税推定的基础，它属于一种特殊的债，而债的平等性意味着行使征税权的税务机关与纳税人的征纳关系理应是平等的，这便意味着纳税人权利与税务机关权力的长期失衡状态被打破。纳税人的权利长期以来处于被忽视的地位，诚实纳税推定权的设立将有助于构建纳税人权利保护体系，既有利于保障纳税人的人格尊严不受侵犯，同时也有助于纳税人高效地履行纳税义务。

（二）征管机关角度：有利于和谐税收征纳关系的形成

"我国纳税人诚实推定权存在空白既受官本位等传统思想的影响，也与纳税人维护自身权益的力量较为分散有着密切的关系。受多重因素的影响，税务机关对纳税人缺乏信任感，部分税收执法人员在执法过程中存在执法手段粗暴的问题，征纳关系长期处于紧张、对立状态。这既与服务型政府对税务

---

[1] 刘剑文："《税收征收管理法》修改的几个基本问题——以纳税人权利保护为中心"，载《法学》2015 年第 6 期。

机关的要求截然相反，也与国家深化'放管服'改革的目标背道而驰。"〔1〕而诚实推定权的设立要求税务机关摒弃过去的"权力"思想，在初期也许会感受到转型的"阵痛"，但是从长远来看将会规范税收执法活动、提高执法质量、营造征纳双方彼此尊重信任的氛围，有助于形成和谐的税收征纳关系，建设税收法治社会。

从地方实践来看，部分地方税务机关早于 2009 年探索纳税人诚实纳税推定制度，通过发文明确了税收征收中"无过错推定"原则的内涵和意义，并在事实、证据、程序、依据和定性等方向进行了较为详细的规定，同时也规定了相应的配套措施。〔2〕这样的举措有利于增进纳税人与税务机关之间的信任，从而构建和谐的现代法治税收征收关系。

（三）法治政府角度：有助于纳税人纳税遵从度的提高

征税本就因其给纳税人带来的税负而使其产生"税痛感"，而纳税人无法感受到尊重以及不能享受与纳税义务相对应的权利则会加重这种痛感，自然难以鼓励纳税人自觉遵从税法、主动履行纳税义务。诚实推定权的引入要求征纳关系从威慑对抗型向信赖合作型转变，在要求税务机关对纳税人首先信任的前提下，培养了纳税人对税法的遵从、对税务机关的信赖以提高税收遵从度。"纳税人对税法的遵从度与纳税人对税法规定的认可程度是正相关的，只有获得纳税人发自内心认可的'良法'，才能得到纳税人主动的、自愿的遵守……要获得纳税人的认可，首先要尊重纳税人，尊重纳税人的人格尊严，若税法预先将纳税人设定为'潜在的偷逃税者'，必然会引起纳税人的反感。"〔3〕建立诚实纳税推定制度能限制与防止税务机关权力的扩大，保护纳税人的基本权利，提高纳税人对税法的认同感，从而使之更加愿意自觉遵守税法，既降低了税收征管的成本，与此同时也增强了纳税人的认同感和归属感。诚实纳税制度需要贯彻税收征管的全过程，要在所有流程和环节中都有所体现。不仅要求纳税人在前期要自觉诚实依法足额申报税款、妥善保存凭证；而且要求在进行征纳时要及时、积极地配合纳税机关检查、核实；并在征纳完成后保存好相

---

〔1〕 杨宇婧："从纳税人诚实推定权看现代征纳关系构建"，载《税务研究》2020 年第 1 期。

〔2〕 厦门市地方税务局《对纳税人适用"无过错推定"原则的指导意见》（厦地税发〔2009〕104 号）。

〔3〕 朱大旗、李帅："纳税人诚信推定权的解析、溯源与构建——《兼评税收征收管理法修订草案〈征求意见稿〉》"，载《武汉大学学报（哲学社会科学版）》2015 年第 6 期。

关凭证等。[1]以上要求看似加重了纳税人的负担，但这些是贯彻诚信纳税制度的基础。相应地，纳税人能够从中获得税务机关的公正对待以及对自身权利的充分保障。

（四）司法救济角度：能够有效降低纳税人争讼成本

"实务中，只要纳税人申报的计税依据低于税务机关根据通常情形设定的标准值，便往往被认定为属于'计税依据明显偏低'，而纳税人提出的理由却仅在极个别情况下才会得到认可。这意味着，纳税人实际上承担了'申报的计税依据未明显偏低'或'虽计税依据明显偏低但有正当理由'的举证责任。"[2]而推定纳税人诚实意味着当征纳双方出现税务纠纷时，根据"谁主张，谁举证"的原则由税务机关提供证据证明纳税人存在违法行为。证明自己"无罪"很难，而相对来说证明"有罪"只需要一条完整的证据链，换言之，让纳税人"自证清白"无疑是极其耗费个人精力与金钱的，因而设立诚实纳税推定权将会大大降低纳税人的争讼成本。当然这并不意味着纳税人在争讼中不承担任何义务，纳税人应当在税务机关搜集证据时进行配合，必要时承担说明义务，同时也要避免纳税人滥用诚实推定权偷逃税款的情况。

四、诚实信用推定制度适用的实践方法明晰

基于前述对于诚实信用推定制度的正当性立论，如何在实践中贯彻和适用诚实信用推定制度的路径问题是税收征管和税收法治建设的重要关注点。实践是检验真理的唯一标准，不论是何种理论的设计都应当在实践中结合本国的特点进行验证与改进。必要时还要学习外国的实践经验，取长补短，探索出最适应本国的特色道路。

（一）诚实信用推定理念的渗透

我国历来的税收理念过于看重国家的权力本位，强调税法强制、无偿、固定的性质，形成了较强的国库主义思维，在立法上过多强调税收权力，将税收权力置于纳税人义务之前。在这种理念的长期渗透之下，想要转而树立以纳税人权利保护优位为理念的诚实推定原则需要从多方面、多维度展开。

---

[1] 参见徐阳光、常青："论诚实信用原则在税法中的适用"，载《交大法学》2014年第1期。

[2] 侯卓、吴东蔚："论纳税人诚实推定权的入法途径"，载《北京行政学院学报》2021年第2期。

首先就是厘清税收权力和纳税人权利的价值排序，而诚实信用推定原则的要求可以帮助税务机关转变固有定式向服务型政府逐步转型。"可以说，诚信推定权是纳税人权利的起点与基础，只有确立了诚信推定权，才能最大限度地保护纳税人权利和推进税务行政法治的现代化进程。"[1]诚信推定权在我国缺位的问题亟待解决。

诚实信用推定原则的理念主要包含实体和程序两个层面：实体层面是指纳税人在税收征管中被假定为诚实纳税人，程序层面则是指在争讼中由提出怀疑的税收征管机关进行举证。这样的设定与刑事诉讼法中的"禁止有罪推定"以及诉讼法中的"谁主张，谁举证"有相似之处。"目前，我国税法关于诚实推定权的规定暂付阙如，《税收征管法》作为唯一的程序税法，突出了'税收管理法'而非'权利保护法'特征，在纳税人权利保护方面不仅缺少专门规定而且较为落后，对诚实推定权更是无任何规定，更缺少权利救济的相关规定。"[2]因而建议通过将纳税推定理念以成文的方式固定下来或更易使得诚实信用推定理念渗透，培养征纳关系和谐的诚实推定氛围。

（二）诚实纳税推定权的顶层设计

诚实纳税推定权属于纳税人的基本权利，其顶层设计自然也围绕纳税人权利的三个层次——宪法基本权性质的权利、税收立法中的权利以及税收征收中的权利进行。由前文可知，诚实纳税推定权具有人权保护意味，可以考虑将诚实推定原则纳入到宪法保护的高度作为原则性的指引；同时，也应当在税收相关法律如《税收征管法》中单列条款进行体现；此外，在税收征收中则应当体现为实际操作上的实体和程序操作上诚实推定的践行。

在法律机制上，宜围绕立法、执法、司法三方面对诚实纳税推定制度的建设进行考虑。立法上进行宏观层面的原则建立、微观层面的具体细化，执法中坚持诚实纳税的贯彻，司法上更加积极合理地分配举证责任。在制度构建方面可以学习诉讼法中的举证责任制度，落实对纳税人权利的保护。

---

〔1〕 朱大旗、李帅："纳税人诚信推定权的解析、溯源与构建——兼评《税收征收管理法修订草案（征求意见稿）》"，载《武汉大学学报（哲学社会科学版）》2015年第6期。

〔2〕 王桦宇："论税法上的纳税人诚实推定权"，载《税务研究》2014年第1期。

（三）税务检查权运行的规范

诚实纳税推定权的适用意味着税务机关将承担证明纳税人存在税收违法行为的举证责任，而搜集证据则需要相应的权力保证搜集证据的进行，这一重要权力便是税务检查权。税务检查权如查账权、场地检查权等使得税务机关可以直接从纳税人处获得其涉税信息，而这些信息又不可避免地裹挟着人身属性和财产属性，放任信息的使用会导致一系列问题。

税务检查权的行使不能是没有边界的，否则会将税收征管关系引向危险的境地。"首先，应当明确税务检查以纳税申报为前提，只有在未申报或发现申报材料可疑时才能行使税务检查权，即公权力只有在私权失去平衡时才出现。其次，当用公权力进行税务检查时，税务机关内部应当有严格而独立的证据审查制度，即纳税申报材料出现瑕疵，税务机关不得不开展税务检查，同时应当在税务检查时，告知纳税人应当享有的权利和充分的检查理由，关涉重大利益的除外"[1]。既然推定纳税人诚实则不可肆意行使检查权，也不可以行使税务检查权为由干扰纳税人的正常生活、经营秩序，因此规范和完善税务检查权，划定清晰的界限是不可或缺的一步。

（四）税务救济进行的完善

无救济则无权利，为了保证诚实推定权在程序上发挥切实的作用，首先要进入救济程序。可诉性是连接立法与司法的"纽带"，但是在我国这条"纽带"却十分脆弱。通常认为造成"可诉性"难题的主要原因是纳税前置与复议前置，也就是当前涉税行政诉讼面临的"双重前置"问题，即在提起行政诉讼前必须经由行政复议，而在提起行政复议前须得"缴纳或者解缴税款及滞纳金或者提供相应的担保"，这样的双重前置使得纳税人寻求救济时受到较大的阻碍。诚然，"双重前置"的设置有其正当性基础，降低了税款流失的风险，也督促纳税人穷尽行政救济手段，降低争议解决成本、减轻法院负担。但与此同时也可能增大权力寻租的空间，削弱纳税人通过法律途径寻求救济的积极性。这样的设计有其自身的意图，如果贸然取消纳税前置是否会造成纳税人凭借救济程序拖延缴纳巨额税款的滥诉情况发生，也是值得思考的问题。也有观点认为，应当对复议前置的范围进行限缩而扩大税务诉讼的受案范围，同时完善两程序之间的衔接。但是无论如何，毋庸置疑的是，目前应

---

〔1〕　张富强："论纳税人诚实纳税推定权立法的完善"，载《学术研究》2011 年第 2 期。

当进一步拓宽纳税人的救济之路。

第二节　强化权利意识与纳税人自主选择

一、税收征管的转型趋势：以保障纳税人权利为导向

在全面深化改革的背景下，为持续增强发展动力和活力，建立现代财税体制，提升政府经济治理能力，税收征管改革须确立以保障纳税人权利为中心的税收法治理念，在税收征管工作方面建设以服务纳税人为中心，更好满足纳税人合理需求的税收征管体制，这也是实现税收治理能力提升、构建社会共治格局的实然之举。

（一）纳税人权利意识的复苏

纳税人是税收实体法的构成要素之一，具体是指税法上规定的直接负有纳税义务的单位和个人。[1]税收作为国家财政收入的主要来源，在国家治理中承担着基础性、支柱性、保障性的作用。纳税人作为国家财政收入的直接贡献者，其对税法、税收征管的意识是决定税收征管成本高低、税收支出约束力度的一个重要因素。[2]一般认为纳税人意识包含权利意识和义务意识两个方面，是在市场经济和民主法治环境中，纳税人对税法的理性认知、认同和自觉奉行精神。也有观点从纳税人意识层次高低的角度出发，将其分为权利意识、主权意识、平等意识、诉讼意识、参政意识。[3]此二者是对纳税人意识从不同角度观察而分别产生的，前者着眼于纳税人意识的广度——纳税人的权利义务关系，而后者则着眼于纳税人意识的深度——纳税人的认识程度。当然，不论采用哪种角度考察纳税人意识，纳税人权利意识都是其中的重要内容。

纳税人权利意识具体是指纳税人对自身宪法上的权利和税法上的权利的认知、主张和要求等心理因素的总和。[4]纳税人权利意识对保障纳税人权利、

---

〔1〕　参见陈少英主编：《税法学》，格致出版社、上海人民出版社2020年版，第29页。

〔2〕　参见刘怡、杨长湧："中国传统文化与纳税人意识"，载《北京大学学报（哲学社会科学版）》2006年第3期。

〔3〕　参见张永忠："唤醒纳税人意识"，载《经济师》2006年第1期。

〔4〕　参见夏勇主编：《走向权利的时代：中国公民权利发展研究》，中国政法大学出版社1995年版，第34页。

促进纳税遵从、改善征纳关系具有积极意义。首先，纳税人的权利意识是纳税人权利得到充分保障的基础。[1]其次，实证表明纳税人的税法权利意识和义务意识越强，纳税遵从程度越高。[2]最后，树立纳税人权利理念有助于改善征纳关系，有助于从管理控制型向管理服务型转变。[3]因此，纳税人权利意识在学理和实践层面都具有重要意义，虽然我国依然面临着纳税人权利意识薄弱的困境，但是整体趋势是向上发展的。

我国的纳税人权利意识随着中国经济的发展与腾飞，经历了从无到有、从少到多的转变。由于长期处于以家族本位为主要精神内核、压抑个人权利发展与诉求的封建社会，我国古代形成了着眼于家族集体整体利益、维护集体利益的法律思想和法律制度。在这套制度下法律的目的不是维护个人权利、保障个人自由，而是从维护社会整体安宁的角度出发来设计个人的权利。[4]这使得中国传统文化不利于纳税人意识，特别是权利意识的培养。新中国成立以后，传统文化中的许多内容发生了翻天覆地的变化，随着中国市场经济的发展，国家税收法律制度不断改革，税法中制定了保护纳税人权利的条文，公民权利意识不断提高，纳税人权利意识得以开始发展。1949年以来我国纳税人权利意识的发展大致可以分为以下四个阶段：（1）第一个阶段，计划经济时期。虽然制定并通过了首部《宪法》，规定了公民有依照法律纳税的义务，并且先后公布了《文化娱乐税条例》《中华人民共和国农业税条例》，但是在这一时期非税论占据税收理论的核心。这一理论从根本上否定了征税的客观性，不承认税收调节经济的功能，客观上阻碍了我国税收研究的发展，此时是我国纳税人权利意识的萌芽期，纳税人权利意识本身没有得到发展。（2）第二个阶段，有计划的商品经济时期。在此期间，计划经济时期的非税论对税收的消极影响得到了深刻反思，并在税收本质和税收所发挥作用的认识方面取得了突破。纳税人权利意识随着我国商品经济的复苏得到初步发展，纳税人对于自身权利的关注逐渐加强。（3）第三个阶段，市场经济时期。改

---

[1]　参见苏月中、刘巧巧："纳税人权利意识与征税遵从行为相互影响研析"，载《税务研究》2016年第4期。

[2]　参见苏月中、郭驰："纳税遵从行为的实证研究"，载《税务研究》2007年第6期。

[3]　参见王建平："纳税人权利理念与'政府——纳税人'关系的转型"，载《涉外税务》2008年第4期。

[4]　参见武树臣等：《中国传统法律文化》，北京大学出版社1994年版，第65页。

革开放之后，我国确立了建设社会主义市场经济体制的改革目标。随着社会主义市场经济不断深化，中国经济高速发展，中国公民权利意识不断提高。此外，国家财政收入高速增长，税收在社会经济中发挥的重要作用逐渐显现，依法治税的理念被提出。加之，政府官员贪腐问题和国民收入差距加大，促使人民群众开始对税收制度是否依旧适应当时的社会环境的问题展开讨论，社会上出现了要努力保证税收公平性的声音。2001 年的《税收征管法》第 8 条新增了有关纳税人权利的规定，对我国纳税人权利意识蓬勃发展无疑具有积极意义。在此阶段，我国纳税人权利意识得到进一步发展。(4) 第四个阶段，2009 年至今，纳税人权利意识进入高速发展期。在结构性减税政策和全面营改增政策的刺激下，纳税人对自身权利义务的关注度不断提高。2010 年国家税务总局组织人员编写了《〈纳税人权利与义务的公告〉解读》，印发了《纳税服务投诉管理办法（试行）》，对税务机关和税务人员在税法宣传、纳税咨询、办税服务以及纳税人权益保护工作方面做了进一步规范。全国税务系统开展法制宣传教育第六个五年规划（2011-2015 年），将积极宣传纳税人权利纳入工作任务。在政府大力推动和社会环境的推动下，纳税人权利意识进入高速发展期。

从上文可见，随着不同时期的经济发展，我国纳税人权利意识不断被刺激、觉醒和发展。但客观上来说，其仍然存在较大进步和加强空间，具体问题表现为：不同教育年限和收入水平的纳税人的权利意识具有较大差距；[1]许多纳税人还未认识到自己的主体地位，纳税人不了解自己为何要履行纳税义务、如何行使纳税权利的情况依然普遍存在。此外，传统文化中"重义务轻权利""重集体轻个人"的价值取向依然影响着当代法律文化的价值取向、法律在社会治理中的地位以及广大公民对法律的态度，以上客观存在对培养纳税人权利意识具有一定的消极作用。

(二) 政府行政模式向"服务型"的转变

中国政府的管理模式经历了从管制型向服务型的转变，具体可以分为三个阶段：第一阶段，改革开放初期，旨在突破政治、经济一体化的中央高度

---

〔1〕 参见刘怡、易滢婷："范拉伊模式下的纳税人意识研究"，载《财贸经济》2005 年第 7 期。

集权的体制束缚，重点是"简政放权"。[1]中国由计划经济向市场经济转型，如何提高政府效率成为这一时期的关键问题。1982年改革前，国务院下辖的各部、委、直属机构和办事机构有近100个，人员众多。[2]这一时期的政府管理体制改革，主要以精简机构和人员数量为主，还没有充分意识到政府职能问题，由于随后人事矛盾突出，导致改革效果并不明显。

随着经济体制改革的逐渐深入，我国政府管理体制改革进入第二阶段。建立适应社会主义市场经济需要的组织机构是这一时期政府管理体制改革的目标，政企分开是当时改革的主要内容。此时，为了适应计划经济向市场经济体制的转轨，政府职能转变的重要性开始得到重视，传统的管制性政府顺应时代的变化逐渐向服务型政府靠拢。

第三阶段的改革重点向加强和改善政府宏观调控、注重各级政府社会管理和公共服务职能转变。建设服务型政府被设定为改革目标，推进政府管理模式的转变被作为重点内容大力推进。在实践层面，这一阶段的改革重视党政机构重叠、职责交叉、权责脱节等问题，聚焦改善政府职责缺位和提高行政效能。改革开放以来，国务院多次进行机构改革，政府效能不断提升，中国政府行政模式向"服务型"转变的决心和趋势显而易见。

（三）税收征管程序以纳税人权利为中心的优化

税收征管程序以纳税人权利为中心的优化最早体现在2001年修订的《税收征管法》中。这次修订第一次将纳税服务规定为税务机关的法定职责。2003年国家税务总局公布《关于加强纳税服务工作的通知》，提出加强纳税服务的十条指导性原则，对纳税服务工作提出了具体要求，[3]开启了纳税服务的全面发展格局。

2005年国家税务总局印发《纳税服务工作规范（试行）》，对税收工作中管理、检查和实施税收法律救济等环节的纳税服务工作作出了具体明确的规定。该规范是我国纳税服务领域的首个纲领性文件，为税务机关和税务人员开展纳税服务工作提供了行为准则，对纳税服务工作内容进行了全面的规

---

〔1〕 参见周光辉："从管制转向服务：中国政府的管理革命——中国行政管理改革30年"，载《吉林大学社会科学学报》2008年第3期。

〔2〕 参见"中国大踏步构建服务型政府（发布与解读）"，载 http://politics. people. com. cn/n1/2018/0402/c1001-29901270. html，最后访问日期：2022年5月2日。

〔3〕 参见《国家税务总局关于加强纳税服务工作的通知》（国税发〔2003〕38号）。

范。由此，我国纳税服务开始被纳入法制道路中。2008 年，为了给纳税服务工作提供组织保障，国家税务总局设立纳税服务司。2009 年，国家税务总局提出："到 2012 年末，初步形成以纳税人合理需求为导向，以持续提高纳税人满意度和税法遵从度为目标，以办税服务厅、税务网站和纳税服务热线为平台，以税法宣传、纳税咨询、办税服务、权益保护、信用管理、社会协作为任务，以健全组织、完善制度、优化平台、提高能力、强化预算、细化考评为保障的'始于纳税人需求，基于纳税满意，终于纳税人遵从'的纳税服务新格局"[1]。"新格局"的提出对于纳税服务工作的进一步改进和优化、纳税人税法遵从度的持续提高具有重要的意义。

2014 年起，国家税务总局依据《"便民办税春风行动"实施方案》，连续八年在全国税务系统开展"便民办税春风行动"，新增了一系列纳税服务信息化功能。新增的信息化功能提高了税务机关的服务意识和办税效率，降低了纳税人的纳税成本。2017 年为进一步深化税务系统"放管服"改革，优化税收环境，激发市场主体创业创新活力，税务总局公布了《关于进一步深化税务系统"放管服"改革优化税收环境的若干意见》，该意见明确提出了不断优化纳税服务的要求。此后 2021 年公布的《关于进一步深化税收征管改革的意见》都要求税收法治理念应当以纳税人为中心，[2]体现纳税人的所需、所想、所求，把服务纳税人缴费人作为税收工作的根本出发点和落脚点，以税务人的"用心"换来税费服务举措的"创新"和税收营商环境的"清新"。2021 年印发的《关于进一步深化税收征管改革的意见》明确要求"到 2023 年基本建成'线下服务无死角、线服务不打烊、定制服务广覆盖'的税费服务新体系，实现从无差别服务向精细化、智能化、个性化服务转变"。该意见为深入推进税务领域"放管服"改革，完善税务监管体系，提升纳税服务和税务执法的便捷性与规范性提出了新的建设目标。

二、税收征管程序中强化纳税人权利意识的路径筛选

（一）税收征管程序优化的目标：便利纳税人

税收征管程序中强化纳税人权利意识首先应当贯彻便利纳税人的理念。

---

[1]《全国税务系统 2010-2012 年纳税服务工作规划》（国税发〔2009〕131 号）。

[2] 参见曹阳、黎远松："构建以纳税人为中心的税收法治理念及其实践路径"，载《税务研究》2021 年第 9 期。

党的十八大以来，税务部门不断改进纳税服务，集成式、体系化、持续性推出新的服务举措，大幅缩短办税时间，提高办税便利程度。实践证明，税收工作只有坚持以人民为中心的发展思想，不断满足人民日益增长的美好生活需要，才能不断增强纳税人、缴费人和社会各界的满意度与获得感，赢得广泛认可。

便利纳税人作为税收征管程序优化的目标，同时具有理论与现实双重意义，其在税法学界被归纳为纳税便利原则。纳税便利原则在我国税收征管规范中主要体现在《税收征管法》及其实施细则和国家税务总局公布的税收征管相关公告中。例如，《税收征管法》将纳税咨询服务、不得刁难纳税人列为税务机关法定职责。国家税务总局《关于发布〈税收减免管理办法〉的公告》中规定各级税务机关应当遵循依法、公开、公正、高效、便利的原则，[1]这对于规范税收减免工作提供了指导性方向。

纳税便利原则既是形式方便与实质有利的结合，又是税收征纳双方便利的统一。该原则在形式意义上要求税收法律制度应当方便纳税人遵从，在实质意义上强调在税收法定的前提下，税法的创制与实施应当符合有利于纳税人的原则，维护纳税人的基本权益与实体权益。基于现代税法以纳税人权益为本的理念，纳税便利原则客观上具有构建和谐税务行政关系，实现征纳双方便利的实践效果，具有一定的可测度性，是可以落地生根的真实存在。[2]此外，依据范拉伊模式，纳税便利作为能够促进税收环境向好发展的积极因素，可以通过良好便利的税收环境间接地影响纳税人税收环境知觉，从而对纳税人的税收遵从行为产生积极作用。[3]税务行政机关在治理理念上发生的转变无须耗费过多的人力、物力、财力，却能够从根本上治疗税收征管制度的顽疾。

（二）在纳税环节对纳税人权利的行使提供行政保障

首先，依据范拉伊模式，切实保障纳税人权利的行使，可以对税收环境知觉和纳税人主观感受产生正面影响，从而直接或间接地对纳税人的税收遵

---

〔1〕　参见国家税务总局于 2015 年 6 月 8 日发布的《税收减免管理办法》第 3 条规定："各级税务机关应当遵循依法、公开、公正、高效、便利的原则，规范减免税管理，及时受理和核准纳税人申请的减免税事项。"

〔2〕　参见单飞跃："纳税便利原则研究"，载《中国法学》2019 年第 1 期。

〔3〕　参见周光辉："从管制转向服务：中国政府的管理革命——中国行政管理改革 30 年"，载《吉林大学社会科学学报》2008 年第 3 期。

从行为、税收环境以及社会总体环境产生积极作用。[1]在税收征管程序中强化纳税人权利意识内在地要求税务机关为纳税人权利行使提供有效的行政保障。在税收征纳过程中树立以纳税人为中心的理念，严格遵循税收法定原则，提供便利的税务行政复议制度是保障纳税人合法行使自身权利的应有之举。税收法定的精神实质在于课征税收应经过纳税人同意，目的是体现人民的意志、限制征税权，以税法权威性维护纳税人的财产权、营业自由等权益。[2]税收法定原则要求税收实体与程序皆法定化，由法律明确各项税法的构成要素，严格约束国家征税行为的随意性，保障国民的财产权利。除立法环节外，税收执法环节也应当贯彻职权法定原则，保障执法行为符合相关税法精神、原则和制度要求。立足税收治理现代化，强化税收执法的综合性，完善治理性税收执法方式。我国税务机关在为纳税人权利提供行政保障方面已经开展了积极作为。例如，2017 年施行的《税收规范性文件制定管理办法》规定，涉及重大公共利益或对纳税人权利和义务可能产生重大影响的税收规范性文件，除依法需要保密的文件外，起草部门应当采取书面、网上征求意见，或者召开座谈会、论证会等多种形式听取公众意见。在审查环节实行有件必备、有备必审、有错必纠，明确"对是否违法、违规减损税务行政相对人的合法权利和利益，或者违法、违规增加其义务"进行合法性审查，进一步保护纳税人权益。这一税务行政相对人权利和利益影响评估机制，是税务机关全面落实推进依法治税，规范、统一税务机关行政行为执行标准、维护纳税人合法权益的有益实践。

其次，税务行政复议制度也是我国保护纳税人权利的主要行政途径之一。税务行政复议制度是纳税人或其他税务当事人认为税务机关的具体税务行政行为侵犯了其合法权益，依法向复议机关提出复查该具体行政行为的申请，复议机关依照法定程序对被申请的具体行政行为进行合法、适当性审查，并作出复议决定的一种法律制度。[3]该制度是税务机关系统内部建立的以解决税务行政争议为直接目的的行政救济制度。税务行政复议通过纠正违法或不当的具体征税行为保障纳税人的合法权益。该制度的程序快捷简单且无需

---

〔1〕 参见周光辉："从管制转向服务：中国政府的管理革命——中国行政管理改革 30 年"，载《吉林大学社会科学学报》2008 年第 3 期。

〔2〕 参见朱大旗："论税收法定原则的精神及其落实"，载《国际税收》2014 年第 5 期。

〔3〕 参见刘剑文主编：《税收征管法》，武汉大学出版社 2003 年版，第 365 页。

支付费用，以提高纳税争议内部化解决机制的行政效率为目标。但是由于税务行政复议属于税务机关内部处理，导致该制度存在立场无法完全中立的弊端。

最后，我国还可以借鉴国外有效经验，在行政机关内部设立纳税人权利保护官制度，为保护纳税人权利提供一种新的有效的行政救济途径。[1]通过专职专任的方式赋予具体行政人员以纳税人权利保护职责，可以激发税务人员纳税人权利保护意识，在行政机关内部形成制衡机制，乃是现行行政架构内成本最低的制度选择。

（三）税收征管程序优化的方式：多元化与自主化

如前所述，便利的税收征管程序可以通过维持良好的税收环境间接地影响纳税人税收环境知觉，从而对纳税人的税收遵从行为产生积极作用，强化纳税人权利意识。税收征管程序的多元化与自主化无疑是优化征管程序、强化纳税人权利意识的可靠路径，应当继续大力发展，宜将其作为当下税收征管程序优化的主要方向之一。

税收征管程序的自主化与多元化主要体现为纳税人自主申报。纳税人自主申报是指以纳税人通过申报来确定应纳税额为原则的确定方式。[2]自主申报制度由于具有天然的民主属性而盛行，常见于发达国家的税收制度之中。自主纳税申报使纳税人在税收债权债务关系中获得主动权，因此可以说该制度以纳税人权利为本位，同时体现着纳税人的权利和义务，使得纳税人的主体地位得以彰显。同时，由于该制度法律责任明确，可以提升纳税人的纳税权利义务意识和法律责任意识，有效地促使纳税人主动了解税法，积极行使宪法与税法赋予的权利与义务，提高全体公民的纳税意识。《中华人民共和国税收征管理法实施细则》规定了纳税人自主申报制度，还规定了邮寄、数据电文方式多元化的纳税人自主申报方式。[3]此外，多元化还体现在纳税人对税款缴纳方式的选择上。多元化可选择的缴税方式，为纳税人提供了方便快

---

〔1〕　参见汤喆峰、张悦："国外纳税人权利保障制度分析"，载《广西政法管理干部学院学报》2020年第5期。

〔2〕　参见黎江虹："浅议纳税人自主申报制度"，载《光明日报》2009年12月6日，第6版。

〔3〕　参见《中华人民共和国税收征收管理法实施细则》第30条第1款规定："税务机关应当建立、健全纳税人自行申报纳税制度。纳税人、扣缴义务人可以采取邮寄、数据电文方式办理纳税申报或者报送代扣代缴、代收代缴税款报告表。"

捷的支付方式，降低了纳税人的纳税成本，提高了纳税人办税效率。

（四）在税务检查阶段向纳税人提供偏向性司法救济

此处的偏向性司法救济，是指充分保障纳税人实体性权利和程序性权利基础上，同时在纳税人弱势项上给予一定优待，比如诚实纳税推定。在税务检查阶段向纳税人提供偏向性的司法救济，有利于切实保护纳税人的合法权益，平衡纳税人与税务机关在能力与政策信息优势上的差距，增强纳税人权利意识。

税务检查阶段的纳税人司法救济一般是指税务行政诉讼。税务行政诉讼是当公民、法人、其他组织认为税务机关的具体行政行为违法或不当，侵犯其合法权益时，依照《行政诉讼法》和其他法律法规的规定向人民法院提起诉讼，由人民法院进行审理，并对税务机关的具体行政行为的合法性和适当性做出裁决的一种诉讼活动。[1]目前我国没有关于税务行政诉讼的专门的法律或者行政法规。依据《行政诉讼法》及其司法解释，纳税人主要拥有提起诉讼、聘请律师或代理人、申请回避、提供证据、法庭辩论、上诉、提起再审等程序性权利。

在税务检查阶段，建立和完善纳税人诉讼制度，是现代法治国家解决纳税争议、保障纳税人合法权益的主要途径。目前税收司法在税收法治建设中仍显弱势。行政复议前置的救济制度设计为纳税人享受税收司法救济设置了制度障碍，税收司法队伍缺乏相应的专业人才提高了税收司法错误判决的可能性，不利于纳税人得到及时、公正的司法救济。以纳税人为中心的税收法治理念要求给予救纳税人选择救济方式的自主权，要求及时、充分地发挥税收司法权利救济的功能，切实维护税收公平正义。

三、纳税人自主选择：权利意识提高的外在表现

（一）自主选择是纳税人能动性的客观表现

人与动物的区别在于人有思想、有精神，具有能动性。而精神存在的条件之一，就是主张自己的权利。因此，主张权力是精神上的自我保护义务，放弃权利是精神上的"自我放逐"。道德习惯对法律的发展可以产生举足轻重的影响，公民放弃权利看似仅对个人产生影响，但是权利意识缺乏的实质是

---

〔1〕 参见陈少英主编：《税法学》，格致出版社、上海人民出版社 2020 年版，第 415 页。

公民国家意识和公共秩序意识的缺乏，从某种意义上讲，主张权利是对社会的义务。

纳税人自主选择是主张权利的一种方式，是纳税人权利意识提高的外在表现。纳税人权利保护需要纳税人的积极参与和配合。长期以来，我国纳税人权利保护问题受到忽视，部分税务机关税法遵从度低，与纳税人自身的权利意识淡薄有极大的关系。[1]一方面，中国传统的儒家文化强调个人对社会、对他人所承担的责任和应尽的义务，而不强调社会对个人权利的界定和保护；另一方面，在我国的税收立法和实践中，纳税人都以纳税义务人的身份出现，而忽略了其权利人的身份。这是造成我国纳税人权利意识缺乏的主要原因之一。纳税人的意识是纳税人对自身价值和自身权利义务的正确认识而产生的一种对税法的理性认知、认同和自觉奉行。纳税人只有确立在纳税活动中的独立人格和地位才能依法实现和维护自己的权利。

（二）权利意识的提高需要培养纳税人自主选择能力

在税收征管环节，不断提高纳税人权利意识，引导与帮助纳税人独立，在征收方式上充分尊重其自主选择，是我国税制改革的前进方向之一。纳税人权利意识与纳税人自主选择能力的关系表现在：纳税人行使自主选择权是纳税人权利意识的客观表现，与之相对，提高纳税人权利意识可以依赖培养纳税人自主选择能力这一途径。早期纳税人自主选择能力的培养有赖于国家主动采取措施，纳税人予以积极配合。

其一，应当优化税务行政复议与行政诉讼衔接，赋予纳税人自主选择救济方式的权利，培养纳税人在税收救济方面的自主选择能力。政府应当提供多元化的税收救济渠道，确保纳税人可以选择多种方式接受救济。同时，为减少纳税人因无法承担巨额税款而放弃救济的现象发生，应当适当降低税收救济门槛或者为清税前置提供一种征纳双方都可以接受的替代方案。实际上，将复议前置改为复议选择在我国已有先例。2000年《中华人民共和国海关法》取消了纳税义务人同海关发生纳税争议时的行政复议前置，规定纳税义务人可以自由选择复议或诉讼，赋予了纳税人自主选择救济方式的权利。

其二，在税法宣传工作中，要增强纳税人权利意识教育，大力宣传、普

---

[1]　参见苏月中、刘巧巧："纳税人权利意识与征税遵从行为相互影响研析"，载《税务研究》2016年第4期。

及纳税人自主申报、自主选择申报方式、自主选择多元化缴费方式等相关制度措施。同时要增强纳税人的主体地位认知，熟悉并掌握自身享有的税法上的权利，激发纳税人的主人翁精神，促使其切实感受到守法纳税给自己、社会、国家带来的益处。当纳税人自身的合法权利未得到尊重或被侵害时，能主动使用法律来维护自身的权利。通过培养纳税人自主选择能力强化纳税人权利意识，在社会中形成良好的纳税环境。这不仅有助于激活纳税人发展潜力，还有助于促进和谐税收关系构建，更有助于贯彻税收法定、推动共享发展格局的形成。

四、税收征管程序中培养纳税人自主选择能力的方法

由于税收征管程序涉及主体广泛、程序相对复杂以及影响纳税人利益较为明显，是体现纳税人自主选择的核心环节。在具体税收实践中，可以通过以下措施的落实，培养税收征管程序中的纳税人自主选择能力，促进纳税人权利意识之提高。

（一）将多元化选择理念渗透至税收征管全过程

目前，我国纳税人税收遵从度普遍不高，对税收法律制度存在较为片面的认识，纳税人价值理念的差异与冲突需要制度提供多元化选择以缓解。培养税收征管程序中的纳税人自主选择能力，需要在税收征管全程中贯彻多元化选择理念，实施以纳税人为中心，体现多元化、自主化理念的税收精准执法。

首先，应当在纳税申报环节为纳税人提供多元化的申报方式，持续扩大"自行判别、自行申报、事后监管"范围，确保便利操作、快速享受、有效监管。我国《中华人民共和国税收征管理法实施细则》规定了纳税人可以采取邮寄、数据电文的多元化自主申报方式。[1]其次，在纳税期限选择上为特定种类的纳税人（按照固定期限纳税的小规模纳税人）提供根据自己的实际经营情况选择实行按月纳税或按季纳税的自主选择权。[2]再次，在税款缴纳方

---

〔1〕 参见《中华人民共和国税收征收管理法实施细则》第 30 条第 1 款规定："税务机关应当建立、健全纳税人自行申报纳税制度。纳税人、扣缴义务人可以采取邮寄、数据电文方式办理纳税申报或者报送代扣代缴、代收代缴税款报告表。"

〔2〕 参见《国家税务总局关于小规模纳税人免征增值税政策有关征管问题的公告》（国家税务总局公告 2019 年第 4 号）。

式上，应当继续为纳税人提供多元化可选择的缴税方式，给予纳税人企业税费事项网上办理，个人税费事项掌上办理的选项。为纳税人拓展"非接触式""不见面"办税缴费服务等更具便捷性的纳税方法，提供多种方便快捷支付方式给纳税人选择，降低纳税人的纳税成本，提高纳税人办税效率。最后，还应当在税收救济中贯彻多元化选择理念，健全税收征管领域的多元化纠纷解决机制。通过深入研究税务行政和解调解制度，实现调解和解、行政复议、行政诉讼等纠纷解决方式有机衔接、相互协调，赋予纳税人自主选择救济方式的权利。

（二）向纳税人的自主选择提供税收辅导支持

在税收法律关系中，征纳主体双方权利与义务是平等的。尤其是作为征税主体的税务机关，不但有依法征税的责任和职权，也兼具为纳税人提供税收服务的义务。因此，不管是顺应国际税收征管的改革潮流，还是出于尊重纳税人权利及推进征管改革的自身需要，税务人员都应当转变观念，真正把纳税人当作服务对象，树立为纳税人服务的思想，尊重纳税人享有的权利，摆正与纳税人的位置关系，把征税过程当成为纳税人服务的过程。对纳税人热情相待，简化办税程式，减少办税环节，改进办税手段，鼓励、引导纳税人积极行使自主选择，最大限度地便利纳税人。

具体来说，可以组建更大规模的税务咨询辅导团队，对重点人群、企业实行"一对一"咨询辅导责任制，为重点领域纳税人提供精准支持。例如，针对小微企业，可以运用大数据对小微企业开展"滴灌式"宣传辅导。针对创新型、研发型企业，则通过税收大数据定向推送、税收专家辅导、线上培训等方式提供税务政策服务，助推企业加大研发创新力度。针对回乡创业的大学生群体，组建大学生创业税收辅导小分队进行上门辅导。针对受到新税收法律、政策影响的企业和个人主动上门提供相应的税收政策辅导等。

总之，为纳税人服务反映了现代社会中征纳关系的新观念，是社会主义民主法治成熟发展以及政府职能转变的一个重要标志。文明征税、优质服务、精诚合作，不仅树立了税务机关甚至是政府的良好形象，也使纳税人因地位提高和精神满足而信赖税务工作，并按时、足额地交纳税款。

（三）加强征管程序多元化与自主化的宣传力度

税收制度改革目标的实现仅仅依靠制度内部改革是显然不够的，还需要加强外部力量形成合力，比如加强税收征管程序多元化与自主化的宣传力度。这有利于通过良好的纳税人主观感受激发纳税人产生积极的税收环境知觉，影响纳税人纳税遵从行为，为培养纳税人自主选择能力起到促进作用。

落实到税收宣传的实践当中，可以在全国税收宣传月中专门组织有关税收征管程序多元化与自主化的宣传活动。制作、投放与税收征管程序多元化、自主化有关的税收公益广告、动漫、影视、音像等宣传制品；在税务窗口、政务服务中心、便民服务中心等场所提供相关宣传册。通过税务总局门户网站和微博、微信、客户端等新媒体平台，专门针对税收征管程序多元化、自主化开展在线科普推广工作。此外，还可以协调税务报刊的宣传报道活动，组织重点企业、目标群体举行"税企恳谈对接会"等见面会，对特定群体开展具有针对性的宣传工作。

（四）优化纳税人意见反馈机制提高响应速度

纳税人意见反馈机制是照顾纳税人需求的一部分。税务机关通过畅通渠道了解纳税人需求，是其服务职能的体现。此外，优化纳税人意见反馈机制，提高对纳税人意见、建议的反馈速度，既有助于落实推动深化改革，又有助于培养纳税人自主选择能力，提高纳税人权利意识。

具体而言，首先提高税务机关在部门规章和税收规范性文件制定中的公众参与度是优化纳税人意见反馈机制的题中应有之义。为此需要落实税收政策和管理制度出台前征求意见的相关要求，健全公开征求意见、论证咨询、意见采纳情况反馈等机制，设定意见最长反馈期限，线上线下并行畅通公众意见反馈渠道。其次，应当促进投诉管理规范化，畅通纳税人投诉渠道，积极构建税收工作质量定期评价反馈制度，对部分投诉事项实行限时受理、处置和反馈制度。同时，推进信访办理法治化，规范信访工作程序，实行网上受理信访制度，严格实行诉访分离，推进通过法定途径分类处理信访投诉请求，落实涉法涉诉信访依法终结制度对纳税人意见反馈机制的优化大有裨益。最后，需要注重传统媒体发布和新媒体平台公示，努力做到主动靠前服务、涉税问题快速响应，使纳税人的合理诉求能够得到及时响应，切实提升纳税人参与税收制度建设的积极性。

第三节　完善税收宣传与推进纳税服务

目前，我国纳税人税收遵从度普遍不高，除了我国税收法律制度不健全、纳税人权利意识缺乏等原因外，纳税人不了解税收法律政策、片面理解纳税人权利义务也是其中的重要因素。税收征管、政策落实以及行政复议等内容是税务机关的法定职责，除此之外，对于向纳税人宣传纳税人权利、解释税收法律政策等这些内容，税务机关也应予以重视。现阶段我国税收宣传工作的开展仍处于不成熟阶段，存在宣传主体缺乏协同、宣传管理与评估机制不健全、宣传受众不明确以及宣传模式单一等问题。在社会组织多渠道加入、多元主体形成合力的税收社会宣传格局未形成背景下，税收行政机关应积极采取措施完善税收宣传制度，以提供更好的纳税服务。

一、我国税收宣传过程中问题剖析

（一）税收宣传主体单一，缺乏部门之间的配合，社会协调配合亟待加强

现有法律将税收宣传的主体限定为税务机关，《税收征管法》规定由税务机关承担宣传税收法律政策、为纳税人提供纳税咨询服务的义务，[1]但是针对各级地方政府中的其他行政机关的税收宣传职责立法并没有明确规定，导致在实际的税收宣传过程中，基层工作人员潜意识中认为税收宣传仅仅是税务机关的职责，与其他政府部门或社会组织没有任何关系。即使其他相关部门被动参与到税收宣传的过程中，大多也都是配合税务机关的工作或进行临时性的单项宣传活动，未能建立一种长效的宣传机制。税收作为一种资源再分配的手段，能够在提高资源配置效率的同时促进社会公平。长期性、针对性的税收宣传对于促进税收工作顺利进行、实现税款及时足额入库、充分实现税收职能具有重要意义。[2]而多元化的宣传主体是税收宣传工作发挥实效的推动力量。因此税收宣传需要社会各方的支持，目前各类中介机构或者社会组织对于税收宣传的参与度低，主动参与意识不强，未能将宣传深入到日

---

〔1〕　参见《税收征管法》第 7 条规定："税务机关应当广泛宣传税收法律、行政法规，普及纳税知识，无偿地为纳税人提供纳税咨询服务。"

〔2〕　参见何代欣、周赟媞："遵从实验研究对税收宣传的启示：如何告知纳税人更有效"，载《国际税收》2021 年第 4 期。

常社会生活中去，这也是阻碍我国税收宣传发挥实效的重要因素。

（二）税收宣传的管理机制与评估体制不够健全，税收宣传的短期效应较为明显

目前我国税收宣传的管理机制还存在着较大的缺陷，难以保证税收宣传的常态化与长效化。首先，每年的税收宣传时间过于集中，任务性倾向较为明显。从 1992 年开始，每年四月份被确定为税收宣传月，到 2022 年已经启动第 31 个全国税收宣传月活动，但无论是国家税务总局还是地方各级税务机关却尚未制定一个长期的、系统的宣传远景规划。虽然经过多年的发展，多样化宣传方式已经形成，诸如学校授课、宣传标语、新闻报道等方式，但是大多数宣传方式以集中宣传、完成任务为导向，不具有长期效应；其次，税收宣传的绩效考核制度不健全，有些税务机关并没有明确考核指标，只采纳是否实施了税收宣传行为作为标准，没有针对宣传效果以及纳税人的满意度进行跟踪评估。即使有些税务机关制定了相关的考核办法，但是多数以新闻稿件刊发量作为标准，并没有聚焦于宣传效果的衡量。而且现有考核更多侧重于内部评估，这导致收集纳税人满意度和建议的反馈机制还未能有效建立；最后，由于税收宣传是一个长期的过程，需要一定的人力、财力、物力等加以保障，但目前我国税务机关远远不能满足税收宣传的各种需求，这也是税收宣传的短期效应日益显著的原因之一。

（三）税收宣传的受众群体定位不准确，宣传的内容过于主观化

社会经济的发展和社会分工的精细化，使得各类纳税主体想要了解的税收信息不尽相同，导致税收宣传之受众群体的需求呈现出多样化、个性化的特点。这对目前的税收宣传提出了更高层次的要求。但是在税收宣传的实践中，各级税务机关并没有对受众群众进行清晰明确的定位以采取针对性、匹配性的宣传内容和方式，反而对不同行业、不同层次的纳税人和缴费人进行"一刀切"式地宣传或辅导。从宣传的内容上来看，税务机关表现出浓厚的主观化倾向，即只关注自己想要讲什么，并不关心纳税人想要听什么；同时税务机关以纳税义务为宣传重点，过分宣传纳税人未依法纳税时所需面临的不利后果，对于纳税人所享有的权利、如何行使自己的权利以及权利受到侵害时的救济手段等方面往往含糊其辞，使得纳税人忽略了权利与义务具有一致性；此外，税务机关在宣传过程中过于突出自身的工作成果，忽视了纳税人所关心的税收法规与政策，导致纳税人对税收宣传的关注度越来越低。税

收的出发点和归宿是"取之于民，用之于民，造福于民"，但税务机关总是着重宣传税收是如何"取之于民"，未能关注"用之于民，造福于民"的理路，导致税收宣传的效果未被有效落实，纳税人主动纳税的积极性也大大降低。

（四）税收宣传的模式较为单一，税收宣传队伍的专业性较差

目前，微博、微信、抖音等新媒体的快速发展推动传统的宣传模式更新，但是许多税务机关并没有把握住新媒体发展背景下税收宣传的契机，还在使用较为陈旧的线下宣传方式。即使许多税务部门也开通了各类新媒体账号，其内容也大多是将线下宣传的内容复制上传到各类新媒体上，缺乏对基于新媒体形式的原生内容的创新。税收宣传应当是一个线上与线下相结合的过程，但在现实中许多税务机关为了"图方便"，线上仅仅在电视、报纸上投放一些宣传广告或宣传标语就草草了事，没有与纳税人进行深层次接触；线下也未能积极落实入户宣传、个别辅导等近距离的宣传方式。除此之外，实践中的税收宣传还面临着宣传队伍中缺乏专业性、复合性的人才的难题。我国目前税收宣传工作主要由各级税务机关的办公室负责，但由于办公室部门人员少、政务事务多，没有较多时间进行税收宣传。同时，办公室内从事税收宣传的人员擅长组织宣传活动、撰写宣传稿件的工作，由于没有从事具体的税收业务工作，他们的税收专业知识较为欠缺，与纳税人的接触不够密切，不能为纳税人的疑问提供针对、有效的解答；而专门从事税务工作的人员虽然掌握专业的税收知识，了解纳税人的具体需要，但并不精通宣传与沟通的技巧，缺乏写、编、采、摄等宣传方面的专业素养。因此目前税收宣传的队伍中亟需大量既精通税收专业知识，又具备良好宣传沟通素养的专业复合型人才。

二、完善我国税收宣传制度的路径和方法

（一）构建税收宣传的多元主体结构，在全社会扩大税收宣传工作

税收宣传不应是税务机关一方的责任，要想形成更大的税收宣传协同效应，就必须形成税务机关与多元主体之间相互合作的宣传格局。首先，要加强税务机关与政府其他部门之间的沟通联系，改变以往孤军奋战的局面，联合工商、金融、财政等多部门联合开展税收宣传，形成一种税收宣传合力，并定期向地方政府汇报，提请表彰一些纳税信用良好的企业，使税收宣传渗入到各个政府部门中成为其分内之事；其次，要加强税务机关与税务中介服

务机构的沟通合作，针对税务中介服务机构人员开展定期培训，帮助中介服务机构人员及时了解最新的税收政策，从而最大化发挥税务中介机构的桥梁与纽带作用，鼓励中介服务机构积极参与到税收宣传的队伍中来；最后，充分发挥诸如村委会、居委会和行业协会等其他社会组织的作用，这些组织贴近群众日常生活，与纳税人沟通方便，对于纳税人的基本情况和需求也比较了解。因此，为充分利用该种优势，让税收宣传真正地进入到人民群众的日常生活中，税务机关应当加强与基层组织或者特定行业组织的联系。

社会主体多元化使得税务机关单一肩负税收宣传职责的时代渐行渐远。一个由政府、非政府组织和其他社会自治力量构成的行动者系统是税收宣传发挥实效的主体要素。[1]因此我国需要构建税收宣传的多元主体结构，形成由政府领导、税务机关主办、其他有关部门尤其是公安、金融、财政等部门共同配合的社会综合治税体制，并加大与其他社会团体的联系，充分发挥各部门独有的资源优势，共同做好税收宣传工作。

(二) 完善税收宣传的管理体制与评估机制，形成税收宣传长效机制

针对目前实践中各级税务机关思想上并不重视税收宣传或仅仅把税收宣传作为上级布置的任务来完成的情形，税务机关应当完善税收宣传的管理体制，摒弃只在特定的时间进行宣传的陈旧思想，设置专门的税收宣传部门和专项经费，使得税收宣传成为常态化的工作。此外，税收宣传质效的有效实现离不开绩效评估的激励和推动。2018 年修正的《预算法》曾有 6 次提及绩效。绩效管理制度对政府的运行和改革具有决定性的影响。[2]共建共治共享的社会治理理念要求建立一个全方面、多主体的宣传绩效评估系统，这既包括内部评估也包括外部评估。内外双轨道的评估机制，既制定了科学有效的考核指标，也完善了考核程序，使得绩效考核的价值能够充分实现。针对内部考核评估方面，各级税务机关可以设置一些量化的指标，例如纳税咨询的回复时间、与纳税人"一对一"纳税辅导次数，等等，促使税务宣传人员能够思想上高度重视、行动中高标准地要求自己。而设置外部考核评估，能够全面地、客观地反映税收宣传的实际效果，更好地督促税务机关提高自己的

---

〔1〕 参见张康之："论主体多元化条件下的社会治理"，载《中国人民大学学报》2014 年第 2 期。

〔2〕 参见曹堂哲、施青军："基于政府治理范式的政府绩效评估演变分析——兼论中国政府绩效评估发展的路径选择"，载《财政研究》2018 年第 3 期。

宣传绩效。税务机关可以选择社会知名度高、信誉好的调查评估机构来对税收宣传的效益进行评估，根据评估所反馈的结果来改进完善税收宣传的方式和内容，不断提高税收宣传的质量。

同时，在考核评估时，应当注意考核主体和考核内容涵盖的多样性。税务机关可以通过座谈会、问卷调查，实地走访等方式在社会公众、其他政府工作部门、税务工作的一线人员等多元主体中开展科学的随机抽样调查，总结其中的问题和评价，促使税收宣传活动不断地完善，形成长效的税收宣传机制。

（三）细分税收宣传受众群体，以纳税人实际需求开展税收宣传工作

任何一个传媒都无法吸引所有的受众，针对特定的受众群进行定位是媒介稳定生存的必须。现代传媒的分众性要求税收宣传工作将宣传对象大众化转变为分众化。[1]税务部门应当根据具体涉税需求，细分税收宣传的受众群体，针对性地开展税收宣传活动。根据不同的人群，税务部门可以将税收宣传分为政策类税收宣传以及普法类税收宣传。[2]针对各自辖区内税收业务繁杂的纳税人，税务部门应当以政策类税收宣传为主，着重向该类纳税人讲解最新的纳税政策以及办理流程等方面，使纳税人更好地了解最新的政策法规以便安排后续的经营管理活动。政策类税收宣传的较强专业性要求宣传主体在制定宣传方案的时需要事先统计好宣传对象的基础信息，了解其主要涉及的税种及优惠政策，针对性地开展宣传活动。而普法类税收宣传的受众是广大纳税人，主要特点是受众面宽、覆盖面广，侧重于提高全民的依法纳税意识和税收遵从，宣传主体在进行普法类宣传时应当注重互联网和传统媒体平台的结合运用，最大化地发挥税收宣传的效果。

在细分税收宣传受众的基础上，税务机关开展以纳税人需求为导向的宣传活动需要注意工作方式。首先，要注重对纳税人权利的宣传。在以往的纳税宣传活动中，税务机关往往以纳税人义务为宣传重点，但是随着市场经济的不断发展以及法治建设的不断推进，纳税人的权利意识也在不断地增强。我国现有法律规范也在不断突出纳税人权利，比如国家税务总局公布的《关

---

〔1〕　参见刘奕君：“全媒体时代大宣传格局的构建”，载《学术论坛》2016年第12期。

〔2〕　参见国家税务总局北京市税务局联合课题组：“对基层税务部门做好税收宣传的思考”，载《中国税务》2020年第7期。

于纳税人权利与义务的公告》规定纳税人依法享有十四项权利。因此，税务机关应当对宣传内容进行相应的更新完善，不应仅将内容局限于纳税人义务，在告知纳税人履行相应纳税义务的同时，也需要使纳税人了解其所享有的合法权利，在塑造纳税人自愿纳税意识的基础上提高纳税人的满意度和获得感，落实宣传服务的效果。其次，要注重保障纳税人知情权。公民参政议政的基础是"知情"，[1]《宪法》也以根本法的形式确定了公民的知情权。公开税款用途对于实现自愿纳税遵从具有重要意义。因为税款用途透明化能够让纳税人真正认识到税收的作用和性质，让纳税人切实感受到税收是如何取之于民、用之于民的，提升纳税人的纳税自觉，发挥税收宣传的效果。

（四）充分利用各类新媒体，健全税收宣传人员保障机制

近年来，短视频行业不断兴起，为税收宣传提供了新的传播手段，短视频具有时间短、信息量丰富，同时语言画面简单易懂等多方面的优点。为了中和税收法律法规专业性强、操作复杂的特点，税务机关可以充分利用新兴的网络新媒体平台，通过"常识性"的语言以及幽默诙谐的方式将税法的相关知识传播给社会公众。互联网时代的潮流需要税务机关注重宣传内容和方式的创新，这就需要复合型人才的培养。税务机关宣传部门应当注重提升宣传人员的税收知识专业素养，并定期组织开展宣传写作、宣传摄影、活动策划等培训，建设有思想、通业务、能动笔的宣传干部队伍。此外，对于在宣传报道、纳税服务等方面有突出贡献的人员应当予以表彰激励，充分调动宣传队伍人员的积极性。

三、推进纳税辅导服务过程中的现实困境

"纳税服务"一词是 20 世纪 50 年代由美国率先提出的，主要是指各类组织、团体、个人为需要办理涉税事项的人员提供的相关服务。我国立法对"纳税服务"的定义可见于《纳税服务工作规范（试行）》。[2]狭义上的纳税服务是指纳税机关依据《税收征管法》的规定，无偿地为纳税人提供纳税咨询、纳税辅导等相关税收服务事项。而随着纳税服务的不断发展完善，提供

---

〔1〕　参见彭錞："我国政府信息公开制度的宪法逻辑"，载《法学》2019 年第 2 期。

〔2〕　参见《纳税服务工作规范（试行）》（国税发〔2005〕165 号）第 2 条第 1 款规定："本规范所称纳税服务，是指税务机关依据税收法律、行政法规的规定，在税收征收、管理、检查和实施税收法律救济过程中，向纳税人提供的服务事项和措施。"

纳税服务的主体早已不仅仅限于税务机关，由此广义上的纳税服务包括税务机关、税务中介服务机构、各种志愿组织所提供的各项与税收相关的法律服务，笔者所探讨的纳税服务是狭义上的纳税服务。当下，在各地税务机关提供纳税服务的过程中，仍面临着诸多的问题。

（一）纳税服务意识不够深入人心

对纳税人权利保护的最好诠释是优化纳税服务。[1]纳税人权利应当是纳税服务的起源。图7-1表明有什么样的纳税权利就要求与之匹配的纳税服务。[2]

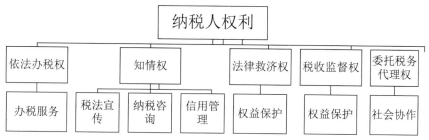

图7-1　纳税人权利与纳税服务对照图

但是当前纳税服务体系设置的出发点却是方便税务机关管理。因为税务机关是进行纳税服务的主体，所以从某种程度而言，当前纳税服务体系的管理性特征较为明显，服务性还不足，这导致了税务机关欠缺服务意识。纳税服务意识的缺乏主要体现在以下几个方面：第一，目前税务机关对不同的群体和层级的纳税人实行无差别的纳税服务。缺乏差异性和针对性的共性服务难以满足纳税人的实际需求；第二，税务机关服务的主动性不足，形成了纳税人"供什么菜"，税务机关就"做什么餐"的被动局面，没有主动提供纳税服务的意识，导致纳税服务缺乏时效性，使得纳税人不能及时享受相关的税收优惠政策维护自己的合法权益；第三，税务办理手续仍较为繁琐，税务机关为体现其管理职能，往往会对涉税事项设置许多需层层审批的事项。中共中央办公厅、国务院办公厅于2021年印发的意见提出"以服务纳税人缴费

---

〔1〕参见刘剑文："纳税人权利保护的实现机制——基于改进纳税服务的视角"，载《涉外税务》2012年第9期。

〔2〕参见李华、刘见："权利义务相对应是准确把握纳税服务的重要理念"，载《税务与经济》2014年第3期。

人为中心"的征管理念。但是琐碎复杂的业务手续并没有体现这一纳税服务的新理念。实践中，一个涉税事项的办理往往需要经过几个科室、多个环节，浪费了纳税人大量的时间，没有真正落实"维护纳税人缴费人合法权益"的服务标准；[1]第四，即使某些税务机关的纳税服务意识较之前有了提高，但"重管理、轻服务"的征管理念依然存在。某些税务机关仍以完全服从上级命令为导向，未形成完整的纳税服务体系、评价指标体系和信息反馈机制，无法对纳税服务的质量及效果进行评估。可见纳税服务并没有深入纳税人的潜意识之中。

（二）纳税服务体系不健全不完善

纳税服务工作是一项基础性、全局性的工作。复杂的操作和落实要求需要税务机关既能着眼长远，统筹规划，又能立足当前，稳步推进。[2]这需要健全的纳税服务体系的支撑。但是目前，在全国的税务机关范围内，一个完整的纳税服务体系尚未形成，相关的纳税服务制度也并不完善，主要有以下的表现形式：

第一，纳税服务工作缺乏统一标准。尽管国家税务总局印发了《办税服务厅管理办法》《全国税务机关纳税服务规范》等文件，但是这些政策规范的内容以纳税人必须提供的征税流程和应税材料为重点，而且部分内容出现重复，操作层面实施标准与规则的散乱化和不确定性导致纳税服务质量欠佳、效率不高；第二，纳税服务过于重视表面工作与硬件设施的完善，但实质工作内容上却鲜有改变。[3]许多税务机关将提供纳税服务仅仅定义为健全税收场所设施、规范工作用语等，这使得税务服务还停留在较低的层次和水平上，导致纳税人无法从中获得实质性的帮助，违背税收服务的初衷；第三，纳税服务相关制度缺乏约束力。税务机关出台的纳税服务制度，如首问责任制度、延时服务制度、预约服务制度，等等，虽然出发点都是为了提升税务机关的服务质效，但是相关制度只是内部的行为规范，在法律层面上缺乏约束力；第四，涉税数据共享水平较低。在国地税合并之后，我国已基本实现了网上

---

〔1〕 参见王曙光、章力丹、张泽群："税收征管现代化的科学内涵与发展路径"，载《税务研究》2021 年第 10 期。

〔2〕 参见"中国税务学会纳税服务"课题组："借鉴国际经验，积极构建现代纳税服务体系"，载《税务研究》2010 年第 7 期。

〔3〕 参见蓝春艳："构建我国新型纳税服务体系的思考"，载《纳税》2019 年第 3 期。

税务局"一网通"的税务服务，大大降低了纳税人的时间成本，[1]但是各个涉税事项之间的衔接不够仍然给纳税人带来许多困扰，税务机关内部各个科室之间对接不协调，各个部门只以完成己任为标准，由此导致纳税人一项材料需要重复交、多个部门反复跑等现象。同时，税务机关与外部企业、银行等其他部门之间的数据共享也不够畅通，给纳税人带来许多不便之处。

（三）纳税服务工作人员的能力不足

纳税服务人员的个人能力是影响纳税服务质量的重要因素，但我国目前从事纳税服务工作的人员仍有着些许的不足，主要表现在以下的方面：第一，我国从事纳税服务人员的专业能力不足，很多工作人员非税法科班出身，对于税收相关专业知识不甚了解，对于纳税人提出的一些专业疑难问题不能给予正确解答，时常需要内部层层递交给专业人士解决，这给纳税人造成时间上的浪费；第二，目前税务机关团队老龄化严重，接受新事物的能力较差，尤其随着税务信息化的发展，许多涉税业务需要通过计算机和互联网才能完成。各种税务平台系统层出不穷，而税务机关年龄较大的员工却缺乏干劲和创新的活力，从而导致纳税服务工作整体的效率低下；第三，税务机关工作人员理论与实务经验匹配度较低。"尚贤者，政之本也"。为落实"人才兴税"战略，税务机关引入了大量高素质的人才，但是这些高素质人才缺乏基层接触纳税人的实务经验，许多知识都仅仅停留在理论层面，具体的纳税实务技巧仍然需要基层经验丰富的老员工去引导，因此高素质人才岗位实践性差的情况时有发生；第四，还有一些税务部门工作人员工作内容多，业务压力大。他们不仅要及时为纳税人办理涉税业务，也需要为其提供延时服务。协助其他部门完成诸如数据清理等任务也是必要的工作内容。因此，在完成繁重的工作业务之外，某些税务机关工作人员很难挤出自己的时间进行业务学习，提高专业素养。

（四）纳税服务信息化发展不充分

随着互联网信息技术的发展，网上办税已经成为纳税人必不可少的需求之一。充分发挥互联网信息技术的优势能够有效地提高税务机关的办事效率，提高纳税服务水平。不过，只有税务机关将网上办税打造成与线下办税厅功

---

〔1〕　参见姚维保、李淑一、申晨："多维评价视角下纳税服务优化路径研究"，载《会计之友》2019 年第 23 期。

能相当的公共服务，方能发挥网上办税的优势，否则反而会增加纳税人纳税成本。现阶段，我国纳税服务的信息化水平仍存在着较大的问题。

第一，缺乏完善的信息化纳税服务系统。目前我国尚未形成一个标准化的纳税服务系统，实践中各种手机税务 APP、税务网站、网上办税平台都是纳税服务系统的存在形式。各地税务局都有着自己开发的税收征管系统，但彼此之间互通较为困难，时常形成"数据孤岛"的局面。第二，当前税务信息服务平台无法完全打破时间和空间上的限制。由于涉税业务种类繁多，每一项业务都有着自己独特的流程，现有税务系统无法涵盖各类涉税业务，许多模块并未在系统中体现，导致纳税人遇到的许多疑难问题无法从系统中得到答案，仍然需要通过跑税务大厅的方式进行解决，未能享受到多样化、人性化的纳税服务。第三，对纳税信息的资源的整合能够进一步提高纳税征管效率。但是目前税务信息系统对于信息资源的开发、整合程度不够充分。信息化技术主要应用在一些涉税涉费涉保等核心业务上，针对内部管理方面的应用程度还较低，没有很好地发挥信息技术的纽带作用。[1]同时，许多税务机关未充分利用大数据的优势结合的纳税信息进行服务优化以改进纳税服务水平，在理念更新、技术升级方面存在较大问题。

四、提高纳税服务水平的方向指引

（一）转变纳税服务理念，以纳税人需求为服务导向

纳税服务理念的转变，可以对纳税服务水平产生掷地有声的影响。为此，税收机关及其工作人员需要做出一定的努力。第一，需要坚持以纳税人的需求为导向。受传统人治思想的影响，部分税务机关仍带有"重权力，轻义务"的工作作风，既未恰当履行纳税服务的职责，又滥用权力导致"人情税""关系税"的现象出现。[2]税务机关应当积极落实"征纳税双方平等"与"尊重纳税人的权利和义务"的规定，建立健全纳税人的反馈机制和投诉机制。将纳税人对税收服务的满意度作为纳税服务质量的评判指标之一，并根据纳税服务的调查结果，充分考虑纳税人的意见及建议，改进纳税服务，提高纳税

---

〔1〕 参见徐照晗："信息化背景下纳税服务的优化策略研究"，载《财经界》2021 年第 36 期。

〔2〕 参见叶金育、沈昶宇、孙超："纳税服务的缺位与对策——基于沿海发达地区和发达国家的实践"，载《税收经济研究》2013 年第 2 期。

人对纳税服务的整体满意度；第二，需要提高工作人员内心的责任感。税收的无偿性、强制性和固定性使得部分税务机关工作人员未真正贯彻"以纳税人为中心"的服务理念。期望下的征纳主体彼此平等的格局还完全成型。各级税务机关可以定期开展思想教育培训活动，使机关工作人员真正理解应以为纳税人服务为职责，改变以前对于纳税人的不尊重和怀疑的立场，以积极主动的态度夫开展纳税服务工作；第三，需要优化税务办理程序。2021 年全国税务工作会议将"高质量推进新发展阶段税收现代化"作为我国的税收格局目标。税款征收程序是实现税收现代化的必要手段，应当兼顾公平与效率。税务机关在办理涉税业务时应简化行政审批手续，尽量做到便利纳税人，找到合法化与效率化的结合点，建立务实的行政管理体制，完善税务机关内部各部门的各项工作流程，依托先进的信息化手段，促进各项工作的结合；第四，需要由"一刀切"服务转向个性化服务。深化税收征管体制改革需要将以税务部门为中心的纳税服务"供给"模式转变为向以纳税人缴费人为核心的"需求"模式。[1]税务机关应当根据不同纳税人的具体需求，开展个性化的服务，如生产企业的免抵退税辅导、采购国产设备抵免税政策宣传，等等，对大型企业与小型企业、一般纳税人和小规模纳税人区分管理，在公平执法的前提下，实施差异化管理，满足不同纳税人的需求。

（二）完善监督纳税服务制度维护纳税人权益

对于权利的维护而言，确立制度是最高效、最低成本的方式之一。目前我国纳税服务制度尚不完备，需要理清制度空缺，扫除建设障碍。可以通过以下的渠道：第一，完善纳税服务的标准，做好纳税服务的监管工作。应当建立一个可视化的服务标准，通过高层次的立法对纳税服务标准进行统一，在税务工作开展过程中，加强对税务机关和相关中介组织的监管工作，做好定期登记备案工作，加大纳税服务的监管力度，规范税务代理机构税务处理的标准；第二，完善纳税服务岗位的职责分工。完善的纳税服务工作管理体制是推动税务工作的社会化分工，减轻税务机关工作人员的工作压力，提高税收征管工作的质量的基础。税务机关不仅要做好税收政策的制定和落实，也要积极与注册会计师协会、税务师协会进行沟通交流，实现纳税服务的社

---

〔1〕 参见王曙光、章力丹、张泽群："税收征管现代化的科学内涵与发展路径"，载《税务研究》2021 年第 10 期。

会化；第三，健全纳税服务的绩效考核机制。税务机关应当以纳税服务工作质量作为考核税收工作的主干线，[1]将业务办理、投诉处理、事后救济纳入绩效考评的全过程，制定合理的奖惩标准，严格落实责任追究制度，避免监管工作流于形式。

（三）大力促进税务人力资源开发与管理

为改变税务人力资源匮乏局面，加强思想培训力度应占首位。税务机关队伍素质建设的关键就在于树立税务机关工作人员的公共服务理念，建立纳税平等思想。[2]思想培训活动有利于让税务机关工作人员改变自身的权力观念，树立以纳税人为本、切切实实地为纳税人服务的工作宗旨。此外，为实现税务人力资源提升，定期开展相关业务培训是途径。税收法规政策需要及时优化以适应市场经济的快速发展，这需要税务工作人员不断更新知识库，为纳税人进行更专业的政策解读，提供更合规的纳税申报，从而保障纳税人的合法权益。业务培训的授课模式应当由原来的不分地区层级的单一化模式转变为匹配具体税收征管地方特色的多元化模式，激发税务工作人员的学习热情。与此同时，为保障税务人力资源稳定，培养信息化人才是关键。互联网时代的背景下，信息化人才是实现税务工作现代化的基础，其既能为纳税人提供网络纳税辅导，又能通过大数据来进行分析纳税人需求，对于税务机关纳税服务水平的提高有至关重要的作用。为发挥税务人力资源作用，提高纳税服务人员理论与实践经验的技巧。在进行干部培训的过程中，不仅要关注税务理论的培养，也要注重实操经验的提高，重点培养理论功底扎实、实操经验丰富的税务干部，实现税务干部理论与实践相结合。此外，新招录的公务员应尽快到基层轮岗锻炼，尽快成为纳税服务部门的中坚力量。

（四）推动纳税服务信息化建设

信息时代能够突破技术上的壁垒，给行政执法手段带来创新，提升执法效率；同时生活方式的改变促使人们改变对行政执法的需求，"信息安全""方便快捷"等成为纳税人关注的全新关键词。"纳税服务信息化"是信息时代下新命题，其对于简化税收征管环节、便利纳税人行使权利以及形成和谐

---

〔1〕 参见叶金育、沈昶宇、孙超："纳税服务的缺位与对策——基于沿海发达地区和发达国家的实践"，载《税收经济研究》2013 年第 2 期。

〔2〕 参见吕杰："我国现行纳税服务存在的不足与优化对策"，载《企业改革与管理》2019 年第21 期。

征纳关系深具意义。然而，当下我国纳税服务信息化建设尚未到达成熟阶段，需要我国通过以下几个方面加快推动纳税服务信息化建设。

第一，以信息技术为核心，塑造共享的信息化纳税服务系统。"以数治税"的税收新模式一方面要求税务机关打通内部之间数据共享，避免出现数据孤岛的情形，尽量减少因自身内部原因给纳税人带来时间和资源上的浪费。另一方面需要税务机关加大与海关、公安、银行等其他部门或主体之间的数据共享，实现多部门的数据联动，提高税收征管效率；第二，以纳税人为中心，打造高效、便民的纳税人端服务平台。[1]建设纳税服务信息系统时应当充分考虑纳税人的使用体验，简化界面操作流程，拓展网上办事事项，增设专门的咨询服务板块，尽量打破税务办理在时间和空间上的限制，使绝大多数日常涉税事项能够在网上办理，节约纳税人的时间和资源；第三，确保税务系统信息安全，落实国家总体安全观。纳税人信息权具有人格权和信息权的双重属性，大数据等高新技术在便利税收信息现代化建设的同时也威胁着纳税人信息安全与保护。[2]坚持底线思维、注重防风险，做好风险评估，努力排除风险因素对于纳税人信息的保护至关重要。税务机关在设计纳税服务系统时应当坚持底线思维，强化纳税服务信息安全管理，定期开展风险评估、安全检查和安全防护演练，[3]确保纳税人个人信息和涉税国家信息安全。

第四节　规范预先裁定与信赖利益保护

全球税收预先裁定制度实践已有一定历史，各国和各地区在税收预先裁定的模式选择与实践经验不一，但其核心含义大致相似。例如，经济合作与发展组织（简称 OECD）将税收预先裁定定义为"由税务机关向纳税人提供的，就一系列特定事实如何解释和适用税法所作出的自身受其约束的书面报告。"[4]国际财税协会（International Fiscal Association，简称 IFA）认为，税

---

〔1〕　参见饶立新："贯彻落实习近平总书记重要论述，全面提升纳税服务信息化水平"，载《税务研究》2020 年第 3 期。

〔2〕　参见朱大旗、曹阳："大数据背景下我国纳税人信息权的法律保护研究"，载《中国人民大学学报》2020 年第 6 期。

〔3〕　参见饶立新："贯彻落实习近平总书记重要论述，全面提升纳税服务信息化水平"，载《税务研究》2020 年第 3 期。

〔4〕　OECD, *Addressing Tax Risks Involving Bank Losses*, OECD Publishing, 2010, p. 83.

收预先裁定是指税务机关针对纳税人私人自愿申请，就预期的未来交易或行动可能产生的税法上处理结果而作具有一定约束力的有关税法适用确定性书面文件的一系列行为总称。[1]为便于行文展开，笔者将税收预先裁定制度概括为，税务机关依据纳税人申请，对其预期发生、有重要经济利益关系的特定复杂交易事项所产生的税收后果提供税法确定性并使其自身受其约束的程序。

一、税法的滞后性、不确定性与征管实践的困境

我国税收法律制度并不是完备的。在理论上，我国对立法持开放性态度造成税法的不确定性，这与税法对精准的要求相背，且实践中尚存在税法滞后于客观实际的问题。税法的滞后性、不确定性使税务机关工作人员在工作中遭遇多重困境，也正是这些不足的现实存在催生了税收预先裁定制度。

（一）实践的发展性与税法的滞后性

在当前的社会实践中，纳税人与涉税中介机构均热衷于开展税收筹划。所谓税务筹划，是指在现行法律框架内，为实现价值最大化，纳税人自行或委托代理人，就未来特定涉税事项的多种纳税方案进行优化选择，以充分利用税收优惠政策。具体而言，在特定预期交易安排经事先筹划后，纳税人及其代理人均期望获知该项筹划在税法上将被如何评价，即主管税务机关对之态度看法与处置措施，以最小化税务决策风险。实践中，筹划行为与避税行为之间的边界通常很难划清，稍有不慎纳税人的筹划安排就会被认定为避税安排，其交易事项便存在被税务机关全盘推翻之危险，并被课以相应法律责任。

因而在实践中，纳税人往往在经营决策时难以预料未来是否会产生涉税风险，这样的不确定性会损害交易的确定性，进而不利于自由市场的开放竞争和交易。而现行税法囿于其难以避免的滞后性，难以解决此类问题，现行法滞后与现实发展需求的割裂影响着和谐征纳环境的形成。

（二）立法的开放性与税法的不确定性

我国秉承立法的开放性，立法充分体现发展的观点，其目光不局限于当前的社会状况，而要体现出对于未来社会经济发展的预测，因此在立法中通

---

〔1〕 参见任超、王倩茹："税收事先裁定法治化的制度构建审思"，载《财会月刊》2019 年第 1期。

常采用"粗放"的立法技术，不采用过于详细的语言进行描述、规范以适应未来社会经济发展的变更。将以上立法技术运用到税法中便体现为部分条文规范内容的宽泛，以致不同时期、不同层级机关、不同地区机关对于相同条文的理解不尽相同，这就是税法不确定性的由来。

"各国民应当缴纳的赋税必须是确定的，不得随意变更。完纳的日期、方法、数额都应当使一切纳税者及其他人了解得十分清楚明白。"[1]一方面，税法作为征税机关行使征管权力的法定依据，必须存在相对稳定的原则支撑，税收法定原则便是其最基本的原则。但另一方面，在政治、经济与文化剧烈变迁的当代社会，要求税法拥有精密的规则设计与之相适应，此时税法又具有"不确定性"的一面。而我国尚不存在一个较为清晰完整的以税收基本法为核心的税法规则体系来为纳税人提供税法适用上的明确指引。

讨论税法"不确定性"的同时，还应认识到，在诸多纳税人权利之中，纳税人确定权是纳税人之基本权利，这对纳税人而言至关重要。由于纳税人行为之税法后果在一开始并不总是确定可知的，而税收预先裁定的设计初衷便是为给予纳税人确定的税法适用后果而赋予税务机关作出预先裁定的权力。因而该制度自诞生伊始，便肩负克服税法"不确定性"以明晰税法适用、保障纳税人确定权之重任。

（三）税法的缺陷导致征管实践的困境

在实践中，纳税人税收筹划的发展激发了对税收预先裁定的需要。但我国的税法规制相对落后，有关税收预先裁定的具体规范不足，使得税务机关在处理相关案件时难以把握限度。而税收预先裁定与税收筹划或避税行为之间只有"一步之遥"，税务机关若是不能正确处理其中的立场与界限，预先裁定可能会在实践中异化。[2]在2013年我国第一个税收预先裁定的实践案例——马钢集团资产重组案中，安徽省国税局主动上门调研集团资产重组的涉税事项，为马钢集团税务的税法适用提出有利意见，以使其满足税收优惠条件，而后马钢集团就调整后的重组方案中涉税事项向税务机关申请预先裁定；安徽省国税局依据《国家税务总局关于纳税人资产重组有关增值税问题的公告》规

〔1〕　［英］亚当·斯密：《国富论》（下卷），郭大力、王亚南译，商务印书馆2014年版，第384页。

〔2〕　参见王明世：《税收预约裁定制度：路径与方法选择》，中国税务出版社2016年版，第117~118页。

定对马钢集团上述涉税事项作出"此次资产重组不属于增值税的征税范围，不征收增值税"的书面裁定。[1]很显然，在此案中，税务机关实质性地参与到纳税人的内部税收筹划中，与预先裁定制度的设计初衷相悖，这也是税法缺陷造成的税收征管实践困境。

二、预先裁定制度的历史、现在与未来

（一）预先裁定制度的源起与演变

税收预先裁定制度（Advance Tax Ruling，ATR）发轫于 1911 年，瑞典对印花税初试该制度。此后，该制度一直沉寂，直至 20 世纪 80 年代末，一些国家和地区才对其逐渐展开研究。OECD 于 2015 年发布的《有关 OECD 国家和非 OECD 经济体的税收征管情况对比报告》显示，已有 56 个国家和地区（包括 34 个成员国）确立了税收裁定（Tax Ruling）。[2]预先裁定制度俨然已经成为国际税制趋同潮流下通行的且较为成熟的税收制度安排。[3]国内最早对税收预先裁定制度的研究可追溯到 1996 年，学者谭珩简单介绍了税收预先裁定制度的定义、意义及其效力。[4]同该制度在国际上遭遇的境况类似，该制度在我国一直遇冷，直至 2009 年我国税收征管学术界与实务界才逐渐增加对其的关注。2015 年公布的《中华人民共和国税收征收管理法修订草案（征求意见稿）》（以下简称《征求意见稿》）出现税收预先裁定制度的身影，自此相关研究迈上新的台阶。

（二）预先裁定的立法争议与梳理

作为一个舶来品，时至今日，税收预先裁定制度并未被我国从法律层面上正式确立，仅在有关政策意见中被提及，下文对有关政策文件予以简要梳理。2009 年，国家税务总局印发《大企业税务风险管理指引（试行）》引导大企业建立税务风险管理制度，文件规定"企业因内部组织架构、经营模式

---

〔1〕 参见刘珊："税收预约裁定风险及其治理之道——以马钢集团重组案为例"，载《税务与经济》2019 年第 5 期。

〔2〕 See OECD, *"Tax Administration 2015: Comparative Information on OECD and Other Advanced and Emerging Economies"*, https://read. oecd-ilibrary. org/taxation/tax-administration-2015_ tax_ admin-2015-en#page290.

〔3〕 参见朱为群、谭郁森："论中国引进税务事先裁定制度的必要性和可行性"，载《现代经济探讨》2012 年第 6 期。

〔4〕 参见谭珩："我国应推行税务事前裁定制度"，载《税务研究》1996 年第 7 期。

或外部环境发生重大变化，以及受行业惯例和监管的约束而产生的重大税务风险，可以及时向税务机关报告，以寻求税务机关的辅导和帮助"，该内容可理解为我国税收预先裁定制度之理念萌芽。2011 年国家税务总局在《大企业税收服务和管理规程（试行）》中确立了税企双方签订税收遵从协议的制度。2012 年国家税务总局分别与中国海洋石油总公司、中国人寿保险（集团）公司和西门子（中国）有限公司等 3 家大企业签署了《税收遵从合作协议》，其中规定相关企业可就预期未来发生的重大涉税事项或交易申请预先裁定，税务机关受理后有义务及时研究并按照规定程序办理企业申请，自此开启税收预先裁定制度的实践探索。2013 年 12 月，国税总局公布的《关于进一步加强大企业个性化纳税服务工作的意见》明确提出"试行大企业涉税事项事先裁定制度"。随后，2014 年 2 月国家税务总局的《"便民办税春风行动"实施方案》再次落实"试行涉税事项事先裁定制度，增强税收政策确定性和执行统一性"。总体来看，我国税收预先裁定制度的萌芽与成长是随着税收征管实践的需要进行的。

2015 年《征求意见稿》正式从法律规范层面引入税收预先裁定制度，[1]但由于制度论证不充分、施行条件欠缺等原因，该制度最终未能落地。值得注意的是，《征求意见稿》将"预先裁定"翻译为"预约裁定"。对此，有观点认为，"预约"一词仅体现了"事先与服务方订好时间"，"事先"相较"预约"语义更为恰当；有的观点则主张，不论如何翻译，其所指向的内容并无疑义、不影响对该制度的探讨；又有观点认为"预约裁定不但能体现阶段性""更能体现纳税服务"等实体性内容，包容性更强，宜采取"预约裁定"说法。[2]对此，笔者认为"事先"与"预先"仅是翻译的不同，无实质性差别。为行文方便，笔者统一称其为"预先裁定"。

但自 2015 年以来，国家税务总局制定的文件中就再未出现"预约裁定"等相关表述。对此，有观点认为，税收预先裁定并无纳入《税收征管法》之

---

〔1〕 参见该文件第 46 条规定："税务机关应当建立纳税人适用税法的预约裁定制度。纳税人对其预期未来发生、有重要经济利益关系的特定复杂事项，难以直接适用税法制度进行核算和计税时，可以申请预约裁定。省以上税务机关可以在法定权限内对纳税人适用税法问题作出书面预约裁定。纳税人遵从预约裁定而出现未缴或少缴税款的，免除缴纳责任。"

〔2〕 参见朱大旗、姜姿含："税收事先裁定制度的理论基础与本土构建"，载《法学家》2016 年第 6 期；郭昌盛："事先裁定制度入法的冷思考"，载《国际商务（对外经济贸易大学学报）》2018 年第 6 期；王明世：《税收预约裁定制度：路径与方法选择》，中国税务出版社 2016 年版，第 3~4 页。

必要，因为当前资源有限难以满足需求，且认为税收预先裁定作为税务机关提供的纳税服务，无需上升到法定职责高度。但更多学者认为以法律形式将该制度固定有利于税收预先裁定在全国范围内统一施行以保证各地的一致性。[1]笔者赞同确立并规范税收预先裁定制度，只是我国学者需要思考在税收征管体制改革创新的时代背景下，如何在借鉴成熟经验的基础上，提取符合国情的制度特征，以实现税收预先裁定制度法治化，使其在我国税法土壤中扎根发芽。

（三）预先裁定制度的适用要领

税收预先裁定在一些国家和我国香港地区有着广泛的实践确认，具有丰富的实践经验。在有的国家和地区虽无税收预先裁定或预约裁定之制度称谓，但有关制度的做法与预先裁定实质上类似。如英国的"事先澄清（Advance Clearances）"制度，加拿大的"技术解读制度（Technical Interpretations）"，新西兰的"新产品裁定（Product Rulings）"制度，等等。[2]尽管预先裁定制度的具体内容不一，但基本框架万变不离其宗。而我们适用预先裁定制度可适当借鉴先进经验，只是需要注意以下要点：

1. 运行模式。预先裁定作为国际税务管理的通用制度，其运行模式基本上可分为两类，一类是以瑞典预先裁定委员会、印度预先裁定局为代表的司法模式；另一类是以美国、加拿大、澳大利亚为代表的行政模式。[3]根据预先裁定制度管理集中方式的不同，又可将行政模式分为以下两类，一类是大多数国家和地区采用的集中管理型，即由类似于国家税务总局的最高税务当局签发裁定；另一类是其他地方税务机关也有权作出预先裁定的分散管理型。在《征求意见稿》中将主体定位省级以上税务机关，对此大多数学者的观点认为应将权力集中于国家税务总局以保证服务的水平和一致性。

2. 适用范围。税收预先裁定制度的实践需要权衡制度的现实服务需求与服务资源配置，部分国家和地区的法律对不得申请税收预先裁定（或预先核释）的事项作出了规定，如纯粹属于事实问题、明显不具重要性、正在被或已经被税务机关评估的、构成诉讼或仲裁标的，以及涉及外国法律解释等事

---

〔1〕 参见熊晓青："事先裁定热点问题研究"，载《国际税收》2016 年第 4 期。

〔2〕 参见王明世：《税收预约裁定制度：路径与方法选择》，中国税务出版社 2016 年版，第 19 页。

〔3〕 参见刘磊、熊晓青、周妍："事先裁定制度研究"，载《税务研究》2012 年第 9 期。

项，以防止裁定范围的严宽失调，在维护税收预先裁定服务高效性的同时，保障相关纳税人之申请裁定权利。[1]而《征求意见稿》第46条正面规定了"对其预期未来发生、有重要经济利益关系的特定复杂事项，难以直接适用税法制度进行核算和计税"的抽象裁定范围，不利于在实践中进行运用。

3. 裁定效力，即裁定之约束力。理论上来讲，预先裁定制度的法律效力视对象不同，可分为对税务机关、纳税人、第三人与法院的约束力。通说认为，税收预先裁定仅拘束主管税务机关，对申请人等其他主体一般无拘束力。

4. 裁定的变更与注销。一般而言预先裁定不发生变更，更不会轻易失效；但其法律效力不具有决定性，在发生法定情形时，可能会启动预先裁定的变更和注销程序。《德国税法通则》第130条、第207条规定了"法律依据调整""裁定由无事务管辖权的机关发出或就不正当手段获得"等预先裁定的变更或注销事由。

5. 裁定的处理时限与发布。OECD调查报告显示，美国、瑞典、新西兰等预先裁定制度较为成熟的国家均未设置明确的预先裁定处理时限。而在加拿大，预先裁定时限目标规定控制在60日内，而实际平均处理时间为122日；新西兰85%的裁定是在3个月内，瑞典则一般需要3个月至5个月不等。[2]多数实行税收预先裁定的国家和地区均认同裁定公开机制。加拿大税务局通过切断所有敏感、机密信息以脱敏后，会公开所有的私人裁定。香港税务局"在适当的情况下"，在对"纳税人的资料保密"基础上，"可选取与公众利益相关的裁定予以公布"，此时税务局所作裁定可成为公共裁定，但仅在"有关事实与所拟进行交易完全相同的情况下"作参考使用。[3]无论是否设置时限，需要明确的是，保证税收预先裁定的效率，避免因裁定时间过长造成的不利影响失却预先裁定本意。

6. 裁定费用。税收预先裁定制度专业性强、业务含量高，需要耗费相当多的税务行政资源，故而需要加大的成本投入。在公认的税收预先裁定制度

---

〔1〕　参见《新加坡所得税法》附表七（事先裁定）第Ⅰ部分，第2~4条；《中华人民共和国香港特别行政区税务局税务条例释义及执行指引》第31号《事先裁定》第7~9条。

〔2〕　参见王明世：《税收预约裁定制度：路径与方法选择》，中国税务出版社2016年版，第144~147页。

〔3〕　参见《中华人民共和国香港特别行政区税务局税务条例释义及执行指引》第38条、第39条。

比较成熟的国家与地区中，英国、澳大利亚等国就预先裁定制度没有实行收费，而美国、加拿大、新加坡、新西兰、中国香港等均实施用者自付的预先裁定制度。如《中华人民共和国香港特别行政区税务局税务条例释义及执行指引》第 31 号《事先裁定》第 32 条对申请裁定需支付的费用详情予以明示，第 33 条与第 34 条又明确纳税人撤回申请的"仍需付还税务局在接获撤回通知之前所招致的费用"，以及"局长在极为特殊的情况下可酌情豁免申请人"缴付的费用。

三、加强对纳税人的信赖利益保护

从宪法的角度，纳税人的纳税行为兼具权利与义务双重属性。此处的权利不应仅局限于《税收征管法》中以列举方式明确的纳税人权利，还应包括信赖利益保护权和前文所探讨的诚信推定权。税收预先裁定制度的核心便在于保障纳税人的信赖利益，通过预先裁定约束税务机关，增强纳税人对于未来税负判断的确定，也体现对诚信原则的贯彻。

（一）信赖利益保护原则及其要求

"税法不单纯是税务机关行使征税权的根据，即'征税之法'，更重要的是，税法是保障纳税者基本权利的、旨在对抗征税权滥用的'权利之法'。"[1]信赖利益保护是纳税人权利保护的重要内容，又与纳税人确定权密不可分。在税收预先裁定制度中，纳税人信赖利益的保护贯彻于预先裁定申请、签发与执行过程始终。具体而言，税务机关针对特定纳税人的交易提案作出预先裁定，该纳税人由此产生信赖利益。信赖利益保护旨在维护纳税人预先裁定的既得利益，对冲预期交易事项将来的税务风险，进而又有助于化解税收预先裁定制度与税法确定性原则之间的矛盾。

一项法律行为的必然结果是产生法律效力。税收预先裁定作为税务机关行使征税权的行政行为之一，必然对相关主体产生一定法律效力或约束力。然而，税收征管程序中税务机关与纳税人处于不平等地位，预先裁定对纳税人产生更多法律效果。纳税人基于政府公信力支付作为或不作为的成本，进而产生了纳税人信赖利益保护问题。

具体到裁定机关，裁定一经作出，自身即受其约束，不得随意变更或撤

---

〔1〕〔日〕北野弘久：《税法学原论》，陈刚等译，中国检察出版社 2000 年版，第 18 页。

销。在有些国家的实践中，基于对纳税人信赖利益的保护，对纳税人有利之错误裁定也不可撤销。例外情况下，参照前述德国等先进经验，若存在纳税人在申请裁定时有关键性遗漏与失实陈述，或通过欺诈手段获得税收预先裁定，又或裁定所依据税法被变更或者废止等情形时，在相关通知到达最初取得裁定的纳税人处时，预先裁定即丧失拘束力，此时纳税人信赖利益将不复存在。[1]于主管税务机关而言，只要申请预先裁定的纳税人依据裁定预期实质性地开展交易，裁定申请人递交纳税申请表并要求主管税务机关依照裁定处理时，预先裁定对主管税务机关形成拘束力，其就应当保护纳税人信赖利益，按照裁定结果进行征税。这既是裁定对主管税务机关产生约束力之生效条件，亦是裁定申请人取得信赖利益保护的必要基础。换言之，若纳税人未来商业安排与预先裁定中的安排不一致，或纳税人未在纳税申报阶段提请主管税务机关依照裁定处理的，主管税务机关不受主动适用预先裁定之义务约束，此即纳税人无权请求主管税务机关保护其信赖利益。

一般认为，对申请人、第三人或法院而言，税务机关签发的预先裁定对其并无约束力。纳税人在预先裁定作出前，可以主动撤回申请；认定裁定对其不利的，亦可自行另做交易安排。此时，纳税人亦无权请求裁定机关或主管税务机关保护其信赖利益。此外，已公开的预先裁定不具备先例效力，税务机关保护的仅仅是申请预先裁定的纳税人的信赖利益，是故对于裁定申请人之外的其他纳税人来讲，税收预先裁定仅具参考意义，第三人不得在纳税申报表中直接援引，也不得作为诉讼证据使用，裁定机关对由此造成的"信赖利益"损失不负责任。[2]尽管税务机关预先裁定对法院不具约束力，法院也通常会尊重裁定机关的专业观点，并由此实现对纳税人的信赖保护。

（二）纳税人对税法适用的遵从与预期

预先裁定制度对于消除税法适用的不确定性、保障税法适用的一致性意义重大。[3]对企业纳税人，我国长期实施自主申报制度，纳税人承担着较大的纳税风险。经济实体在开展股权优化重组、新型投融资业务、规划新型交易模式等复杂经济活动时，在税收政策的适用上存在很大的不确定与分歧，

---

[1] 参见朱大旗、姜姿含："税收事先裁定制度的理论基础与本土构建"，载《法学家》2016年第6期。

[2] 参见虞青松："我国建构税收事先裁定制度的模式选择"，载《税务研究》2018年第11期。

[3] 参见张建忠："美国税收事先裁定的实践及经验"，载《税收经济研究》2016年第3期。

进而无法准确评估行为成本与后果，转向谋求税收预先裁定之运用。若税收预先裁定制度得以落实，纳税人就其可预见的涉税交易事项存在税法适用上的不确定，且该事项无法通过一般纳税咨询服务得以明晰时，纳税人为避免未来税务机关将其认定为不合理的税务筹划乃至避税行为之风险，便会主动就其中的交易计划安排提交至税务机关并申请税收预先裁定。税务机关就纳税人申请有关未来预期的特定事项如何适用税法而专门发布解释性文件。不难发现，预先裁定能够为申请预先裁定的纳税人提供交易或活动上的确定性税收后果，提高税法的透明度，同时有助于尽早发现税法适用中存在的问题，以及时弥补税法漏洞、消除规定模糊之处。[1]而确保纳税人的预期将有助于提高纳税人的纳税遵从进而营造和谐的税收征纳环境。

（三）税务机关对税收秩序的维护

对税务机关而言，预先裁定可以提高税务机关征管效能，优化税收征纳关系。税收预先裁定启动的前提条件是纳税人通过向税务机关披露有关未来交易的安排计划来申请裁定。此时，征管模式发生改变，税务机关无需在调查并揭示纳税人实际经营管理状态上投入大量征管资源，可将节省余留下来的稽查资源投入到其他复杂疑难的工作，如待裁定事项的内容实质分析、整合专家资源等，以切实回应纳税人提出的裁定申请。另外，尽管税收预先裁定作出后，在一定程度上会限制税务机关自由裁量权，但此种限制恰恰是出于对申请人税收信赖利益的保护，以期平衡征纳双方涉税利益，营造和谐征纳关系。因此，裁定被视为税务机关了解行业当前趋势并评估其所面临的风险、保持征纳关系有效和可持续的重要手段之一，[2]也是税务机关维护税收秩序的有力抓手。

从整体上来看，预先裁定利于保障国家税收利益，推进税收治理体系和治理能力现代化。预先裁定作为税收领域的一项重要制度，有利于提高税法确定性、落实税收法定。目前我国正处于税收预约裁定制度的探索阶段，审慎构建税收预约裁定制度，对于提升税务机关研判涉税事项、提升征管能力，进而维护国家税收秩序与利益具有积极意义。

---

[1] 参见罗飞娜："香港税务事先裁定制度特点及其对内地的启示"，载《税收经济研究》2015年第4期；樊勇、韩文达："我国税收事先裁定制度之完善"，载《国际税收》2016年第4期。

[2] See OECD, *Addressing Tax Risks Involving Bank Losses*, OECD Publishing 2010, pp. 60—61.

　　综上，税收预先裁定彰显了税收立法中"纳税人中心"的服务理念，满足税法适用确定性之诉求，充分保障纳税人包括信赖利益在内的个体合法利益，确保其充分参与市场经济活动的自由度。同时又体现了"限制税务机关权力"的征管姿态，成为税收治理现代化与税收征管理念转型的重要标志。

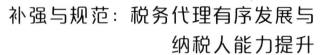

第八章

补强与规范：税务代理有序发展与 纳税人能力提升

为充分发挥税收在国家治理中的基础性、支柱性和保障性作用，贯彻落实"以纳税人为本"的政策导向，税务机关不仅需要强化纳税人权利意识，完善以税收宣传为核心的税收教育体制，推动诚实信用原则在税收领域的实现，更重要的是凝聚社会合力，实现"征管机关、纳税人、政府与社会组织"的税收协同共治大格局。在众多的涉税中介机构中，税务代理机构作为提高纳税人纳税能力、规范纳税人纳税行为、助力税务机关征管活动的重要主体，目前仍面临行业规范尚未健全、代理市场扩张受限、专业人才不足等现实问题，行业法治建设长期处于瓶颈阶段。为有效发挥税务代理对纳税人能力提升的积极作用，税收征管改革有必要将重心聚焦于税务代理行业的规范发展。

第一节 税务代理的价值及规范执业的意义

税务代理是指税务代理人在规定的代理范围内受纳税人、扣缴义务人的委托，代为办理纳税申报、申请税务登记证、申请减免税等纳税事宜。我国的税收代理制度首次出现在 1992 年《税收征管法》中，虽然历经多次修改，但是并未对税务代理制度进行实质性的完善，对于税务代理的重要性认识普遍存在不足。事实上，完善的税务代理制度能够极大地提高税收征管效率，有助于营造和谐的税收征纳关系。

一、税务代理的制度价值

（一）完善税收征管法律制度，提高税收征管环节效率

税务代理的立法问题一直以来是学界争论的焦点之一，有学者指出，《税

收征管法》的修改目的就在于紧跟国际税收征管趋势，建立现代的税收征管制度，推进我国税收治理的现代化和法治化。[1]税务代理制度是否完善关系到整个税收征管法律制度，我国的《税收征管法》最近一次修改是在 2015 年，仅在第 89 条对税务代理制度进行了简单的规定，[2]而对于税务代理的主体资格以及税务代理的范围并未提及。纵观目前国际上税务代理制度的立法情况，德国的《税务顾问法》、日本的《税理士法》以及韩国的《税务士法》等都从税务代理制度、从业人员资格考试、从业人员的权利义务、执业范围和违规惩戒等方面作了详细的规定，从法律层面将税务代理制度加以确立，为行业健康、有序、可持续发展提供了有力保障，[3]因而税务代理制度的完善对于我国税收征管法律制度的完善具有重大的意义。

同时，税务代理制度的完善也是税收效率原则的体现。学者早在 18 世纪即明确提出了"公平""准确""便利""费用最低"等四大税收原则。[4]其中，便利原则是给纳税人提供便利，降低征纳成本以此促进征税效率的提高，减少纳税人拖欠税款和国家税收征管的费用支出。税收代理制度通过授权代理人处理税务事宜，在减少被代理人研究、分析和整理税务相关工作量的同时，更好地配合行政机关的税务工作，减轻他们日常的审查工作量。利用社会的专业分工，委托专业人士代理，以更合理、迅速、准确的方式，有效处理税务事宜，减少重复工作量，降低错误率，更好地配合国家实现税收资源调整配置优化。另外，提高效率意味着要减少征纳费用，简化征纳手续，减轻纳税人的缴税负担，包括纳税人的金钱、精力和时间的成本支出。在税务代理活动中，因为有了税务代理人的介入，纳税人搜寻信息的流程简化，而代理人因为其术业有专攻使得税务工作流程化、链条化，双方都可以降低执行事务的经济成本。

---

〔1〕 参见施正文："建立现代税务代理制度是《税收征管法》修订的重要使命"，载《注册税务师》2015 年第 5 期。

〔2〕 参见《税收征管法》第 89 条："纳税人、扣缴义务人可以委托税务代理人代为办理税务事宜。"

〔3〕 参见吴晓丹、秦璐："国外税务代理行业现状和发展趋势"，载《涉外税务》2018 年第 9 期。

〔4〕 参见〔英〕亚当·斯密：《国民财富的性质和原因的研究》，郭大力，王亚南译，商务印书馆 1972 年版，第 384~386 页。

（二）规范社会中间层主体，搭建税务机关与纳税人良性互动体系

社会中间层经济主体是伴随着我国经济体制改革引进的特殊主体，其在地位上独立于政府—市场二元经济法视角下的两极主体，[1]按照其作用不同，可以分为社团性社会中间层、事业性社会中间层以及企业性社会中间层。社会中间层的兴起最初是为了拓展独立于国家与市场之外的社会空间来解决社会转型时期的整体性危机，而随着危机转变为以群体形式为主的利益冲突，社会中间层转变为沟通和协调国家主体与市场主体之经济活动的利益代表者，即实现了国家与市场之间的制度化衔接；这种衔接需要有一类不同于传统公私法的独特法律现象为基础，而以约束和规范权利与权力关系、克服市场和政府双重失灵为己任的现代经济法则是满足这一需求、实现政府与市场良性互动的最好的法律建构者。[2]按照前述对于社会中间层主体的划分，税务代理正属于事业性中间层经济主体，在法律规定的权限范围内，为社会提供公共产品。对政府这一类经济主体，它可以组织专业的社会资源来满足庞大的纳税人群需求，是弥补税务公共服务不足及预防相关公共服务官僚化的中坚力量。对市场这一类经济主体，它通过专业而广泛的信息收集和运用，规范这一主体税收缴纳活动，同时发挥保障机制、维护纳税者的合法权益，使他们与税收机关的沟通、交流、互动处于零障碍水平。社会中间层主体的存在有利于弥补两极经济主体的"双重失灵"，彰显了其作为经济法特殊制度组成部分的深刻价值。

税务代理在税务机关和纳税人之间起着"缓冲带"的作用，现实中由于长期以来税务机关一直基于管理权行使征税权，而纳税人则是以服从的姿态缴纳税款，征纳双方长期存在着矛盾，而税务代理则在缓和征纳双方关系中扮演着重要角色。一方面税务机关由于人手不足、税收宣传不到位等原因无法将税收政策及时准确地传递给纳税人；另一方面纳税人由于自身知识的局限性，对于税务政策理解存在着较大的差异，导致税务机关与纳税人之间存在着大量的信息不对称。税务代理制度的建立让纳税人通过委托专业人士进行税务代理从而消除征纳双方之间的信息不对称，对于缓和税务机关与纳税

---

〔1〕 参见刘凯："经济法体系化的系统论分析框架"，载《政法论坛》2022 年第 2 期。

〔2〕 参见张占江："政府与市场和谐互动关系之经济法构建研究——以社会中间层主体为路径"，载《法律科学（西北政法学院学报）》2007 年第 3 期。

人之间的矛盾具有重要的作用，成功搭建起"税务机关—税务代理机构—纳税人"三方良性互动的体系。

二、税务代理的实践价值

（一）提高纳税人的办税能力

在税收实践中，我国纳税人的纳税遵从度一直处于较低水平，纳税人个人的办税能力存在严重不足。对于税务机关而言，纳税人是各种纳税信息的原始来源，如果纳税人无法提供各种真实有效的税务信息，税务机关的征税权也就无法得到保证，因此提高纳税人的办税能力对税务机关进行税收征管具有重要意义。实践中纳税人办税能力不足主要体现在以下方面：第一，纳税人自身税务知识的匮乏，尤其是一些小微企业，其经营管理模式较为简单，没有设置专门的财务部门，企业账簿也较为混乱，对于税收政策更是一无所知；第二，现代税务信息化程度较高，由于硬件、软件等安装上的局限性，企业不能进行自主网上办税，同时由于管理岗位老龄化的现象，缺乏网上办税的能力；[1]第三，税收政策的频繁变更，纳税人自身知识库无法得到更新，办税时遇到的阻碍愈加严重。

税务代理制度能够有效地解决纳税人办税能力不足的弊端。缺乏办税能力的纳税人通过委托专业人士进行代理纳税，可以有效避免自身由于税收问题所带来的各种障碍。税务代理机构凭借自身的专业知识以及对于税收征管流程的熟悉，能够节约纳税人的办税时间和成本，同时在代理过程中纳税人自身也得到了提升，对于提高纳税人的纳税遵从度也起到了一定的作用。

（二）平衡税务机关强势地位

传统观点认为税收具有固定性、无偿性、强制性三大特点，其中强制性、无偿性的特点导致税务机关在行使征税权时处于强势地位，基于税收强制性的理念，税务机关在行使税收征管权时摆出官衙姿态，使得纳税人望而生畏。同时，由于我国现阶段法律制度的不健全，税务机关存在大量既当"运动员"又当"裁判员"的现象，如与税收征管相关的争议须先经过行政复议，才能进行行政诉讼，税务机关在行政复议的过程中很容易作出有利于自己的解释，

---

[1] 参见刘智利、许哲凡："大数据下如何加强薄弱环节的征管"，载《税收征纳》2018年第6期。

扩张自己对税收政策的解释权。此外，在实践中税务机关基于自身强势地位，大量税收优惠政策实施不到位，使得纳税人利益遭受损失。

税务代理制度有利于削弱税务机关的强势地位。税务代理机构是具备专门资质的代理机构，工作人员具有专业的知识技能，更有专业人士可能参与到税收政策的制定、修改的过程中。当其代表纳税人面对税务机关时不会存在恐惧害怕的心理，原来双方不对等的关系通过税务代理制度可以得到一定平衡；同时由于税务机关的强势地位，单一纳税人的诉求无法得到税务机关的重视，而税务代理机构可以通过自身对于税收政策专业的理解，协助纳税人进行纳税申报，使纳税人能够获得真实的税收利益。

（三）打破税收专业壁垒

税收政策具有促进产业调整的宏观调控功能，国家为激励或限制某一产业的发展会出台各种各样的税收政策，因此税收政策通常具有复杂、琐碎的特点。截至目前，我国税法体系包含了 18 个税种，对于纳税人来说计算难度较大，尤其自 2020 年以来，政府为刺激经济活力，优化营商环境，制定了大量的减税免税措施，而纳税人缺乏足够的精力去逐个学习。同时，随着近年来中国对外开放的水平不断提高，加入的国际税收协定也越来越多，纳税人处理税务问题的复杂程度大大增加，纳税人的国际税务问题难以仅凭个人能力自行处理。

税务代理制度可以有效打破税收政策的专业壁垒。由于纳税人自身没有经过税法知识的专业训练，也没有精力去系统地学习税法，所以实践中税务机关拥有大量的资源和信息，而纳税人对于税法了解甚少，导致征纳双方之间存在矛盾。而税务代理制度可以通过税务代理机构帮助纳税人处理复杂的涉税事宜，打破征税机关知悉各类税收政策而纳税人不熟悉的不平衡局面，使专业壁垒不再成为构建和谐征纳关系的阻碍。

（四）构建基于请求权的征纳双方平等主体地位

学界对于税收法律关系的性质的认识经过了税收权力关系说到税收债务关系说的转变。税收权力关系说认为，税收法律关系本质上是一种财政权力关系，在这种关系中，国家或者地方公共团体是享有优越权的主体，而人民则被要求必须服从这种优越性权力。[1]"权力关系说"为实体税法的构建提

---

〔1〕 参见樊丽明等：《税收法治研究》，经济科学出版社 2004 年版，第 105～106 页。

供合理化逻辑，在宏观顶层设计和微观基础规则两个面向提供可能之基础。因该学说的行政法特色属性，对于课税实体要素如纳税人、税基、税目、税率等的规定不得过于抽象，避免税务机关模糊解释，损害纳税人权利。这体现该学说中国家权力的法定属性。虽具有优越性质，但需进行行政控权，保护国民之权益。[1]但随着自由、平等的理念不断深入人心，对于税收法律关系性质的主流观点慢慢从"权力关系说"转变为"债务关系说"。

"'税收债务关系说'强调税收是一种公法上的债务，强调征税机关与纳税人法律地位的平等性及其权利义务的对等性，强调财产所有权的转移与国家提供公共物品的对价性。"[2]学者们认为在"债务关系说"之下，纳税人所享有的权利更丰富、更充实，也更具有保障，更具有实现的可能性。[3]税务代理制度的一个重要价值就在于构建基于请求权的征纳双方平等主体地位，根据"债务关系说"的观点，税务机关行使的征税权源于债务关系上的请求权，双方在法律地位上应当是平等关系，而非管理与被管理的关系，税务代理制度的存在使得双方能够在平等的关系上征缴税款，当纳税人自身缺乏足够能力办理纳税事务时，有权利去委托税务代理机构等专业机构代理自己去办理税务事项，这正是双方平等主体地位的一个体现。

三、税务代理的执业现状

在我国，从事税务代理工作的专业人员主要有税务师、注册会计师以及律师这三类主体，其中注册会计师与律师均有相应的《中华人民共和国注册会计师法》（以下简称《注册会计师法》）和《中华人民共和国律师法》进行规制，目前税务师行业并没有相应的法律进行规制，由此税务师在执业过程中出现了许多不规范的问题。

（一）收费机制不透明，市场化程度不足

目前税务代理行业关于收费问题的规范性文件是由发改委和国家税务总

---

〔1〕　参见侯卓："'债务关系说'的批判性反思——兼论《税收征管法》修改如何对待债法性规范"，载《法学》2019 年第 9 期。

〔2〕　王惠："'税收债务关系说'之否定"，载《南昌大学学报（人文社会科学版）》2015 年第 2 期。

〔3〕　参见翟继光："'税收债务关系说'产生的社会基础与现实意义"，载李明发主编：《安徽大学法律评论》（第 1 辑），安徽大学出版社 2007 年版，第 126~140 页。

局在 2009 年印发的《税务师事务所服务收费管理办法》（现已失效），具体标准由各省市物价局、税务局自主制定。但在具体实践中，执法上存在着许多漏洞，恶性价格竞争现象时常发生，严重背离了制定标准。例如许多税务代理机构为了获得业务，往往不采取提高业务质量的手段，而是通过压低价格进行恶性竞争，严重影响了客户对于税务代理行业的认同度。

同时，在市场经济的情况下，代理双方存在着信息不对称，纳税人对于税收代理行业知悉甚少，对其收费标准和服务方式不熟悉，因此税务代理机构经常会利用信息差实施各种不规范收费行为；税务代理机构与纳税人之间所协商的价格并非经过充分市场竞争后的结果，往往是税务代理机构单方的漫天要价，对于税务代理行业的长久发展产生了阻碍。

（二）执业流程不规范，整体人员素质偏低

国家税务总局为规范税务代理业务流程，在 2001 年印发了《税务代理业务规程（试行）》，但该规章并未随着经济社会的发展而进行修订，导致与实践脱节。例如，在税务代理过程中存在不签订代理合同的现象，抑或由于税务师事务所自身合同原因，导致代理双方的权利义务不清晰，从而导致税务代理产生较多的争议。由于缺乏统一系统的立法对税务代理行业进行规制，使得税务师事务所在开展税务代理行为时随心所欲，与律师、注册会计师相比，其行政监管和行业内自治监管力度都比较薄弱。

此外，在税务师行业中存在着大量证书挂靠、虚假宣传的情况，税务师是一门需要多种专业背景的职业，须精通财务知识和法律知识，但我国目前复合背景的人才较少，能够处理高层次的税法业务的人才更是少之又少，许多税务师事务所为了降低成本，聘请一些专业素质较低、工作经验较少的人员来处理基础性的工作，而这些人员无法胜任解决复杂专业的税法问题，同时又在客户面前进行大量的虚假宣传，使得税务代理行业的整体形象受到严重损害。

（三）税务代理执业独立性不足，与税务机关关系混乱

税务代理机构是税务代理人的工作机构，在税务机关的指导下开展工作，税务代理机构应当秉持着独立、客观、公正的原则开展税务代理业务。[1] 从税收法律关系上看，课税的立场和纳税人的立场相互对立，对税收征纳关系

---

〔1〕 参见苏彦："完善我国税务代理制度的探讨"，载《会计之友》2013 年第 8 期。

的协调，必须要有一支专业性、知识性、独立性很强的队伍，税务代理机构作为这样的中介组织，必须确立其独立的中介地位。[1]但是在具体实践中，许多税务代理机构并不能完全独立于税务机关，税务代理机构人员大多是从税务部门辞职退休的人员，与税务机关存在着千丝万缕的关系。加之历史原因，我国的税务代理自产生之日起就采用了严格管制的模式，在纳税人心中税务代理机构是税务机关的"代言人"。最初的税务代理机构大多都是由税务机关自己运营的，随着国家对税务代理行业的不断规范，税务代理机构与税务机关才慢慢脱离，但是仍有部分税务代理机构与税务机关存在着渊源，缺乏独立性。

同时，现行规范中规定了委托税务代理是纳税人的一项权利，税务代理是纳税人自愿的选择，任何人不得加以强迫。但是实践中税务机关经常基于自身的强势地位迫使纳税人进行税务代理，与税务代理机构之间进行不正当的利益输送，从而使得纳税人对于税务代理机构的信任度大大降低，也削减了纳税人主动委托税务代理的积极性。

四、税务代理规范执业的意义

（一）保持充分竞争，发挥市场的调节作用

"需求决定供给"是经济学市场规律中最基本的一条原则，税务代理市场也不例外。税务代理市场在需求和供给杠杆关系中推动变化和发展。税务代理行业主要有两方面的市场需求来源：一是纳税人的需求，二是税务部门的需求。前者是由于社会发展带来的劳动细化分工、税收征纳种类的多样性和税务的繁复化，使得他们迫切需要寻求专业税务工作人士的帮助，以防因未能掌握相关的税收法律和政策导致损失或遭受不必要的惩罚。另外，一些实力较弱的中小企业，出于经济效益的考虑，也有需要将企业自身的税务事宜外包给专门的税务代理机构，以减少招聘专门税务工作员工产生的成本，因此寻找一个值得信任的税务代理机构对于纳税人而言十分重要。而对于后者来说，相较于专业的税务代理人或机构，纳税人亲力亲为进行纳税申报，由于对流程和所需的申报信息、材料、政策等不熟悉而引发的错误率更高，导致税务机关需要投入更多的人力、物力进行税务检查，增加了社会整体纳税

---

[1] 参见吴丽梅："完善我国税务代理业的思考"，载《税务研究》2008 年第 6 期。

成本。因此对于国家税务机关而言，对税务代理执业进行规范的需求也是明显的。通过规范税务代理的执业行为，能够有效地刺激税务机关和纳税人对于税务代理的需求，不断加强税务代理的市场化运作，扩大整个行业的规模。

在税务代理的供给方面，主要由税务师、注册会计师和律师三类主体提供税务代理服务。通过规范税务代理的执业行为，建立透明化的收费机制，能够使税务代理市场朝着更加健康的方向发展。竞争的存在能够迫使各类税务代理机构提高自己的业务质量，创新业务发展模式，为税务机关和纳税人节约时间与成本，从而创造出社会效益。

（二）便于部门监管，规范纳税人的行为

规范税务代理机构的执业行为是税收监管工作的重要组成部分。税务机关的一项重要职责就是依法按时将税款缴入国库，为了履行该项职责，税务机关设置了一系列的税收监管措施。税务代理执业行为的不规范会大大降低纳税人委托税务代理的积极性，从而导致征纳双方的矛盾日益增多，不利于税务机关依法行使自己的职权。规范税务代理的执业行为就是在间接地规范纳税人的行为，相较税务机关与纳税人直接进行沟通而言，税务机关同税务代理人的沟通会更加清晰有效，同时税务代理人能够基于自身专业的知识技能向纳税人进行解释，减少纳税人与税务机关的直接冲突，提高纳税人的纳税遵从度。

同时，规范税务代理的执业行为也是对税务代理机构的监管手段之一，通过设立各种奖惩措施来规范税务代理人的执业行为，能够使税务代理机构在税务机关预设的执业模式中运转下去，避免税务代理人与纳税人合谋施行偷逃缴纳税款的行为，保证税务机关职权的实现。美国与日本就通过建立严格的监管体制，为税务代理制度环境的营造保驾护航，使得本国纳税人对于税务代理的需求高涨，促进了美日税务代理行业的快速发展。[1]由此，规范税务代理执业行为，加强行业监管，是未来税务代理行业发展的必然趋势。

（三）降低执业风险，保障纳税人权利

如前文所述，税务代理行业存在诸如证书挂靠、虚假宣传、乱收费等乱象，规范税务代理的执业行为对于打击各类"行业乱象"有着至关重要的作用。通过对税务代理的准入、执业、退出进行规范，加强对税务代理行业的

---

〔1〕 参见赵笛、郑烨："税务代理制度的美日经验"，载《人民论坛》2016 年第 33 期。

监管，确保税务代理保持着高质量的水平，大大保障代理双方的利益。近年来，国家出台了大量针对税务代理人的规范，对于许多不规范的行为设置了惩罚措施，税务代理人由于各种不规范行为遭到不同程度的处罚，起到了一定的惩戒作用。因此，规范税务代理人的执业行为能够有效降低其自身的执业风险。

对于纳税人而言，规范税务代理执业行为有助于保护纳税人的权利。纳税人对税务代理行业的认知通常处于陌生的状态，对于税务代理的流程、操作、后果的知识都是一片空白，不规范的税务代理行为会给纳税人带来巨大的损失。因此，对税务代理执业进行规范，例如规范委托代理合同的签订、规范代理费用等行为，在产生争议时纳税人可以通过有效的途径去维护自身的权益，使得纳税人对税务代理机构的信任度进一步提升。

（四）顺应国际潮流，保护纳税人国际税收利益

随着我国经济对外开放水平的提高，市场经济中的对外贸易逐年增长，这就必然要求我国在市场经济管理、运行规则方面与国际接轨，遵照或参考国际规则、惯例进行，否则将给我国扩大对外开放进程、对外投资、引进外资等各方面带来不利影响。规范的税务代理可以较好地避免以上问题的发生，专业的税务代理人能够及时、准确、全面地为有需要的国际纳税人提供咨询服务，受托进行国际业务的办理，改善我国参与国际市场竞争的不利地位，推进我国涉外税收业务走向规范化、科学化的管理，保护国际纳税人权利，维护国家利益。而且，放眼世界，许多发达国家的税务代理制度由于起步较早，对于执业行为的规范较为严格，市场渗透率高，税务代理在这些国家已成为普遍性、社会化的税形式。该制度的经济效益和社会效益也在这些国家的市场中得到验证和实现，受到这些国家个人和企业的广泛认同。因此对我国来说规范税务代理行业的执业行为势在必行，是顺应当前国际化潮流背景下的一个必然选择。

此外，在与外国纳税人进行经济合作以及处理他们的税务问题时，采用他们所认可的方式十分重要，在提高工作效率的同时，还可以减少国际税务摩擦。同时，税务代理制度也是对国际经济社会中设计的申报纳税制度的回应。目前在世界范围内，广泛采用的税款入库方式主要有两种，分别是直接征税模式和自主申报纳税方式。前者是由税务人员直接进行征税事务办理的模式，后者是由纳税人自行进行税务申报、办理纳税事务的模式。现实中，

在美国、德国、日本等发达国家，申报纳税方式被广泛运用，该模式较早在这些国家中被适用且适应了其经济发展现状，规范我国税务代理机构的执业行为，能够有效地帮助我国纳税人处理国际税务上的争议，保护我国纳税人的税收利益不受损失。

第二节　税务代理行业的现状和问题

我国的税务代理行业实践开始于 20 世纪 80 年代，当时税务代理还仅仅停留在纳税咨询服务的阶段，直到 1992 年《税收征管法》的出台明确了税务代理制度，为税务代理行业的发展提供了法律依据。随后对于税务代理行业不断地进行规范，我国的税务代理行业近年已经取得了长足的进步，但依旧不可避免地存在着问题，本节将针对我国目前税务代理行业的发展现状与问题进行论述。

一、税务代理的立法现状

我国的税务代理法律制度的发展经过初步建立、快速发展、制度细化三个阶段，国务院以及国家税务总局等政府部门为规范税务代理行为制定了一系列的法律法规以及部门规章，与税务代理相关的立法如下表所示：

表 8-1　税务代理相关立法梳理

序号	名称	制定机关	实施时间	主要内容
1	《税收征管法》	全国人民代表大会常务委员会	1993 年 1 月 1 日实施	加强税收征收管理，规范税收征收缴纳行为，保障国家税收收入，保护纳税人合法权益。
2	《中华人民共和国税收征收管理法实施细则》（1993 年版）	国务院	1993 年 8 月 4 日实施 2002 年 10 月 15 日废止	对税务登记、账簿凭证管理、纳税申报、税款征收、税务检查方面作出了具体的规定。
3	《税务代理试行办法》	国家税务总局	1994 年 10 月 19 日实施	规范税务代理行为，发挥税务代理人在税收活动中的作用，对税务师资格与税务代理范围作出规定。

序号	名称	制定机关	实施时间	主要内容
4	《注册税务师资格制度暂行规定》（失效）	国家税务总局、人事部	1996 年 11 月 22 日实施 2014 年 7 月 22 日废止	规范税务代理专业人员的准入和税务代理行为，维护纳税人和扣缴义务人利益。
5	《注册税务师注册管理暂行办法》（失效）	国家税务总局	1999 年 4 月 29 日实施 2017 年 12 月 29 日废止	加强对税务师管理，对涉税服务以及鉴证业务进行规范。
6	《税务代理从业人员守则（试行）》	国家税务总局	1999 年 10 月 10 日实施	对税务代理人员依法、公正执行税务代理行为作出了规定。
7	《税务代理业务规程（试行）》	国家税务总局	2001 年 10 月 8 日实施	对代理双方的关系，税务代理的具体业务流程、税务代理的质量进行了规范。
8	《纳税服务工作规范（试行）》（失效）	国家税务总局	2005 年 11 月 1 日实施 2016 年 5 月 29 日废止	规范优化纳税服务，健全纳税服务体系，保护纳税人合法权益。
9	《纳税评估管理办法（试行）》（失效）	国家税务总局	2005 年 3 月 11 日实施 2016 年 5 月 29 日废止	强化税源管理，降低税收风险，减少税款流失，提高征管效率
10	《注册税务师管理暂行办法》（失效）	国家税务总局	2006 年 2 月 1 日实施 2017 年 12 月 29 日废止	加强对税务师管理，对涉税服务以及鉴证业务进行规范。
11	《税务师职业资格制度暂行规定》	国家税务总局、人力资源和社会保障部	2015 年 11 月 2 日实施	规范税务师人才队伍建设，提高税务代理人员素质
12	《涉税专业服务监管办法（试行）》	国家税务总局	2017 年 9 月 1 日实施 2018 年 6 月 15 日修订	规范涉税专业服务，加强对涉税服务的监管。
13	《税务师事务所行政登记规程（试行）》	国家税务总局	2017 年 9 月 1 日实施	对税务师事务所的设立做出了明确规定

续表

序号	名称	制定机关	实施时间	主要内容
14	《涉税专业服务信息公告与推送办法（试行）》	国家税务总局	2017 年 12 月 1 日实施	加强涉税专业服务信息的运用管理，发挥涉税专业服务机构的作用

（一）税务代理初步建立阶段

我国税务代理制度最初建立于 20 世纪 80 年代，通过制定《税收征管法》《税务代理试行办法》《税务代理业务规程（试行）》，使得我国税务代理行业有序地运转起来。我国的税务代理于 1992 年《税收征管法》中开创性地提出，[1] 通过法律的形式确立委托双方的代理关系，但是对于税务代理制度的具体内容并没有作出规定。1993 年国务院出台了《中华人民共和国税收征收管理法实施细则》，确定了办税能力不足的纳税人可以委托有相应资格的代理人进行税务代理。但是由于时代的局限性，对于税务代理的法律规制较为笼统，在权利义务方面存在诸多争议的地方，尽管《税收征管法》经过几次修改，最近一次在 2015 年修改的《税收征管法》依旧未对税务代理制度进行完善规定。

1994 年我国开始实行分税制改革，为了适应新税制的发展，国家税务总局于 1994 年 10 月公布了《税务代理试行办法》，第一次明确了税务代理的概念，税务代理的业务范围，以及代理双方的权利与义务。该办法的出台为税务代理行业注入了新鲜活力，税务代理在当时作为一个新兴行业快速地发展起来。

然而作为一个新兴行业，其经营发展模式存在不确定性，因此在具体税务代理的实践中出现了大量不规范的现象，例如税收代理人乱收费、税务代理机构与税务机关并未完全独立等一系列不合规现象。国家税务总局在 2001 年为规范税务代理的业务流程出台了《税务代理业务规程（试行）》，对税务代理的主体与责任进行了划分，代理的行为与对象基本明了，税务代理至此有了基本的操作规范指引。

（二）税务代理快速发展阶段

随着税务代理行业的不断发展，从事税务代理行业的人员不断增加，对

---

〔1〕《税收征管法》（1992 年版）第 57 条规定："纳税人、扣缴义务人可以委托税务代理人代为办理纳税事宜。"

代理从业人员进行规范成为立法的重点方向，2005 年财政部公布了《注册会计师注册办法》，对于注册会计师的各类工作作出了明确的规定；2006 年国家税务总局实施了《注册税务师管理暂行办法》，将税务代理的主体限定为注册税务师资格的取得者，为税务代理行业设置了准入门槛。在这个阶段，税务代理行业快速发展，税务代理机构作为具备涉税鉴证与涉税服务双重职能的社会中介组织的定位日益清晰，人员管理更加规范，推动税务代理行业不断向前发展。直到 2014 年，国务院调整取消一批行政审批事项，将没有法律、法规依据的准入类执业资格予以取缔，税务师由此从准入类资格降低至水平类资格。

（三）税务代理制度细化阶段

税务代理行业自《注册税务师管理暂行办法》被废止后，在 2017 年以前仅剩《税务代理试行办法》一部规章对整个税收代理行业进行较为全面的规范，这对税务代理行业的发展形成了一定阻碍。因此，2017 年国家税务总局公布了《涉税专业服务监管办法（试行）》的公告，该办法扩充了约束对象的范围，加大了对事务所以及从业人员的监管，细化了税务代理行业在行政日常管理和行政监督方面的规定，在涉税监管领域有着十分重要的意义。此后国家税务总局又在 2019 年公布了《关于进一步完善涉税专业服务监管制度有关事项的公告》以及 2022 年公布了《关于规范涉税中介服务行为 促进涉税中介行业健康发展的通知》，对于税务代理行业的监管越来越朝着细化的方向发展。

二、税务代理的发展现状

（一）税务代理的权限与范围

税务代理是指税务代理人在法律规定的权限范围内，接受纳税人、扣缴义务人的委托，按照法律和行政法规的规定，代其办理涉税事宜的民事法律行为的总称。[1]税务代理属于民法上的委托代理，适用民法上关于委托代理的一般规定，当税务代理产生争议时，可以直接引用民事代理的相关规定。[2]目

---

〔1〕　参见苏彦：“完善我国税务代理制度的探讨”，载《会计之友》2013 年第 8 期。

〔2〕　参见李佳、张春宇、高洪成：“《民法典》视域中完善税务代理制度的对策研究”，载《税务研究》2021 年第 2 期。

前我国有权限从事税务代理的主体主要有税务师、注册会计师以及律师，其中注册会计师与律师均可以在自己的业务范围内接受委托办理涉税事项，会计师事务所与律师事务所均有相应的法律制度规定了设立门槛，但由于其主营业务并非税务代理，在此就不再进行赘述。我国对于税务师事务所的设立规定了一定条件，《税务师事务所行政登记规程（试行）》是税务师事务所设立的主要法律依据，[1]规定了税务师事务所成立时执业税务师应占的最低比例、税务师事务所的组织形式以及从业竞争问题。关于税务代理的业务范围，《税务代理试行办法》第25条规定了税务代理的业务范围，明确了税务代理人可以接受纳税人、扣缴义务人从事十类涉税业务，[2]大多都是一些基础的日常涉税事项，但是随着时代的发展，新兴业务在不断地发展，规定滞后性的弊端就日益显露出来，因此对税务代理领域的立法进行修改刻不容缓。

（二）税务代理的规模

近年来，我国的税务代理行业发展迅速，据统计2020年我国的财税服务市场规模达到1664.1亿元，[3]根据国家统计局发布的国内生产总值以及第三产业生产总值的数据进行测算，财税服务行业约占国内整体生产总值1.46%，在整个第三产业中收入占比1.064%。在我国整个庞大的经济总量中，税务代理行业对国民经济的整体影响力并不大，经济地位较低，仍有较大的发展空间。因为该行业属于为其他行业的经营者提供服务的服务业，因此对其他行业的影响程度并不大，反而受制于其他行业发展情况。另外，由于我国的税务代理行业起步较晚，至今只有近40年的发展历程，各项制度和规定还不够完善、健全，因此相较于其他发达国家，我国的税务代理服务行业在国际上

---

〔1〕《税务师事务所行政登记规程（试行）》第5条规定："税务师事务所采取合伙制或者有限责任制组织形式的，除国家税务总局另有规定外，应当具备下列条件：（一）合伙人或者股东由税务师、注册会计师、律师担任，其中税务师占比应高于50%；（二）有限责任制税务师事务所的法定代表人由股东担任；（三）税务师、注册会计师、律师不能同时在2家以上的税务师事务所担任合伙人、股东或者从业；（四）税务师事务所字号不得与已经行政登记的税务师事务所字号重复。合伙制税务师事务所分为普通合伙税务师事务所和特殊普通合伙税务师事务所。"

〔2〕《税务代理试行办法》第25条规定："税务代理人可以接受纳税人、扣缴义务人的委托从事下列范围内的业务代理：（一）办理税务登记、变更税务登记和注销税务登记；（二）办理发票领购手续；（三）办理纳税申报或扣缴税款报告；（四）办理缴纳税款和申请退税；（五）制作涉税文书；（六）审查纳税情况；（七）建帐建制、办理帐务；（八）开展税务咨询、受聘税务顾问；（九）申请税务行政复议或税务行政诉讼；（十）国家税务总局规定的其他业务。"

〔3〕参见元素："2021企业财税服务创新排行榜"，载《互联网周刊》2022年第4期。

的竞争力、创汇能力并不具有优势。据国家税务总局披露的数据，我国的市场主体正不断扩大，2021年底全国增值税一般纳税人数达1238.1万户，较2020年末增加了110.9万户，同比增长率为15.9%，两年平均增长12.9%。在税务代理供给市场，经营范围涉及税务代理的财税服务行业中的主体近一年新增加1158家，增长率11.4%，税务人员约为12.28万人。[1]上述数据表明，我国的税务代理行业目前属于卖方市场，供给行业的增速没有需求市场的成长速度大，但是这都是在市场潜力被充分挖掘之后的结论，由于我国目前纳税人的纳税意识薄弱，缺乏对税务代理的认识，导致实践中税务代理的市场需求还是处于较低的水平。

税务代理率是衡量一个国家税务代理行业发展水平的重要指标，是指一国纳税人委托税务代理人数占纳税人总数的比值。我国的税务代理率一直居于较低的水平，目前发达国家的税务代理率保持着较高的水平，在日本有85%的企业委托了税理士办理税务问题，在东京这个比率更是高达96%，在美国有50%以上的企业和100%的个人委托税务代理人进行纳税申报，而我国的企业进行税务代理的比率不足5%，我国目前税务代理的委托人50%以上均是外商投资企业和外国公司，我国个人委托税务代理纳税的比率甚至不到3%。[2]由此可见，我国税务代理发展水平较西方发达国家相差甚远，但同时也反映了我国税务代理市场存在着巨大的发展潜力，应当进行充分挖掘。

三、税务代理行业问题剖析

（一）缺乏统一的行业性规范指引，各项制度亟需完善补充

我国目前并没有一部统一的"税务代理法"，现有的法律依据仅来自《税收征管法》上的粗略规定，对于税务代理缺乏统领性的指引，同时针对税务代理的主体，律师与注册会计师均有相应的法律进行规制，但我国目前还没有"税务师法"，规范税务师行为的规范层级都比较低，给税务师行业的发展造成了很大的困扰。同发达国家相比，德国有《税务顾问法》，韩国有《税务

---

[1]　参见"十组税费数据带你看：2021年税收经济发展亮点"，载 http://www.chinatax.gov.cn/chinatax/n810214/n810641/n2985871/n2985918/c101729/c5172459/content.html，最后访问日期：2022年4月29日。

[2]　参见孙林英、邢家合："税务代理人执业现状与发展前景"，载《职业时空》2006年第7期；彭林："我国税务代理的滞后性分析与对策研究"，载《商场现代化》2006年第27期。

士法》，日本有《税理士法》，我国在立法上已经远远落后于西方发达国家。

我国的税务代理基本上已从税务部门分离，但是我国的税务代理是受政府和行业的双向结合管制，然而，这两者的管理都没有起到实质性的作用。在政府监管上，我国的税务代理监管由国家税务总局的管理中心和国家与地方共同组建的管理中心两方协同管理，但是这样的监管机制有一定的局限性，分工也不明确，仅有部分税务机关分配了较少的职员来监管税务代理，监督的质量和力度都明显不足，作用甚微。在行业监管上，税务行业的监管建设相当落后，行业的制度建设也不合理。税务代理行业的自律机制不足，自律能力较弱，注册税务师管理中心是税务代理行业的行政管理机构，但是没有很好地对税务代理机构进行管理，致使税务代理机构仍然处于组织机构不全、管理缺失的局面。中国注册税务师协会的规章制度大多已经不能适应税务代理工作的发展需要。各地的税务师协会未能发挥自我教育、管理、服务的作用，自律工作处于缺失监管状态，行业的执业风险变大。从上述方面来看，我国目前税务代理行业的各项体系和制度亟待补充和完善。

（二）税务代理市场范围有限

正如前文所提到，我国对于税务代理业务范围的规定较为久远，不能满足现有实践的需求，《税务代理试行办法》规定的大多都是简单基础的涉税业务，但是在实践中许多代理人所开拓的、有利于提高税收征管效率的业务并未纳入到法律规定中来，并且《税务代理试行办法》所规定的业务并非税务师事务所独享的业务，其他涉税服务机构也可以进行代理，缺乏强制性，导致税务代理市场业务量有限。与注册会计师行业相比，强制性不足是我国税务代理行业难以发展壮大的一个重要因素。[1]根据《注册会计师法》的规定，我国注册会计师可以办理审计业务、会计咨询、会计服务业务，其中审计业务属于法定业务，注册会计师依法执行审计业务出具的报告，具有证明效力，非注册会计师不得承办。因此注册会计师行业的蓬勃发展很大一部分源于法律规定了其业务的强制性，只有注册会计师可以签字出具审计报告；律师行业同样如此，拥有强制性业务，出具法律意见书等业务是律师的法定业务。税务师行业由于法定业务不足，导致目前其发展遭遇到瓶颈，无法抢

---

〔1〕 参见何正华："促进我国税务代理市场的发展"，载《湖南税务高等专科学校学报》2009 年第 3 期。

占更大的市场份额，因此应当进行相关业务方面改革，推动税务代理行业业务法定化，才能让税务代理行业焕发光彩。

（三）高层次的税务代理人才不足

随着经济的发展，新问题、新情况不断出现，新的代理需求不断产生，新的代理业务也应随之产生。但是就《税务代理试行办法》中规定的业务来看，税务代理的执业范围有限，多数代理机构只是从事代理纳税申报、代理发票领购、代理建账和记账等一些传统的事务。至于审查纳税情况、税收筹划等较高层次的业务开展较少，高端层次的专业服务人才缺失，制约着税务代理市场的发展。同时，随着我国在全球经济的参与领域逐渐深化，对外开放水平不断提高，我国的税务代理行业的需求也相应发生了变化。税务代理服务的对象延伸到国际纳税主体，如跨国企业等，同时所代理服务的范围也进一步拓展，业务难度水平不断提升。这就必然要求我国的税务代理从业人员提升自身知识和素养。这些高层次的服务项目要求代理人具有多领域的综合知识储备，包括财税、市场管理、国际贸易、金融、信息科技等知识。更重要的是，面对这些复杂、高难度的工作内容，从业人员必须具有良好的抗压能力和应变能力，以适应不断变化的形势和政策。然而，我国目前的税务人才资源却不能满足现有的市场需求，高素质人才数量少，从业人员的服务水平和高层次的业务要求之间有较大的差距。除此之外，行业自身发展不健康，陷入瓶颈之中，行业服务水平低下。行业市场结构悬殊，大、小规模税务代理机构之间实力悬殊，很多从业人员争先进入大机构，而小机构的发展遭到压缩，很多人才宁愿退出市场也不愿进入小型服务机构工作，由此导致行业人才流失。小型代理机构难以匹配到足够的人才，往往存在较大的生存压力，影响税务代理行业的整体发展和行业整体服务水平的提升。

四、税务代理行业问题解决的关键

（一）提高纳税人纳税意识，降低纳税人纳税成本

在我国的代理税务市场中，小规模企业或个体工商户委托人居多，因为这些主体往往不具有专业税务知识，同时没有足够的金钱聘请专门的职员处理税务事宜。由于缺乏安全经营意识，这些纳税人的纳税意识普遍不高，经常无法自觉依法主动纳税，更严重的还出现偷税、漏税等现象。在传统的专人管理税务观念影响下，他们如果出现税务问题，会倾向于咨询、求助税务

主管部门，而不是税务代理机构。同时，由于我国的税务代理形式未能发展得像发达国家一样，暂时不具有普遍的社会认可度，而且税务代理机构还未能建立良好的市场化运营模式，宣传力度不够，导致纳税人未能意识到税务代理的重要性和价值。另外，纳税人往往更加看重纳税成本，认为委托专业的机构会形成较多的成本，继而会造成经济效益的流失。据 2006 年世界银行与普华永道联合发布的 2007 版《经营》报告中称，我国公司纳税成本高居第 8 位，总税率高达 77%。高昂的纳税成本导致我国纳税遵从度低是各方达成的共识。[1]这些不符合经济时代发展的传统观念以及一些不必要的担忧，制约了税务代理行业的发展，同时也限制了纳税人本身的经济发展空间。在必要的情况下委托、求助专业人员进行税务代理，是一种经济理性的思考和行为选择，纳税人在这方面的意识和知识经验仍有待加强。

提高纳税人纳税意识对解决目前税务代理行业的问题至关重要，如果纳税人的纳税意识较强，那么他就会更多地从国家、社会的角度考虑税收问题，把税收看成国家筹集财政收入、调节宏观经济的重要手段，确认国家征税的合理性而自觉纳税。"如果纳税人的纳税意识淡薄，他就会把征税看作是对自身利益的侵犯，因而对征税表现出一种抵触或逃避心理。"[2]税务代理行业的一个重要问题就是自然人税务代理需求少，我国由于收入水平普遍还不高，个人对于纳税相关的需求并不多，大多公民都是经过代扣代缴的方式进行缴纳税款。但是随着个税改革的发展，自主申报纳税已经成为每个公民难以避免的事情，培养纳税人的纳税意识能够有效提高整个税务代理市场的需求，同时我国纳税人口众多，假如税收宣传实施到位，那么对于整个税收代理行业而言，是一个可以充分挖掘的市场。

（二）建立税务代理激励机制，明确激励主客体的权利义务

激励理论认为，个体在不同的发展时期存在不同层次的需求，而只要能给予他们所需的就能使他们感到满足和幸福。后来该理论被引用至管理学领域，广泛运用于企业管理，成为调动组织成员积极性，提高人员工作效率和组织效益的方法和工具。

---

〔1〕 参见李赫之、蔡芳宏："对提高税务代理率以提高税法遵从度的思考"，载《企业经济》2013 年第 8 期。

〔2〕 安体富、王海勇："激励理论与税收不遵从行为研究"，载《中国人民大学学报》2004 年第 3 期。

作为管理主体的政府税务机构，同样可以做好制度设计，激励税务代理主体依法高效、科学、合理地为纳税人代为处理税务事宜。而实现激励目标的关键是将其落实到税务监督的整个过程，包括激励政策的制度和监管人员的执法激励行为等。在税务代理监管中运用激励制度，不仅能够为税务代理从业者提供一个合法有序的行业环境，促进该行业的良性发展，还能推动纳税人依法积极主动履行义务，提升纳税遵从度，同时有助于税务行政部门税收征管效能的实现，保障国家的财政税收安全。激励机制对税务管理的经济效益表现在通过对代理人的激励，减少税务机关收集信息、税务核查、滞纳处罚等行政成本的支出。在税收征管流程中，税务机关负有调查和阐明课税事实的责任，意味着税务行政工作人员需要收集并整理海量的涉税信息，这本身就包含着一定的工作量。另外，随着市场经济进一步发展，纳税主体越来越多样化，课税事实也愈来愈复杂，税务行政工作无疑更加繁复。而且，由于这些信息的所有权属于纳税人，税务机关在收集和整理的过程中存在信息真实性、安全性、信息遗漏等问题，甚至可能导致无效工作，浪费工作人员的时间和精力，给国家的行政物力、财力、人力资源造成浪费和损失。利用激励机制，发挥税务代理主体的专业能力和"中间人"的作用，将纳税人信息收集、核实和整理等相关工作转移，激励其高效妥善地完成工作，能够非常有效地协助税务行政部门履行职能，降低上述问题发生的可能性。同时，通过激励税务代理人专业负责地为纳税人服务，尽量避免纳税人因不了解税务征收的相关政策规定而漏缴税款等问题，减少税务处罚的行政成本。行政机构公平课税也必然要求其引入激励制度进行监管。这就要求激励主体进行双向行动，既要对合法合规的代理行为进行肯定和嘉奖，对表现良好的代理机构进行信誉认证等方式作正向激励；也要加大税务代理违规稽查力度，对失信代理机构进行惩戒，发布"黑名单"等行政处罚和公示来进行负向激励，迫使税务代理主体减少违规的代理行为，遵守法规和监管。

纳税人和税务代理机构作为激励制度中的客体，税务主管部门应以他们的需求为导向进行相应的机制构建。对于纳税人而言，应该制定什么样的制度规范来保证信任税务代理人，遵从税收征管，合法有序地参与到税务征管活动中，对此本书作以下建议：一是要保障他们的知情权。以完善纳税人的知情权为激励内容，是因为知情权是纳税人充分实现其权利和进行依法纳税的前提。只有在他们了解各项纳税政策、代理人义务和责任、涉税程序等规定的基础上，他们才能放心地将自己的个人资料、经验信息等交付于税务代理人，委托他们处理代理事宜。二是要保护纳税人的隐私权和信息安全，对泄漏纳税人信息的行为制定相应罚则进行激励。在美国，违反纳税人信息保密义务的行政工作人员，不仅会受到行政处罚，还会被判处罚金甚至有期徒刑的刑罚；德国的法律甚至规定了税务机关应当对纳税人损失进行赔偿。这些严厉的罚则对于纳税人信息保护起到了很好的作用。建议参考国外的罚则和立法经验，完善我国的纳税人信息保护制度，激励纳税人的参与信心，减少顾虑，保障税收征管的正当有序进行。三是对纳税人纳税情况进行信用评级激励。目前我国的纳税评级对象仅限于企业纳税人，而对于不从事生产或经营活动的自然人纳税人则没有相应的规定。建议将自然人也纳入信用考评范围，并对两种不同的主体采取差异化的信用评价体系和方案。

对于税务代理机构而言，则可以在以下方面进行激励：一是在现有的代理业务范围的基础上，进一步拓宽可代理业务领域，特别是积极纳入高层次的涉税服务项目，如税务培训、税务延期申请代理、涉税签证等内容，给予税务代理从业人员代理业务更多的空间和自由，提高他们的利润水平，刺激他们的工作热情和与时俱进地提升业务能力。二是要建立严格的税务代理人责任追究机制。首先要在立法中明确税务代理人违反代理义务应承担的法律责任。其中，行政处罚包括限定期限停止税务代理或禁止税务代理等；民事责任为过错责任，且不以被代理人实际损失为前提，只要税务代理人违反代理业务规定且具有过错则应当承担相应的民事责任，以此来反向激励进行合法正当的税务代理服务行为。三是采用现代互联网科技进行激励。以互联网为依托，搭建税务机关的纳税服务系统，对经过备案、核查的税务代理机构开放相关数据信息系统，方便他们查询、核实，加强税务行政机关与代理机构之间双向信息交流，提高协力合作的水平和层次。

第三节　税务代理行业的法治困境

税务代理是西方税收征管体系中必不可少的部分，[1]随着我国税收法治

---

[1]　参见李大明："适度、稳健、充分——我国税务代理业的发展政策"，载《中国财政》1998年第5期。

建设和税收制度改革特别是纳税人自主申报制度的普及，等待我国税务代理行业的将是一片蓝海。但是从目前实际情况来看，其相较于律师、会计师、税务师等并未得到大众的普遍认同，税务代理业务仅在特定受众内发挥其有限作用。为了解该现象产生的症结所在，本节将深入探究我国税务代理行业法治建设的不足。

一、税务代理行业的独立地位不明

税务代理行业并非新兴行业，我国 1992 年的《税收征管法》已经明确税务代理人的合法性，即纳税人可以委托税务代理人代为办理税务事宜。[1] 追溯其历史，税务代理机构在早期与行政权力存有千丝万缕的联系。从机构设置来看，设立税务代理机构，需要经过国家税务总局或省、自治区、直辖市国家税务局的批准，实践中多数地方存在由国、地税务机关设立税务代理机构的现象；从人员组成来看，税务代理执业人员以税务机关的干部居多；从执业监督来看，税务代理人受到地方税务机关的监督、指导。以上三个方面表明，税务代理机构在成立之初对税务机关存在很强的附属性，这样的局面直至 1999 年国家税务总局对税务代理机构实施"脱钩改制"方才改变。虽然脱钩改制成功地将原依附于地方各级税务部门的中介服务机构分离出来，将其作为市场经济的主体之一规范管理，[2] 但是税务代理机构的独立法律地位仍未明确。

（一）税务代理行业的法律地位是否明确？

1992 年《税收征管法》在附则首次提出税务代理，但成立伊始的税务代理制度只是一个缺乏对主体、内容、责任明确法律界定的空壳，并且其对税务机关具有很强的行政附属性。直至 2015 年修正《税收征管法》，税务代理制度仍处于法律的附则部分。《税收征管法》第 89 条 [3] "无论从摆放位置还

---

〔1〕《税收征管法》（1992 年版）第 57 条规定："纳税人、扣缴义务人可以委托税务代理人代为办理税务事宜。"

〔2〕 参见李泽明、邹忠明："税务代理脱钩改制后存在的问题不容忽视"，载《四川财政》2001 年第 4 期。

〔3〕《税收征管法》第 89 条规定："纳税人、扣缴义务人可以委托税务代理人代为办理税务事宜。"

是内容看都显得较为笼统薄弱，未能体现涉税专业服务的地位与作用"〔1〕。随着税制改革的深入，税务代理辅助税款征收、改善征纳关系的重要地位日益凸显，纳税人对税务代理业务需求水涨船高，有必要在《税收征管法》正文中专章规定税务代理法律制度，明确规定主体、客体、内容、责任等独立制度的必备要素。

同时，1994 年国家税务总局公布的《税务代理试行办法》存在同样的弊端。相较于 1992 年《税收征管法》，《税务代理试行办法》在明确税务代理人概念、规定代理人权利义务等方面迈出了前进步伐，但是仍缺乏对行业主体的明确，而且具体的业务规程依然交由市场探索。因此根据前述规定可以得知，税务代理行业在法律文本中并无应有之独立地位。

（二）税务代理执业主体是否为税务师所独任？

除了上文提到的《税收征管法》《税务代理试行办法》，现行规范税务代理行业的法律文件主要以规章的形式呈现，其中《涉税专业服务监管办法（试行）》对涉税专业服务的概念、内容以及行政监管等方面做出了较为细致的规定。根据相关公告，税务代理业务向所有涉税专业服务机构开放，包含会计师事务所、律师事务所、代理记账机构、税务代理公司、财税类咨询公司等。〔2〕也就是说，税务师只是税务代理行业的部分主体。

诚然，如果税务代理市场允许税务师独占，会造成税务师对行业的垄断以及有专业歧视之嫌。但是，如果对过多主体授予税务代理资质，税务代理行业则会陷入鱼龙混杂、门槛过低的泥潭。税务代理的产生是为服务税务知识匮乏的纳税人，促进纳税人与税务机关间信息交换，发挥税收征纳环节的枢纽作用，其本应是对执业人员的专业知识、技术水平有严格要求的行业，

---

〔1〕 国家税务总局深圳市税务局涉税专业行业立法课题组、项清、吴晓丹："《税收征管法》修订应明确涉税专业服务的作用和定位"，载《税务研究》2020 年第 8 期。

〔2〕 国家税务总局关于《国家税务总局关于发布〈涉税专业服务监管办法（试行）〉的公告》的解读："涉税专业服务是指涉税专业服务机构接受委托，利用专业知识和技能，就涉税事项向委托人提供的税务代理等服务。涉税专业服务包括：（一）纳税申报代理；（二）一般税务咨询；（三）专业税务顾问；（四）税收策划；（五）涉税鉴证；（六）纳税情况审查；（七）其他税务事项代理；（八）其他涉税服务。其中，第三项至第六项，即专业税务顾问、税收策划、涉税鉴证和纳税情况审查四项业务，应当由具有税务师事务所、会计师事务所、律师事务所资质的涉税专业服务机构从事；第一项'纳税申报代理'和第七项'其他税务事项代理'涵盖《全国税务机关纳税服务规范（2.3版）》列举的所有办税事项，共 6 大类 192 项。这些由纳税人、扣缴义务人办理的税务事项均可由涉税专业服务机构代为办理，向所有涉税专业服务机构开放。"

因此税务师担任税务代理执业的主力军是其中应有之义。2005年国家税务总局公布的《注册税务师管理暂行办法》对注册税务师资质的取得、权利义务以及业务范围等作出详细规定，在一定程度上规范了税务代理行业队伍的发展，但很快暴露出行业竞争不足的问题，此文件也于2017年被废止。会计师、律师群体基于对专业知识的掌握，很快加入到税务代理执业队伍当中。不过，我国的律师事务所由司法部管理，会计师事务所由财政部管理，税务师事务所由国家税务总局管理，主管单位的不同造成行业门槛的差异性而且没有上位法统一协调税务师、律师以及会计师办理业务的规程。比如我国存在税务师办理税务代理业务的准入要求，但是对于会计师、律师而言，他们从事税务代理业务只需要取得本行业准入资质即可。至于代理记账机构、税务代理公司等实际中也开展税务代理业务的主体，由于缺乏特定主管部门的监管，且现行规定对其他执业人员无资质要求，导致纳税人对税务代理行业的专业性产生质疑，将行业主体过于宽泛产生的负面效应进一步扩大。

（三）税务代理市场是否为税务师所独占？

由于税收在国家对资源进行二次分配中的重要地位，提高税务代理人社会认同度，实现税务代理专业性已经成为社会共识，然而现行立法并未提炼"税务代理"的概念或对其范围进行准确界分。如前所述，《涉税专业服务监管办法（试行）》是一部规范税务代理市场的重要规范，但是其文本并未采用"税务代理"的表述，而是将中介机构能为纳税人提供的涉税业务分为纳税申报代理、一般税务咨询、专业税务顾问、税收策划、涉税鉴证、纳税情况审查、其他税务事项代理以及其他涉税服务八个种类，"税务代理"业务的内容散见该八种涉税专业服务之中。这种区分方法模糊了"税务代理"概念的边界，加之"税务代理"概念的缺位，有学者甚至提出取消"税务代理人"的提法，以"从事涉税专业相关服务"取而代之。[1]

再者，强调税务代理业务的主体构成还有更深层次的含义。《涉税专业服务监管办法（试行）》规定，专业税务顾问、税收策划、涉税鉴证和纳税情况审查四项业务，应当由具有税务师事务所、会计师事务所、律师事务所资

---

[1] 参见国家税务总局深圳市税务局涉税专业行业立法课题组、项清、吴晓丹："《税收征管法》修订应明确涉税专业服务的作用和定位"，载《税务研究》2020年第8期。

质的涉税专业服务机构从事，将代理记账机构、税务代理公司等机构排除在外是为了保证业务开展的专业性，防范行业风险。税务代理业务的开展是为了提高纳税人纳税遵从度，维护纳税人合法利益，同时也是构建适格纳税人制度的重要路径，纳税人最看重的应是税务代理机构的独立性和专业性。目前我国由税务师代理纳税人税务事宜只占少数，与此同时，仅有针对注册税务师的入职门槛存在而无业内统一标准的问题亟待解决。

二、税务代理行业的职能模糊

（一）法定业务范围狭隘影响税务代理行业正向发展

1994 年国家税务总局公布的《税务代理试行办法》将税务代理分为税务登记、办理发票领购手续、办理缴纳税款和申请退税、制作涉税文书、申请税务行政复议或税务行政诉讼等十种业务，[1]从实践来看该规定存在显著不足。首先，《税务代理试行办法》的规范层级较低，仅仅是国家税务总局发布的部门规章，对除了税务师以外的其他主体没有约束力。其次，该文件制定于 1994 年，历史久远，已经不符合新时期经济发展局势的需要，且文件采用列举的方式规定业务范围，当经济环境中出现税务代理新需求时，不能及时纳入税务代理的范围。最后，如前所述，新的规范采用"涉税专业服务"的提法，将涉税专业服务分为囊括纳税申报代理、一般税务咨询、专业税务顾问等业务在内的八个门类，这一规定同样适用于税务师、会计师、律师等税务代理执业者，两种业务分类在范围间存在交叉混杂，业务范围需要进一步扩充、明晰。

现实变化与法律条文滞后的矛盾是一个不可回避的"现实难题"。[2]通过法律文本的变动，可以看出随着税制改革的进行，税务代理的业务范围已从过去简单的办理登记业务、代为申报、提供信息等项目扩充到税收筹划、风险规避、涉税鉴证等业务，业务的范围有所扩大，整体层次有所提高，以

---

〔1〕《税务代理试行办法》第 25 条规定："税务代理人可以接受纳税人、扣缴义务人的委托从事下列范围内的业务代理：（一）办理税务登记、变更税务登记和注销税务登记；（二）办理发票领购手续；（三）办理纳税申报或扣缴税款报告；（四）办理缴纳税款和申请退税；（五）制作涉税文书；（六）审查纳税情况；（七）建帐建制、办理帐务；（八）开展税务咨询、受聘税务顾问；（九）申请税务行政复议或税务行政诉讼；（十）国家税务总局规定的其他业务。"

〔2〕参见黄雄义："因案修法的基本路径析论——以《中华人民共和国民法典》为视角"，载《江汉论坛》2022 年第 4 期。

适应纳税人的税务需求。但是，相较于发达国家的税务代理制度，我国税务代理制度开展业务的广度和深度仍存在不足。首先，我国税务代理业务范围较窄，实践中税务代理业务仍以税收筹划和税务咨询为主，多数税务代理业务不需要代理人掌握太多专业知识，一般的会计师、律师即可提供，税务师在行业中没有找到自身应有定位。法律对于税务代理规定的模糊不清以及在范围上设置的枷锁，使得社会对税务代理行业认识不够，税务代理市场潜能未得到激发，在经济激励匮乏的情况下税务代理行业发展受到阻碍。此外，行业发展还面临业务层次扁平的问题。以美国为例，美国税务代理业务层次分明，对不同需求的纳税人提供针对性代理服务。与此同时美国还存在差异化监管措施，美国联邦税务局对不同层次的代理实施适当灵活的监管。[1]我国经济已进入高质量发展时期，新经济形势下已出现纳税人对税务代理事项的新需求，如对跨国公司的税务调查、对企业纳税信誉进行评估，这些对于行业而言也是发展机遇所在。为拨开税务代理行业发展的迷雾，应在法律文本中进一步拓宽税务代理业务范围，同时搭建业务层次，使行业适应现代经济发展的要求。

（二）准入门槛设置混乱致使税务代理执业人员泛滥

准入门槛是指主体从事特定业务的法定资质，涉及执业人员的素质高低以及数量多寡。市场中的执业人员具有一定的趋利性，他们往往涌入发展前景好、收入高的行业，人才的竞争进而促进行业的进一步发展；而对前景差、预期收入低的行业置若罔闻，这些失去人才储备的行业往往将走向落寞。在法治社会，除了行业本身发展的因素，规范的行业门槛也能影响执业者数量。较高的行业门槛能够提升执业者的整体素质，提高服务水平；行业门槛过低甚至缺失，会导致执业人员的泛滥以及业务操作的无序化，行业提供的服务质量良莠不齐，进而影响行业的良性发展。实践中对税务代理行业的主体，法律并未规定统一的准入门槛，税务代理行业正面临行业准入规则不清的问题。

1. 税务师的准入门槛

税务师是最早被允许代理税务事宜的主体，其名称来自1994年实施的《税

务代理试行办法》。[1]此时，税务执业人员的门槛被限定为取得注册税务师资质，而后出台的《注册税务师资格制度暂行规定》《注册税务师管理暂行办法》等文件对税务师执业作出了细致要求。不过2014年国务院取消了注册税务师执业资格的许可与认定，将注册税务师资质的取得交由市场决定，获得该称号的意义由准入类执业资格转变成水平评价类执业资格。这一举措能够缓解行业人才稀少的问题，以适应日益扩张的业务需求，但是同时税务师执业门槛降低，也给对执业人员的管理造成了麻烦。

2. 会计师、律师的准入门槛

相较于税务师，会计师与律师在行业中占据了更大的市场份额。1994年，司法部公布《关于积极开展律师税务代理业务的通知》，指出将税务代理纳入律师的业务当中，以推动税务代理试点工作。然而，司法部并没有给从事税务代理业务的律师增设特别门槛，没有突显出该业务对税务知识熟练度的要求，律师只需要取得本行业资质即可代理税务事项。2012年，全国律师协会成立财税法专业委员会，但该协会的成立旨在打造更好的税务律师队伍以及提升税务律师的服务水平，并未对税务律师施加其他限制条件。注册会计师进入税务代理市场也无特殊限制，只需要取得注册会计师资质即可。

3. 其他税务代理执业机构执业人员的准入门槛

根据《涉税专业服务监管办法（试行）》，除了税务师、会计师以及律师，其他税务代理执业机构囊括代理记账机构、税务代理公司、财税类咨询公司，没有特定的机构作为其主管单位。这些机构的组成人员可以是税务师、会计师以及律师，但这是机构的自主选择，法律对其没有施加强制要求。现实问题是，这些机构执业人员对税务知识以及经验的掌握是值得商榷的，这一点会影响到税务代理服务水平。

整体看来，目前我国税务代理市场缺乏统一的准入门槛会导致许多负面影响：一是导致执业人员泛滥且专业能力良莠不齐，影响行业本身的发展；二是不同种类的主体混杂，加之法律对各类主体的权利、义务以及责任无明确规定，实际利益冲突产生时，行政部门难以在认定主体责任时保持一贯性与连续性，或导致处罚畸轻畸重。以上都是行业亟待解决的问题。

---

[1]《税务代理试行办法》第4条第1款规定："从事税务代理的专门人员称为税务师，其工作机构是按本办法规定设立的承办税务代理业务的机构。"

三、税务代理行业的自律不足

"行业自律是行业成熟的重要标识"[1]，自律作为管理行业的方式之一，已经逐渐成为发挥市场机制作用、规范主体行为的重要途径，是政府管理的重要补充。通常而言，行业自律是指主体主动接受在法律法规之外制定的公共规则，这些规则通常以规章、指南等为主要存在形式。典型的行业自律是以行业协会为主导发挥作用的。

探究税务代理行业自律的现状，需要明确其组织架构。目前，我国税务代理行业自律管理由中国注册税务师协会负责。经过多年的发展，中国注册会计师协会已发展出一套各级联动、部门设置合理的管理制度。其中，会员管理部和业务准则部是中国注册会计师协会的内部组织机构，负责注册税务师以及税务师事务所管理事宜，同时还研究行业在法治轨道内发展，对外公开囊括业务准则、行业标准、业务指南等在内的自律规范并指导业内人员、机构实施。除此之外，全国律师协会成立财税法专业委员会，对税务律师开展涉税工作发挥出导向与管理的作用。实践中税务代理行业仍存在以下三个比较突出的问题：

（一）税务代理行业自律机制有待完善

我国对行业的管理通常采取主管单位监管与行业协会自律管理相结合的形式，行政机关发布强制规定对执业主体进行核准、指引以及惩戒，行业协会通过自律公约对成员主体进行约束与管理。国内对税务代理行业的研究通常是参照对会计师行业、律师行业的法治现状。目前我国的律师行业主要由律师协会负责，律师协会对律师资质的取得、律师的行为准则、道德品质、业务操作以及费用指导均有明确的规定。我国律师工作管理体制的特色和优势便体现在司法行政机关行政管理和律师协会行业自律的结合。[2]相比之下税务代理行业作为新秀行业，面临行业前景好、执业人才多的机遇的同时，其行业自律机制也面临一定的考验。

---

[1] 耿宗程、王和平："比较视野下我国高等教育第三方评估的公信力困境及其超越"，载《高教探索》2022年第1期。

[2] 参见黄文艺："中国司法改革基本理路解析"，载《法制与社会发展》2017年第2期。

1. 业务范围较狭窄

如前所述，目前我国法律关于税务代理的规定呈现出前后不一致且范围狭窄的问题。在这样的语境之下，税务代理机构的独立性仍有待加强，行业自律规则仍无法脱离配合行政规章而实施的惯性，税务代理行业自律规则能管理到的业务范围也呈现出狭窄的特征。具体表现为以下两个方面：第一，既有自律规则仅仅关注到现有市场业务量大的涉税鉴证和其他涉税服务，而对未来业务量大、发展前景好的税收筹划、涉税风险评估等业务则未作出明确规定。这样缺乏前瞻性的制度安排不仅不利于当下业务的规范开展，也不利于将来业务规模的扩大。第二，当下行业自律规则更像是税务代理业务"操作指南"，而缺乏宏观性和技术性的特征。其存在的问题是，行业自律规则更多地让税务代理机构作为纳税人、税务机关的中间层保障税权交换的程序化实现，但是当纳税人提出了不寻常的需求或者在税务工作中遭遇新型问题，执业人员便失去原则上的指引与方向，加大了执业风险。完善的自律规则应同时看重宏观与微观两个层次，在方向上有所明确，在路径上有所规划。

2. 自律准则不健全

依每个执业者的视角，其在行业中都经历着"进入市场—市场活动—退出市场"的过程，约束执业者的自律准则也应完整地包含以上三个部分。目前的自律准则主要关注主体在从事代理业务中的行为，但是在准入与退出机制方面存在不足。准入规则作为行业整体准则的一部分，它的不完善已在上文讨论过，在此不再赘述。至于退出机制的不足，表现为税务代理行业自律准则中尚缺乏行业主体的退出机制，该退出机制涵盖执业人员主动退出规则以及被动退出规则。被动退出规则即淘汰掉低素质的代理人员或不适合代理业务的执业人员，以提升行业地位和服务水平。

3. 主体覆盖不充分

行业自律准则具备一定的理论性、系统性与技术性，而且能够约束更多的主体，发挥规范行业的实效，体现出公平公正的理念。不过目前受到制约的主体有税务师、律师以及会计师，还有其他执业人员游离在监管规则之外。没有规则能够对其发挥作用，仅靠市场监督管理局的日常监管，再次暴露出税务代理行业自律机制的不足。

（二）税务代理执业人员素质有待加强

当下，执业人员的素质是我国税务代理行业的短板。从行业近年来的发展情况看，即使税务代理行业吸引到越来越多的人才，人才的整体素质水平与行业对技术程度的要求也是不相匹配的。总体来看，目前行业中高学历、高素质的人才偏少，同时执业人员平均年龄偏大，虽然在工作经验上有一定的优势，但是他们也可能囿于过去的经验积累，而忽视新时期法律政策的发展变化，不适应行业快速发展的步伐。

执业人员素质不高的问题，在行业自身准入门槛上初见端倪。对于税务师、会计师以及律师这些执业人员而言，其执业只需要通过相应的考试，而不需要其他的资历或工作经验要求。特别是 2014 年国家取消对注册税务师的官方认证，将其变为一种社会评价考试，取得执业资质变得容易许多。除此之外，尚有部分在税务咨询公司、代理记账机构的执业人员，他们不具备税务师、律师以及会计师的身份，并不需要取得某种资质便可执业。这种情况便导致行业整体良莠不齐，大型的税务师事务所能够提供高端业务，但是不能满足广大的税务代理需求；众多小型税务机构开展业务频繁，但是缺乏专业度，不仅增加业务违规风险，也拉低行业整体社会形象。

（三）税务代理行业知名度有待进一步提高

税务代理与会计代理、法律代理同为经济生活中常用代理制度，适用代理制度的基本法理，[1]但是税务代理每年产生的业务量与收入却远远不及后两者。就目前实际情况而言，社会对税务代理行业的认同度还不够，税务代理行业仍需要提升知名度。除了行业本身存在不足，缺乏许多正面案例对行业产生宣传效应之外，这种现象的产生还与行业本身状况以及纳税人存在关联。

通过研究美日等税务代理行业发达的国家可以发现，税务代理需求受到税制结构的影响，[2]社会对税务代理行业的需求度与该国税制的复杂程度呈正比例关系。1994 年税制改革以来，以增值税为主体，消费税、营业税（已取消）相互配合，同时强调所得税的征收体系在我国确立。之后我国法定税种逐渐减少，税制得到进一步简化，税款征收也采用以人为本的行政管理方式，导致许多纳税人较改革前更少花心力去关注与了解税务代理行业。此外，我国纳税人纳税遵从度不高，其缴纳税款的态度以配合行政征收为主，未认

---

〔1〕　参见施正文："论税法主体"，载《税务研究》2002 年第 11 期。
〔2〕　参见李智勇："国外税务代理发展对中国的借鉴意义"，载《社科纵横》2006 年第 7 期。

识与充分行使其纳税权利。企业纳税人多为个体工商户与小微企业，它们未培养自觉纳税的意识，偷税、逃税现象更是屡见不鲜，更不用说花钱聘请税务专家预测税收风险，以及进行税务筹划。在当下税制改革的语境下，自然人纳税人缴纳税款的过程变得更容易，即使其产生咨询税务法规的需求，其更倾向于直接联系税务机关而非聘请税务代理人。以上事实的存在充分展现税务代理行业发展困窘的现状，提高行业知名度迫在眉睫。

四、税务代理行业的监管不够

行业的健康发展，除了行业本身具备优良因素之外，还离不开国家在外部对其施加约束，对其引导正确道路并且规制其错误行为。税务代理行业的研究现状表明，税务代理行业存在以下问题：一是行业法律规范体系不健全，导致行政机关监管缺乏依据；二是行业事中监管机制不完善，引发代理人违规行为泛滥；三是行政监管与自律监管衔接不畅，影响监管体制实效的发挥。

（一）税务代理行业的法律规范体系不够健全

法律是由公权力保障的、规定人们行为范式的准则，是保障行业在法制范围内稳定运行的重要工具。科学且完备的立法能够促进行业的发展，相应地，法律法规的缺位与落后，则会使行业陷入前进缓慢的泥潭。通过对我国现有税务代理行业的法律文本进行梳理与分析，能够概括出我国立法在税务代理行业存在两点不足：一是立法阶层不高，法律约束力较弱；二是法律涵盖范围狭窄，对税务代理行业应管理内容存在空白。

我国税务代理法律制度可以追溯到1992年《税收征管法》，此时税务代理的规定存在于《税收征管法》的附则当中。之后税务代理制度虽经历了试点推动、脱钩改制以及规范发展三个阶段，但是仅有该部法律对税务代理制度作出规定，税务代理法律制度的其他依据均以部门规章的形式出现。这些规章包括《税务代理试行办法》《税务代理从业人员守则（试行）》《税务代理业务规程（试行）》《纳税服务工作规范（试行）》《涉税专业服务监管办法（试行）》等。除了以上规章，关于注册税务师资格的获取、业务的承接以及脱钩改制等行业重要的事项都以通知的形式发布。以上法律文件虽在一定时期对于规范行业产生即时的反馈作用，但是由于其自身法律位阶低下，且多是针对性规定而非全局性统领，不能长久规范税务代理行业的发展。

此外，法律体系存在的不足还体现在回应性不足上。现行《税务代理试行办法》以及《涉税专业服务监管办法（试行）》是专门对税务代理业务进行规定的两个规章，二者规定了税务代理的业务范围、人员管理、违法惩处等事项，但是在保障行业健康发展的执业人员工资薪金、继续教育等方面仍存在不足，且部分方面规定较为原则化而缺少操作性，比如行业自律管理和执业责任。行业的蓬勃发展需要法制保障，税务代理行业法律体系的完善任重道远。

（二）税务代理行业的事中监管机制不够完善

如果说制定统一的税务代理行业执业门槛是国家对税务代理执业的首次监管，那么税务代理行业的事中监管表现出更大的代表性和复杂性。事中监管是指对执业人员进入市场后退出市场前的执业行为进行的监管，其关注税务代理人执业时的活动是否具备合法性。

1. 缺乏对涉税信息的保护

涉税信息是指与纳税人相关的、能够反映纳税人税款缴纳情况的信息，比如纳税人身份信息、收入情况、生产经营情况等，其同时具备人格属性和财产属性。税务代理人代理纳税人与税务机关接洽，通过业务便利必然会取得纳税人的涉税信息，但是法律显然未关注到代理人泄漏该信息可能给纳税人招致的不利。现行对涉税专业服务的监管规定没有明确对涉税信息的保护，仅有关于税务机关工作人员使用涉税信息的规定。[1]对于同样可以代理涉税服务的会计师，《注册会计师法》要求注册会计师对企业商业秘密进行保密。《中华人民共和国律师法》第38条将律师应负的保密义务限定在"国家秘密""商业秘密""个人隐私"三个方面。[2]以上两部法律对信息的保护并没有周延的涉税信息范围。此外，如果依照《中华人民共和国民法典》（以下简称《民法典》）关于保护个人信息的规定来保护涉税信息，不仅在法律适用上存在困难，在对涉税信息的保护力度上也存在不足。权利的取得必然以行为受到限制为代价，如果在监管规则中缺乏对涉税信息的保护，执业人员泄漏信息无法对其处罚，不仅增加整个行业的道德风险，还丧失了执业人员有权代理的正当性。

---

〔1〕　参见刘剑文："税收征管制度的一般经验与中国问题——兼论《税收征收管理法》的修改"，载《行政法学研究》2014年第1期。

〔2〕　《中华人民共和国律师法》第38条第1款规定："律师应当保守在执业活动中知悉的国家秘密、商业秘密，不得泄露当事人的隐私。"

2. 未关注税务代理退出问题

税务代理的退出有两种具体表现形式，第一种是指税务代理关系建立，在服务期限内代理关系因某种原因而终止。这些原因包括纳税人提前解除与代理人间的合同关系、纳税人失踪或死亡导致代理关系不明、代理人主动辞去代理人职务、代理人离开原本任职的事务所、因受到法律制裁导致代理人不适合继续担任代理人等情形。税务代理关系作为本人行为发生法律效果的补充，基于代理人与被代理人间平等自愿意思表示产生，发生前述中断或终止时依一般民事法律即可处理。但是税务代理机构作为税务机关与纳税人的中间层，其代理的事务关系纳税人的权利义务以及国家财政制度的正常运作，如果税务机关未及时知晓税务代理关系的提前终止情形，在后续税款征收工作开展的过程中可能存在多征或者少征的情形，既不利于纳税人权利的保护，又损害税收征管效率。

税务代理退出的另一种典型表现在于代理人或者代理机构退出市场，这不是针对某项业务的阶段性地退出。而是永久性地退出。简而言之，即税务代理人或税务代理机构资质的变更或注销问题，比如违规的税务代理机构被吊销营业执照。从目前行政监管实践来看，尚缺乏统领不同主体的退出机制，但这第二类退出是影响行业秩序的严重问题。现实情况是，税务代理业务仅是会计师事务所、律师事务所经营业务范围之一，这些机构退出税务代理市场无须前往某部门注销登记，也无时间期限的要求。行政监管在主体退出方面留下的视野盲区，势必为行业规范发展留下隐患。

（三）行政监管与自律管理之间协同不够明晰

税务代理行业业务需求大、执业人员多、法制保障不够全面，种种现实情况倒逼行业监管的加强，以规范市场执业行为。为了避免行业无序发展局面的出现，需要在税务部门对执业人员进行行政监管的同时，明确行业协会自律监管的地位与作用，这不仅能够降低税务部门的人力物力成本，也是响应国家提出的实现持续深化拓展税收共治格局的要求。仅仅依靠税务系统本身的资源是难以实现税收现代治理的，需要将多方税务资源进行整合。[1]然而，税务代理行业监管实然状态与理论上的应然状态仍有不小差距。

---

[1] 参见王爱清："升级'互联网+税务'助推税收治理现代化探析"，载《税收经济研究》2018年第6期。

税务代理机构经过多年脱钩改制工作的努力，已经脱离税务机关成为市场上的独立主体，但是税务师协会并没有完全去除掉行政影响力的残留。税务师协会是税务师事务所的行业自律组织，在管理架构上仍存在与税务管理机关共用机构人员、职责划分不清的问题。在经济方面，税务师协会没有独立稳定的运行资金来源，其活动的开展在很大程度上还受到税务机关的制约。总体来说，由税务机关制定监管规则，行业协会督导日常业务并接受意见与举报，最终由税务机关对违法行为进行处罚的协同监管机制并没有建立。对于税务代理这样具有良好发展前景的行业而言，有许多问题等待解决，以适应法治建设需求。

第四节　税务代理的规范发展与展望

随着国家新一轮财税体制改革的进行，同时为了落实"放管服"政策的路径需求，税务代理行业充分发挥其执业人员专业优势，在深化税收制度改革、落实减税降费政策、引导纳税人遵从税法等方面发挥了积极作用。研究表明，税务代理是降低纳税遵从成本的有效途径之一。[1]近年来，一系列的规范税务代理市场文件先后出台，如国家税务总局《关于进一步加强涉税专业服务行业自律和行政监管的通知》、中国注册会计师协会印发《中国注册税务师协会关于推进新时代税务师行业高质量发展的指导意见》的通知，对税务代理市场的发展进行前瞻性指引的同时也在逐步健全行业法制建设。当务之急，是针对现有研究中既有问题制定规范发展方略，服务于行业快速健康发展，以期为我国适格纳税人群体的培育创造成熟条件。

一、税务代理行业的法治化建设大有作为

（一）税务代理的特色化发展须以法治化建设为基础

作为以专业知识、技能为商品与需求者交换的市场经济产物，税务代理行业的发展历程深深打上了我国税制改革的烙印。根据目前我国税制结构、税种的复杂程度以及税收征管模式处于转型升级时期等因素考察，诸多涉税

---

〔1〕　参见罗焰、曹光四："纳税遵从行为的影响因素探讨"，载《商业经济研究》2009年第15期。

事宜需要纳税人具备一定的财税知识储备。纳税人疲于应对此番现状，于是由有知识、经验的执业人员代为办理纳税事宜，成为保障纳税人合法权益、降低税务机关征收成本的有利选择。不过，相较于会计代理与法律代理，税务代理起步晚、内部结构复杂、结构性治理尚未完善，行业的发展仍遭受瓶颈的制约，存在行业的知名度不高、行业门槛不明确、监管机制不健全等问题。通过学习与研究美国、日本、德国等国家税务代理制度，这些国家的税务代理制度存在的差异性折射出各国实际的需求。我国税务代理行业宜合理采纳国外制度中的有利部分，充分考虑到本国实际，发展具备我国特色的行业发展道路。法治建设应跟上行业发展的步伐，特色化税务代理制度需要成套法律法规以及与行政监管相配套的自律监管制度的保障。

（二）税务代理专业人才培养须以法治化建设为支撑

行业的发展离不开人才的储备，信息时代行业的发展离不开技术与知识的支撑，而衡量后者的方式归根结底还是行业内执业人员的数量与素质。在市场商品交易规则中，税务代理机构将财税专业知识与经验作为商品与纳税人交换，知识性与专业性便成为衡量机构提供服务水平的标准。整体来看，行业执业人才的素质也就代表着整个国家税务代理行业发展的水平。

如前所述，我国税务代理执业人员素质有待提高，除了我国税收法律的复杂性之外，市场对高层次税务代理业务的需求也对税务代理人的专业性提出了挑战。我国现行涉外税收法律制度明显滞后于我国对外开放大局。[1]随着我国对外开放格局的进一步打开，国内一些企业纳税人面临税种多样、税收政策法律不清等难题。特别是从事外商并购交易的企业纳税人，了解国外税收法律法规能够降低交易成本以及减少交易风险，这便需要专业财税人员代其税务筹划、预测税收风险。同时高额利益的驱使并不能促使行业内多数代理人提升自己的素质，进入高端市场。因为按照经济学的观点，进入高端市场的毕竟只是少数执业者，多数执业者考虑到前期高昂的教育成本通常会选择提供诸如税务法律咨询、代理记账、涉税鉴定等对专业技能没有太高要求的业务，同样也能获得一笔可观的经济效益。久而久之，在税务代理行业中会形成劣币驱除良币的现象。所以，依靠市场利润驱使执业者自觉提升素质是行不通的，需要国家站在规范行业的角度通过外在强制力提升行业整体

---

〔1〕 参见朱伟明："加强我国国际税收管理的若干思考"，载《涉外税务》2011年第12期。

水平。

从法治的角度看，平衡行业执业门槛能够在早期淘汰不合格执业者，是国家用行政手段对人才进行的第一次选拔与筛选。同时为了适应税收法律政策的多变性，建立税务代理人继续教育制度也是培养专业人才的重要手段。2021年3月中国注册会计师协会指出，接受继续教育是税务师的权利与义务，税务师应根据职业的发展与业务需要履行继续教育义务。[1]虽然对违反该办法的执业人员的处理并没有很好地承接行政处罚措施，但是该办法对于我国税务代理行业执业人员素质的提高迈出了一大步，税务代理法律制度的完善会对行业人员素质提升持续产生促进作用。

（三）税务代理的社会化普及须以法治化建设为路径

税务代理的社会化普及与业务需求精英化限缩是相反的概念，即税务代理业务不再只被大型国企、上市公司、跨国企业以及高净值收入人群所需要，社会上每个纳税人都可以通过税务代理减少税款缴纳的不便以及保障自身合法权益。纳税人需要认识到税务代理业务能够给其带来的好处，这些主要包括：解答税务法律政策、减少与税务机关沟通的时间消耗、合理利用税收政策节省税款、评估并管理纳税信用等级等，但是实现这一目标仅靠税务代理机构以广告和客户网的方式宣传是远远不够的。实际上，基于税务代理制度提升纳税遵从度和征税效率等益处，在社会面推广税务代理制度与我国税收法治目标不谋而合。

2021年《关于进一步深化税收征管改革的意见》提出"持续深化拓展税收共治格局"的要求，联合专业机构、行业协会的力量与协作互助、信息交换、优势互补是构建社会共治格局的重要方式，税务代理行业是推进税收治理体系和治理能力现代化的重要力量。此外，税务机关具体征管手段的升级也对税务代理行业需求度、认可度的提高起到促进作用。近期上线的国家金税工程四期增加了对企业非税业务的监管，对纳税人而言应对这一改变仅靠公司的会计部门是不够的，需要税务专业人士提供帮助。以此为契机，税务

---

〔1〕　中国注册税务师协会《关于印发〈税务师继续教育管理办法（2021年修订）〉的通知》（中税协发〔2021〕7号）第3条规定："税务师享有参加继续教育的权利和接受继续教育的义务。税务师应具备相应的专业素质、执业技能和职业道德水平，应根据岗位的需要和职业发展的要求履行继续教育义务，不断完善知识结构、增强创新能力、提高专业水平。继续教育应当贯穿于其整个职业生涯。"

代理行业知名度将会不断提高。可以说，法治建设是提升税务代理社会普及率最快速、最有效的方式。

二、以税务代理规范发展为目的明确行业法律地位

税务代理行业法律地位明晰是行业发展进步的必然要求，涉及纳税人权益的保护与国家税收征管秩序的稳定。确定税务代理行业的法律地位对于税务代理行业的持续、健康发展尤为重要，是解决当前税务代理行业面临的问题的重要一环。当前我国确认、保障其行业地位可以通过以下路径：

（一）确立税务代理行为独立性

我国税务代理制度简略地规定在《税收征管法》的附则，其他内容散见于国家税务总局、中国注册会计师协会等发布的规章、通知，并不能满足实践中税收代理业务迅速发展的需求。尽管我国税务代理机构基本上已与税务部门分离，但其所承接的业务很大程度上还依赖于税务部门，税务代理客观、独立执业的本质始终受到征纳双方的干扰。[1]确立税务代理行为的独立性，意味着其法律主体即税务代理人、税务代理机构、税务代理行业等的行为、法律地位的独立。确立税务代理行为独立性是税务代理制度有效发挥其职能的关键，具体而言，在税务代理业务形成的"纳税人—税务代理机构—税务机构"代理链条中，税务代理机构同时连接纳税人与税务机构，应当独立于纳税人，同时独立于税务机构，以下将分两方面阐述。

一是税务代理机构独立于纳税人。实践中问题在于代理机构为了争夺客户资源、抢占市场，对客户的部分不合理甚至不合法要求也不予拒绝，导致委托人以自我为中心，在双方平等的基础上达成的合同却形成委托人、代理人事实上的不平等地位。可以通过曝光非法委托人、违约委托人的方式，提示其他代理机构谨慎合作甚至拒绝与其合作，提高委托人违法行为成本，平衡双方法律地位，减少税务机构为谋利益对委托人非法要求的妥协屈服，增强其独立性。

二是税务代理机构独立于税务部门。代理机构与税务部门之间的关系较为暧昧，存在一些为获得客源私下接触税务部门或者税务部门利用职权干预

---

〔1〕 参见吕芙蓉、杨洁："完善我国税务代理制度的思考"，载《税收经济研究》2011年第3期。

代理机构日常经营的现象。可以通过建立代理机构外部监督制度体系、违法行为处罚机制奖励举报机制，公示代理机构与税务部门的不正当行为，进一步优化税务执业环境，让其在税务代理市场中凭借自身能力自由竞争发展，达到增强独立性的目的。

（二）保障权利与承担义务并举

由于当前税务代理制度法律体系不完善，造成各方的权利义务边界不明，税务代理机构执业行为定位不清晰。税务代理机构作为连接纳税人与税务部门的桥梁，更应当规范行使权利、承担应尽义务。有鉴于此，一方面，应当在税务代理行业发展过程中加快相关法律法规建设，健全税务代理制度，以严格的法律形式规定代理机构的权利义务，提高权责意识，扫除灰色地带，推动依法纳税的同时促使各项税务代理工作有令人满意的效果。

另一方面，应当保障代理机构独立合法经营的权利，赋予其同业监督权并保护同行业代理机构违法违规行为的举报者、投诉者，维护公平公正的竞争秩序。代理机构接受纳税人委托应履行忠实勤勉义务，为委托人利益提供咨询、汇报等服务，避免应付性地完成业务，保护委托人个人信息。同时监督委托人如实申报，纠正委托人违法违规行为，拒绝委托人偷税漏税等非法要求。

（三）明晰税务代理的法律责任

对于法律责任的界定，法理学界大致有处罚论、后果论、责任论、义务论、手段论和新义务论等不同的学说。其中，新义务论得到较多学者的支持，其将法律责任定义为："由于侵犯法定权利或者违反法定义务而引起的、由专门国家机关认定并归结于法律关系的有责主体的、带有强制性的义务，即由于违反第一性法定义务而招致的第二性义务"[1]。由此可知，税务代理法律责任是指税务代理主体违反税务代理相关法律法规规定的义务所应当承担的强制性不利后果。明确税务代理法律责任要做到以下两个方面：

一要明确税务代理担责主体。税务代理至少涉及纳税人、代理机构、税务机构三方主体，存在纳税人与税务代理人、税务代理人与税务机关、纳税人与税务机关三种不同的法律关系，主体类型囊括自然人、法人、非法人组织等。针对税务代理机构执业过程中的违法违规行为，应当先明确责任承担

---

[1]　张文显：《法哲学范畴研究》，中国政法大学出版社 2001 年版，第 122 页。

主体，究竟是纳税人、代理机构单方过错还是合谋违法，以及应当由整个代理机构承担责任还是追究直接责任人员的个人责任。税务代理责任承担可以根据纳税人与税务代理机构的关系来确定和划分。其一，纳税人与税务代理机构一般通过委托代理合同确定双方权利义务，表面上权责明确，实际上纳税人相对于代理机构在自身纳税信息材料申报等方面具有更多的主动性，代理人无法完全保证所得信息的真实性和完整性。代理人在尽到善良管理义务与注意义务后，对于纳税人故意隐瞒、编造信息导致的纳税违法不应作为责任承担主体。而针对代理机构未尽到注意义务或与纳税人通谋违法纳税构成共同犯罪的情形，应当承担相应违法责任。其二，在代理机构承担违法责任后，可以根据内部管理制度内容，对相关税务代理人进行追责，根据其过错程度确定承担责任的份额。

二是明确承担责任的性质与形式。根据违法严重程度可要求代理机构或直接责任人员承担行政责任、刑事责任、民事责任。首先税务代理行业因其涉及纳税人、国家利益，必然受到行政法规的规范与监督。对于代理机构违反保密义务、禁止偷税漏税义务、必要注意义务等情形时可对其依法处以警告、公示、罚款、没收违法所得、责令限期改正、停业整顿、吊销执业资格等处罚措施。其次对于严重违法行为，可能与纳税人一同构成逃税罪、抗税罪、骗取出口退税罪、逃避追缴欠税罪等罪名的，法院依法追究其刑事责任，依法处以罚款、没收财产、拘役，严重的判处有期徒刑。最后对于违反委托人与代理机构之间的合同约定之情形适用《民法典》进行民事赔偿解决，明确代理的法律责任，能够促使税务代理机构依照国家的要求和标准做好纳税代理工作。

三、以税务代理执业监管为重心完善代理执业制度

目前，《税收征管法》并未对税收征管中的代理制度作出顶层设计，与《民法典》中较为完善的民事代理制度相比，税务代理制度存在诸多缺陷。只有税务代理行为主体充分发挥其专长，才能凸显税务代理的客观性、公正性、严谨性，减少行业内部恶性竞争等不当行为，从而提高税务代理的工作效率，保护纳税人权益和国家税收征管秩序，提升广大公民对国家征税制度体系的信任。

（一）健全行业准入资质

一个规范的税务代理市场能让税务代理行业拥有良好的前景，但目前税务代理行业市场需求大，专业代理人才稀缺，同时部分地区准入门槛较低，导致机构内人员混杂，专业能力良莠不齐，代理行业乱象丛生，无法满足客户需求和保护委托人合法权益。税务代理团队要提高市场竞争力，需要专业的涉税人才提供人力资源支持和工作质量保障。通过引入税务代理准入制度，可以提升税务代理专业人员的专业素养，高效率地完成税务代理工作。

完善考试制度、规范考试内容是在现有基础上可以采取的最便利的措施。税务代理行业应该参照证券、基金、银行等行业关于执业资格证考试的规定，规定经税务执业资格考试对代理人员进行筛选，提高其对执业的基础理论、法律法规与税务代理行业实际发展情况的认知。在此应将税务代理执业资格与税务师资格进行界分，二者是不同种类的证书。另外，一般认为取得注册会计师证或律师证也可参与代理活动，但此规定在当下税务代理工作日渐复杂的情况下暴露明显不足。面对委托人多样化、个性化的代理需求，非专业的代理人员与机构的能力捉襟见肘。建议规定此前获税务师、注册会计师、律师等资格证书的从业人员统一参加税务代理资格考试，以淘汰那些税收代理知识不足、业务能力落后的人员，增加税务代理行业内部人员能力的良性竞争，树立并强化服务意识。

此外，行业资质应根据不同类型的服务需求进行分级。例如纳税申报、税务登记、税务咨询等较为常规的工作对执业人员的能力要求可相应降低；相应地对于税收筹划、风险评估等工作，应当对税务代理人员提出执业年限等方面的要求。执业者对于超出自身资格与能力的业务应当上报机构或行业协会，进行业务再分配，从而使业务风险在行业整体上保持一个低位状态。

（二）加强重点行为监管

在国家"放管服"政策的指引下，政府监管简政放权成为趋势，同时带来税务代理风险增加，纳税人权益保护成为焦点，加强代理机构重点行为监管势在必行。近期，国家税务总局、国家互联网信息办公室以及国家市场监督管理总局联合发文打击违法涉税中介行为，并规定三种重点规范行为类型：违规提供税收策划服务、帮助纳税人逃税的；在自媒体、互联网平台发布违法违规信息招揽业务的；歪曲解读税收政策、扰乱正常税收秩序的。[1]此外，对于税务代理人员无资质执业、超出胜任能力执业等行为应当进一步加强监察力度，防范风险，精准打击各类违法行为。

肃清行业乱象、保持行业规范发展，需要采取行政手段不断纠正代理机构利益勾连、低价竞争扰乱市场、虚假宣传不正当竞争等扰乱市场秩序、破坏市场环境的行为。可以通过行业外部监督、内部监督协同作用的方式，扼杀税务代理违法苗头，定期公布监管处理结果以及违法人员机构名单，增强对全行业的警示作用。此外，建立机构专业服务信用制度，将信用等级、评分制度作为执业机构年度考核的标准之一，有助于打击既有重点行为，预防未知风险。纳税信用源于法律上的诚实信用原则，本质上是一种经济信用，标志着税务机关对纳税人依法履行纳税义务、税收遵从度高低的信任程度，旨在褒奖守法诚信机制和惩戒违法失信行为。通过建立委托人、税务机构、税务代理同行对代理服务的真实评论反馈机制，提高税务代理机构及其人员对信用评级的重视度，让代理机构认识到只有优质的服务才能获得行业内的信誉与客户的信赖，同时过滤淘汰信用不合格的执业机构，有力提升税务代理营商环境。

(三) 强化涉税信息保护

互联网时代信息的价值不言而喻，在其逐渐成为财富密码的同时，信息所有者的权益更容易遭受非法收集、违法获取、过度使用、恶意贩卖等问题。税务代理行业接受大量纳税人的委托，基于委托人的合理信赖理应履行保护委托人涉税信息的保密义务。

目前存在税务机关的保密义务的具体规定，其保密制度具有可操作性。[2]但是税务代理机构涉税信息保护法律规范较为空泛甚至缺失，信息不对称严重影响多元市场主体的自由公平竞争同时也加大了委托人信息保护的难度。《税务代理试行办法》及相关法律法规应当响应目前加强信息保护的趋势，尽快完善税务代理机构涉税信息保密规定，严格代理机构的涉税信息保护义务，明确侵犯涉税信息行为的责任承担主体与处罚方式，加大违法收集使用信息的违法成本，统一税务代理行业信息保护的标准，达到强化涉税信息保护的目标。

---

[1] 国家税务总局、国家互联网信息办公室、国家市场监督管理总局于 2022 年 4 月 18 日公布的《关于规范涉税中介服务行为 促进涉税中介行业健康发展的通知》（税总纳服发〔2022〕34 号）。

[2] 参见汤洁茵、胡静："税务机关保密义务与纳税人的隐私权保护"，载《涉外税务》2012 年第 11 期。

（四）协同行政监管与自律管理

规范的税务代理行业的监督与管理体制是有效维护市场稳定秩序的重要手段，也是行业平稳发展的有效保障。目前我国税务代理机构主要受到行政部门的监管，一定程度上受到行业协会的监管，自律监管的作用还有待发挥。管理效能的提高理应通过协同、优化行政监管与行业自律管理模式，结合外部监督与内部监督，统一协调，明确分工。

有鉴于此，一方面要增强税务代理行业自律管理组织的独立性。国家监管只能是基础层面的，"政府对社会中介组织的调控应该主要集中在布局和结构、发展规范等宏观问题上。"[1]如果由行政部门利用行政权力运用行政手段行使主要监管职责，难以避免行政权力对代理行业的过多干预甚至寻租腐败现象的产生，架空中介自律组织的监管职能，降低自律管理的积极性与监管效果。为解决该问题，其一可单独设立税务代理行业协会，并加强内部质量控制体系建设，细化税务代理机构的行为准则，减少与行政部门利益挂钩，重视对税务代理具体业务的宣传介绍，加强对国际税务代理事业的发展进程的理论制度研究。再者，要加强对税务师、税务代理机构的行为实施监督与指正指导，增强行业自律监管力度，受理纳税人、税务代理机构及其人员的举报、投诉、建议等，发挥自律组织监管的机动性、灵活性、及时性。

另一方面，还要健全行政监管与行业自律管理的联合监管机制，避免两者的相互替代或缺失越位。行政监管具有行政执法权限和多元化监管途径，实际监管经验更为丰富；自律组织能够自行制定内部管理条例并根据税务代理行业发展情况自行完善，灵活性优势明显，为权益保护和市场创新提供更大可能性。二者协同监管，通过共享监管信息，听取、讨论双方的监管意见和诉求，集合双方人才共同应对代理市场新问题，完善合作监管的监管细则，及时有效排查市场潜在违法行为。税务代理行业协会应发挥桥梁纽带作用，及时向税务机关汇报行业动态，有效传达政府指定的政策规定，配合税务部门开展征收管理、税务稽查等工作，形成双方良好互助协作。此外在双方协作过程中注重互联网、大数据等高效技术的运用，补齐当前税收监管的短板，营造良好的协同共治局面，实现监管的智能化。

---

〔1〕 郭国庆、陈凯、焦家良："社会中介组织发展中的问题与对策研究"，载《国家行政学院学报》2006年第1期。

（五）完善代理退出机制

税务代理市场的正常运行，不仅需要严格的主体准入制度规则，还需要有对不具有代理资格的主体、完成委托任务等主体相应配套的退出机制，完善的市场退出机制可以实现市场自然整合以及优胜劣汰。[1]

随着经济全球化、一体化与我国经济发展转型，国内税务代理的发展空间与潜力十分巨大，但是税务人才的数量与税务代理市场需求的快速膨胀并不匹配，导致大量不具备税务代理执业资格和能力的人员、机构进入市场。这类主体本身不具有资质且对涉税业务的理解并不充分，如果不对其进行淘汰和过滤，必然有害于税务代理业务的持续发展。对已经持证上岗的税务代理人员应当安排完善继续教育制度，在其完成教育内容或考核之后准予其继续执业，对无法满足相应业务要求的人员安排其退出，以提高行业服务水平。此外，为配合行政监管对违法违规行为的检查以产生威慑力量，着力打击虚假宣传、帮助逃税以及曲解政策等重点行为，应加大处罚力度，采取吊销营业执照、注销从业资质等手段清退一批严重违法乱纪分子，必要时对违法执业主体设置税务代理市场永久禁入惩戒机制，保护纳税人利益、国家税收征管秩序不受损害。

四、以涉税行业通力合作为桥梁促进代理规范发展

税务代理是典型的以知识和人才为核心的行业，其对执业人员的首位要求是经验与技能，所以由获得相应资格认证的税务师代理该业务理应是最佳选择。不过，仅由税务师从事该业务会导致行业后备人才的不足、流动性差，还有行业垄断和专业歧视之嫌。因此二十世纪末国家放宽对该行业的限制，允许其他机构进入税务代理市场。如今已经发展成为以税务师事务所、会计师事务所以及律师事务所为主体，代理记账机构、财务咨询公司等涉税专业服务机构并存的局面。但是行业主体的多元繁荣并没有促进涉税机构间的交流与合作，反而加速凸显出服务水平悬殊的问题。以税务师事务所、会计师事务所以及律师事务所为例，它们的主管部门分别是国家税务总局、财政部以及司法部，目前并无行业协会对其统一管理，三者在官方和民间的交流合作还不多。

---

〔1〕 参见张芬、吴江："国外互联网金融的监管经验及对我国的启示"，载《金融与经济》2013年第11期。

从税务代理业务特质来看，加强行业间的合作是必要的。首先，税收的实质是国家对国民收入的再分配，涉及对私人财产权的限制，公民的纳税义务明确载入宪法，[1]因而税收以国家强制力为保障，以法律为主要规范形式。税务代理业务的办理需要执业人员对法律基础知识的掌握，同时也离不开会计知识的支撑。所以，税务师行业、律师行业以及会计师行业间加强合作有助于行业的规范发展。如今市场上税务师事务所、律师事务所或者会计师事务所间的合并以扩大发展规模具有实证意义。

（一）行业自律管理是通力合作的前提

在社会生活领域，自发秩序优先于强制秩序，市场机制和社会力量是社会服务的主要提供者，行业协会是力量之一。[2]涉税行业和机构间的合作不应是个别事务所之间的业务联动，更不只是部分事务所之间的合并与兼并，在整个税务代理行业层面促进涉税行业间的统一部署、统一调配才是行业通力合作的应有之义。在具体实施上，建议建立税务代理行业协会，该协会存在的意义有别于现存注册税务师协会、注册会计师协会或律师协会，是横跨各行业的社会团体法人。其任务是负责对税务代理执业机构的管理，职责可以包括会员的登记管理、会员年度检查、制定业务收费标准、制定执业人员自律管理办法、组织会员培训、组织会员交流合作等。只有将行业有序运作起来，并且在系统内管理与组织，才能发挥合作的实际效果。

（二）多元主体参与是通力合作的关键

对于涉税行业而言，合作涉及最多的方面是执业人员利用本专业知识在业务上的配合，从多角度分析问题并防范风险，所以税务师、会计师以及律师的广泛加入是能够达成合作的关键。不过本文所述的多元主体涵盖更广泛的范围，还包括税务机关、纳税人、行业协会等。依托纳税机关的引导与宣传，税务代理行业能够不断被公众所知晓并增加业务范围，并且在其监管之下，税务代理机构将规范自身业务行为。而纳税人与税务代理机构间是相辅相成的关系，税务代理机构能够向纳税人普及税务知识并且维护纳税人合法权益，助力适格纳税人的转变；纳税人间形成的口碑市场对税务代理机构的

---

[1]　《宪法》第 56 条规定："中华人民共和国公民有依照法律纳税的义务。"

[2]　参见何增科："论改革完善我国社会管理体制的必要性和意义——中国社会管理体制改革与社会工作发展研究之一"，载《毛泽东邓小平理论研究》2007 年第 8 期。

发展有推动作用。可以说，强调多元主体的参与对涉税行业合作的重要性，与国家强调税收社会共治，构建新型税收征管模式的做法是不谋而合的。

（三）管理模式借鉴是通力合作的过程

税务代理机构的规模化、品牌化建设是涉税行业通力合作的预期成果，也是对目前税务代理机构普遍存在的业务规模小、知名度低、客户范围窄现状的应对之策。涉税行业间发展存在较大差距。自 1979 年我国恢复律师制度后，律师事务所在神州大地涌现，而我国的第一家会计师事务所可以追溯到 1918 年的正则会计师事务所。相较于律师行业、会计师行业，税务师行业发展时间短、速度慢，需要学习与借鉴其他行业成熟的管理模式，博采众长。国际上知名会计师事务所均是从个人独资事务所发展而来，它们的发展道路和管理模式也值得税务师行业学习。早期发展前景好的会计师事务所先是吸纳其他合伙人的加入或与其他会计师事务所合并，以扩大可办理业务规模。随着会计市场的扩大，一些会计师事务所为了占据更多市场份额，着重打造品牌效应以在客户口碑与排行中领先，所以大型事务所兼并小型事务所成了常态，随之而来的还有快速设立分支机构以适应不断扩大的客户需求。与此同时，各会员公司之间在人才、信息、技术上互通有无，在国际公司的协调下保持宏观上资源分配的有序以及微观上业务执行标准的一致，从而打造出会计师事务所全球品牌。按税务代理行业的发展前景，税务代理机构大有潜力，在规范发展道路上需要行业间借助成熟平台整合资源，学习管理模式，打造品牌税务代理机构是行业发展的必由之路。